新工科×新商科·电子商务系列教材

电子商务物流管理
（第2版）

张军玲　主编

王梓蓉　姜　明　章　印　副主编

电子工业出版社
Publishing House of Electronics Industry
北京·BEIJING

内 容 简 介

本书在内容的组织和编写上，注重将理论知识与案例、实训有机结合，系统地介绍了电子商务环境下物流管理的理论知识与应用，同时吸纳和研究了当前国内外电子商务物流管理发展的前沿理论、热点问题及案例。全书共7章，主要内容包括电子商务物流管理导论、电子商务物流模式、电子商务物流管理技术、电子商务物流功能要素、电子商务物流服务与物流成本管理、电子商务供应链管理、物联网概论。本书注重实用性，选择国内外具有代表性、贴近教学内容的案例和实训，深度挖掘案例并提出实训的具体操作方案，以使读者能掌握所学知识。

本书可作为高等院校本科电子商务、物流管理及相关专业或高职高专相关专业的教材，也可作为从事电子商务和物流管理实际工作和研究人员的参考书籍。

未经许可，不得以任何方式复制或抄袭本书之部分或全部内容。
版权所有，侵权必究。

图书在版编目(CIP)数据

电子商务物流管理 / 张军玲主编. —2版. —北京：电子工业出版社，2022.5
ISBN 978-7-121-43338-2

Ⅰ.①电… Ⅱ.①张… Ⅲ.①电子商务－物流管理－高等学校－教材 Ⅳ.①F713.365.1

中国版本图书馆CIP数据核字(2022)第070086号

责任编辑：王二华
特约编辑：张米娜
印　　刷：北京七彩京通数码快印有限公司
装　　订：北京七彩京通数码快印有限公司
出版发行：电子工业出版社
　　　　　北京市海淀区万寿路173信箱　邮编：100036
开　　本：787×1092　1/16　印张：17　字数：435.2千字
版　　次：2018年9月第1版
　　　　　2022年5月第2版
印　　次：2024年7月第3次印刷
定　　价：53.00元

凡所购买电子工业出版社图书有缺损问题，请向购买书店调换。若书店售缺，请与本社发行部联系，联系及邮购电话：(010)88254888，88258888。
质量投诉请发邮件至zlts@phei.com.cn，盗版侵权举报请发邮件至dbqq@phei.com.cn。
本书咨询联系方式：wangrh@phei.com.cn。

前　言

物流是电子商务发展的先决条件，电子商务是物流发展的推动力，二者密不可分。电子商务、"互联网+"与物流业的相互融合，对物流行业提出了更高的要求，特别是对电子商务物流运营管理人才的需求更为迫切。根据教育部高等院校物流类专业教学指导委员会发布的《中国物流发展与人才需求报告》，电子商务物流人才是全国 12 种紧缺人才之一。很多高校均根据电子商务物流行业发展的需求，开设了电子商务物流管理课程，以培养适合社会需要的复合型人才。

为适应电子商务物流行业对新兴复合型人才的需求，配合高校电子商务物流管理课程的教学改革，我们编写了本书。本书具有以下特色：

1. 本书内容全面、新颖。涵盖了电子商务物流管理研究和应用的主要领域，同时吸纳了当前国内外电子商务物流管理发展的前沿理论、热点问题及案例。

2. 本书框架结构合理。每章都有本章要点、引导案例、本章小结、本章习题、案例分析、实训操作，适合学校教学和学生自学使用。

3. 本书注重实用性。选择国内外具代表性、贴近教学内容的案例和实训，深度挖掘案例并提出实训的具体操作方案。

本书由兰州财经大学从事电子商务一线教学的优秀教师完成，其中张军玲任主编，负责全书构思、大纲编写和统稿工作，并编写了第 6 章；王梓蓉编写了第 1 章、第 2 章和第 5 章；姜明编写了第 3 和第 7 章，章印编写了第 4 章。

本书在编写过程中参考和借鉴了大量国内外相关著作和资料，在此对所参考著作和资料的作者及相关出版单位表示衷心的感谢！另外，对在本书编写和出版过程中给予支持的相关人士表示感谢！由于编者学识水平有限，书中难免有不足之处，敬请各位读者批评指正，以期不断改进。

编者
2022 年 4 月

目 录

第1章 电子商务物流管理导论 1
1.1 物流概述 2
- 1.1.1 物流的产生和发展 2
- 1.1.2 物流的概念 3
- 1.1.3 物流的分类 5
- 1.1.4 物流的功能 10
- 1.1.5 现代物流相关理论和理念 12

1.2 电子商务与物流 16
- 1.2.1 电子商务与物流的关系 16
- 1.2.2 电子商务物流的概念及特征 23
- 1.2.3 电子商务物流的一般流程 26

1.3 电子商务物流管理概述 27
- 1.3.1 电子商务物流管理的含义 27
- 1.3.2 电子商务物流管理的特点 27
- 1.3.3 电子商务物流管理的原理 28
- 1.3.4 电子商务物流管理的内容 31

【本章小结】 37
【本章习题】 37
【案例分析】 38
【实训操作】 39

第2章 电子商务物流模式 40
2.1 自营物流模式 41
- 2.1.1 自营物流模式的概念 41
- 2.1.2 自营物流模式的优势 41
- 2.1.3 自营物流模式的劣势 43

2.2 物流联盟模式 43
- 2.2.1 物流联盟的概念 44
- 2.2.2 物流联盟的分类 44
- 2.2.3 物流联盟的优势 45

2.3 第三方物流模式 46
- 2.3.1 第三方物流的含义 46
- 2.3.2 第三方物流的特点 47
- 2.3.3 第三方物流的五种发展模式 48
- 2.3.4 我国第三方物流的发展思路 49

2.4 第四方物流模式 50
- 2.4.1 第四方物流的概念 50
- 2.4.2 第四方物流的优势和功能 51
- 2.4.3 第四方物流的特点 51
- 2.4.4 信息技术在第四方物流中的重要作用 53

2.5 新型物流模式 53
- 2.5.1 绿色物流 53
- 2.5.2 冷链物流 54
- 2.5.3 危险品物流 56
- 2.5.4 应急物流 58
- 2.5.5 虚拟物流 59
- 2.5.6 实体分仓物流 61
- 2.5.7 智慧物流 62
- 2.5.8 跨境物流 65

2.6 物流模式的选择 71
- 2.6.1 物流子系统的战略地位 71
- 2.6.2 企业对物流的管理能力 71
- 2.6.3 对企业柔性的要求 72
- 2.6.4 物流系统总成本 73
- 2.6.5 企业产品自身的物流特点 73
- 2.6.6 企业规模和实力 73

【本章小结】 73
【本章习题】 73
【案例分析】 75
【实训操作】 76

第3章 电子商务物流管理技术 77
3.1 电子商务物流技术概论 77
- 3.1.1 物流技术的发展 77
- 3.1.2 电子商务物流技术的概念 78
- 3.1.3 物流信息 78

3.2 电子商务物流管理信息技术 81

3.2.1 条形码技术 …… 81
3.2.2 射频技术 …… 83
3.2.3 EDI 技术 …… 86
3.2.4 GPS 技术 …… 87
3.2.5 GIS 技术 …… 89
3.2.6 物流机器人技术 …… 91
3.3 电子商务物流管理自动化技术 …… 95
3.3.1 自动化货架 …… 96
3.3.2 自动化分拣技术 …… 98
3.3.3 自动化搬运技术 …… 101
3.3.4 自动化输送技术 …… 106
【本章小结】 …… 109
【本章习题】 …… 109
【案例分析】 …… 109
【实训操作】 …… 110

第 4 章 电子商务物流功能要素 …… 111
4.1 电子商务物流功能要素概述 …… 112
4.1.1 物流功能要素概述 …… 112
4.1.2 电子商务对物流功能要素的影响 …… 113
4.1.3 电子商务物流系统要素的主要活动 …… 117
4.1.4 电子商务物流系统要素的组织形式 …… 118
4.2 包装 …… 119
4.2.1 包装的功能 …… 119
4.2.2 现代包装的分类 …… 120
4.2.3 电子商务包装技术 …… 122
4.3 装卸搬运 …… 123
4.3.1 装卸搬运的作用 …… 123
4.3.2 装卸搬运的特点 …… 124
4.4 流通加工 …… 124
4.4.1 流通加工的目的和作用 …… 124
4.4.2 流通加工的形式 …… 125
4.5 运输 …… 127
4.5.1 运输的作用 …… 127
4.5.2 运输的参与者 …… 127

4.5.3 现代运输方式 …… 129
4.6 仓储与库存管理 …… 133
4.6.1 仓储和库存管理的意义 …… 134
4.6.2 库存的类型 …… 134
4.6.3 ABC 分类法 …… 135
4.6.4 库存政策 …… 135
4.6.5 独立需求和非独立需求 …… 138
4.7 配送 …… 138
4.7.1 配送的定义 …… 138
4.7.2 配送的特点 …… 139
4.7.3 配送的作用 …… 140
4.7.4 配送中心的概念和作业流程 …… 140
4.8 物流信息管理 …… 142
4.8.1 物流信息管理的内容 …… 142
4.8.2 物流管理信息系统的组成 …… 144
【本章小结】 …… 146
【本章习题】 …… 146
【案例分析】 …… 147
【实训操作】 …… 149

第 5 章 电子商务物流服务与物流成本管理 …… 150
5.1 电子商务物流服务概述 …… 151
5.1.1 电子商务物流服务的含义 …… 151
5.1.2 电子商务物流服务的特征 …… 152
5.1.3 电子商务物流服务的内容 …… 153
5.2 物流成本概述 …… 155
5.2.1 物流成本的含义 …… 155
5.2.2 物流成本的构成 …… 156
5.2.3 物流成本的特征 …… 159
5.2.4 物流成本的分类 …… 160
5.2.5 物流成本的影响因素 …… 163
5.2.6 物流成本核算 …… 164
5.3 物流服务与物流成本的关系 …… 165
5.3.1 物流服务质量概述 …… 165
5.3.2 物流服务与物流成本的关系 …… 167
5.4 物流成本管理概述 …… 169
5.4.1 物流成本管理的含义 …… 169

5.4.2 物流成本管理的作用 …… 169
5.4.3 物流成本管理的原则 …… 170
5.4.4 物流成本管理的内容 …… 171
5.5 物流成本构成分析与控制 …… 173
 5.5.1 电子商务企业物流成本构成与控制 …… 173
 5.5.2 量本利分析法 …… 176
 5.5.3 活动成本法 …… 177
 5.5.4 标准成本法 …… 181
 5.5.5 弹性预算法 …… 182
【本章小结】…… 183
【本章习题】…… 183
【案例分析】…… 184
【实训操作】…… 186

第6章 电子商务供应链管理 …… 188

6.1 供应链概述 …… 189
 6.1.1 供应链的起源 …… 190
 6.1.2 供应链的定义 …… 190
 6.1.3 供应链的网络结构 …… 191
 6.1.4 供应链的特征 …… 191
 6.1.5 供应链的类型 …… 192
6.2 供应链管理概述 …… 194
 6.2.1 供应链管理的定义 …… 194
 6.2.2 供应链管理的特点 …… 195
 6.2.3 供应链管理的内容 …… 196
 6.2.4 供应链管理的运作模式 …… 197
6.3 供应链管理方法 …… 199
 6.3.1 快速反应 …… 199
 6.3.2 有效客户反应 …… 202
 6.3.3 协同规划、预测及连续补货 …… 205
6.4 供应链的设计 …… 208
 6.4.1 供应链的设计目标 …… 209
 6.4.2 供应链的设计原则 …… 209
 6.4.3 供应链的设计策略 …… 210
 6.4.4 供应链的设计步骤 …… 212

6.5 电子商务下的供应链管理 …… 214
 6.5.1 电子商务下供应链管理的优势 …… 214
 6.5.2 电子供应链的实施 …… 215
6.6 数字经济下电子商务供应链管理 …… 219
 6.6.1 大数据驱动 …… 219
 6.6.2 智慧供应链 …… 220
 6.6.3 供应链金融 …… 222
【本章小结】…… 222
【本章习题】…… 222
【案例分析】…… 223
【实训操作】…… 227

第7章 物联网概论 …… 228

7.1 物联网的起源与发展 …… 228
 7.1.1 物联网概念的起源 …… 228
 7.1.2 国内外物联网的发展现状 …… 231
7.2 物联网的体系结构 …… 238
 7.2.1 国内外研究机构提出的体系结构 …… 238
 7.2.2 特定应用领域的物联网系统架构 …… 242
7.3 物联网对物流业务流程的影响 …… 246
 7.3.1 传统环境下的物流业务流程 …… 247
 7.3.2 物联网对物流业务流程的影响 …… 248
 7.3.3 基于物联网的物流业务流程一体化 …… 250
7.4 物联网在物流领域中的应用 …… 255
【本章小结】…… 260
【本章习题】…… 260
【案例分析】…… 260
【实训操作】…… 261

参考文献 …… 262

第1章 电子商务物流管理导论

【本章要点】
- 物流概述
- 电子商务与物流
- 电子商务物流管理概述

【引导案例】

戴尔的物流电子商务化

戴尔是一家总部位于美国得克萨斯州朗德罗克的世界五百强企业,由迈克尔·戴尔于1984年创立,是全球IT界发展最快的公司之一,于1996年开始通过网站采用网络直销手段销售戴尔计算机产品,成为世界500强中名列前茅的大公司。

戴尔的直销网站上提供了一个跟踪和查询消费者订货状况的接口,供消费者查询已订购的商品从发出订单到送至消费者手中全过程的情况。戴尔对待任何消费者(个人、公司或单位)都采用定制的销售方式,其物流服务也配合这一销售政策而实施。

一、戴尔的网络电子商务化销售物流的步骤

1. 订单处理

戴尔接收消费者的订单,消费者可以拨打800免费电话叫通戴尔的网上商店进行网上订货,根据消费者发出订单的数目,消费者需要填写单一订单或多重订单状况的查询表格,表格中有两项数据需要填写:一是戴尔的订单号,二是校验数据。提交后,戴尔将通过因特网将查询结果传递给消费者。

2. 预生产

从接收订单到正式生产期间有一段等待零部件到货的时间,这段时间称为预生产。预生产的时间因消费者所订的系统不同而不同,主要取决于供给商的仓库中是否有现成的零部件。一般戴尔要确定一个订货的前置时间,即需要等待零部件并且将订货送到消费者手中的时间。戴尔在向消费者确认订货有效时会告诉消费者该前置时间。订货确认一般通过两种方式告知:电话或电子邮件。

3. 配件预备与组装

当订单转到生产部门时,所需的零部件清单也就自动产生,相关职员将零部件备齐传送到装配线上。组装职员将装配线上传来的零部件组装成机，然后进入测试过程。

4. 测试和装箱

检测部门对组装好的计算机用特制的测试软件进行测试，通过测试的机器被送到包装间。测试完后的计算机被放到包装箱中，同时要将鼠标、键盘、电源线、说明书及其他文档一同装进相应的卡车运送给消费者。

5. 配送预备并发运

戴尔一般在生产过程结束的次日完成配送预备，但大订单及需要特殊装运作业的订单可能用的时间要长些。将消费者所订货物发出，并按订单上的日期送到指定的地点，戴尔设计了几种不同的送货方式，供消费者订货时选择。一般情况下，订货将在2～5个工作日送到订单上的指定地点，即送货上门，同时提供免费安装和测试的服务。

二、电子商务化物流对戴尔公司的好处

电子商务化物流使戴尔公司既可以先拿到消费者的预付款，又不占压着物流公司的流动资金；按单生产没有库存风险。戴尔的竞争对手一般保持着几个月的库存，而戴尔的库存只有几天。这些因素使戴尔的年均利润率超过50%。戴尔的电子商务型直销方式对消费者的价值包括以下内容：

(1) 消费者的需求不管多么个性化都可以满足；

(2) 戴尔精简的生产、销售、物流过程可以省去一些中间成本，因此戴尔的价格较低；

(3) 消费者可以享受到完善的售后服务，包括物流、配送服务，以及其他售后服务。

(资料来源：http://biyelunwen.yjbys.com/fanwen/dianzishangwu/111877.html)

1.1 物流概述

在社会生活中，货物在不同时空范围内的转移和物流是社会经济发展的基础之一。随着社会经济的发展，生产的社会化水平和物质技术能力的提高，人们对"物的流动"有了更高水平的理解。"黑大陆""第三利润源""冰山"等理论的相继出现和形成，反映了现代社会对物流业新的审视和理解。

1.1.1 物流的产生和发展

物流与人类的物质生活和生产共生共长，源远流长。可以说，物流是社会经济的动脉，是社会再生产过程连续进行的前提，但人们对物流的认识和实践却只有半个多世纪的历史。物流研究和实践经历了四个阶段：物流观念的启蒙与产生阶段；物流理论体系的初步形成与实践阶段；现代物流理论的形成与物流管理现代化阶段；现代物流管理理论与实践的纵深化发展阶段。

西方国家于20世纪便进入了所谓的买方市场经济时代，存在较严重的生产过剩和需求不足的问题。企业界为了扩大销售，开始关注市场分销问题，着重研究在销售过程中的物流。

物流早期是从西方市场理论中产生的，是指销售过程的物流，即通过对制成品在销售领域的输送、保管活动进行管理，达到降低成本、促进销售的目的。1915年，美国学者阿·奇萧(Arch W. Shaw)在《市场营销中的若干问题》中首次提出了"PD"(Physical Distribution，PD)的概念，"PD 是包含于销售之中的物质资料和服务在从生产场所到消费场所的流动过程中所伴随的种种经济活动。"随着物流在企业中的广泛应用，从企业内部领域扩展到企业外部经营管理的其他领域，物流管理开始注重外部(分销商、顾客、供应商及第三方构成的多维、复杂、立体)关系的研究，强调原材料采购、加工生产、产品销售、售后服务直到废旧回收等物资流通全过程的管理。

在第二次世界大战中，美国军队为了改善战争中的物资供应状况，研究和建立了"后勤"(Logistics)理论，并在战争活动中加以实践和应用。"Logistics"的核心是将战时物资的生产、采购、运输、配送等活动作为一个整体来进行统一布置，以求战略物资进行补给的费用更低、速度更快、服务更好。实践证明，这一理论的应用取得了很好的效果。第二次世界大战后，"Logistics"的理论被应用到企业界，其内涵得到了进一步推广，涵盖了整个生产过程和流通过程中的物流。因此，欧美国家所指的"Logistics"一般比"PD"的内涵更为广泛，"PD"一般仅指销售物流。

20 世纪 50 年代的日本正处于经济快速成长时期，迅速扩大的生产规模导致流通基础设施严重不足，在这种背景下，日本从美国学到了"PD"理论。1965 年，日本在其政府文件中正式采用"物的流通"这个术语，简称为"物流"，包括包装、装卸、保管、库存管理、流通加工、运输和配送等诸多活动。在物流理论的指导下，物流技术成为日本政府关心和研究的重点。日本政府加强道路建设，实现运输手段的大型化、高速化、专业化，大力发展物流中心、配送中心和物流基地，提高了对货物的处理能力和商品供应效率，极大地促进了日本经济的快速发展。

我国 20 世纪 70 年代末开始实行改革开放的基本国策，派代表团到日、美等国考察，接受并引进了"物流"的概念。在"物流"概念引入我国之前，我国就有传统的储运业，许多大大小小的储运公司实际上进行着运输、保管、包装、装卸、流通加工等与物流有关的各种活动。物流相对于储运而言却是一个新的概念，两者之间存在以下差别：

(1)储运和物流的内涵有区别。储运基本上只指储存和运输这两个环节，虽然有时也涉及物品的包装、装卸、流通加工及相关信息活动，但这些活动一般并不包含在储运的概念之中，而物流则包括物品的运输、保管、配送、包装、装卸、流通加工及相关信息活动，所以物流比储运包含的内容更为广泛。

(2)储运只是相对独立的操作活动，而物流则十分强调相关活动的系统化，以期达到整个物流活动的整体最优化。

1.1.2　物流的概念

由于物流理论与实践的不断发展，物流的相关概念与内涵也在不断变化，世界上许多国家的相关研究机构、管理机构以及物流研究专家对物流概念做出了各种定义，到目前为止，人们对物流的理解仍然存在差异，尚未形成统一的认识。

1. 物流的定义

对于物流的定义，比较有代表性的说法有以下几种：

(1)物流是一个控制原材料、制成品、产成品和信息的系统。

(2)物流通过运输解决对货物空间位置上的变化要求，通过储存调节解决对货物需求和供给之间的时间差。

(3)物流是从供应开始经各种中间环节的转让及拥有而最终到达消费者手中的实物运动，以此实现组织的明确目标。

(4)物流是物质资料从供给者到需求者的物理运动，是创造时间价值、场所价值和一定加工价值的活动。

(5)物流是指物质实体从供应者向需求者的物理移动，它由一系列创造时间价值和空间价值的经济活动组成，包括运输、保管、配送、包装、装卸、流通加工及物流信息处理等多项基本活动。

(6)物流一般是由商品的运输、仓储、包装、搬运装卸、流通加工以及相关的物流信息等环节构成，并对各个环节进行综合和复合化后所形成的最优系统。

关于物流定义的描述，如表1-1所示。

表1-1 物流定义描述

		年份	给出定义的组织	物流定义
美国	工程派	1974	美国物流工程协会(Society of Logistics Engineers)	物流是与需求、设计、资源供给和维护有关，以支持目标、计划及运作的科学、管理及技术活动的艺术
	军事派	1981	美国空军(U.S. Air Force)	物流是计划和执行军队的调动与维护的科学，它涉及与军事物资、人员、装备和服务相关的活动
	管理派	1985	美国物流管理协会(Society of Logistics Management)	物流是对货物、服务及相关信息从起源地到消费地的有效率的、有效益的流动和存储进行计划、执行和控制，以满足顾客要求的过程。该过程包括进向、去向、内部和外部的移动以及以环境保护为目的的物料回收
	企业派	1997	美国EXEL物流公司	物流是计划和执行供应链中与商品及物料的搬运、储存及运输相关的所有活动，包括废弃物及旧品的回收复用
欧洲		1994	欧洲物流协会(European Logistics Association, ELA)	物流是一个在系统内对货物的运输、安排及与此相关的支持活动的计划、执行与控制，以达到特定的目的
日本		1981	日本日通综合研究所	物流是物质资料从供给者向需求者的物理移动，是创造时间性、场所性价值的经济活动。从物流的范畴来看，包括包装、装卸、保管、库存管理、流通加工、运输、配送等诸多活动
中国	大陆	2001	原中国国家科学技术委员会、国家技术监督局、中国物资流通协会	物流是物品从供应地向接收地的实体流动过程，根据实际需要，实现运输、仓储、装卸、搬运、包装、流通加工、配送、信息处理等基本功能的有机结合
	台湾地区	1996	台湾物流管理协会	物流是一种物的实体流通活动的行为。在流通过程中，通过管理程序有效地结合运输、仓储、装卸、包装、流通加工、资讯等相关机能性活动，来创造价值，满足顾客及社会性需求

综上所述，所谓现代物流(Logistics)是指为了实现客户满意和挖掘"第三利润源"，利用现代信息技术将运输、仓储、装卸、搬运、包装、流通加工、配送、信息处理、需求预测、为用户服务等活动有机地结合起来，经济有效地将原材料、半成品及产成品由生产地送到消费地的所有流通活动。

2. 现代物流和传统物流

物流的发展已经有了几十年的历史，人们对物流的研究和应用已经从早期以商品销售为主的传统物流阶段，进入了将原材料的采购、商品的生产、储运和商品销售的全过程予以综合考虑的阶段。随着生产和社会的发展及科学技术的进步，新的管理思想、技术和工具在物流的各个环节得到应用，逐步进入到现代物流的发展阶段。

(1) 传统物流

传统物流以商品的销售作为主要对象，具体完成将生产的商品送交消费者的过程中所发生的各种活动，包括公司内部原材料的接收和保管、产成品的接收和保管及工厂或物流中心的运输等。

(2) 现代物流

社会生产和科学技术的发展使物流进入现代物流的发展阶段，其标志是物流活动领域中各个环节的技术水平得到不断的提高。

现代物流的高技术表现为各个环节的物流技术进行综合、复合化而形成的最优系统技术，以运输设备高速化、大型化、专用化为中心的集装箱系统机械的开发、保管和装卸结合为一体的高层自动货架系统的开发，以计算机和通信网络为中心的情报处理和物流信息技术，与运输、保管、配送中心的物流技术在软技术方面的结合，运输与保管技术相结合的生鲜输送技术，以及商品条形码(BAR CODE)、电子数据交换(EDI)、射频技术(RF)、地理信息系统(GIS)、全球定位系统(GPS)等。这些高新技术在物流中的发展和应用，使得物流的应用领域更广泛，功能和作用更强大。由此可见，发展物流业和加强企业的物流管理，必然会给社会和企业带来更大的社会效益和经济利益。因此，物流的重要性也就不言而喻了。

在物流的发展中，为了深刻地理解现代物流，需要将现代物流与传统物流进行区别，如表1-2所示。

表1-2 现代物流与传统物流的区别

区别项目	传统物流	现代物流
概念与理念	以物品的存储与运输及其附属业务而形成的物流活动	以现代信息技术为基础，整合运输、包装、装卸、发货、仓储、流通加工、配送及物流信息处理等多种功能而形成的综合性的物流活动
职能系统	运输、储存、装卸搬运、包装要素操作；各种物流功能相对孤立	运输、储存、装卸搬运、包装、流通加工、配送、信息处理综合物流活动；强调物流功能的整合和系统优化
物流组织	企业内部的分散组织，无物流中心，不能控制整个物流链	企业外部的专业组织，采用物流中心，实施供应链的全面管理
物流服务模式	一次性被动服务；限地区内物流服务；短期合约；自营物流为主	多功能主动服务和增值服务；跨区域、跨国物流；以合同为导向形成长期战略伙伴；第三方物流普遍
物流技术	自动化、机械化程度低，手工操作为主；无外部整合系统，无GPS、GIS、EDI、POS、EOS等技术应用	硬件革命和软件革命，自动化立体仓库、搬运机器人、自动导引车、条形码、GPS、GIS、EDI、POS、EOS等技术应用
追求目标	价格竞争策略，追求成本最低	以客户为中心，追求成本与服务的平衡

1.1.3 物流的分类

由于在不同领域中物流的对象、目的、范围和范畴存在差异，所以就形成了不同的

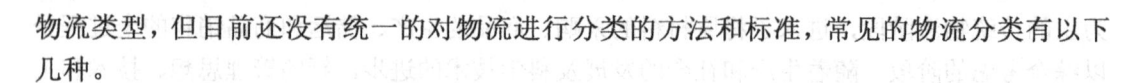

物流类型,但目前还没有统一的对物流进行分类的方法和标准,常见的物流分类有以下几种。

1. 按照物流活动的地域覆盖范围分类

按照物流活动的地域覆盖范围不同,可以将物流分为国际物流、国内物流和地区物流。

(1) 国际物流

根据中国国家标准《物流术语》(GB/T18354—2006),国际物流是指跨越不同国家或地区之间的物流活动。国际物流是国际间贸易的一个必然组成部分,各国之间的相互贸易最终通过国际物流来实现。随着全球经济一体化的发展和国际经济往来的日益扩大,物流的国际化趋势开始成为世界性的共同问题。由于各国的法律、人文、习俗、语言、技术等环境的差异,国际物流具有物流环境差异大、物流系统范围广、标准化要求高、信息化系统复杂、技术含量高、风险大等特点。世界各国只有广泛开展国际物流方面的理论和实践探索,积极促进国际物流合作,才能促进世界经济繁荣。

(2) 国内物流

国内物流是指为国家的整体利益服务,在国家自己的领地服务范围内开展的物流活动。相对于国际物流而言,由于国内物流所处的法律、人文、技术等环境基本相同,物流活动的风险和复杂性较低。但国内物流作为国民经济的一个重要方面,在物流基础设施、物流标准、物流价格、物流人才培养等方面应该纳入国家物流整体规划,以便为国民经济的良好运行提供有力支持。

(3) 地区物流

地区物流是指某一行政区域或经济区域的内部物流。研究地区物流对于提高所在地区的企业物流活动的效率、保障当地居民的生活和环境,具有不可或缺的作用。对地区物流的研究应根据所在地区的特点,从本地区的利益出发组织好相应的物流活动,并充分考虑到利弊两方面的问题,要与地区和城市的建设规划相统一,进行妥善安排。例如,某地区计划建设一个大型物流中心,这将提高当地的物流效率,降低物流成本;但也应考虑到会引起供应点集中所带来的一系列交通问题。

研究地区物流时对地区的划分,可以按不同的目的进行。按涉及的行政区域划分,如北京地区;按一定的经济圈划分,如苏(州)、(无)锡、常(州)经济区和黑龙江边境贸易区等;按地理位置划分,如珠江三角洲地区和西部地区等。

2. 按照物流的社会化角度分类

从物流的社会化角度来看,可以将物流分为社会物流、行业物流和企业物流。

(1) 社会物流

社会物流是指超越一家一户的以整个社会为范畴,面向社会大众的物流,又称大物流或宏观物流。这种社会性很强的物流伴随商业活动的发生,通常存在于流通领域,往往是由专门的物流承担人来完成的。社会物流对国民经济影响大,是物流业关注的重点,其物流活动带有宏观性和广泛性。

(2) 行业物流

顾名思义,在一个行业内部发生的物流活动称为行业物流。一般情况下,同行企业往往在经营上是竞争对手，但为了共同的利益，在物流领域中却又常常互相协作，共同促进行业物流系统的行业化。在行业的物流活动中，有共同的运输系统和零部件仓库以实行统一的集中配送；有共同的新旧设备及零部件的流通中心；有共同的技术服务中心对本行业操作和维修人员进行培训；采用统一的设备机械规格、统一的商品规格、统一的法规政策和统一的报表等。行业物流系统化的结果使行业内的各个企业都得到相应的利益。

(3) 企业物流

根据中国国家标准《物流术语》（GB/T18354—2006），企业物流是指生产和流通企业围绕其自身经营展开的企业内部物品的流动。它是从企业角度研究与之有关的物流活动，是具体的、微观的物流活动的典型领域。企业作为一个经济实体，是为社会提供产品或某些服务的。一个生产企业的产品生产过程，从采购原材料开始，按照工艺流程经过若干工序的加工变成产品，然后再销售出去，有一个较为复杂的物流过程；一个商业企业，其物流的运作过程包括商品的进、销、调、存、退等各个环节；一个运输企业的物流活动包括按照客户的要求提货，将货物运送到客户指定的地点并完成交付。

3. 按照物流在供应链节点中的作用分类

按照物流在供应链节点中的作用不同，可以将物流分为供应物流、生产物流、销售物流、回收物流和废弃物物流。

(1) 供应物流

根据中国国家标准《物流术语》（GB/T18354—2006），供应物流是指提供原材料、零部件或其他物料时所发生的物流活动。生产企业、流通企业或消费者购入原材料、零部件或商品的物流过程称为供应物流，也就是物资生产者、持有者与使用者之间的物流。生产企业的供应物流是指生产活动所需要的原材料、备品从各方角度出发在交易中所发生的物流。对于一个企业而言，企业的流动资金十分重要，但大部分被购入的物资和原材料及半成品等占用，因此，供应物流的合理化管理对于企业的成本有重要影响。

(2) 生产物流

根据中国国家标准《物流术语》（GB/T18354—2006），生产物流（Production Logistics）是指企业在生产过程中发生的涉及原材料、在制品、半成品、产成品等的物流活动。生产物流包括从生产企业的原材料购进入库起，直到生产企业成品库的成品发送出库为止的物流活动的全过程。在企业生产过程中，原材料、半成品等按照工艺流程在各个加工点之间不停地移动、流转形成了生产物流，如果生产物流中断，生产过程也将随之停顿。生产物流的重要性体现在如果生产物流均衡稳定，可以保证在制品的库存得到压缩，使设备负荷均衡化。因此，生产物流的合理化对生产企业的生产秩序和生产成本有很大影响。

(3) 销售物流

根据中国国家标准《物流术语》（GB/T18354—2006），销售物流是指企业在出售商品过程中所发生的物流活动。生产企业或流通企业售出产品或商品的物流过程即为销售物流，也是指物资的生产者或持有者与用户或消费者之间的物流。生产企业的销售物流是指售出产品；流通领域的销售物流是指在交易活动中从卖方角度出发的交易行为中的物流。企业通过销售物流，可以进行资金的回收并组织再生产活动。销售物流的效果关系到企业的存在价值是否被社会承认，销售物流的合理化在市场经济中可以起到较大的增强企业竞争力的作用。

(4) 回收物流

商品在生产及流通活动中有许多要回收并加以利用的物资，如作为包装容器的纸箱和塑料筐，建筑行业的脚手架，对旧报纸和书籍进行回收、分类再制成生产的原材料纸浆，利用金属废弃物的再生产性在回收后重新熔炼成有用的原材料等。上述对物资的回收和再加工过程形成了回收物流，但回收物资品种繁多、变化较大，且流通的渠道也不规范，因此，对回收物流的管理和控制难度较大。

(5) 废弃物物流

根据中国国家标准《物流术语》（GB/T18354—2006），废弃物物流是指将经济活动或人们生活中失去原有使用价值的物品，根据实际需要进行收集、分类、加工、包装、搬运、储存等，并分送到专门处理场所的物流活动。即伴随某些产品共生的副产品（如物渣），以及消费中产生的废弃物（如垃圾）等进行回收处理过程的物流。如开采矿山时产生的土石，炼钢生产中产生的钢渣，工业废水以及其他各种无机垃圾等。这些废弃物已没有再利用的价值，但如果不妥善处理，就地堆放会妨碍生产甚至造成环境污染，对这类废弃物的处理过程产生了废弃物物流。为了更好地保障生产和生活的正常秩序，有效地遏制物流活动造成的环境污染，对废弃物物流研究显得十分重要。

4. 按照物流涉及的领域分类

按照物流涉及的领域不同，可以将物流分为宏观物流和微观物流。

(1) 宏观物流

宏观物流又称社会物流，是指社会再生产总体的物流活动，是从社会再生产总体的角度来认识和研究物流活动，其主要特点是综观性和全局性，宏观物流主要研究社会再生产过程中物流活动运行规律以及物流活动的总体行为。

(2) 微观物流

微观物流又称企业物流，是指消费者、生产企业所从事的物流活动，其主要特点是具体性和局部性。

5. 按照从事物流的主体分类

按照从事物流活动的主体，可以将物流分为第一方物流、第二方物流、第三方物流和第四方物流。

第一方物流又称自营物流，是指卖方、生产者或者供应方为其自身生产和销售物品的需要而组织的物流活动；第二方物流又称分销商物流，是指买方、销售者或者流通企业以采购和销售物品为目的而组织的物流活动；第三方物流又称合同制物流，是指生产经营企业为集中精力搞好主业，把属于自己处理的物流活动以合同方式委托给专业物流服务企业，同时通过信息系统与物流服务企业保持密切联系，以达到对物流全程的管理和控制的一种物流运作与管理方式；第四方物流是指由咨询公司提供的物流咨询服务，咨询公司应物流公司的要求为其提供物流系统的分析和诊断，或提供物流系统优化的设计方案，或提供完整的供应链整合方案。

6．其他物流种类

除以上物流种类之外，还有精益物流和定制物流，绿色物流和逆向物流，虚拟物流，军事物流、军地物流一体化和配送式保障，应急物流等。

(1) 精益物流和定制物流

根据中国国家标准《物流术语》(GB/T18354—2006)，精益物流是指消除物流过程中的无效和不增值业务，用尽量少的投入满足客户需求，实现客户的最大的价值，并获得高效率、高效益的物流。

定制物流是根据用户的特定要求而专门设计的物流服务模式。它是快速响应客户的物流需求，在不影响成本和效率的基础上，为客户进行物流服务的设计和提供物流服务。

(2) 绿色物流和逆向物流

绿色物流是指通过先进的物流技术和面向环境管理的理念，在物流过程中抑制物流对环境造成危害的同时，实现对物流环境的进化，使物流资源得到最充分合理的利用。它包括物流作业环节和物流管理全过程的绿色化。

根据中国国家标准《物流术语》(GB/T18354—2006)，逆向物流又称反向物流，是指从供应链下游向上游的运动所引发的物流活动。

(3) 虚拟物流

虚拟物流是指以实现资源共享、风险共担、优势互补等特点为战略目标，利用计算机网络技术进行物流运作与管理，将分布于全球的企业仓库虚拟整合为一个大型物流支持系统，实现企业间的物质资源共享和优化配置，以完成快速、精确、稳定的物资保障任务的物流方式。其最初的应用是为了满足高价格、小体积的货物要求，如航空货物、医疗器械和汽车零部件等。特别是中小企业在大的竞争对手面前经常处于不利地位，它们从自己的物流活动中不但无法获取规模效应，而且还会加大物流成本的消耗。虚拟物流可以使这些小企业的物流活动并入一个大的物流体系中，从而实现在较大规模的物流中降低成本、提高效益的目标。虚拟物流的要素包括：①虚拟物流组织，可以使物流活动更具市场竞争的适应能力和盈利能力；②虚拟物流储备，可以集中储备、调度储备以降低成本；③虚拟物流配送，可以使供应商将最接近需求点的产品资源运用遥控运输实现交货；④虚拟物流服务，可以提供虚拟服务以降低固定成本。

(4) 军事物流、军地物流一体化和配送式保障

根据中国国家标准《物流术语》(GB/T18354—2006)，军事物流是指满足于平时、战时军事行动物资需求的物流活动。

军地物流一体化是指对军队物流与地方物流进行有效的动员和整合，实现军地物流的高度统一、相互融合和协调发展。

配送式保障是指在军事物资全资产可见性的基础上，根据精确预测的部队用户需求，采取从军事物资供应起点直达部队用户的供应方法，通过灵活调配物流资源，在需要的时间和地点将军事物资主动配送给作战部队。

(5) 应急物流

根据中国国家标准《物流术语》(GB/T18354—2006)，应急物流是指以提供严重自然灾害、突发性公共卫生事件、公共安全事件及军事冲突等突发事件所需的物资、人员、资

金为目的，以追求时间效益最大化和灾害损失最小化为目标而进行紧急保障的一种特殊物流活动。

1.1.4 物流的功能

物流的功能包括物流的基本功能和物流的增值功能。

1. 物流的基本功能

（1）运输功能

运输是物流各环节最主要的部分，是物流的关键，有人把运输当作物流的代名词。运输方式有公路运输、铁路运输、船舶运输、航空运输、管道运输等。没有运输，物品只能有存在价值，没有使用价值，即生产出来的产品，如果不通过运输送至消费者那里进行消费，等于该产品没有被利用，因而也就没有产生使用价值。假如产品长期不被使用，不仅资金不能回笼，而且还是空间、能源、资源的浪费。没有运输，生产就失去了意义。

运输也可以划分成两段：一段是生产企业到物流基地之间的运输，批量比较大、品种比较单一、运距比较长；另一段是从物流基地到用户之间的运输，人们称其为"配送"，就是根据用户的要求，将各种商品按不同的类别、不同方向和不同用户进行分类、拣选、组配、装箱送给客户。其实质在于"配齐"和"送达"。

（2）保管功能

保管同样是物流各大环节中十分重要的组成部分。产品离开生产线后到达最终消费者之前，一般都要有一个存放、保养、维护和管理的过程，该过程也是克服季节性、时间性间隔，创造时间效益的活动。虽然人们希望产品生产出来后能马上使用，使物流的时间距离，即存放、保管的时间尽量缩短，最好接近"零"，但这几乎是不可能的。即便是从生产企业到用户的直达运输，在用户那里也要有一段时间的暂存过程，因此说保管的功能不仅不可缺少，而且很有必要。为了防止自然灾害、战争等人类不可抗拒事件的发生，还需要进行战略性储备。

在商品短缺的时代，保管往往是储备、储存和仓储的代名词。人们把仓库看成"旅馆"，开"旅馆"的人希望客人住的时间越长越好，从这个角度上讲，保管的功能单单是储备、存放、管理和维护等。随着经济的发展，特别是以计算机为核心的电子信息技术日新月异，为了减少流通环节，节约物流费用，人们越来越认为仓库不应该是"旅馆"，而应被看作是"车站"，管理"车站"的人希望旅客来去匆匆，尽量缩短在"车站"停留的时间。从这个意义上来讲，仓库的作用发生了根本性的变化，由主要发挥保管功能转为主要发挥"流通"功能。现代经济发达国家的仓库大都转向了主流中心、配送中心或流通中心。生产企业从这里了解自己产品的流转速度、周转率，从中得出什么产品畅销、什么产品滞销，由此决定该生产什么、不该生产什么等，并把保管作为信息源，根据保管环节中各种数据的汇总、分析进行决策，决定生产、促进销售的具体策略、方法。这就是说，"保管"还具有反馈功能。

（3）包装功能

包装可大体划分为两大类：一类是工业包装，或叫运输包装、大包装；另一类是商业包装，或叫销售包装、小包装。

工业包装的对象有水泥、煤炭、钢材、矿石、棉花、粮食等大宗生产资料。用火车运煤和矿石时，只要在火车上盖上苫布，用绳索固定即可。从国外进口大麦、小米，只以散装的形式倒入船舱，不必进行装袋。水泥运输也强调散装化，以便节约费用，便于装卸和运输。不管是无包装，还是简单包装，都要防水、防湿、防潮、防挤压、防冲撞、防破损、防丢失、防污染，同时还要保证运输途中不变质、不变形、不腐蚀、保鲜、保新等。此外，产品包装要便于运输、便于卸载、便于保管、保证质量、有利于销售。工业发达的国家，在产品设计阶段就考虑包装的合理性，搬运装卸和运输的便利性、效率性等。

商业包装的目的主要是促进销售，包装精细、考究，利于宣传，吸引消费者购买。

(4) 装卸搬运功能

装卸搬运是物流各个作业环节连接成一体的接口，是运输、保管、包装等物流作业得以顺利实现的根本保证。通常产品、制品或半成品在生产线上的移动本身就是一个装卸搬运的过程，包装后有装卸车、出入库等搬运作业，在物品的运输、保管和包装各个环节中，都伴随着装卸搬运活动。

尽管装卸和搬运本身不创造价值，但会影响商品的使用价值的实现。装卸搬运工具、设施、设备如何，影响搬运装卸效率和商品流转时间，影响物流成本和整个物流过程的质量。目前由于我国装卸搬运作业水平的机械化、自动化程度与发达国家相比还有很大差距，野蛮装卸造成包装货品破损、丢失现象时有发生。装卸经常是与搬运伴随发生的，装卸、搬运的功能是运输、保管和包装各个子系统的连接点，该连接点的作业直接关系到整个物流系统的质量和效率，是缩短物品移动时间、节约物流费用的关键。

(5) 流通加工功能

流通加工功能是产品从生产到消费的一种增值活动，属于产品的初加工，是社会化分工、专业化生产的一种形式，是使物品发生物理性变化(如大小、形状、数量等变化)的流通方式。通过流通加工，可以节约材料，提高成品率，保证供货质量并更好地为用户服务，所以，对流通加工的功能同样不可低估。流通加工是物流过程中"质"的升华，它使流通向更深层次发展。

(6) 配送功能

配送是指在经济合理区域范围内，根据客户对物品进行检送、加工、包装、分割、组配等作业，并按时送达指定地点的物流活动。

从物流角度来说，配送几乎包含了所有物流功能要素，是物流的一个缩影，或是在较小范围内全部物流活动的体现。一般的配送集装卸、包装、保管、运输为一体，通过一系列活动完成将物品送达客户的目的。特殊的配送则还要以加工活动为支撑，所以，配送包括的内容十分广泛。

(7) 信息功能

物品从生产到消费过程中的运输数量和品种、库存数量和品种、装卸质量和速度、包装形态和破损率等信息都是影响物流活动的质量和效率的信息。物流信息是连接运输、保管、装卸、搬运和包装各环节的纽带，没有各物流环节信息的通畅和及时供给，就没有物流活动的时间效率和管理效率，也就失去了物流的整体效率。

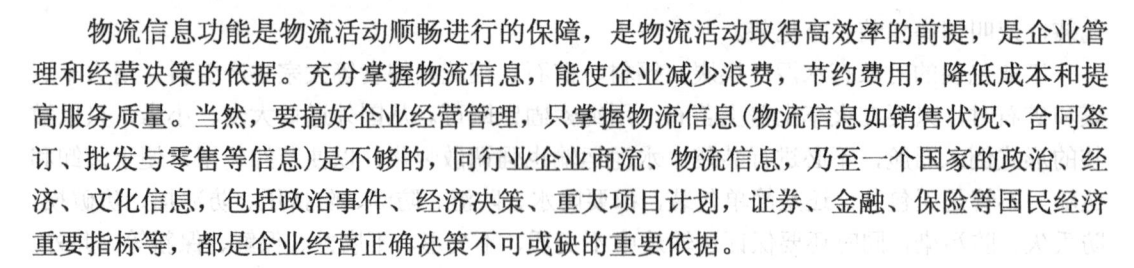

物流信息功能是物流活动顺畅进行的保障，是物流活动取得高效率的前提，是企业管理和经营决策的依据。充分掌握物流信息，能使企业减少浪费，节约费用，降低成本和提高服务质量。当然，要搞好企业经营管理，只掌握物流信息(物流信息如销售状况、合同签订、批发与零售等信息)是不够的，同行业企业商流、物流信息，乃至一个国家的政治、经济、文化信息，包括政治事件、经济决策、重大项目计划、证券、金融、保险等国民经济重要指标等，都是企业经营正确决策不可或缺的重要依据。

2. 物流的增值功能

物流增值功能主要包括增加便利性服务、加快反应速度的服务、降低成本的服务、延伸服务等。

1.1.5 现代物流相关理论和理念

物流价值的发现过程，是科学技术在物流领域应用的过程，也是物流学科形成及发展的过程。人们从不同角度对物流价值有了更多、更新的认识，促使物流学科逐渐成为一门综合性、系统性、应用性较强的交叉学科。

1. 物流价值的发现与现代物流学科的产生

(1)物流价值的发现

① 物流系统功能价值的发现。在第二次世界大战期间，美国军事物流有效支撑了庞大的战争机器，人们认识到物流系统的活动能有效实现以往需由许多活动才能完成的各种功能。

② 物流经济活动价值的发现。第二次世界大战后军事物流管理组织方式转移到社会经济活动中去，物流经济活动价值得到经济界、企业界的广泛认同。

③ 物流利润价值的发现。产业革命中，经济领域对于降低原材料成本的第一利润源和提高劳动生产率的第二利润源的挖掘始终未停止，但这两个利润源的潜力越来越小，利润开拓越来越困难，寻找新的利润源更为迫切，物流领域的潜力以及物流作为第三利润源的价值被人们所重视。

④ 物流成本价值的发现。据统计，物流成本占商品总价值的30%～50%，物流领域有非常大的降低成本空间，采用物流系统技术和现代物流管理方式之后，有效地弥补了原材料、能源、人力成本上扬的压力，人们认识到降低物流成本的价值。

⑤ 物流环境价值的发现。开发绿色物流，对改变环境、降低污染、实施可持续发展具有重大作用。

⑥ 物流对企业发展战略价值的发现。在现代物流技术支撑下建立稳定有效的供应链，以增强企业核心竞争能力，通过提供准时优质的客户服务，推出广泛配送方式及物流加工方式等使企业获得长远战略发展的能力。

⑦ 物流对国民经济发展价值的发现。在20世纪90年代末发生的亚洲金融危机中，以物流为主要支柱产业的新加坡、我国香港地区都有较强的抵御风险和危机的能力，其物流产业在国民经济中的地位和作用十分明显。

⑧ 物流对网络经济、电子商务的价值的发现。21世纪人类社会进入了网络经济和电子商务时代，信息时代的人们对物流也有了全新的认识。电子商务物流可以用虚拟的方式来进行表现，可以通过各种组合方式寻求物流的合理化解决方案。电子商务的网络特性可以使得电子商务对物流网络进行虚拟化控制，变革传统物流以商流为中心的运作方式。

(2) 现代物流学科的产生

物流领域为信息技术提供了广阔的发展空间，计算机网络通信等技术在物流领域中的研究及广泛运用，标志着现代物流学科的产生。

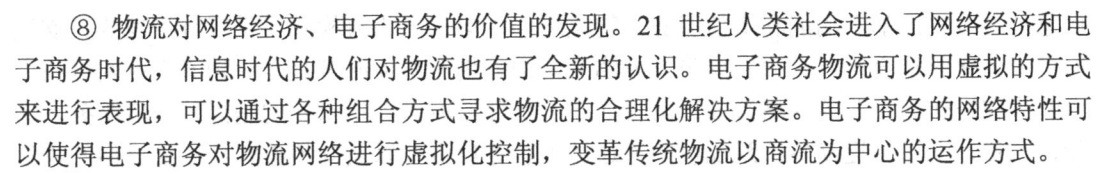

现代物流学科以信息技术为手段，以信息流为核心。信息流产生于商流、物流、资金流的经济活动中，是商流、物流和资金流活动的描述和记录，反映商流、物流和资金流的运动过程。信息流对商流、物流和资金流的运动起指导、控制作用，并为商流、物流和资金流的活动提供经济决策的依据。

信息系统是现代物流企业的灵魂，物流企业可以没有自己的仓库、车队等物流设施，但绝对不能没有物流信息系统。现代通信技术和网络技术的发展和应用，使得跨地区的及时信息交流和传递成为可能，加上网上支付趋于完善，使物流在较大范围内运作构建跨地区的物流网络成为可能。信息技术的不断进步为信息及时大规模传递创造了条件，反过来物流服务范围的扩大和物流组织管理手段的不断改进，促进物流能力和效率的提高。

2. 现代物流学科的属性及理论体系

(1) 物流学科作为边缘学科，包括研究目的、学科性质、研究对象及方法

物流学科研究的目的在于转变传统认识，加快人才培养，提高企业核心竞争力，促进我国物流产业的可持续发展。作为边缘学科的物流学科涉及自然科学与社会科学，是多门学科的集成。物流学科与系统论、运筹学、经济学、管理学、工程学的关系，是现代物流学科研究的基础，其理论与方法是在综合多学科的基本概念、原理、理论的基础上而形成的。在组织物流运行的过程中，产业组织学、流通经济学、交通运输经济学、市场营销学、国际贸易、信息科学、统计学、经济地理和工程学等学科内容必然反映到物流管理之中。对于物流学科的研究，应当构筑在已有学科理论基础之上，将传统学科集成起来，以集成的传统学科为依据，以崭新的物流概念、理论、技术、模式的运用为出发点，形成新兴的现代物流学科。

(2) 物流学科的体系核心是物流学科的基本概念、基本理论和基本原则

物流学科的基本概念如物流、现代物流、现代物流技术、配送、物流中心、配送中心，第三方物流、第四方物流、供应链管理等，要理解、研究物流问题必须借助这些基本概念。物流学科与其他学科的研究一样，是通过对这些基本概念的延伸研究而展开的。理论是由概念和原则组成的，物流学科体系的建立离不开对物流基本概念和原则的研究，物流基本概念和原则就是决定它思想内容的成分，各门学科都有一系列概念与原则。

(3) 物流系统的要素及功能

物流系统的要素及功能包括物流系统运输、存储、装卸搬运、包装、流通加工、配送、

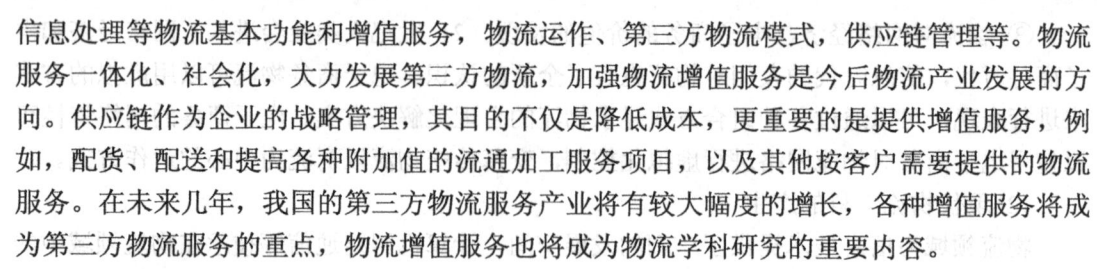

信息处理等物流基本功能和增值服务，物流运作、第三方物流模式，供应链管理等。物流服务一体化、社会化，大力发展第三方物流，加强物流增值服务是今后物流产业发展的方向。供应链作为企业的战略管理，其目的不仅是降低成本，更重要的是提供增值服务，例如，配货、配送和提高各种附加值的流通加工服务项目，以及其他按客户需要提供的物流服务。在未来几年，我国的第三方物流服务产业将有较大幅度的增长，各种增值服务将成为第三方物流服务的重点，物流增值服务也将成为物流学科研究的重要内容。

(4) 网络经济环境下商流、物流和信息流之间的关系

现代物流是网络经济的重要支撑力量，需要研究新经济环境下商流、物流和信息流之间的关系。信息流贯穿于商务活动的始终，引导着商务活动的发展。物流是商流的继续，是商务活动中实际的物资流通过程，同样需要信息流的引导和整合。在环环相扣的物流过程中，虚拟的场景和路径简化了操作程序，极大地减少了失误和误差，大大节省了每个环节之间的停顿时间。

(5) 电子商务与现代物流的关系及信息技术在物流领域的应用

现代物流是建立在以信息技术和电子商务为平台的基础之上的。物流管理除了要研究物质实体运动本身，还要研究电子商务与现代物流的关系，以及信息技术在物流领域的应用。现代物流管理的显著特点之一是实现系统化、网络化和计算机的信息化管理，包括现代物流技术手段和方法、物流技术标准、物流作业规范、物流基础设施设备、物流信息技术、物流信息平台等方面的研究。

当今社会实物活动日益受到信息技术的影响，随着国际互联网的日益普及，全球范围的电子商务和网络营销的发展，加快了世界经济的一体化，使国际物流在整个商务活动中占有举足轻重的地位。电子商务带来了对物流的巨大需求，推动了现代物流学科的进一步发展，促进了物流技术水平的提高，把物流业提升到了前所未有的高度，而物流是实现电子商务的重要保证。

3. 现代物流的观念和理念

(1) 物流系统的概念

物流系统是一个复杂的、庞大的系统。物流系统具有一般系统共有的特点，即整体性、相关性、目的性、环境适应性，同时具有规模庞大、结构复杂、目标众多等大系统所具有的特征。

(2) 现代物流的"7R"理论

现代物流："在合适的时间、合适的地点和合适的条件下，将合适的产品以合适的方式和合适的价格提供给合适的消费者。"即所谓的 7R(Right) 定义。"7R"理论是以满足客户需求为前提和出发点的，进而使社会生产链得以改造。

(3) "黑大陆""冰山""第三利润源"理论

1962 年，美国学者德鲁克(Peter F. Druker)在《财富》杂志上发表的一篇题为"经济的黑暗大陆"的文章中指出"消费者所支出的商品价格的约50%是与商品流通活动有关的费用，物流是降低成本的最后领域，在整个物流活动发生的费用中，在库费用是最大的一部分"。即所谓"黑大陆"理论。

1970 年，日本早稻田大学教授西泽修在《主要社会的物流战》一书中阐述道："现在

的物流费用犹如冰山，大部分潜在海底，可见费用只是露在海面的一小部分。"即物流"冰山"理论。西泽修在《流通费用》一书中，把改进物流系统称之为尚待挖掘的"第三利润源"。从历史发展来看，人类历史上曾经有过两个大量提供利润的领域，第一个是资源领域，第二个是人力领域。资源领域起初是廉价原材料、燃料的掠夺或获得，其后则是依靠科技进步，节约能耗，综合利用、回收利用乃至大量人工合成资源而获取高额利润的，习惯称之为"第一利润源"。人力领域最初是廉价劳动，其后则是依靠科技进步提高劳动生产率，降低人力消耗或采用机械化、自动化来降低劳动耗用从而降低成本、增加利润的，这个领域习惯称作"第二利润源"。在前两个利润源的利润越来越小、开拓越来越困难的情况下，物流领域的潜力被人们所重视，按时间序列排为"第三利润源"。"第三利润源"学说基于以下几个方面的认识：

① 物流是可以完全从流通中分化出来，自成一个独立运行的、有本身的目标、本身的管理的系统，因而能对其进行独立的、总体的判断。

② 物流和其他独立的经营活动一样，它不是总体成本的构成因素，而是单独的盈利因素，物流可以成为"利润中心"型的独立系统。

③ 从物流服务角度来讲，通过有效的物流服务，可以给接受物流服务的生产企业创造更好的盈利机会，成为生产企业的"第三利润源"。

④ 通过有效的物流活动，可以优化社会经济系统和整个国民经济的运行，降低国民经济的总成本，提高国民经济的总效益，将此看成为整个经济的"第三利润源"。

(4) "效益背反"说

"效益背反"是物流领域中很经常、很普遍的现象，是这一领域中内部矛盾的反映和表现。

"效益背反"指的是物流的若干功能要素之间存在着损益的矛盾，即某一个功能要素的优化和利益发生的同时，必然会存在另一个或另几个功能要素的利益损失，反之亦然。这是一种此消彼长、此盈彼亏的现象。在物流运行中也存在着成本与服务的"效益背反"性。在认识效益背反的规律之后，物流学科也就迈出了认识物流功能要素这一步，从而寻求解决和克服各功能要素效益背反现象的方法。

(5) "成本中心"说

"成本中心"是指物流在整个企业战略中，只对企业营销活动的成本发生影响。物流是企业成本的重要生成点，成本的降低主要是通过物流的一系列活动降低的。成本中心既是指主要成本的生成点，又是指降低成本的关注点。物流是"降低成本的宝库"等说法正是这种现象的形象表述。

(6) "利润中心"说

"利润中心"是指物流可以为企业提供大量直接和间接的利润，是生产企业经营利润的主要活动。非但如此，对国民经济而言，物流也是国民经济中创造利润的主要活动。物流的这一作用，被表述成"利润中心"。

(7) "服务中心"说

这种观点认为，物流活动最大的作用，并不在于为企业节约了消耗、降低了成本或增加了利润，而是在于提高企业对用户的服务水平，进而提高企业的竞争力。通过物流的服务保障，企业以其整体能力来压缩成本、增加利润。

(8)"企业战略"说

英国的约翰·盖内特所著的《有效的物流管理》一书中提出，物流具有战略挑战性，是企业发展的战略而不是一项具体的任务。物流会影响企业总体的生存和发展，应该说这种看法把物流放在了很高的位置。将物流和企业的生存与发展直接联系起来的"企业战略说"的提出，对促进物流的发展具有重要意义。企业不追求物流的一时一事的效益，而着眼于总体和长远，因此，物流本身的战略性发展被提到议事日程上来。

(9)"商务分离"说

所谓商务分离，是指流通中两个组成部分——商业物流和事物物流，各自按照自己的规律和渠道独立运动，这是物流学科赖以存在的先决条件。

现代物流观念是建立在经济发展和科学进步基础上的，除上述理论外，还包括全球化观念、物流一体化观念、精益物流观念、以顾客满意为第一观念、无库存观念、物流信息化观念和绿色物流观念等。

1.2 电子商务与物流

1.2.1 电子商务与物流的关系

电子商务是 20 世纪信息化、网络化的产物。电子商务作为互联网上最大的应用领域，已引起了世界各国政府的广泛重视和支持，受到了企业界和民众的普遍关注，并得到了快速的发展。

1. 电子商务对物流的影响与作用

电子商务不仅内涵丰富，而且外延也十分广泛，指在互联网上进行的商务活动。从广义上来讲，它不仅可以进行有形商品的商务活动，也可以进行无形产品的商务活动。近几年来，随着电子商务环境的不断改善，电子商务得到了较大的发展。

电子商务活动对物流的基本影响与作用，主要从两个方面进行。一是电子商务这种交易方式对物流的影响。有形商品的网上商务活动作为电子商务的一个重要构成方面，在近几年中也得到了迅速的发展。如何在交易完成后，保证交易的对象——商品在消费者所需要的时间内送到消费者的手中，不仅是电子商务的需要，还是物流的职能，物流的职能要求它应完成这一运动。二是电子商务技术对物流所产生的影响。电子商务不仅是一种新的交易方式，也是一种新工具、新技术的应用，对于物流来说，作为一种经济活动，它也需要新工具、新技术的支持，并将其应用于自身的活动之中，以提高物流效率、降低物流成本。

电子商务对物流的影响，主要表现在以下几个方面：

(1)电子商务将改变人们传统的物流概念

电子商务作为一个新兴的商务活动，为物流创造了一个虚拟的运动空间。在电子商务的状态下，人们在进行物流活动时，物流的各种职能及功能可以通过虚拟化的方式表现出来，在这种虚拟化的过程中，人们可以通过各种组合方式寻求物流的合理化，使商品实体在实际的运动过程中，达到效率最高、费用最低、距离最短、时间最少的功能。

(2) 电子商务将改变物流的运作方式

首先，电子商务可使物流实现网络的实时控制。传统的物流活动在其运作过程中，无论是以生产为中心，还是以成本或利润为中心，实质都是以商流为中心的。从属于商流活动，因而物流的运作方式是紧紧伴随着商流来运动的(尽管其也能影响商流的运动)。而在电子商务下，物流的运作是以信息为中心的，信息不仅决定了物流的运动方向，而且也决定着物流的运作方式。在实际运作过程中，通过网络上的信息传递，可以有效实现对物流的实时控制，实现物流的合理化。其次，网络对物流的实时控制是以整体物流来进行的。在传统物流的活动中，虽然也有依据计算机对物流进行实时控制的，但这种控制是以单个的运作方式来进行的。例如，在实施计算机管理的物流中心或仓储企业中，所实施的计算机管理信息系统，大都是以企业自身为中心来管理物流的，而在电子商务时代，网络全球化的特点，可使物流在全球范围内实施整体的实时控制。

(3) 电子商务将改变物流企业的经营状态

首先，电子商务将改变物流企业对物流的组织和管理。在传统经济条件下，物流往往是从某一企业的角度进行组织和管理的，而电子商务则要求物流从社会的角度来实行系统的组织和管理，以打破传统物流分散的状态。这就要求企业在组织物流的过程中，不仅要考虑本企业的物流组织和管理，还要考虑全社会的整体系统。其次，电子商务将改变物流企业的竞争状态。在传统经济活动中，物流企业之间存在激烈的竞争，这种竞争是通过本企业提供优质服务、降低物流费用等方面来进行的。在电子商务时代，这些竞争内容依然存在，但有效性却大大降低了，原因在于电子商务需要一个全球性的物流系统来保证商品实体的合理流动，对于一个企业来说，即使它的规模再大，也难以达到这一要求。这就要求物流企业应相互联合起来，在竞争中形成一种协同竞争的状态，实现物流的高效化、合理化、系统化。

(4) 电子商务将促进物流基础设施的改善和物流技术与物流管理水平的提高

首先，电子商务将促进物流基础设施的改善。电子商务高效率和全球化的特点，要求物流必须达到这一目标。而物流要达到这一目标，良好的交通运输网络、通信网络等基础设施是最基本的保证。其次，电子商务将促进物流技术的进步。物流技术主要包括物流硬技术和软技术。物流硬技术是指物流过程中所需要的各种材料、机械和设施等；物流软技术是指组织高效率的物流所需要的计划、管理、评价等方面的技术和管理办法。从物流环节来考察，物流技术包括运输技术、保管技术、装卸技术、包装技术等。物流技术水平的提高是实现物流效率提高的一个重要因素，建立一个适应电子商务运作的高效率的物流系统，对提高物流的技术水平有着重要的作用。最后，电子商务将促进物流管理水平的提高。物流管理水平的高低直接决定和影响着物流效率的高低，也影响着电子商务高效率优势能否实现的问题。只有提高物流的管理水平，将建立的科学合理的管理手段和方法应用于物流管理当中，才能确保物流的畅通进行，实现物流的合理化和高效化，促进电子商务的发展。

(5) 电子商务对物流人才提出了更高的要求

电子商务要求物流管理人员不仅具有较高的物流管理水平，而且具有较高的电子商务知识，并在实际运作过程中能有效地将两者有机地结合在一起。

2．物流在电子商务中的地位与作用

物流在电子商务中的地位主要表现在以下几个方面：

(1) 物流是电子商务概念的重要组成部分

虽然对于电子商务的定义，至今也没有最终的标准定论，但可以从物流角度出发，将现有的电子商务归为两大类。

第一类定义是由美国一些 IT 厂商提出的，将电子商务定位于"无纸贸易"。

① IBM 对电子商务的定义包括企业内部网（Intranet）、企业外部网（Extract）和电子商务（E-commerce）三个部分。它所强调的网络计算环境下的商业应用，不仅是硬件和软件的结合，也不仅是通常意义所强调的交易意识的狭义的电子商务，而是把买方、卖方、厂商及其合作伙伴在互联网、企业内部网和企业外部网中结合起来的应用。

② 康柏在其电子商务解决方案中这样定义电子商务："电子商务就是引领客户、供应商和合作伙伴业务操作的流程连接"。

③ 电子商务是通过电子方式在网上实现物资与人员流程的协调，以实现商业交换活动的过程。

④ 电子商务是一种商务活动的新形式，它通过采用现代信息技术手段，以数字化通信网络和计算机装置替代传统交易过程中纸质信息载体的存储、传递、统计、发布等环节，从而实现商品服务交易以及交易管理等活动的全过程无纸化，并达到高效率、低成本、数字化、网络化、全球化的目的。

无论从电子化工具还是电子化对象来看，这类定义都没有将物流包含在内，其原因主要在于美国在电子商务概念推出之初，就拥有强大的现代化物流体系，只要将电子商务与其进行对接即可，而并非意味着电子商务不需要物流的电子化。事实上，如果电子商务不能涵盖物流，甚至将货物的送达过程排除在外，那么这样的电子商务就不是真正意义上的电子商务。

因此，国内一些专家在定义电子商务时，已经注意到要将国外的定义与我国的现状相结合，扩大定义范围，于是提出了包含物流电子化在内的第二类电子商务定义。

① 电子商务是实施整个贸易活动的电子化。
② 电子商务是一组电子工具在商务活动中的应用。
③ 电子商务是电子化的购物市场。
④ 电子商务是从售前到售后支持的各个环节实现电子化、自动化。

在第二类电子商务定义中，电子化的对象是整个交易过程，不仅包括信息流、商流、资金流而且还包括物流；电子化的工具也不仅指计算机和网络通信技术，还包括叉车、自动导引车、机械手臂等自动化工具。可见，从根本上来说，物流电子化应是电子商务概念的组成部分，缺少了现代化的物流过程，电子商务就不完整。

(2) 物流是电子商务的基本要素之一

电子商务的概念模型中物流的地位，可以将实际运作中的电子商务活动过程抽象描述成电子商务概念模型。电子商务的概念模型由电子商务实体、电子市场、交易事务和商流、物流、信息流及资金流等基本要素构成，如图1-1所示。

在电子商务的概念模型中，企业、银行、商店、政府机构和个人等能够从事电子商务的客观对象被称为电子商务实体，电子市场是电子商务实体在网上从事商品和服务交换的场所，在电子市场中，各种商务活动的参与者利用各种通信装置，通过网络连接成一个统一的整体，交易事务是指电子商务实体之间所从事的如询价、报价、转账支付、广告宣传、商品运输等具体的商务活动内容。

电子商务的任何一笔交易都是由商流、物流、信息流和资金流四个基本部分组成，在电子商务概念模型的建立过程中，强调商流、信息流、资金流和物流的整合，其中，信息流十分重要，它在一个更高的位置上实现对流通过程的监控。

① "四流"构成流通体系。近年来，人们提到物流的话题时，常与商流、信息流和资金流联系在一起，这是因为从某种角度讲，商流、物流、信息流和资金流是流通过程中的四大相关部分，由这"四流"构成了一个完整的流通过程。如图1-2所示，将商流、物流、信息流和资金流作为一个整体来考虑和对待，会产生更大的能量，创造更大的经济效益。

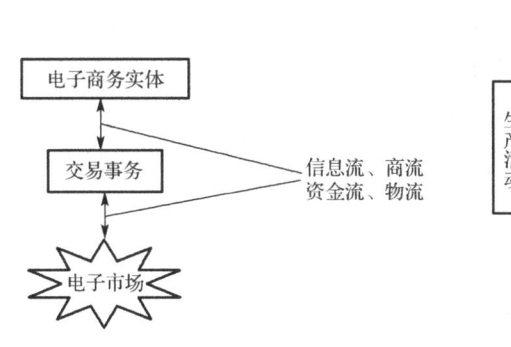

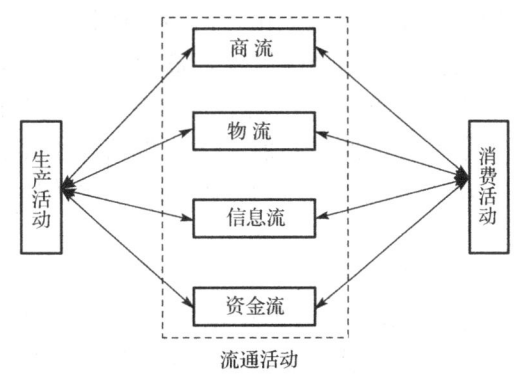

图1-1 电子商务的概念模型　　图1-2 流通活动中的商流、物流、信息流、资金流

商流：指商品在购、销之间进行的交易和商品所有权转移的运动过程，具体是指商品交易的一系列活动。

物流：指交易的商品或服务等物质实体的流动过程，具体包括商品的运输、存储、装卸、保管、流通加工、配送、物流信息管理等各种活动。

信息流：指商品信息的提供、促销行销、技术支持、售后服务等内容，也包括如询价单、报价单、付款通知单、转账通知单等商业贸易单证及交易方的支付能力和支付信誉。

资金流：主要指交易的资金转移的过程，包括付款、转账等。

② "四流"之间的相互关系。"四流"互为依存，密不可分，相互作用，它们既有独立存在的一面，又有互动的一面。通过商流活动发生商品所有权的转移，商流是物流、资金流和信息流的起点，也可以说是后"三流"的前提，一般情况下，没有商

流就不太可能发生物流、资金流和信息流；反过来，没有物流、资金流、信息流的匹配和支撑，商流也不可能达到目的。同时，商流、物流、信息流、资金流各有独立存在的意义，并且各有自身运行的规律，"四流"是一个相互联系、相互伴随、共同支撑流通活动的整体。

例如，A企业与B企业经过商谈达成了一笔供货协议，确定了商品价格、品种、数量、供货时间、交货地点、运输方式并签订了合同，也可以说商流活动开始了，要认真履行这份合同，下一步要进入物流过程，即货物的包装、装卸搬运、保管、运输等活动，如果商流和物流都顺利进行了，接下来进入资金流的过程，即付款和结算。无论是买卖交易，还是物流和资金流，这三个过程都离不开信息的传递与交换，没有及时的信息流，就没有顺畅的商流、物流和资金流，没有资金的支付，商流就不成立，物流也就不会发生。

在电子商务中，交易的无形商品如各种电子出版物、信息咨询服务以及有价信息软件等可以直接通过网络传输的方式进行配送；而对于大多数有形的商品和服务来说，物流仍然要由物理的方式进行传输。电子商务环境下的物流，通过机械化、自动化工具的应用和准确、及时的物流信息对物流过程的监控，使物流速度加快、准确率提高，能有效减少库存，缩短生产周期。电子商务交易过程的实现，自始至终都需要这"四流"的协调配合，对电子商务的理解不应该仅停留在对前"三流"的重视上，在强调"三流"的电子化、网络化的同时，还应加强物流的电子化过程。在电子商务的概念模型中，强调信息流、商流、资金流和物流的整合，而信息流作为连接的纽带贯穿于电子商务交易的整个过程中，起着串联和监控的作用。事实上，随着互联网技术和电子银行的发展，前"三流"的电子化和网络化已可以通过信息化技术和通信网络来实现了，而物流作为"四流"中最为特殊和必不可少的一种，其过程的逐步完善需要经历一个较长的时期。

(3)物流是电子商务流程的重要环节

无论哪一模式的电子商务交易流程都可以归纳为以下六个步骤：

① 在网上寻找产品或服务的信息，发现需要的信息；
② 对找到的各种信息进行各方面的比较；
③ 交易双方就交易的商品价格、交易方式和时间等进行洽谈；
④ 买方下订单、付款并得到卖方的确认信息；
⑤ 买卖双方完成商品的发货、仓储、运输、加工、配送、收货等活动；
⑥ 卖方为客户提供售后服务和技术支持。

在上述步骤中，"商品的发货、仓储、运输、加工、配送、收货"实际上是电子商务中的物流过程，这一过程在整个流程中是实现电子商务的重要环节和基本保证。

物流对电子商务的发展起着十分重要的作用。我们应该摒弃忽视物流的观念，大力发展现代物流，通过重新构筑电子商务的物流体系来推广电子商务。现代物流的发展有利于扩大电子商务的市场范围，协调电子商务的市场目标；物流技术的研究和应用有利于实现基于电子商务的供应链集成，提高电子商务的效率与效益，有效支持电子商务的快速发展，使电子商务成为最具竞争力的商务形式。

小案例

某单位搬进新办公地点后要购买几台空调,这个单位的采购人员可能直接去商店选购,也可能打电话或网上订购,由此就产生了商流活动,进而产生资金流(如现金支付、支票付款或银行转账)和信息流。可是只完成这些,商家还必须将空调送到买家手中,最终还是少不了运输、装卸等物流过程。

那么,怎样才能保证将卖出去的空调按买家要求的时间、地点和数量,准确、安全地送货上门呢?首先,出售空调的商店里有库存,或者商店给厂家打电话,从厂家仓库提货。无论是从商店提货,还是从厂家仓库提货,都需要用运输工具将空调运过去。如果销售量过于集中,运输工具及相关人员调配不过来怎么办?如果厂家仓库里缺这种型号的空调又怎么办?这都属于物流要解决的问题。再说得复杂一点,假如厂家对空调的销售量预测得不准确,预测的销售量大于市场需要,就会产生库存积压,增加仓储成本,占压生产流动资金;如果厂家预测的销售量小于市场需要,不但少赚利润,失去市场,而且还可能影响企业声望。怎样才能既不增加仓储成本和占压资金,又能保证供货呢?这就要构筑一个先进、合理的物流系统,使相关企业及时掌握各种信息,准确地进行市场需求预测。例如,首先要进行商品需求、消费者购买力、市场容量、销售时点、销售量等基础性调查研究,然后,在进行信息分析的基础上,指定一个与商流相配套的物流规划,最后根据市场情况,决定配送中心的数量和规模及如何构筑配送网络等。

案例点评:物流是受商流制约,随商流变化而变化的。企业往往为了占领市场、提高销售量而牺牲物流利益。因此,在当前竞争激烈的商品经济社会中,要加强对物流问题的研究和对信息技术等现代科学手段的充分利用。

3. 电子商务与物流的关系

(1)物流对电子商务的制约与促进

没有一个完善的物流体系,电子商务特别是网上有形商品的交易难以得到有效的发展。反过来,一个完善的物流体系是电子商务,特别是网上有形商品交易发展的保障。

有形商品的网上交易活动作为电子商务的一个重要构成方面,在近几年中也得到了迅速的发展,在这一发展过程中,没有一个高效的、合理的、畅通的物流体系,电子商务所具有的优势就难以得到有效的发挥;没有一个与电子商务相适应的物流体系,电子商务就难以得到有效的发展。

(2)电子商务对物流的制约与促进

电子商务对物流的制约主要表现在:当网上有形商品的交易规模较小时,不可能形成一个专门为网上交易提供服务的物流体系,这不利于物流的专业化和社会化的发展。电子商务对物流的促进主要表现在电子商务技术会促进物流的发展。

众所周知,在人类社会经济的发展过程中,物流的每一次变革都是由其活动的客观环境和条件发生变化所引起的,并由这些因素来决定其发展方向。在人类迈入21世纪信息化、知识化社会之际,作为以信息化和知识化为代表的电子商务正是在适应这一趋势的环境下产生的,它具有传统商务活动无法比拟的众多优势,代表了商务活动的发展方向和未来,具体体现在以下几个方面:

① 电子商务具备的高效率特点，是人类社会经济发展所追求的目标之一；
② 电子商务所具备的个性化特点，是人类社会发展的一个方向；
③ 电子商务费用低的特点，是人类社会进行经济活动的一个目标；
④ 电子商务所具备的全天候的特点，使人们解除了交易活动所受的时间束缚；
⑤ 电子商务所具备的全球化的特点，使人们解除了交易活动所受的地域束缚，大大地拓宽了市场主体的活动空间。

视野拓展

淘宝与物流的关系

淘宝网等平台式购物网站力推诚信保障体系，降低了消费者转向网购的心理门槛，推动网络购物应用在网民中的渗透。淘宝网目前已经发展成为亚太地区最大的C2C购物网站，日交易规模达600万笔以上。C2C物流配送是指物流配送企业针对客户的需求，进行一系列分类、编码、整理、配货等理货工作，按照约定的时间和地点将确定数量和规格要求的商品传递到用户的活动及过程。淘宝网主要业务在于网上零售商品，目前它也是国内比较大的拍卖网站，也是全亚洲最大的购物网站。由于消费者的折扣及方便心理，业务量大的都是体积小的商品，决定了淘宝物流配送小规模、多频次的格局。淘宝网物流模式与淘宝网交易网站平台、物流公司、卖家、买家息息相关。这条产业链中，物流、信息流、商流、资金流实现了完整的电子信息化，只有将货物的实体流动实现好，才能使整个产业链的价值得以实现。

小案例

多点（Dmall）公司成立于2015年4月，是基于O2O（Online to Offline，线上到线下）的生活电商。多点公司的商业理念是致力于为用户提供"高品质、低价格、好服务"的同时，也为合作商家提供"新零售"全方位技术支持，推动零售行业消费升级。目前，多点公司已入驻北京、天津、杭州、银川、武汉等多个重点城市，与物美、新百、中百等多个商家合作，为3000多万超市消费者提供优质的生活电商服务。

多点公司作为一家线上线下一体化的全渠道新零售平台，一直采用联合线下零售商共同"双打"的合作模式进行发展，依托与本地大型商超的深度结合，提供高品质、低价格、两小时送达的优质服务。与家电、手机等传统商品不同，生鲜商品的仓储和配送成本较高，且非常容易过期、损坏，这使物流成本进一步增加。因此，对于多点公司来说，为了更好地控制物流成本，其仅仅关注同城配送环节是远远不够的，需要将管理视角拓展至供应链、仓储、拣货、配送等多个环节，以实现物流管理的全程优化。

为此，多点公司独创了"第三种"商业模式，即与传统商超共享供应链，进行线上线下深度融合。通过系统级联动，提高商超运营效率、优化顾客购物体验。与众多的电商平台相比，多点公司更倾向于去改造传统超市，通过实施"多点+"模式，实现了对传统零售的8大升级：用户升级、收银支付升级、门店管理升级、商品升级、供应链升级、门店商圈升级、技术升级、模式复制升级。通过对传统零售商的升级改造，多点公司的物流优势在以下几个方面显现出来：

(1) 打造供应链的前置仓模式

前置仓模式是多点公司与超市在改造线下供应链中的一个创新。在前置仓模式下，多点公司不需要自己去建仓，而是对每个门店的畅销品实行买断后，在超市的后仓划出一片区域直接拣货。同时在卖场后仓设置有 30~50 个专属前置仓，用于放置爆款产品，并将线下商超变成了电子化仓库，实现与超市之间的供应链共享，进而打造实体店+B2C+B2B 的商业模式。供应链的前置仓模式实现了商超 24 小时多业态作业，让商超在时间空间上效能最大化，进而实现仓库的高效运转。

(2) 构建低成本高效率的物流配送体系

在成本控制方面，线上订单的拣货配送任务大多由多点公司内部员工承担，还有一部分的配合工作由第三方物流人员和卖场员工来承担。其中，30%左右的配送任务归快牛、美团外卖等第三方快递公司完成，20%左右的则由卖场员工完成，这可以降低物流配送的人力成本。

(3) 实现线上线下一体化融合

多点公司为线下门店提供了仓、配、售一体化服务，通过线上线下一体化融合，可以整体提高物流运行效率。利用大数据技术帮助商家进行选品优化，提高了线下门店的经营效益；通过设置快速周转的前置仓，提高了线下门店原本的运行效率并节约了成本；同时配合电子价签的实时更新功能，可以帮助门店及时补货、快速拣货；通过提供配送服务，使整个线下门店的辐射半径直接可以覆盖周边 3000 米；通过线下用户互联网化升级为电子会员，既保证原有客户不流失，又让互联网用户持续加入，提高了复购率和转化率。

(资料来源：多点公司官网)

案例点评：在此案例中，多点公司实现了与战略合作伙伴之间在技术、商品、库存、仓储、会员、营销等方面的合作，成为线上线下一体化全渠道新零售平台。随着电子商务的不断发展，现代物流对电子商务的支持作用将越发凸显。

1.2.2 电子商务物流的概念及特征

1. 电子商务物流的概念

电子商务物流就是在电子商务的条件下，依靠计算机技术、互联网技术、电子商务技术以及信息技术等所进行的物流(活动)。

> **视野拓展**
>
> **电子商务物流与传统商务物流的关系**
>
> 1. 电子商务物流与传统商务物流的相同点
>
> (1) 目的都是将货物送达客户处；

(2)基本业务是一样的，包括进货、进货验收、存放、养护、盘点、拣选、分拣、组配、装运和配送。

2．电子商务物流与传统商务物流的不同点

(1)电子商务的每个订单均要求送货上门，而传统商务则不需要；

(2)电子商务的物流成本很高，配送线路的规划、配送日程的调度、配送车辆的合理利用难度更大。

2．电子商务物流的特征

电子商务物流的特征主要表现在以下几个方面：

(1)物流信息化

在电子商务时代，要提供最佳的物流服务，物流系统必须要有良好的信息处理和信息传输系统。计算机的普遍应用提供了更多的需求和库存信息，提高了信息管理的水平。电子数据交换技术与国际互联网的应用，使物流效率的提高更多地依赖于信息化管理技术，物流的信息化对商品流动的管理更加方便、准确和迅速，从而保证了商品与生产要素在全球范围内以空前的速度流动。

在物流信息化比较先进的美国，商品进出口的报关公司与码头、机场、海关信息联网，当货物从世界某地起运，客户便可以从该公司获得到达口岸的准确位置和时间，使收货人与各仓储、运输公司等提前做好准备，可以使商品在几乎不停留的情况下，快速流动直达目的地。可以说，现代化的信息管理是现代化物流的基础和保证。

物流信息化既是电子商务的必然要求，也是物流现代化的基础。没有信息化，任何先进的技术设备都不可能应用于物流领域。物流信息化具体表现为物流信息的商品化、物流信息收集的数据库化和代码化、物流信息处理的电子化和计算机化、物流信息传递的标准化和实时化、物流信息存储的数字化等。在物流信息化过程中，将涉及许多信息技术的应用。因此，条码技术、数据库技术、电子订货系统、电子数据交换、快速反应及有效的客户反应、企业资源计划等技术与观念在我国现代物流发展中将会得到普遍的应用。

(2)物流自动化

物流自动化是以信息化为基础，以机电一体化为核心，以无人化为外在表现，以扩大物流作业能力、提高劳动生产率、减少物流作业差错和省力化为其效果的最终体现。物流自动化的设施非常多，如条码/语音/射频自动识别系统、自动分拣系统、自动存取系统、自动导引车、货物自动跟踪系统等。这些设施在发达国家已普遍应用于物流作业流程中，而在我国由于物流业起步晚、发展水平低，自动化技术的普及还需要相当长的时间。

(3)物流网络化

物流网络化已成为电子商务下物流活动不可阻挡的趋势和重要特征之一，同时，互联网的发展及网络技术的普及也为物流网络化提供了良好的外部环境。物流网络化包括两层含义：一是物流配送系统的计算机通信网络，借助于网络(VAN)上的电子订货系统和电子数据交换技术来自动实现配送中心与供应商和下游顾客之间的通信联系；二是组织的网络化，即利用内部网(Intranet)采取外包的形式组织生产，再由统一的物流配送中心将商品迅速发给客户，这一过程离不开高效的物流网络的支持。例如，我国台湾地区的计算机业在20世纪90年代创造出了"全球运筹式产销模式"，这种模式的基本特点是按照客户订单组织生产，生产采取分散形式，即利用全球计算机资源，采取外包的形式将一台计算机的所有零部件、元器件、芯片外包给世界各地的制造商去生产，然后通过全球的物流网络将这些零部件、元器件和芯片发往同一个物流配送中心进行组装，由该物流配送中心将组装的计算机迅速发给预订的客户。

(4) 物流智能化

由于物流作业中大量的运筹和决策(如库存水平的确定、运输路径的选择、自动分拣机的运行等)都需要借助于大量的专业知识才能解决，所以物流智能化已成为电子商务物流发展的一个新趋势。同时，物流智能化作为自动化、信息化的一种高层次应用，还存在着一些技术难题，它的实现离不开专家系统、机器人等相关技术的支持。

(5) 物流柔性化

柔性化本来是为实现"以顾客为中心"理念而在生产领域提出的，但要真正做到柔性化，即能真正地根据消费者的需求变化来灵活调节生产工艺，没有配套的柔性化物流系统是不可能达成的。柔性化物流是配合生产领域中的柔性制造而提出的一种新型物流模式。物流柔性化对配送中心的要求就是根据多品种、小批量、多批次、短周期的全新消费需求，灵活有效地组织和实施物流作业。

电子商务的发展，对物流配送环节提出了更高的要求，从原材料的采购供应到产成品的销售运输以及最终顾客的配送服务，都需要一个完善的物流体系来支撑整个商务流程的交易活动，做到及时准确的物流服务、简捷快速的配送流程、尽可能低的成本费用和良好的顾客服务。在这样的需求下，要想与电子商务发展的要求相协调，物流必须向以下几个方面发展：第一，电子商务下物流系统要求物流的运作方式信息化、网络化；第二，电子商务下物流系统要求物流的作业流程标准化、自动化；第三，电子商务下物流系统要求物流的反应能力高速度化、系统化；第四，电子商务下物流系统要求物流动态调配能力个性化、柔性化；第五，电子商务下物流系统要求物流的经营形态社会化、全球化。

> **视野拓展**
>
> **电商快递物流：头部企业集中，顺丰市场占有率超 15%**
>
> 近年来，电子商务平台的迅速发展为居民购物带来了便利，快递行业伴随着网络购物的兴盛迎来爆发式增长，以快递业务为核心的物流企业实现了营业收入的快速增长，对国内物流竞争格局带来了巨大冲击。以快递业务为核心的顺丰控股、京东物流、苏宁物流已经跻身于我国物流企业 50 强，同时被普通消费者所熟知的"三通一达"在近年来也实现了营业收入的快速增长。
>
> 2020 年我国快递业务收入为 8750 亿元，同比增长 16.7%。根据快递业主要上市企业 2020 年的营业收入进行计算，顺丰以 909.43 亿元排在第一位，从市场规模占比来看，顺丰的市场规模占比已经超过 15%，达到 15.1%。从企业的具体营业收入数据来看，目前顺丰毫无疑问占据我国快递业的龙头地位，2020 年其营业收入超过 900 亿元。在"三通一达"中，仅圆通的营业收入就超过了 200 亿元，中通、申通、韵达均在 190 亿元左

右。但是从营业收入增速来看，顺丰 2020 年同比增长 28%，居于五家上市快递企业第一位。

1.2.3 电子商务物流的一般流程

电子商务的优势之一就是能优化业务流程，降低企业运作成本。而电子商务下企业成本优势的建立和保持必须以可靠的、高效的物流作为保证，这也是现代企业在竞争中取胜的关键。

1. 普通商务物流流程

在普通商务物流流程中，物流作业流程与商流、信息流和资金流的作业流程综合在一起，更多地围绕企业的价值链，以实现价值增值为目的安排每一个配送环节，如图 1-3 所示。

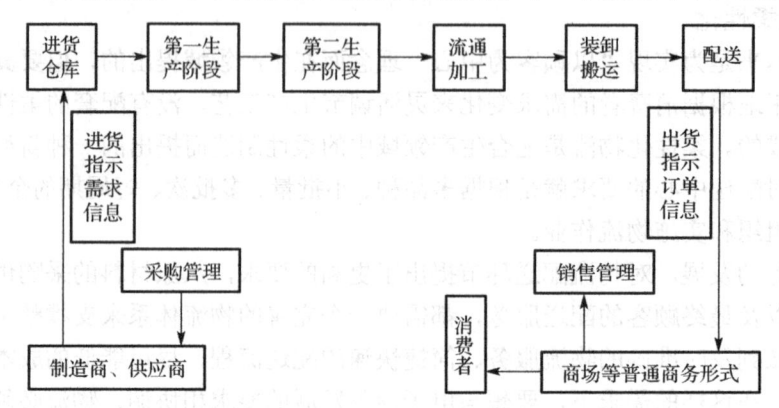

图 1-3　普通商务物流流程

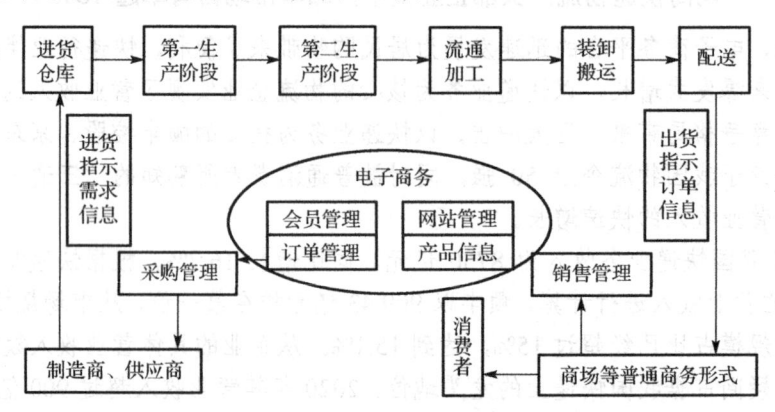

2. 电子商务物流流程

电子商务的发展及其对配送服务体系的配套要求，极大地推动了物流的发展。与普通商务物流流程相比，电子商务物流流程在企业内部的微观物流流程上是相同的，都具有从进货到配送的物流体系。然而，在电子商务环境下，借助电子商务信息平台(包括会员管理、订单管理、产品信息和网站管理)，有利于企业提高采购效率、合理规划配送路线，实现电子商务物流流程和配送体系的优化，如图 1-4 所示。

图 1-4　电子商务物流流程

1.3 电子商务物流管理概述

1.3.1 电子商务物流管理的含义

电子商务物流管理，简单地说就是对电子商务物流活动所进行的计划、组织、指挥、协调、控制和决策等。电子商务物流管理的目的就是使各项物流活动实现最佳的协调与配合，以降低物流成本，提高物流效率和经济效益。也就是说，电子商务物流管理就是研究并应用电子商务物流活动规律对物流全过程、各环节、各方面进行管理。

1.3.2 电子商务物流管理的特点

与传统物流管理相比较，电子商务物流管理具有以下几个方面的特点：

(1) 层次扁平化、幅度宽泛化

在管理上，电子商务物流管理的层次少于传统物流管理，但其幅度相对大于传统的物流管理。究其原因，主要来自三个方面：一是分权管理得到了较大的发展，与传统的金字塔状的组织结构及集权管理机制相比较，各层级直接的联系相对减少，各基层组织之间相对独立，扁平化的组织形式能够有效运作；二是企业为了更快地适应市场变化的需要，相对来说扁平化组织更能及时对市场变化做出响应；三是现代信息技术的发展，特别是电子商务的发展，计算机管理信息系统的出现，为扁平化组织的发展提供了有力支持。

电子商务物流管理通过计算机管理信息系统以及网络的应用，解决了传统物流管理无法处理的管理幅度增加后指数化增长的信息量和复杂的人际关系的问题，在同一时点能实现信息的共享与交流，并及时将物流等信息传递给需求者，满足客户的需要，而不需要通过多个层次的组织将信息进行多次传递，达到了管理层次的扁平化与管理幅度的宽泛化。

(2) 过程实时化

过程的实时化就是运用电子商务实现信息的实时共享与交流，并对物流过程进行实时的管理。随着网络和电子商务技术的发展，实时化管理可在物流活动中得以广泛的应用。过程的实时化不仅包括信息的实时共享与交流，也包括实时化的管理；不仅包括物流服务链的管理，也包括服务价值链的管理；不仅包括对自身物流的实时化管理，也包括对客户物流的实时化管理；不仅包括节点内的物流实时化管理，也包括节点外的物流实时化管理。过程的实时化管理，既能及时地对客户的需求做出响应，又能及时地、以低成本满足客户的需求。

(3) 在线虚拟化

在线虚拟化是指通过虚拟技术以及网络的应用，对物流活动所做出的反映和模拟。虚拟化是对真实情况的一种虚拟反映。通过对物流活动的虚拟化，可以有效地实现对物流资源的合理配置与应用，提高物流活动的频率，降低物流的成本，更好地满足客户的需求。

互联网的发展，在更大的范围内实现了物流的在线虚拟化，使物流资源的整合范围、整合程度得到了进一步的拓展，实现了物流活动在更大范围的协同与合作。但其复杂程度、管理的难度也加大了，所要求的技术支持条件也提高了。

(4) 决策智能化

电子商务物流管理决策支持系统主要是面对物流运作以及与此相关的经济行为。物流决策就是为了实现物流管理活动的方向、目标、规划、政策策略和重大措施所做的考虑和选择。一般情况下，物流管理决策支持系统应能通过人机交互式接口为物流决策者提供数据收集、存储、加工、模型化、分析、计算以及评价等功能。在人机交互过程中，强调决策支持系统对决策者提供信息支持的作用，而不是代替决策者；注重决策者最充分地发挥主观的经验和判断力，选择最佳决策方案，从而提高决策质量。对于电子商务物流中的程序化决策，通过优选科学理论和方法，建立有效的反馈和调整机制，就可依靠计算机系统来自动实现。

决策智能化可广泛地应用于物流活动各个层次与环节。既可用于高层的战略性决策，又可用于基层的操作性决策；既可用于储存管理，又可用于运输、加工以及配送等管理。

(5) 手段先进化、方法科学化

手段的先进化是指对电子商务物流活动的运作与管理要广泛地使用计算机技术、信息技术等先进手段。就技术而言，主要包括通信技术、网络技术、视频技术、条码技术、地理信息系统、导航技术等。

方法的科学化是指对电子商务活动的运作与管理要采取先进的方法。除一些基本的管理方法之外，物流中的现代运作与管理方法主要包括：准时制、快速反应、物料需求计划、分销需求计划以及物流资源计划等。

(6) 功能核心化

电子商务物流活动所包括的内容是极其丰富的。对于一个企业来说，仅仅凭借自身的实力和能力是难以完成电子商务物流活动的所有内容的。在此情况下，从事电子商务物流活动的各个企业应根据自身的情况与优势，实行功能核心化的原则，从事自身最为擅长的电子商务物流活动的某项功能，以增强自身竞争优势。与此同时，与其他从事电子商务活动的企业建立一种战略联盟的合作关系，以延伸物流服务的范围，弥补自身物流功能所存在的不足，为用户提供全方位的服务。

1.3.3 电子商务物流管理的原理

电子商务作为一种新的数字化生存方式，代表着未来的贸易、消费和服务方式。因此要完善整体环境，就需要打破原有工业的传统格局，发展建立以商品代理和配送为主要特征，物流、商流、信息流有机结合的社会化物流配送体系。

实际上，电子商务下的物流是伴随电子商务技术和社会需求的发展而出现的，它是电子商务经济价值真正实现的不可或缺的重要组成部分。由于电子商务所独具的电子化、信息化、自动化等特点，以及高速、廉价、灵活等诸多好处，所以电子商务下的物流在其运作、管理等方面也有别于一般物流。

电子商务下的物流管理，包括对电子商务下的物流系统、物流过程、物流技术、物流费用的管理，以及电子商务下的物流管理方法等内容。

1．成本降低原理

物流成本就是用金额评价物流活动的实际情况。现代物流成本是指从原材料供应开始一直到将商品送达消费者手上所发生的全部物流费用。狭义的现代物流成本指产品在包装、装卸、运输、储存、流通加工等各物流活动中所支出的人力、财力和物力的总和。

在整个企业资金流通过程中，物流领域是占用时间价值最大的一块，根据有关部门资料显示，工业生产中物流所占用的时间几乎为整个生产过程的90%。由于物流技术、配套设备和管理上的不完善或落后，导致了物流领域成为企业管理中浪费最严重、消耗最多而又成效不太大的一个管理盲点。所以物流领域也被管理大师彼得·德鲁克称之为管理上的"黑暗大陆"。因此，现代物流管理的首要目的，就是在保证物流正常运作、确保物流水平的同时，进一步降低物流成本，以求从物流成本的降低中对企业的获利起到双倍的推进作用。

对于企业而言，物流管理的成本降低原理在于对各个功能环节进行必要的成本-效益分析，杜绝浪费现象，减少各种原材料及其他生产材料的消耗。对于物流过程中一些不产生附加价值的无用功，如放置物品、寻找工具等，通过工序分析或流程再造使之最小化，相应增加推进工序前进、创造商品价值和使用价值的有用功的比重，从而减少浪费，降低成本。例如，在实际的物流作业中，再次搬运、倒换等均属于不生产价值的无用功，它们的存在，大大地增加了企业生产的运作成本，若能通过工序或流程再造，将之在生产中所占的比重降低，就能有效地节省企业的运营成本，对企业的获利起到一个良好的作用。

2．规模效益原理

所谓的规模效益，具体体现在物流管理中，主要是通过对各个物流环节的运筹安排，对企业各部门所需使用的原材料及其他生产资料等，通过订货、销售的集中，使得集装货的规模扩大，从而获得因扩大规模而产生的生产、经销商品的单位成本降低，而单位获取利益增加所带来的经济效益。

物流作为对企业经营过程影响涉及众多环节中的一个必需的流程，因其综合的成分较多，成为企业最容易实现规模效益的领域。根据《2019—2020年京东商城之企业战略浅分析报告》显示，京东物流费用率正在以每年15%～16%的速度下降，而这正是京东自建的大型物流中心的扩张与先进的管理体系、分拣技术带来的效益。对于京东来说，仓储配送体系有两个目标：一个是降低履单成本，一个是提升配送速度与服务质量。沿着这个目标，京东逐渐发展建成了今天庞大的仓储物流配送体系。为了降低平均每单的履单成本，京东选择建立多级仓储体系、仓储信息系统来降低货品的库存管理与信息传递成本。目前京东的履单成本已经显著低于第三方快递。京东公布的2019年财报显示，如果按照自营与开放

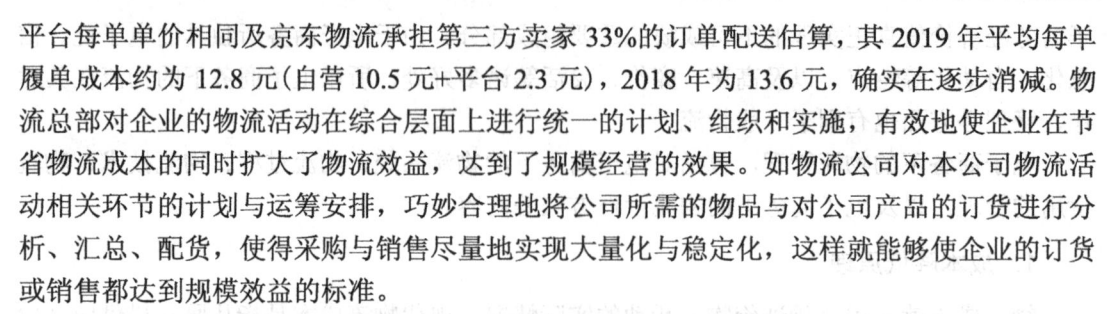

平台每单单价相同及京东物流承担第三方卖家33%的订单配送估算,其2019年平均每单履单成本约为12.8元(自营10.5元+平台2.3元),2018年为13.6元,确实在逐步消减。物流总部对企业的物流活动在综合层面上进行统一的计划、组织和实施,有效地使企业在节省物流成本的同时扩大了物流效益,达到了规模经营的效果。如物流公司对本公司物流活动相关环节的计划与运筹安排,巧妙合理地将公司所需的物品与对公司产品的订货进行分析、汇总、配货,使得采购与销售尽量地实现大量化与稳定化,这样就能够使企业的订货或销售都达到规模效益的标准。

企业要实现物流管理的规模效益,需从以下几个方面着手:

(1) 企业应对物流活动的相关环节进行计划与统筹安排

为了实现对相关活动的计划,企业应充分利用现代化的电子分析与交换技术,无论是供应商的订货还是客户对企业的订货,都需在分析的基础上,制订有较大批量的采购与发货计划,以获得物流管理集中化所能达到的规模经济效益。例如,在调查分析可行性的基础上,把一定范围内供货的物流据点合并起来,实现公司内部物流管理的一元化与集中化。这样使公司物流活动的具体业务达到一定规模的同时,还能享受到低廉的成本和快捷的服务所带来的效益。

(2) 建立物流分析系统

企业通过建立物流分析系统,可以对企业现阶段的物流活动状况进行分析,得出企业物流活动运作规律,以此为依据可对企业所收到的客户订单和对供应商的订货订单进行运筹分析,为管理者的决策提供依据,并根据物流分析系统所提供的反馈信息,有效地改进企业的物流活动计划。

(3) 建立对物流活动的日历记事日程

根据日历,可以对物流活动的发生时间进行有效支配,与此同时,将同日发生的同类物流活动根据客户的分布进行有效的分类与统计汇总,统筹安排,使企业的物流活动达到规模经济的相关规模标准。

例如,海尔物流本部将分散在各个产品事业部的采购业务合并,实施统一采购,以达到最低成本下的JIT采购(准时化采购)。大到几百元的设备,小到办公用品,如螺丝钉、圆珠笔等,进行统一采购操作,使部分零部件降价幅度达5%~8%,这为海尔带来的效益是非常可观的。

3. 协助运作效应原理

由于物流活动涉及很多方面,对于企业而言,如何对资源进行优化配置,将有限的资源配置到企业自身具有核心优势的项目上去,是企业经营者必须考虑的一个问题。在物流管理中,企业对资源进行优化配置,最好的方法就是根据协助运作效应来合理配置资源。物流管理中的协助运作效应一般是指企业出于自身实力,而不是基于提供完善的物流服务的考虑,将部分不涉及企业核心优势或竞争力的物流服务业务外包给具有提供该业务服务优势的第三方物流来执行,从而使得自身的资源能够优化配置,同时实现企业和第三方物流各自在共同计划的支持之下,通过资源的共同规划,使得双方从中获得"1+1>2"的增值效应。

物流管理的协助运作效应实现的手段在于使各个物流运作部门和相关企业都有符合企业物流要求的核心专业，使得各个运作部门或相关企业与其他部门或企业相比，具有更加雄厚的竞争力和优势，即竞争优势，它能使企业获得额外的附加利益。为了达到以上目的，实现协助运作的效应，企业需对其所建立的物流服务网络的资源进行统一规划的同时，强调合作，将各个部门间或相关企业间的服务链附加长期性的合作因素，将更多有关合作的信息在运作部门或相关企业间予以公开化，通过实时的信息传递与交换，实现物流资源的共享，在各个运作部门或相关企业间建立一个互动的合作平台，确保企业的物流业务能够及时有效地完成，达到协作的"多赢"效应。

对于企业而言，要实现协助运作效应，须做好以下几方面的工作：

(1) 企业需明确各运作部门或相关企业的竞争优势，重点培养它们在该方面的核心能力；

(2) 不断地提高企业物流网络的协作水平，有效地组织与规划企业的物流资源，增强物流提供的柔性；

(3) 通过对物流资源的统筹安排，按照"术业有专攻"的原则，对物流资源进行整合，以达到协助运作所带来的良好效应；

(4) 企业应将自身资源的一部分专门用于物流协助运作方面，确保企业核心物流能力的提高；

(5) 若合作企业不能满足企业物流要求时，企业应及时选择更有合作意义的伙伴。

例如，宝洁(P&G)和沃尔玛(Wal-Mart)之间的合作就是一个典型的例子。宝洁公司可直接从沃尔玛的收款台得到销售数据，并根据这些数据信息，在补充订货的基础上安排相关产品的原材料的采购、生产计划和配送方案。这样，公司的存货不仅得到了有效的控制，生产和物流的经济性也更加明显。对于沃尔玛来说，宝洁公司的库存管理和快速补货有力地促进了产品的销售，客户的满意度也明显得到了提高。

1.3.4 电子商务物流管理的内容

1. 电子商务物流各功能要素

电子商务物流的基本功能包括包装、装卸、流通加工、运输、保管、配送以及物流信息管理等，这些功能的有效组合可以合理高效地实现企业物流活动的总目标。

(1) 包装

包装是为保护商品提高物流作业效率而运用一定的技术方法，采用容器、材料及辅助物等将物品封装并予以适当标志的活动总称。从功能上来讲，包装可以分为保持商品的品质而进行的工业包装；为使商品能够顺利抵达消费者手中，提高商品的价值，传递商品以及企业信息等以促进销售为目的的商业包装两类。在社会再生产过程中，包装处于生产过程的末尾和物流过程的开头，既是生产的终点，又是物流的起点。

在现代物流观念形成以前，包装被天经地义地看成生产的终点。因而一直是生产领域的活动，包装的设计往往主要从生产终点的要求出发，因而常常不能满足流通的要求。物流的研究认为，包装与物流的关系，比之与生产的关系要密切得多。例如，为推进装载的单元化、标准化,必须要求外部包装尺寸能够符合托盘的标准规格。所以说包装作为物流起点的意义比之作为生产终点的意义要大得多。因此,包装应进入物流系统之中,这是现代物流的一个新观念。

> **视野拓展**
>
> **杜邦定律**
>
> 　　企业在竞争激烈和销售方式不断演变的现代市场中脱颖而出,除了靠产品创新和优质快速的服务取胜,包装显得越来越重要。良好的包装能激发消费者的购买欲望,从而刺激消费。美国最大的化学工业公司杜邦公司的一项调查表明:63%的消费者是根据商品的包装来选购商品的,这一发现就是著名的"杜邦定律"。另据英国市场调查公司报告,一般在超级市场购物的妇女,由于受精美包装的吸引,所购物品通常超出购物计划的45%。现代包装,既是商品在生产领域的延续,又能够方便商品运输、装卸和存储保管,同时包装又向消费领域延伸,成为商品"无声的销售员"。

(2)装卸

装卸是为了加快商品在流通过程中的流通速度所必须具备的一项功能,包括对运输、储存、包装、流通加工等物流活动进行衔接的活动,以及在储存中为进行检验、保护和保养所进行的装卸活动。装卸作业在整个物流活动中是十分重要的一环,用拙劣的方式进行作业时,可能会造成产品的损坏,所以现在各个企业在进行装卸作业时都非常注重合适的机械装置的使用,以加强装卸作业的标准化,减少人为因素造成的不确定性而带来的损失。另外,合理地使用机械装置协助进行装卸作业可以增加装卸速度、降低装卸成本。提高装卸效率的一个典型方法是"马斯特箱"的使用。它将各种罐装、瓶装或盒装的产品进一步结合成更大的搬运单元,再辅助以适当的机械装置,如叉车,就可以大大提高装卸的效率。另外,"马斯特箱"的使用还起到充分保护商品的作用,方便了运输作业。"马斯特箱"组合的常见形式是托盘、薄衬纸以及各种类型的集装箱。

关于装卸作业值得注意的一点是,产品装卸的次数、时间越少,产品损坏的可能性也就越小。所以,在设计物流作业时要尽可能地减少装卸次数,这样不仅能够减少整个物流作业的时间,提高物流服务的质量,而且能够降低产品在流通环节中的损坏。

(3)流通加工

流通加工是为方便商品的销售而在流通阶段所附属的加工活动,具体包括钻孔、切割、组装等轻微的生产活动。除此之外,还包括分装、贴标签、商品检验等方便商品流通的辅助作业。流通加工能够提高商品附加值,对于专门的物流公司来说还可以减少顾客作业负担,形成服务的差别化,起到提升企业竞争力的作用。

(4)运输

运输是使物品发生场所、空间移动的一种物流活动。由于其具有十分重要的意义和可见成本,多年来运输已得到管理部门的极大注意。运输需求可以通过三种方式实现,即通常所说的私人运输、合同运输和公共运输。运输的具体方式有公路运输、铁路运输、水运、航空运输和管道运输等。实现物流活动的运输功能要考虑三个最为重要的因素，即成本、速度和作业的一致性。

(5) 保管

保管是将物品临时储藏、管理的一种物流作业，保管这一功能的实现可以填补生产和消费之间的时间间隔，使生产活动能够正常展开。保管的主要设施是仓库。存货总是占用流动资金的，因此，现在各个企业都在努力地降低库存，"零库存"理论就是一个很好的例证。由此我们可以看出保管功能的内涵已经从"储藏物品"向"为出库做准备"这种理念转移了。

(6) 配送

配送是物流进入最终阶段，以配货、送货形式将商品送到最终用户手中从而实现资源配置的活动。从物流角度来讲，配送几乎包括了所有的物流功能要素，是物流的一个缩影或在某小范围中物流全部活动的体现。一般的配送集装卸、包装、保管、运输于一身，通过这一系列活动完成配送。而配送的主题活动却与一般物流有所不同，一般物流是运输及保管，而配送则是运输及分拣、配货。分拣、配货是配送的独特要求，也是配送中特有的活动，以送货为目的的运输则是最后实现配送的主要手段，从这一主要手段出发，常常将配送简化地看成运输中的一种。配送是"配"和"送"有机结合的形式。配送与一般送货的主要区别在于，配送利用有效的分拣、配货等理货工作，使送货达到一定的规模，利用规模优势取得较低的送货成本。如果不进行分拣、配货，有一件送一件，需要一点送一点，就会大大地增加劳动力的消耗，使送货并不优于取货。所以，追求整个配送的优势，分拣、配货等工序是必不可少的。

(7) 物流信息管理

物流信息管理包括进行与上述各项活动有关的计划和预测，以及对物流动态信息及其有关的费用、生产、市场信息的收集、加工、整理和提炼等活动。对物流信息动态的管理，要求建立信息系统和信息渠道，正确地选定信息点和内容并及时地对信息进行收集、汇总和统计，以确保信息的可靠性和及时性。事实上，现代物流的概念正是建立在先进的信息技术对整个物流活动进行信息管理的基础之上的，物流服务的优劣与能否进行及时便捷的信息处理有极为密切的关系。计算机及互联网的普及为物流的发展提供了不竭的动力，让上述的所有物流作业连接成为一个有机的系统成为可能。

2. 电子商务物流系统

电子商务物流系统是由物流各要素组成的，要素之间存在有机联系的总体。这个总体十分复杂，其内部存在着相互作用和相互依赖的各个组成部分。这个总体的特定功能是使物流活动优化及合理化。电子商务物流系统是社会经济系统的一个组成部分，其特点表现在以下六个方面：

(1) 电子商务物流系统的客观存在性

电子商务物流系统本来就是客观存在的，但一直未被人们所认识，从而未能能动地发挥系统的优势。电子商务物流系统的各个要素，在长期的社会发展历程中，都已有了较高的水平，因而一旦形成物流观念，按新观念建立电子商务物流系统，就会迅

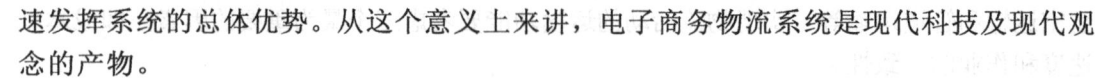

速发挥系统的总体优势。从这个意义上来讲，电子商务物流系统是现代科技及现代观念的产物。

(2) 电子商务物流系统是一个大跨度系统

这反映在两个方面：一是地域跨度大，二是时间跨度大。国际间物流的地域跨度之大自不待言，即使是企业间物流，在现代经济社会中，跨越不同地域也是常有的事。大跨度系统带来的主要问题是管理难度较大，对信息的依赖程度高。

(3) 电子商务物流系统稳定性较差而动态性较强

电子商务物流系统和生产系统的一个重大区别在于：生产系统按照固定的产品、固定的生产方式，连续或不连续生产，少有变化，系统稳定的时间较长；而一般的电子商务物流系统，总是连接多个生产企业和用户，随需求、供应、渠道、价格的变化，系统内的要素及系统的运行经常发生变化，难于长期稳定。稳定性差、动态性强带来的主要问题是要求系统有足够的灵活性与可改变性，这自然会增加管理和运行的难度。

(4) 电子商务物流系统属于中间层次系统范围

电子商务物流系统属于中间层次系统范围，也就是说，电子商务物流系统本身具有可分析性，可以分解成若干个子系统。同时，电子商务物流系统在整个社会再生产中又主要处于流通环节，因此它必然受更大的系统，如流通系统、社会经济系统的制约。

(5) 电子商务物流系统的复杂性

电子商务物流系统要素本身就十分复杂，如电子商务物流系统运行对象"物"，遍及全部社会物质资源，将全部国民经济产品的复杂性集于一身，不可能不引起电子商务物流系统的复杂性。此外，电子商务物流系统要素间的关系也不如某些生产系统那样简单明了，这也增加了系统的复杂性。

(6) 电子商务物流系统结构要素间有非常强的"背反"现象

这种非常强的"背反"现象常称之为"交替损益"或"效益背反"现象，会出现系统总体恶化的结果。发生这种现象的主要原因是电子商务物流系统的"后生性"。电子商务物流系统中许多要素，在按新观念建立系统前，早就是其他系统的组成部分。因此，往往较多受原系统的影响和制约，而不能完全按电子商务物流系统的要求运行。

3. 电子商务物流人力资源管理

电子商务物流能否充分发挥各项功能和作用，完成应承担的任务，人才配置是关键。为此，电子商务物流管理要求必须配备数量合理、具有一定专业知识和较强组织能力、结构合理的决策人员、管理人员、技术人员和操作人员，以确保电子商务物流中心的高效运转。电子商务物流的发展需要大量的各种专业人才，从事经营、管理、科研、仓储、配送、流通加工、通信设备和计算机系统维护、贸易等业务。因此，必须加大人才培养的投入，培养和引进大批掌握先进科技知识的人才，并给他们施展才华的机会；还应对现有职工进行有计划的定期培训，形成系统的学习科技知识的制度；在企业里引入竞争机制，形成能上能下的局面；提高员工的科技创新意识，培养企业对知识的吸纳能力，促进物流产业的人力资源的开发和利用，造就大批符合知识经济时代要求的物流人才；利用各种先进的科学技术和科学方法，促进电子商务物流管理向知识密集型方向发展。

因此，对人的管理或以人为本的管理将是现代物流管理的方向和重点。所谓人力资源管理是指为了实现既定目标而采用计划、组织、指挥、激励和控制等有效措施，充分开发和利用组织系统中的人力资源所进行的一系列活动的总称。它是研究组织中人与人的关系调整、人与事的配合，充分开发人力资源，挖掘人的潜力，调动人的积极性，提高工作效率，实现组织目标的理论、方法、工具和技术。其主要内容包括人力资源规划、职务设计与职务分析、人才测评、招聘与选择员工、员工培训与开发、绩效考核评价、工资福利与劳资关系这七个方面。

4. 电子商务物流企业管理

电子商务物流企业属于物流企业，所以本小节主要讲述物流企业管理。物流企业为了进行经营管理活动，实现企业目标，必须建立相应的组织机构，形成合理的企业组织机构。所谓企业组织机构，是企业内部组织机构按分工协作关系和领导隶属关系有序结合的总体。企业组织机构是流通生产力发展的产物，是与流通生产力相适应的生产关系形式。它的基本内容包括组织机构的部门划分和层次划分，以及各个机构的职责、权限和相互关系，并由此形成一个有机整体。不同部门及其责权的划分，反映组织机构之间的分工协作关系，称为部门机构；不同部门及其责权的划分，反映组织机构之间的上下或领导隶属关系，称为层次机构。

物流企业是从事商品实体流通活动的经济组织，其基本的经济活动可以分为两个方面：一是经营，即通过经营(购、销、储、运)实现商品的价值转移和实体活动，这是物流企业经济活动的中心；二是管理，即管理物流企业的经营活动。这里所说的"管"是指企业的行为要受约束；这里所说的"理"是指企业的行为要符合客观规律。因此管理可定义为：在一定的约束条件下，使企业行为与客观规律的要求保持相互适应，从而求得实效。

物流企业管理则是根据商品流通的客观规律要求，应用管理的基本规则和科学管理方法，计划、组织、指挥、监督、调节经营过程中企业的人力、物力和财力的合理运动，以求用最少的消耗，实现既定的经营目标，取得最好的经济效益。物流企业管理具有计划、组织、指挥、协调、控制五个职能，这五个职能既是统一的，又是相对独立的。运用这些管理职能时，既要全面考虑，又要有所侧重。物流企业的经营通常用于计划和组织职能的时间更多一些，而基层管理干部，大部分时间用于组织和控制职能。只有根据实际情况，灵活运用，才能把物流企业的经营活动管理好，提高工作效率，达到向管理要效率的目的。应当指出，随着物流企业经营规模的扩大、结构的变化，管理活动的内容也更加复杂。物流企业管理职能现在又有发展，相继提出了新的管理职能，如物流企业管理的激励职能、创新职能等，应在管理实践中去应用和验证。

5. 电子商务物流质量管理

任何标准都是适应现实的需要而产生和发展的，质量管理体系也是如此。它是随着国际贸易的发展而产生和发展的，并最终形成了全球通用的质量管理体系标准。质量管理和质量保证标准起源于美国。国际标准化组织于1979年成立了质量保证技术委员会(ISO/TC176)，后于1987年改名为质量管理和质量保证委员会(ISO/TC176)，负责统一质量术语概念，以及通用性质量体系、质量保证和相应的质量技术领域中的标准化和协调工作。经过努力，1986年颁布了ISO8402《质量——术语》，1987年颁布了ISO9000《质量管理与质量保证——选择和使用指南》、ISO9001《质量体系——设计、开发、生产、安装和服务的质量保证模式》、ISO9002《质量体系——生产、安装和服务的质量保证模式》、ISO9003《质量体系——最终检验和实验的质量保证模式》、ISO9004《质量管理和质量体系要素指南》。以上六项标准构成了最初的ISO9000系列标准。

产品是过程的结果，物流(产品)是物流过程的结果。根据通常的看法，物流活动或过程主要包括运输、存储、包装、装卸、物料搬运、配送等。上述物流活动和物流过程的结果，符合ISO9000系列标准对服务(产品)的定义。因此，物流(产品)属于服务(产品)。组织，是指职责、权限和相互关系得到安排的一组人员和设施。物流组织，就是从事运输、存储、包装、装卸、物料搬运、配送等物流活动的组织。物流组织具有不同的所有制形式，分布在各个行业，业务范围也千差万别。而且有些物流组织可能只是企业的一个非独立部门，从事的只是企业内部的物流活动。开展质量管理，并依据ISO9000系列标准的要求建立、实施和持续改进质量管理体系是物流组织的客观需要，是为了适应市场竞争环境，了解并满足顾客的需要，提高管理水平，持续改进组织的总体业绩和效率。

物流质量低劣会使物流企业、承担物流责任的生产企业或公司、销售企业等各种类型企业遭到下述损失：(1)赔偿损失的支出；(2)处理索赔的行政、法律事务的支出；(3)收回、重整再发送被退回货物的支出；(4)时间耽误的机会损失及利息损失；(5)公司或企业的信誉损失，会出现订货减少、合同条款不利等问题。物流质量的概念既包含物流对象的质量，又包含物流手段、物流方法的质量，还包括工作质量，因而是一种全面的质量，其内容主要包括物流对象物的质量保护、物流服务质量、物流工作质量、物流工程质量四个方面。

电子商务物流质量管理即物流质量管理，是指科学运用先进的质量管理方法、手段，以质量为中心，对物流全过程进行系统管理，包括保证和提高物流产业质量和工作质量而进行的计划、组织、控制等各项工作，也称为物流全面质量管理，因为其需要采纳全面质量管理的观念，运用全面质量管理的方法。物流质量管理有管理的对象全面、管理的范围全面、全员参加管理等特点。

由于物流质量管理存在"全"的特点，因此，全面质量管理的一些原则和方法，同样适用于物流质量管理。但应注意，物流是个大系统，在系统中各个环节之间的联系和配合是非常重要的。物流质量管理必须强调"预防为主"，明确"事前管理"的重要性，即上一道物流过程要为下一道物流过程着想，估计下一道物流过程可能出现的问题，加以预防。

物流质量管理必须满足两方面要求：一方面是满足生产者的要求，因为物流的最终结果必须保护生产者的产品能保质保量地转移给用户；另一方面是满足用户的要求，即按用户要求将其所需的商品送到。物流质量管理的目的就是在"向用户提供满足要求的质量要求"和"以最经济的手段来提供"两者之间找到一条优化的途径，同时满足这两个要求。为此，必须全面了解生产者、消费者、流通者等各方面所提出的要求，从中分析出真正合理的、各方面都接受的要求，作为管理的具体目标。从这个意义上来讲，物流质量管理可以定义为：用经济的办法，向用户提供满足其要求的物流质量的手段体系。

第1章 电子商务物流管理导论

【本章小结】

本章首先介绍了物流概念的产生和发展，阐述了物流的分类、功能，现代物流相关理论和理念；其次，分析了电子商务与物流的关系，描述了电子商务物流的概念、特征和流程；再次，介绍了电子商务活动对物流的基本影响与作用，主要从两方面进行：一是电子商务这种交易方式对物流的影响，二是电子商务技术对物流所产生的影响；最后，阐述了电子商务物流管理的含义、特点、原理及内容。

【本章习题】

一、名词解释

物流　电子商务物流　电子商务物流管理

二、单项选择题

1. 现代物流的发展呈现出社会化、信息化、系统化和一体化的趋势，其中（　　）是现代物流的核心。
   A．社会化　　　B．信息化　　　C．系统化　　　D．一体化
2. 物流的基本功能包括运输、储存、（　　）、搬运、装卸、流通加工、配送、信息处理等。
   A．网上咨询　　B．包装　　　　C．合同签订　　D．货到付款
3. 从社会再生产总体角度研究的物流活动，如社会物流、行业物流、国际物流、国内物流、地区物流等是（　　）
   A．宏观物流　　B．微观物流　　C．企业供应物流　D．企业销售物流
4. 企业出售产品时，物品在供方与需方之间的实体流动，称为（　　）
   A．供应物流　　B．生产物流　　C．回收物流　　D．销售物流
5. 电子商务物流的特点是信息化、（　　）、网络化、智能化、柔性化、整合和集成化。
   A．自动化　　　B．机械化　　　C．规范化　　　D．移动化
6. 企业的（　　）是指在生产工艺中的物流活动。
   A．生产物流　　B．回收物流　　C．销售物流　　D．废弃物物流
7. （　　）是指根据物质资料实体流动的规律，应用管理的基本原理和科学方法，对物流活动进行计划、组织、指挥、协调、控制和监督。
   A．物流　　　　B．物流活动　　C．电子商务物流　D．物流管理
8. （　　）是电子商务全过程中的关键环节，没有商品或服务的转移，信息流、商流和资金流无法真正实现。
   A．汽车　　　　B．搬运　　　　C．运输　　　　D．物流

三、简答题

1. 简述物流的内涵与分类。

2. 物流的要素都包括哪些？各要素所承担的职能是什么？如何有效地发挥这些要素的职能？
3. 现代物流与传统物流有什么区别？
4. 简述电子商务物流的含义及特点。
5. 简述电子商务与物流的关系。
6. 如何通过物流管理提高企业的核心竞争力？
7. 简述电子商务物流管理的含义及特征。
8. 简述电子商务物流管理的内容。
9. 分析电子商务环境下物流业的发展趋势。

【案例分析】

当当网电子商务发展中的物流开放平台

近年来，由于第三方快递不成熟，严重影响了网购行业的效率，致使一些B2C企业被迫自建仓储物流。比如，京东商城、亚马逊等公司都采取了自建配送与第三方配送相结合的混合模式。

当当网走的则是另一条物流之路——着力打造物流开放平台。从几年前涉足百货联营业务，向第三方联营商家开放平台，到新近推出的物流开放平台，都是在绕开自建物流的套路。与竞争对手的配送服务体系相比，当当网为什么要反其道而行之？

首先，与自建配送相比，当当网物流开放平台以物流整合为核心，将长期积累的物流管理经验和物流资源变成电子商务行业的公共资源。这个平台不仅可以为当当的自营和联营业务所用，其他任何符合条件的第三方电子商务企业也可以共同分享该资源。对于那些缺乏物流基础的中小电子商务企业，参与当当网开放平台，不仅可以少走弯路，避免自建物流或与快递公司合作中不可避免的磨合的阵痛，还可以立即坐享当当网积10多年之力打造的COD（货到付款快递服务体系，简称COD）网络和末端配送服务，带来更多的业务。

其次，与自建配送相比，当当网物流开放平台可让当当网自己和合作伙伴实现双赢。自建配送的B2C企业面临一大难题，就是要与以往的合作伙伴(第三方快递公司)展开竞争，这就会导致一个结果，在一部分中心城市和中心区域，B2C企业把第三方快递公司最好的生意抢掉了，而在县级城市及其周边地区，又不得不依赖于第三方快递公司。如此一来，自建配送的B2C企业与第三方快递公司就处于一个非常尴尬的竞争格局中。与此形成反差的是，当当网的物流开放平台是集中第三方快递公司的优质资源，吸引更多电子商务企业加盟，从而创造更大的规模效益，让所有合作者共享其利。

当当网的配送系统目前已经非常成熟和完善，由此可以为更大范围内的更多消费者提供稳定、可靠、便捷的服务；而其他公司还处在解决问题阶段，解决货送不到的问题，解决收款问题，解决爆仓问题，解决送货慢问题。

现在，当当网将这10多年积淀的COD资源对全社会开放，对所有第三方电子商务平台开放，不仅在模式上首开国内物流业开放平台的先河，还极大降低了大量中小电商的物流配送门槛，使更多的用户可以告别下单后苦等货品的郁闷，享受更为便捷的COD服务。

根据以上案例分析下面的问题：
1．结合案例分析电子商务企业开展物流业务的利弊。
2．谈谈当当网建立物流开放平台的启示。

【实训操作】

实训项目1：物流企业类型调研
实训目的：通过实训，了解学校周边物流企业的类型。
实训内容：
(1)对学校所在地物流市场进行调研。
(2)了解物流企业类型。
(3)分析不同类型物流企业特征。
实训要求：将参加实训的学生分组，在教师指导下进行调研，完成实训报告。

实训项目2：电子商务环境下快递业物流发展现状调研
实训目的：通过实训，了解电子商务环境下快递业物流发展现状。
实训内容：
(1)对当地快递物流市场进行调研。
(2)分析快递行业存在的问题。
(3)了解快递业物流对于电子商务发展的影响。
实训要求：将参加实训的学生分组，在教师指导下进行调研，完成实训报告。

第 2 章 电子商务物流模式

【本章要点】
- 自营物流模式
- 物流联盟模式
- 第三方物流模式
- 第四方物流模式
- 新型物流模式
- 物流模式的选择

【引导案例】

国内家电企业物流模式比较

1. 物流模式：组建物流网络，自营物流　　代表企业：海尔

1999年，海尔成立了物流推进本部，之后多次对物流体系进行调整，如创造出了能充分体现现代物流特征的"一流三网"，从而使海尔物流成为国内物流的典范。海尔尤其是在企业内部物流和整合采购资源方面成绩斐然，基本实现了其期望的零库存、零距离、零运营资本的"三零"目标。

2. 物流模式：剥离物流业务，组建第三方物流公司　　代表企业：美的

2001年1月，美的把物流业务剥离出来，成立了安得物流公司，安得物流公司作为美的集团的一个独立事业部成为美的其他产品事业部的第三方物流公司，同时也作为专业物流公司对外发展业务，美的可以使用安得物流公司，也可以选择其他物流公司。为了满足美的的物流需求并适应公司对外物流业务发展的需要，安得物流公司也建成了全国一体化的仓储体系。

3. 物流模式：与大型物流企业共组家电物流平台　　代表企业：科龙，小天鹅

2001年7月，中国远洋物流公司、广东科龙电器股份有限公司、无锡小天鹅股份有限公司等五家公司共同投资了安泰达物流有限公司，这是国内首家由大型物流企业和多家著名家电企业联合成立的第三方物流公司。

4. 物流模式：自营+外包　　代表企业：长虹

2005年2月，长虹成立了整合内部物流管理职能的新物流公司，确定了新的物流

组织交流框架，从仓储、运输、信息化三处着手实施了物流改革。与国内家电同行相比，长虹物流的仓储点数量明显过高，于是当年 6 月，长虹对这些库房进行了整合，基本形成了仓储、配送一体化的运作框架。随后，长虹还对采购模式、物流系统进行了改革。

5. 物流模式：与第三方物流合作，全面外包物流业务　　代表企业：伊莱克斯

1995 年，伊莱克斯与长沙中意电冰箱厂合资组建了伊莱克斯-中意电冰箱厂有限公司，经过全面考虑，公司最终决定采用物流外包策略，将公司物流业务全部交给第三方物流企业去做，伊莱克斯只负责产品生产，而中意电冰箱厂也只全权负责产品的销售与售后服务工作，从而充分利用第三方物流企业拥有的专业市场知识、网络和信息技术、规模经济和灵活性，以满足企业对物流环节的各种需求。

（资料来源：林振强. 国内家电物流模式比较. 现代物流报，2011）

目前，电子商务物流发展方兴未艾，各种物流企业层出不穷，物流模式也各不相同。所谓物流模式，又称物流管理模式，是指从一定的观念出发，根据现实的需要，构建相应的物流管理系统，形成有目的、有方向的物流网络，采用某种形式的物流解决方案。在电子商务环境下，大致有以下几种主要的物流管理模式：自营物流、物流联盟、第三方物流、第四方物流、绿色物流、冷链物流、智慧物流、跨境物流等。这些模式各具特色，但无疑都凸显出物流管理创新的主旨。

2.1　自营物流模式

2.1.1　自营物流模式的概念

自营物流模式是指电子商务企业沿用旧有的物流系统或自行组建物流系统的模式。目前，采取自营物流模式的电子商务企业主要有两类：一是资金实力雄厚且业务规模较大的传统商务公司；二是传统的大型制造企业或批发企业经营的电子商务网站。由于电子商务网站在长期的传统商务中已经建立起初具规模的营销网络和物流配送体系，在开展电子商务时只需将其加以改进、完善，便可满足电子商务条件下对物流配送的要求。

从企业竞争战术的角度来考虑，有两个最重要的决策变量：一是看是否能提高企业运营效率；二是看是否能够降低企业运营成本。使之成为重要的决策变量的前提是社会物流企业的服务能够满足所要求的物流服务标准。很多跨国公司在拓展中国市场时，之所以要从本土带物流企业甚至是配套企业到我国来为其提供物流服务，主要就是因为我们的物流企业在服务理念和服务水平上无法达到客户所要求的服务标准。实际上，国内电子商务企业的物流服务需求也面临同样的问题。工业化程度是制约我国物流产业发展的最根本原因，所以我国也存在自营物流的合理性。

2.1.2　自营物流模式的优势

自营物流可以使企业对供应链有较强的控制能力，容易与其他业务环节密切配合，全

力专门地服务于本企业运营管理。"亚马逊""中国海尔物流"等企业都取得了很好的物流业绩，因为自营物流可以使企业的供应链更好地保持协调、简洁与稳定。

1. 掌握控制权

通过自营物流，企业可以对物流系统运作的全过程进行有效的控制。对于企业内部的采购、制造和销售活动的环节，原材料和产成品的性能、规格，供应商以及销售商的经营能力，企业自身能够掌握最详尽的资料。企业自营物流，可以运用自身掌握的物流活动的各个环节、销售商以及最终顾客的第一手信息，随时调整自己的经营战略。

2. 盘活企业原有资产

根据中国仓储协会的调查，目前生产企业中73%的企业拥有汽车车队和仓库，33%的企业拥有机械化装卸设备，3%的企业拥有铁路专用线；商业企业中36%的企业拥有汽车车队和仓库，7%的企业拥有机械化装卸设备。企业选择自营物流的模式，可以在改造企业自营管理结构和机制的基础上盘活原有物流资源，带动资金流转，为企业创造利润空间。

3. 降低交易成本

如果选择物流外包，由于信息的不对称性，那么企业无法完全掌握物流服务商完整、真实的资料。而企业通过内部行政权力控制原材料的采购和产成品的销售，可不必就相关的运输、仓储、配送和售后服务的佣金问题进行谈判，避免多次交易花费以及交易结果的不确定性，降低交易风险，减少交易费用。

4. 避免商业秘密的泄漏

对于任何一个企业来说，其内部的运营情况都是处于相对封闭的环境下的，这不仅是外界对于企业运营缺乏了解渠道的原因，更重要的还是企业为了保持正常的运营，特别是对于某些特殊运营环节，如原材料的构成、生产工艺等，不得不采取保密手段。当企业将运营中的物流要素外包，特别是引入第三方来经营其生产环节中的内部物流时，其基本的运营情况就不可避免地向第三方公开。企业物流外包就可能会通过第三方将企业经营中的商业秘密泄漏给竞争对手，从而削弱企业的竞争力。

5. 提高企业品牌价值

企业自建物流系统，能够自主控制营销活动。一方面，可以亲自为顾客服务到家，使顾客以最近的距离了解企业、熟悉产品，提高企业在顾客群体中的亲和力，提升企业形象，让顾客切身体会到企业的人文关怀；另一方面，企业可以掌握最新的顾客信息和市场信息，从而根据顾客需求和市场发展动向调整战略方案，提高企业的竞争力。

自营物流可以很有效地提高企业核心竞争力。苏宁电器作为"全国15家大型商业企业集团"，物流是其核心竞争力之一。苏宁电器建立了区域配送中心、城市配送中心、转配点三级物流网络，相继在杭州、北京、南京等地开发建设了现代化物流基地，上海、天津、沈阳、成都、长春、无锡、合肥、徐州、福州等地的物流基地建设也全面铺开，依托WMS、TMS、DPS、GPS等先进信息系统，实现了长途配送、短路调拨与零售配送到户一体化运作，平均配送半径 80～300 千米，日最大配送能力 20 多万台套，实现 24 小时送货到户。截至 2020 年，苏宁电器已完成全国 60 个物流基地的布局，每个物流基地可支持 50 亿～200 亿元的年商品销售规模，零售配送半径最大可达 150 千米，并承担地区售后服务中心、地区呼叫中心、地区培训中心等功能，成为支撑公司连锁事业的大服务、大后方平台。因此，良好的自营物流队伍，可以在激烈的竞争环境下提高产品质量、缩短交货期、减低库存水平、降低成本，实现整个供应链节点企业的共赢。

2.1.3 自营物流模式的劣势

1．企业庞大的投资

电子商务公司自营物流所需的投入非常大，建成后对规模的要求很高，大规模才能降低成本，否则将会长期处于不盈利的境地。而且投资成本较大、时间较长，对于企业柔性也有不利影响。如"8848 现象"，在遗憾之余，让人深思。虽说"8848"沉没的原因众说纷纭，但是与"8848"自营物流，自建庞大的物流体系，占用了大量的流动资金密不可分。e 国网自建物流体系，推行的"e 国一小时"物流计划目前也使其一直处于亏损的境地，运营前 6 个月共亏损 1000 万元，使得 e 国网步履维艰。

2．企业配送效率低下，管理难以控制

对于绝大部分企业而言，物流并不是企业所擅长的业务活动。在这种情况下，企业自营物流就等于迫使自己从事不专长的业务活动，企业的管理人员往往需要花费过多的时间、精力和资源去从事物流的工作，结果可能是既没有做好辅助性的工作，也没有发挥关键业务的作用。

3．规模有限，物流配送的专业化程度低，成本较高

对规模较小的企业来说，企业产品数量有限，采用自营物流，不足以形成规模效应，一方面导致物流成本过高，产品成本升高，降低了市场竞争力；另一方面，由于规模的限制，物流配送的专业化程度较低，企业的需求无法得到满足。

4．无法进行准确的效益评估

许多自营物流的企业内部各职能部门独立地完成各自的物流活动，没有将物流费用从整个企业分离出来进行独立核算，因此企业无法准确地计算出产品的物流成本，所以无法进行准确的效益评估。

2.2 物流联盟模式

从交易的全过程看，物流联盟的建立，有助于物流合作伙伴之间在交易过程中减少相关交易费用。物流合作伙伴之间经常沟通与合作，可使搜寻交易对象信息方面的费用大为降低；提供个性化物流服务建立起来的信任和承诺，也可以减少各种履约风险；即使在服务过程中产生冲突，也因为物流合约一般签约时间较长而可以通过协商加以解决，从而避

免无休止的讨价还价,甚至提出法律诉讼。从交易特性方面看,物流联盟的建立,促使企业达成战略性合作,建立联盟伙伴关系。资产专用性是其中最为重要的方面。资产专用性越高意味着投资所带来的固定成本和可变成本包含了相当部分的"不可收回成本"或"沉默成本",因此交易双方契约关系保持连续性具有特别重要的意义,物流联盟的建立以及对专用性资产的"共同占有"成为解决这一矛盾的有效选择。

通过以上分析可以看到:物流联盟的建立,能减少交易的全过程、交易主体行为和交易特性等领域和环节中所产生的种种交易费用,是一种节约交易费用的制度安排。

2.2.1 物流联盟的概念

物流联盟是介于自营和外包之间的物流模式,可降低这两种模式的风险。物流联盟是为了达到比单独从事物流活动取得更好的效果,企业间形成的相互信任、共担风险、共享利益的物流伙伴关系。企业之间不完全采取导致自身利益最大化的行为,也不完全采取导致共同利益最大化的行为,只是在物流方面通过契约形成优势互补、要素双向或多向流动的中间组织。

联盟是动态的,只要合同结束,双方又变成追求自身利益最大化的单独个体。狭义的物流联盟存在于非物流企业之间,广义的物流联盟包括第三方物流。电子商务企业与物流企业物流联盟,一方面有助于电子商务企业降低经营风险,提高竞争力,企业还可以从物流伙伴处获得物流技术和管理技巧;另一方面使物流企业有了稳定的货源。当然,物流联盟的长期性、稳定性会使电子商务企业改变物流服务供应商的行为变得困难,电子商务企业必须对今后过度依赖于物流伙伴的局面做周全考虑。是否组建物流联盟,作为电子商务企业物流战略的决策之一,其重要性是不言而喻的。

2.2.2 物流联盟的分类

物流联盟模式可分为以下几种类型。

1. 纵向模式

纵向模式即垂直一体化,这种联盟方式是基于供应链一体化管理的基础形成的,即从原材料到产品生产、销售、服务形成一条龙的合作关系。垂直一体化物流联盟能够按照最终客户的要求为其提供最大价值的同时,也使联盟总利润最大化。但这种联盟一般不太稳定,主要是在整个供应链上,不可能每个环节都能同时达到利益最大化,因此打击了一些企业的积极性,使其有随时退出联盟的可能。

2. 横向模式

横向模式即水平一体化,由处于平行位置的几个物流企业结成联盟,包括第三方物流。这种联盟能使分散物流获得规模经济和集约化运作,降低了成本,并且能够减少社会重复劳动。但也有不足之处,如其必须有大量的商业企业加盟,并有大量的商品存在,才可发挥其整合作用和集约化的处理优势,此外,这些商品配送方式的集约化和标准化也不是一个可以简单解决的问题。

3．混合模式

混合模式既有处于上下游位置的物流企业，也有处于平行位置的物流企业的加盟。

4．以项目为中心的联盟模式

以项目为中心，由各个物流企业合作，形成一个联盟。这种联盟方式只限于一个具体的项目，联盟成员之间合作的范围不广泛，优势不太明显。

5．基于 Web 的动态联盟

由于市场经济条件下激烈的竞争，为了占据市场的领导地位，供应链应成为一个动态的网络结构，以适应市场变化、柔性、速度、革新、知识的需要，不能适应供应链需求的企业将被淘汰，并从外部选择优秀的企业进入供应链，从而使供应链成为一个能快速重构的动态组织，实现供应链的动态联盟。但这种联盟方式缺乏稳定性。

视野拓展

物流联盟建立方法

在现代物流中，是否组建物流联盟作为企业物流战略的决策之一，其重要性是不言而喻的。在我国物流水平还处于初级阶段，组建联盟便显得尤为重要。

一．联盟要给成员带来实实在在的利益。联盟采取的每一项措施要考虑每个成员的利益，使联盟的每个成员都是受益者，并能协调处理成员间的摩擦，提高客户服务能力，减少成本和获得持久的竞争优势。

二．联盟战略目标与企业的物流战略目标一致或部分一致。联盟是一个独立的实体，是一个系统一体化的组织，联盟成员需采取共同目标和一致的努力，优化企业的外部行为，共同协调并实现联盟的目标。

三．联盟成员的企业文化的精神实质基本一致。企业文化往往决定着企业的行为，只有企业文化大体相同的企业才有可能在行为上取得一致，从而结盟。

四．联盟成员的领导层相对稳定。如果联盟成员经常更换领导层，后一任领导可能不认同前一任领导的决策，导致联盟不稳定性加大，因此领导层的相对稳定是联盟长期稳固发展的重要因素。

2.2.3 物流联盟的优势

大企业通过物流联盟迅速开拓全球市场，如罗兰·爱思，正是与联邦快递联盟，完成其全球物流配送，从而使业务在全球范围内展开。

长期供应链关系发展成为联盟形式，有助于降低企业的风险。单个企业的力量是有限的，其对一个领域的探索失败了损失会很大，如果几个企业联合起来，在不同的领域分头行动，就会减少风险。而且联盟企业在行动上也有一定的协同性，因此对于突如其来的风险，能够共同分担，这样便减少了各个企业的风险，提高了抵抗风险的能力。

企业尤其是中小企业通过物流服务提供商结成联盟，能有效地降低物流成本，提高企业竞争能力。通过联盟整合，可节约成本10%～25%。由于我国物流业存在诸多不利因素，这些企业进行联盟能够在物流设备、技术、信息、管理、资金等方面互通有无，优势互补，减少重复劳动、降低成本，达到共同提高、逐步完善的目的，从而使物流业朝着专业化、集约化方向发展，提高整个行业的竞争能力。此外，物流联盟还有助于物流合作伙伴之间在交易过程中减少相关交易成本。物流合作伙伴之间经常沟通与合作，互通信息，建立相互信任和承诺，减少履约风险，即使在服务过程中产生冲突，也可通过协商加以解决，从而避免无休止的讨价还价，甚至提出法律诉讼产生费用。

第三方物流公司通过联盟有利于弥补在业务范围内服务能力的不足。如联邦快递公司发现自己在航空运输方面存在明显的不足，于是，决定把一些不是自己核心竞争力的业务外包给Fritz公司，与Fritz公司联盟，作为其第三方物流提供商。

2.3 第三方物流模式

第三方物流自20世纪80年代在欧美等工业发达国家出现以来，以其独特的魅力受到企业的青睐并得到迅猛发展，被誉为企业发展的"加速器"和21世纪的"黄金产业"。完善的第三方物流企业能够提供货主所需的所有环节的物流服务，包括仓库存货代理、运输代理、托运代办、通关代理等业务。第三方物流可以帮助企业提高劳动生产率、削减成本、增加灵活性。有迹象表明，企业对第三方物流服务的利用率将会越来越高，范围也将越来越广。

2.3.1 第三方物流的含义

根据运作主体的不同，物流的运作模式可以分为第一方物流、第二方物流及第三方物流。第一方物流(the First Party Logistics，1PL)是指由卖方、生产者或供应方组织的物流，这些组织的核心业务是生产和供应商品，为了生产和销售业务需要而进行物流自身网络及设施设备的投资、经营与管理。第二方物流(the Second Party Logistics，2PL)是由买方、销售者组成的物流，这些组织的核心业务是采购并销售商品，为了销售业务投资建设物流网络、物流设施和设备，并进行具体的物流业务运作和管理。第三方物流(the Third Party Logistics，3PL)是20世纪80年代中期由欧美学者提出的。在1988年美国物流管理委员会的一项顾客服务调查中，首次提到了"第三方物流提供者"一词。自20世纪80年代开始，一方面企业剥离意识不断提高，另一方面物流服务商的服务能力不断增强，一些厂商开始尝试将部分物流业务委托给专业化的物流服务商，在得到能够降低成本提高服务的印证后，一些企业甚至开始将全部物流业务外包出去。根据我国2001年8月1日起正式实施的《物流术语》提出的，第三方物流是"由供方与需方以外的物流企业提供物流服务的业务模式"。

第三方物流是社会化、专业化的一种物流形式。它是企业生产和销售外的专业化物流组织提供的物流，不是某一企业内部专享的服务。第三方物流有广义和狭义两种理解。广义的第三方物流是相对于自营物流而言的，凡是由社会化的专业物流企业按照货主的要求所从事的物流活动都可以包含在第三方物流范围之内。狭义的第三方物流主要是指能够提供现代的、系统的物流服务的第三方物流。第三方物流的社会地位如图2-1所示。

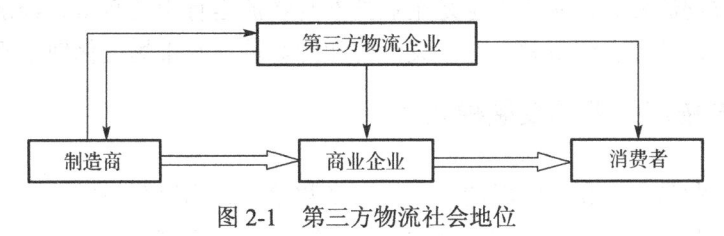

图2-1 第三方物流社会地位

2.3.2 第三方物流的特点

第三方物流在全球范围内发展迅速，方兴未艾，它是经济发展和社会需求的产物。第三方物流操作方式是根据合同条款规定的要求，提供多功能、全方位的物流服务。与传统的以运输合同为基础的运输公司相比，第三方物流企业在服务功能、客户关系、设计范围、竞争优势、核心能力以及买方价值等方面，发生了巨大的变化，如表2-1所示。

表2-1 第三方物流的变化

	运输合同	物流外包	SCM（供应链管理，即第三方物流）
服务功能	简单功能	多功能	多功能集成、增加宽度和复杂性
客户关系	交易	长期协议	战略合作伙伴关系
设计范围	本地、地区性	跨区域	全球化、门到门的区域
竞争趋势	分散	合并、联盟	比较分散，但战略联盟使小型变大
核心能力	资产和过程执行	从资产型向信息型转变	以信息和知识为主
买方价值	减少	地域扩张	优化成本、优化服务

与其他服务相比，第三方物流服务的特点是非常明显的，强调合作、专业化，优势明显。

1．加快物流产业的形成与再造

从发展的观点来看，第三方物流应该是科学地设计组织体系，按照市场机制运作，除了要避免市场供求及价格波动的风险，还必须建立集成化的物流管理信息系统，使物流价值链上的各成员能做到信息共享。对物流实时监控，以压缩物流流程时间，提高需求、供货预测精度。这样的革新和变化，推动了物流业的发展，使诸多的物流企业汇聚起来，形成了一种新的产业，成为社会再生产的支持平台。

2．为企业注入新的资源，提高企业竞争力

第三方物流为其他企业提供了可以利用的外部资源，使后者能更好地发挥企业的优势和核心竞争力。利用第三方物流的企业，除核心业务活动之外可以不参与其他物流活动，企业能集中资源用于核心活动，使企业各项目标得以更大程度实现。通过利用第三方物流

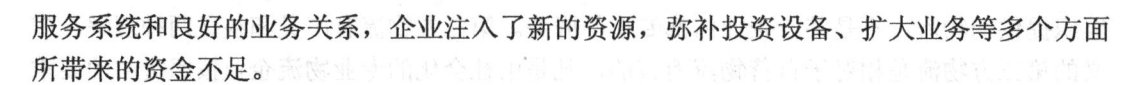

服务系统和良好的业务关系，企业注入了新的资源，弥补投资设备、扩大业务等多个方面所带来的资金不足。

3. 分担风险与降低成本

利用第三方物流资源，实际上也是企业把参与物流运行中的政策、经济、技术、市场和财务风险分解，节约有限资源，更具灵活性和针对性地对市场变化做出迅速反应。

2.3.3 第三方物流的五种发展模式

第三方物流业是一个相对年轻的行业，大多数第三方物流公司以传统的"类物流业"为起点，如仓储业、运输业、空运、海运、货代等。第三方物流的模式有以下五种：企业内部物流模式、配送模式、运输企业模式、货运代理和报关行模式、冷冻仓储模式。

1. 企业内部物流模式

大企业通常都设有材料部、运输部、配送部或物流部，负责企业原材料采购和成品交付的运输，以及原材料、半成品、成品的库存管理。有些企业可能拥有自己的车队，有些企业则使用独立的运输公司。随着信息技术的发展，它们建立了发达的配送网络和信息系统，以远远高于行业水平的配送速度，成为行业的物流先锋。这些企业看到自己的物流优势，于是将其物流部与母公司分离，成为一个独立的第三方物流公司。

2. 配送模式

一些运输公司拥有成熟的技术、资金、信息系统、专业的物流管理队伍，由于引入了物流管理的理论，所以较早蜕出其初期的运输外壳，进化成为一个提供配送服务的物流管理公司，为每一个客户企业成立一个子公司来专门为其服务。

3. 运输企业模式

一些历史悠久的大型传统运输公司，经过多年发展，有着非常成熟的运输技术、广阔的运输网络，又对客户的物流需求有深入的了解。它们自然而然地随着客户物流需求的提高而相应地增加了相关物流服务的设施和技术。虽然运输仍占其主导地位，但提供物流服务却逐渐成为其保持老客户、吸引新客户的策略之一，同时也为公司增加了一个新的利润源。在过去，运输企业只是提供将货物由一地运送到另一地的单一模式的运输服务，客户要想完成一次完整的交付，必须通过使用几家不同模式的运输公司和仓储公司才能完成。现在少数运输企业领先一步，通过收购或投资仓储配送企业和其他模式的运输企业而成为一个完全的第三方物流公司。

4. 货运代理和报关行模式

货运代理和报关行通常没有运输设备，只是作为一个中介为客户提供更优惠的费率以及报关服务，但是当一家货运代理公司发展成为一个跨国大公司时，它雄厚的资本足以支持它在从货运代理公司转型到第三方物流公司时要花费的大笔收购费用。

5．冷冻仓储模式

大部分仓储企业在物流市场的发展中被运输企业收购，成为运输企业在提供全程物流服务中的一个环节。然而冷冻仓储企业却可以逆势而上，成为冷冻供应链中的主导者，同上下游运输公司联手为客户提供全程冷链物流服务。采购冷冻车并不困难，然而要建立一个冷冻配送中心和一个具有冷链物流专长的管理队伍却不是一件容易的事。在这样的背景下，冷冻仓储企业迅速主导市场，转型成为第三方冷冻物流公司。

2.3.4　我国第三方物流的发展思路

随着改革开放的深入、国际竞争的日益激烈、企业国际化路线的进一步实施，更多的外资物流供应商进入国内物流市场，对我国第三方物流业形成严峻的挑战，当务之急是采取切实有效的措施，加快我国第三方物流的发展，缩小与发达国家的差距。

1．加快产权制度改革，激发企业活力

我国现有的第三方物流企业多数是从国有仓储、运输企业转型而来的，带有许多计划经济的痕迹，不能适应国际市场竞争。因此，必须建立股权多元化的股份制企业和完善的法人治理结构，理顺权益关系，实现政企分开、所有权和经营权分离，保证企业按市场规则运作，激发企业活力，向现代物流业转化。一方面，要进行内部的整合，优化内部资源配置；另一方面，借助资本市场的力量，进行企业改制上市，吸收和利用社会闲散资金，克服资金不足的缺陷，促使企业快速成长壮大，建立和运作现代企业制度。

2．以信息技术为核心，加强网点建设

信息化程度是衡量现代物流企业的重要标志之一。在新的市场环境下，企业要双管齐下，狠抓网络建设。一方面，要根据实际情况建立有形网络；另一方面，要建立信息网络，通过互联网、管理信息系统、数据交换技术等信息技术实现物流企业和客户共享资源，对物流各环节进行实时跟踪、有效控制与全程管理，形成相互依赖的市场共生关系。

3．培育国际物流集团，实行集约化管理，强化增值服务，发展战略同盟关系

要适应激烈的市场竞争，必须打破业务范围、行业、地域、所有制等方面的限制，整合物流企业资源，强强联合，组建跨地域的大型集团，参与国际市场竞争。同时，各企业要通过提供全方位服务的方式，与大客户加强业务联系，增加增值服务，增强相互依赖性，发展战略伙伴关系。

4．重视物流人才培养，实施人才战略

企业的竞争实质上是人才的竞争。要解决目前专业物流人才缺乏的问题，首先，要加强物流企业与科研院所的合作，使理论研究与实际应用相结合，加快物流专业人才和管理人才的培养；其次，要重视所有员工的物流知识和业务培训，提高企业的整体素质。

小案例

当当是知名的综合性网上购物商城，由国内著名出版机构科文公司、美国老虎基金、

美国IDG集团、卢森堡剑桥集团、亚洲创业投资基金(原名软银中国创业基金)共同投资成立。从1999年11月正式开通至今，当当的经营品类已从早期的图书拓展到图书音像、美妆、家居、母婴、服装和3C数码等几十个大类。

当当采用"自建仓储，第三方配送"的物流模式，其优势如下：

(1)将企业有限的资源集中于巩固和扩展自身的核心业务。

供应商难以满足其小批多批次的供货需求，第三方物流可根据情况在货物配送中进行统筹安排，有效地降低成本。

(2)减少企业资金投入和资金短缺风险。

(3)与第三方物流公司形成战略联盟，满足消费者多样的个性化需求。

(4)第三方物流有利于提高社会效益。

案例点评： 采取第三方物流模式也存在一定的弊端。目前，国内大多数电子商务企业将物流直接外包给第三方物流公司，以节省人力和物力，然而第三方物流公司很难完全满足电子商务企业的个性化需求，由第三方物流模式而引发的配送延误、信息泄露等问题已成为电子商务企业发展的瓶颈。

2.4 第四方物流模式

"第三方物流"作为一种新兴的物流方式活跃在流通领域，它的节约物流成本、提高物流效率的功能已被众多企业所认可。随着企业要求的提高，"第三方物流"在整合社会物流资源以解决物流瓶颈、达到最大效率方面开始显得力不从心。虽然从局部来看，第三方物流是高效率的，但从一个地区、一个国家的整体来看，第三方物流企业各自为政，这种竞争的结果很难达到最优，难以解决经济发展中的物流瓶颈，尤其是电子商务中新的物流瓶颈。另外，物流业的发展需要技术专家和管理咨询专家的推动，而第三方物流恰恰缺乏高技术、高素质的人才队伍支撑。于是"第四方物流"(The Fourth Party Logistics，4PL)便应运而生。

2.4.1 第四方物流的概念

"第四方物流"的概念首先由著名的管理咨询公司埃森哲公司(又名安盛咨询公司)提出，并且将"第四方物流"作为专有的服务商标进行了注册，并定义为"一个调配和管理组织自身的及具有互补性服务提供商的资源、能力与技术，来提供全面的供应链解决方案的供应链集成商"。第四方物流集成了第三方物流服务和物流咨询机构的优势力量，以顾客价值最大化为宗旨，通过为供应链过程和协作的再设计提供方案，使供应链方案具有系统协调性和完善性。

"第四方物流"这一新的舶来品对中国的物流行业或者说对中国经济的竞争力和行业的发展究竟有什么意义呢？到目前为止，国内对此还没有相关的权威评论和探讨。

2.4.2 第四方物流的优势和功能

"第四方物流"与"第三方物流"相比,其服务的内容更多,覆盖的地区更广,对从事货运物流服务的公司要求更高,要求它们必须开拓新的服务领域,提供更多的增值服务。"第四方物流"最大的优越性,是它能保证产品"更快、更好、更廉"地送到需求者手中。当今经济形势下,货主、托运人越来越追求供应链的全球一体化以适应跨国经营的需要,跨国公司由于要集中精力发展核心业务,因而必须更多地依赖物流外包。基于此,它们不仅要在操作层面上进行外协,还要在战略层面上借助外界的力量,昼夜都能得到"更快、更好、更廉"的物流服务。

"第四方物流"的基本功能有以下三个方面:

(1)供应链管理功能,即管理从货主、托运人到用户、顾客的供应全过程。

(2)运输一体化功能,即负责管理运输公司、物流公司之间在业务操作上的衔接与协调。

(3)供应链再造功能,即根据货主、托运人在供应链战略上的要求,及时改变或调整战略战术,使其经常处于高效率的运作状态。"第四方物流"成功的关键是以"行业最佳物流方案"为客户提供服务与技术。

"第三方物流"要么独自提供服务,要么通过与自己有密切关系的转包商来为客户提供服务,它不大可能提供技术、仓储和运输服务的最佳整合。因此,"第四方物流"就成了"第三方物流"的"协助提高者",也是货主的"物流方案集成商"。

> **视野拓展**
>
> **第五方物流**
>
> 第五方物流(The Fifth Party Logistics,5PL)是指专门为第一方、第二方、第三方和第四方提供物流信息平台、供应链物流系统优化、供应链集成、供应链资本运作等增值性服务的活动。第五方物流的优势是拥有供应链上的物流信息和资源,并不实际承担具体的物流运作活动。第五方物流服务产品具有集成化、标准化、差异化、系统化四大特征:
>
> (1)集成化(经营能力)。以IT技术整合供应链各环节,通过将平台系统嵌进客户的实际运作中,可以实时收集物品的动态信息,实现跟踪、监控、评估,及时反馈运作信息。
>
> (2)标准化(产品类别)。通过对标管理、系统化衔接,可以有效促进物流的标准化。
>
> (3)差异化(市场定位)。通过系统规划技术,利用定性分析与定量分析相结合的方法,找到准确的市场定位。
>
> (4)系统化(服务体系)。通过顶层设计,构建一个用户之间可以寻求多种组合的服务体系,构成多接口、多用户、跨区域、无时限的物流服务平台。

2.4.3 第四方物流的特点

第四方物流集合了管理咨询和第三方物流服务商的功能。第四方物流提供一整套完善

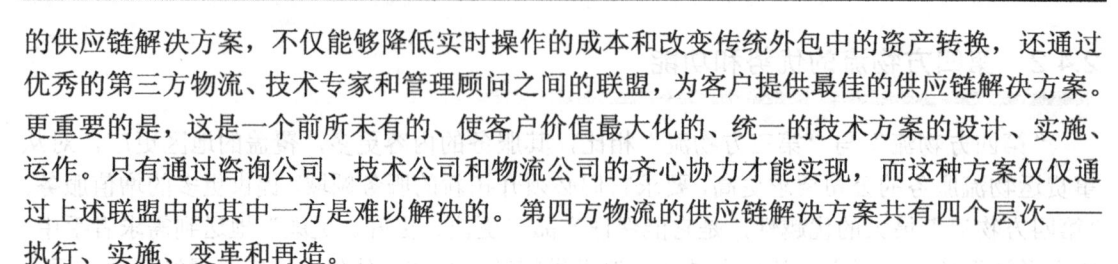

的供应链解决方案，不仅能够降低实时操作的成本和改变传统外包中的资产转换，还通过优秀的第三方物流、技术专家和管理顾问之间的联盟，为客户提供最佳的供应链解决方案。更重要的是，这是一个前所未有的、使客户价值最大化的、统一的技术方案的设计、实施、运作。只有通过咨询公司、技术公司和物流公司的齐心协力才能实现，而这种方案仅仅通过上述联盟中的其中一方是难以解决的。第四方物流的供应链解决方案共有四个层次——执行、实施、变革和再造。

1．执行

执行主要是指由第四方物流负责具体供应链职能和流程的正常运作，这一范畴超过了传统的第三方物流的运输管理和仓库管理。第四方物流开始承担多个供应链职能和流程的运作责任，具体包括制造、采购、库存管理、供应链信息技术、需求预测、网络管理、客户服务管理和行政管理等职能。一般的第四方物流只是负责供应链中功能和流程的一些关键部分，当然也存在一家公司外包所有的供应链活动给第四方物流的情况。

2．实施

第四方物流的实施包括了流程的一体化、系统的集成化和运作的衔接。一个第四方物流服务商可以帮助客户实施新的业务方案，包括业务流程的优化、客户公司和服务供应商之间的系统集成，以及将业务运作转交给第四方物流的项目运作小组。在项目实施过程中，要重视组织变革，因为"人"的因素往往是第四方物流管理具体业务时成功的关键，一定要避免优秀方案实施时因为"人"的因素而失败。管理成功的关键是避免把一个设计得非常好的策略和流程实施得非常无效，这样局限了方案的有效性，影响了项目的预期成果。

3．变革

变革是指通过新技术实现了各个供应链职能的加强。变革主要的努力集中在改善供应链中某一具体环节的职能上，包括销售和运作计划、分销管理、采购策略和客户支持等。在这一层次上，供应链管理技术对方案的成败变得至关重要，领先和高明的技术、先进的战略思想、流程再造和卓越的组织变革管理，共同组成第四方物流对供应链活动和流程进行整合和改善的最佳方案。

4．再造

再造是指供应链过程的协作和供应链过程的再设计，这是第四方物流最高层次方案的最高境界。供应链流程的真正改善要通过供应链中的企业通力合作，将各个环节的运作计划协调一致来实现。再造过程就是基于传统的供应链管理咨询技巧，使公司的业务策略和供应链策略协调一致；同时，技术在这一过程中又起到了催化剂的作用，整合和优化了供应链内部和与之交义的供应链的运行。

第四方物流通过其对整个供应链产生影响的能力来增加价值。第四方物流充分利用了一批服务提供商的能力，包括第三方物流、信息技术供应商、合同物流供应商、呼叫中心、电信增值服务商等，再加上客户的能力和第四方物流自身的能力。总之，第四方物流能够通过提供一个全方位的供应链解决方案来满足企业所面临的广泛而又复杂的需求。它关注供应链管理的各个方面，既提供持续更新和优化的技术方案，又能满足不同客户的独特需求。

2.4.4　信息技术在第四方物流中的重要作用

随着信息管理的日益重要，公司需要制定一个合适的信息技术策略。一个真正有效的信息技术策略必须涵盖企业资源规划系统。它既包括决策支持、交易支持，又包括管理职能。近年来供应链管理技术的突破使供应链的参与者真正能够对整个供应链有一个全面的、实时的"全景式"扫描。技术能力已经可以覆盖并能影响企业竞争能力的诸多方面，包括产品流的可视性、事件管理和绩效管理等。

技术所能够提供的实时信息，帮助企业在必要的时候能够重新调整产品流，并且预测内向和外向的流量；它还可以帮助用户对供应链上的各个层次的绩效数据进行量化和对绩效进行跟踪；同时寻找机会进行持续改善。

根据 Forrester Research 的分析，"虚拟企业完全可以由虚拟的物流外包商来提供端到端的供应链服务"。这些新兴技术将会使第四方物流有能力为服务供应商、客户及其供应链伙伴，提供一整套集成的解决方案。

2.5　新型物流模式

2.5.1　绿色物流

随着环境资源的恶化，其对人类生存和发展的威胁增大，使人们对环境的利用和对环境的保护越来越重视。现代物流的发展必须优先考虑环境问题，从环境角度对物流体系进行改进，即形成一个环境共生型的物流管理系统。这种物流管理系统建立在维护全球环境和可持续发展基础之上，能改变原来经济发展与物流、消费生活与物流的单向作用关系，在抑制物流对环境造成危害的同时，形成一种能促进经济与消费健康发展的物流系统，即向绿色物流转变。因此，现代绿色物流管理强调了全局和长远的利益，强调对环境全方位的关注，体现了企业的绿色形象，是一种新的物流管理趋势。

1. 绿色物流的概念

绿色物流是指在物流过程中抑制物流对环境造成危害的同时，实现对物流环境的净化，使物流资源得到最充分利用。它包括物流作业环节和物流管理全过程的绿色化。从物流作业环节来看，包括绿色运输、绿色包装、绿色流通加工等。从物流管理过程来看，主要是从环境保护和节约资源的目标出发，利用先进物流技术，改进物流体系，既要考虑正向物流环节的绿色化，又要考虑供应链上的逆向物流体系的绿色化。绿色物流的最终目标是可持续发展，实现该目标的准则是经济利益、社会利益和环境利益的统一。

2. 绿色物流的特点

绿色物流是以降低污染物排放、减少资源消耗为目标，通过先进的物流技术和面向环境管理的理念，对物流系统进行规划、控制、管理和实施的过程。绿色物流是建立在可持续发展理论、生态经济学理论、生态伦理学理论、外部成本内部化理论，以及物流绩效评价理论基础之上的物流的新的发展观，是在可持续发展观的指导下，现代物流业发展过程中的必然选择。从总体上来说，绿色物流具有资源节约、低能量消耗、可循环利用等特点。

（1）绿色物流是循环型物流。传统物流为"正向物流"，只重视从资源开采到消费的需求，而忽视废旧物品、再生资源的回收利用所形成的逆向物流。逆向物流是一种包含产品退回、物料替代、产品再利用、废弃处理、再处理、维修与再制造等流程的物流活动。这是一种讲究低成本，经济、高效地从消费点返回到物流起点的过程，以实现回收和适当处理为目的的物流活动，通过资源循环利用、能源转化，提高供应链整体绩效。

（2）绿色物流是共生型物流。传统物流往往以对环境与生态的破坏为代价，实现物流的效率化。绿色物流则注重从环境保护与可持续发展的角度出发，求得环境与经济发展共存。绿色物流改变原来经济发展与物流之间的单向作用关系，抑制物流对环境造成的危害，形成促进经济和消费生活健康发展的现代物流系统。

（3）绿色物流是资源节约型物流。绿色物流不仅注重物流过程对环境的影响，而且强调对资源的节约。企业在经营过程中，不仅应关注流通和制造的成本，还应关注物流环节产生的成本，利用市场信息，最大限度地减少资源浪费。

绿色物流的实质就是物流的可持续发展，其根本目标就是实现物流系统效率、经济效益和生态环境效益之间的协调和平衡，使社会经济、物流产业、生态环境都得到可持续发展。绿色物流的活动范围涵盖了产品的整个生命过程，包括从原材料的获取、产品生产、包装、运输、分销，直至送达最终用户手中，以及对退货品和废物回收的逆向物流过程。绿色物流的行为主体包括制造企业供应链上的全体成员、政府和社会公众。

绿色物流的价值可以体现在两个方面：一是经济价值，如提高运营效率、降低物流成本、破除绿色贸易壁垒、获得竞争优势等；二是社会价值，如企业的社会责任感、消费者对企业的认同、提高企业品牌认可度，以及避免资源浪费、对环境的破坏，有利于社会经济可持续发展等。

2.5.2 冷链物流

随着物流和供应链管理概念的普及和发展，物流管理和物流市场开始逐步细分。食品物流的冷链管理作为物流产业的一个特殊和重要的组成部分，开始引起人们的重视。这一切源于冷冻冷藏商品的大量增长、食品流通过程越来越复杂和人们对产品质量的认识逐步提高。

1. 冷链物流的概念

冷链物流，是食品从产地收购或捕捞之后，在产品加工、储藏、运输、分销、零售直至转入消费者手中，其各个环节始终处于产品应有的设定温度条件之内，以保证食品质量安全，减少损耗，防止污染的供应链系统。

冷冻冷藏商品产量的提高、种类及特种需求的增加，使其从原产地到消费者的距离越来越长，产品覆盖范围越来越广，产品流通渠道越来越复杂。因此，人们开始对食品的加工过程、流通过程给予更多关注，如食品制作过程从原材料开始是否人性化、是否环保。同时，产品的整个制作、流通、回收的过程都被加入到了产品的质量管理中。冷冻冷藏商品的加工、流通、销售过程更复杂，包含更多的技术因素，也面临更多的不确定性，所以人们对其也给予了更多的关注。冷链管理包括温控设施设备技术、保温保鲜产品研究、温度跟踪技术、产品链管理和市场监督等一系列的管理体系。

2．冷链物流管理

冷链从管理范围和架构方面包括了很多方面，其中有政府的职能、责任和企业应承担的义务。从标准方面，可以分为技术标准和管理标准两方面。

冷链管理首先有技术标准，什么产品在什么状态下应该拥有的温度是经过多次试验而得出和确定下来的，也是冷链管理的产品温度控制的标准和基础。制冷和保温技术是保证冷链控制的必要手段，随着科学技术的进步而不断发展和完善。在制冷保温技术方面主要由冷藏车和冷库两大领域构成。冷藏车方面包含车载制冷剂、保温箱、冷藏集装箱等一系列技术和与之相对应的标准。冷库方面包含制冷系统、冷库库房建设、冷库内设备等技术和与之相对应的标准。

冷链管理还应有对经营冷产品的单位和个人进行控制和制约的各种手段和机制，主要由企业考核与认证体系、温度记录与跟踪基本要求和企业运作标准等一系列要素组成。

3．我国冷链物流存在的主要问题

(1)冷冻冷藏商品链没有形成。顺畅的商品流通链的形成需要生产厂家、各级批发企业、商品销售商等有较紧密和固定的业务或合作关系，而我国生产、运输、储存、批发、销售诸多环节没有形成有效的衔接，一是因为没有一批能够左右冷冻冷藏市场的商业企业出现，二是因为政府对冷冻冷藏商品的流通市场没有有效的监控手段。

(2)国内冷链物流技术急需提高。由于保鲜技术落后，加之在易腐品低温仓储及冷藏运输环节没有做到全程的冷链物流，80%～90%的水果、蔬菜、禽肉、水产品都是利用普通卡车运输，致使每年有100万吨的水果腐烂变质或贬值处理，捕捞的鱼类每年约有40万吨烂掉，价值约为750亿元。

(3)设备与设施保障不足。冷藏车是冷链物流最主要的运输工具。2020年我国冷藏车市场保有量达到27.5万辆，较2019年增加6.03万辆，但是仅达到美国、日本等先进国家2013年的水平。

(4)低价格竞争造成的问题。冷冻冷藏商品运输价格一般会是干货物品的2～3倍。冷冻冷藏商品的流通由于没有形成商品链的有效监控体系，造成冷冻冷藏商品无序流动，各商家为追求各自的短期利益进行恶性竞争，造成冷冻冷藏商品的物流管理失控是很难避免的。

(5)行业团体的协作关系薄弱。在发达国家，政府的作用是靠行政法律法规来制约企业的行为以平衡市场发展，行业协会的作用就是从保护本行业长远发展的角度提出建议、制定行规，避免个别企业的违规行为伤害其他企业的利益。目前我国的行业协会还没有发挥应有的作用，或者说刚处于起步阶段，作用不明显。

> **小案例**
>
> 光明乳业的鲜奶配送依靠冷链物流，强调所有环节都在冷藏环境下（0℃~4℃）进行并保持不中断。为了支持自身的主营业务，光明乳业多年来一直在不断完善它的冷链物流。如今，光明乳业采用全机械化挤奶，牛奶一挤出来马上就被冷却，装入冷藏奶槽车被送到工厂；到达工厂后，奶槽车直接与管道连接，使牛奶进入加工程序；产品生产出来后都被存放在物流配送中心的冷库里，超市销售的产品由冷藏车直接配送。
>
> 值得一提的是，光明乳业的设计思想是"门对门"，冷库有门廊，温度保持在0℃~10℃的范围内。冷藏车到冷库接货时，先倒进冷库门廊再装货，从而实现全程冷链物流。
>
> （资料来源：现代物流报）
>
> **案例点评：** 牛奶在流通过程中对温度有很高的要求，光明乳业采用"门对门"的冷链设计思想，实现了产品从仓储状态至运输状态的全程恒低温，可见，打造企业冷链物流是光明乳业保证产品质量的关键。

2.5.3 危险品物流

随着国民经济的快速发展，生产、生活现代化水平的不断提高，道路危险货物运输需求和运输量逐年增长。据统计，近年我国每年道路运输危险货物在2亿吨左右，其中剧毒氰化物就达几十万吨，易燃易爆油品类达1亿吨，危险品物流已悄然形成。然而，大部分危险品物流的运作只是沿用甚至直接套用普通货物的物流操作，导致危险品运输事故频发。

1. 危险品运输特点

危险品一般都是工业原料或产品，以其特殊的物理、化学性能，在接触和处理过程中必须遵守相应的规则，以免发生事故、造成灾害，其运输环节是一项技术性和专业性很强的工作，主要具有以下特点。

（1）品类繁多，性质各异

按照危险货物的危险性，《危险货物分类与品名编号》（GB 6944—2005）将危险品分为9类共22项。每一项又包含具体的危险货物，《危险货物品名表》（GB 12268—2005）中在册的已达2763个品名。2763种危险货物和每年不断新增加的危险品，其物理和化学性质差异很大。

（2）危险性大

危险货物作为一种特殊品类，在道路运输中具有很大的危险性，容易造成人员伤亡和财产损失。在9类危险货物中，每一类都具有自己独特的危险性，对外界条件有严格的要求。

（3）运输管理方面的相关规章、规定多

危险品运输是整个道路货物运输的一个重要组成部分，除了要遵守道路货物运输共同的规章，如《中华人民共和国道路交通管理条例》和《高速公路交通管理办法》等，还要遵守以下许多特殊规定。

① 联合国相关规定:《关于危险货物运输的建议书》和《国际公路运输危险货物协议》等。

② 道路危险货物运输的国家标准:《危险货物分类和品名编号》(GB 6944—2005)、《危险货物品名表》(GB 12268—2005)、《危险货物包装标志》(GB190—2009)、《危险货物运输包装通用技术条件》(GB 12463—2009)、《道路运输危险货物车辆标志》(GB 13392—2005)、《道路运输液体危险货物罐式车辆》(GB 18564—2006)、《常用危险化学品的分类及标志》(GB 13690—2009)、《包装储运图示标志》(GB/T 191—2008)、《放射性物质安全运输规程》(GB 11806—2004)等。

③ 道路危险货物运输行业标准:《公路、水路危险货物运输包装基本要求和性能试验》(JT 0017—1988)、《汽车运输危险货物规则》(JT 617—2004)、《汽车运输、装卸危险货物作业规程》(JT 618—2004)、《汽车运输企业行业安全管理标准》(JT/T 3144—1991)、《营运车辆技术等级划分和评定要求》(JT/T 198—2004)、《汽车导静电橡胶拖地带》(JT 230—1995)、《剧毒化学品目录》(公告 2003 年第 2 号)、《爆破器材运输车辆安全技术条件》(科工爆[2001]156 号)、《运油车、加油车技术条件》(QC/T 653—2000)等。

(4)专业性强

危险品运输不仅要满足一般的运输条件,严防超载、超速等危及行车安全的情况发生,还要根据货物的物理和化学性质,满足特殊的运输条件。其专业性主要表现为以下几个方面。

① 业务专营:国务院《危险化学品安全管理条例》(国务院 344 号令)及交通部《道路危险货物运输管理规定》(交通部 2005 年第 9 号令)中明确规定只有符合规定资质并办理相关手续的经营者才能经营道路危险货物的相应设施、设备;从事营业性道路危险货物运输的单位,必须拥有能保证安全运输危险货物的相应设施、设备;从事营业性道路危险货物运输的单位,必须具有 5 辆以上专用车辆的经营规模,配有相应的专业技术管理人员,并已建立健全安全操作规程、岗位责任制、车辆设备保养维修和安全质量教育等规章制度。

② 车辆专用:装运危险品货物的车辆不同于普通货物运输的车辆,交通部发布的《汽车运输危险货物规则》和《营运车辆技术等级划分和评定要求》对装运危险货物的车辆技术状况和设施做了特别的规定。《道路危险货物运输管理规定》也明确规定,运输危险货物的车辆、容器、装卸机械及工具,必须符合交通部《汽车运输危险货物规则》要求的条件,并经道路运政管理机关审验合格。

③ 人员专业:危险货物运输是一个特殊的行业,从事道路危险货物运输的相关人员必须掌握危险货物运输的有关专业知识和技能,并做到持证上岗。从事危险货物道路运输的驾驶员、押运员和装卸人员必须了解所运载的危险货物的性质、危害特性、包装容器的使用特性和发生意外时的应急措施。

2. 我国危险品物流存在的主要问题

我国危险品运输从业人员多、专业技术水平和运输设备条件参差不齐、危险品物流效率低下,导致我国危险品物流存在很多问题,主要表现在以下几个方面:

(1)物流效率低,存在不合理现象。由于危险品运输配装存在诸多限制,运输过程中难以选择合适承载能力的运输工具，因此容易造成严重超载从而产生隐患，或者出现实载率低、重复运输、浪费运力的现象。

我国危险品生产主要集中在东部沿海地区、中西部及东北地区，而且需求分散，导致了危险品运输半径过大。又由于铁路运输运力严重不足，加大了道路危险品的运输量，其运输半径往往超过公路运输的经济半径。

(2) 多头管理，效能不足。危险品物流企业同时受到公安、交通、质检、环保、卫生及工商、税务、海关等部门的监督和管理，各部门都制定了推动本行业的有关法规和规定。然而，管理部门多了会使企业左右为难，无所适从。同时，由职能交叉造成的部门之间的争利诿过的现象也时有发生。

(3) 危险品物流企业规模普遍较小，现代化水平低。《道路危险货物运输管理规定》要求从事道路危险货物运输的企业"自有专用车辆5辆以上"。目前危险品货物运输企业中自产自运所占比例相当大，这种经营模式是造成我国危险品物流企业现代水平低、发展慢的原因之一。此外，无证经营危险品物流的现象也时有发生。

(4) 从业人员素质普遍较低。虽然《道路危险货物运输管理规定》要求"从事道路危险货物运输的驾驶人员、装卸人员、押运人员要在所在地设区的市级人民政府交通主管部门考试合格，取得相应从业资格证。"然而，对近年发生的事故调查发现，驾驶员及押运员对事故处理的知识了解甚少，甚至当场逃匿的现象时有发生。危险货物运输中无证上岗的情况也屡见不鲜。

(5) 事故应急机制落后。道路运输部门对危险货物运输事故处理尚无快速反应的有效机制，一般采用通知发货人、收货人来处理的方式。由于对危险货物的危险认识不足，相关防范、救援措施不能及时跟上，往往贻误施救时机，造成不必要的损失。

2.5.4 应急物流

我国属于突发事件高发国家，在全球气候变暖的趋势下，极端性事件发生频率正在增加，突发性灾害将越发成为常态。因此，应急物流系统建设与发展直接关系国家、社会对各种突发事件及灾害的应对能力以及有效减少经济损失的能力。

1. 应急物流的概念

关于应急物流的概念有很多，中国国家标准《物流术语》(GB/T 18354—2006)中对应急物流的定义：针对可能出现的突发事件已做好预案，并在事件发生时能够迅速付诸实施的物流活动。所谓应急物流，是指以追求时间效益最大化、灾害损失及不利影响最小化为目标，通过现代信息和管理技术整合采购、运输、储存、分拨、配送等各种功能活动，对各类突发性公共事件所需的应急物资实施从起始地向目的地高效率的计划、组织、实施和控制过程。应急物流体系，就是围绕应急物流目标，由相关人员、技术装备、应急物资、信息管理、软硬件基础设施、相关主体以及法律法规、政策等因素共同构成的物流体系。应急物流就是指为应对突发事件而对物资、人员、资金等的需求进行紧急保障的一种特殊物流活动。

国际上以美国、日本和欧洲部分国家为代表，灾害研究开始得很早，自20世纪60年代以来越发成熟。而我国的应急物流研究始于 2003 年"非典"后，2007 年 11 月 1 日正式实施《中华人民共和国突发事件应对法》，增强了依法应对突发事件的能力。

2．我国应急物流存在的主要问题

我国应急物流体系在实践中暴露了许多问题，这些已经成为摆在我们面前的重要课题，主要表现在以下几方面：

(1) 物流基础设施建设滞后。物流基础设施的发展水平对保障应急物流的顺利实施起着关键的作用，但是目前我国物流基础设施和设备不完善，公路通达度与衔接度明显不足，铁路网络结构薄弱，民航支线机场数量缺乏，内河航道等级偏低，东、中、西三大地带交通设施依次弱化，部分区域运输网稀疏。此外，应急物流网络信息通信设施不够完善，城乡之间、东、中、西部之间存在很大差异。例如，汶川地震发生后，几大通信运营商的通信几乎全部中断，在一段时间内外界对震中发生的情况一无所知，通信保障措施明显不足，给指挥工作带来很大难度。

(2) 应急组织指挥系统不健全。应急物流的组织协调人员大多从各单位抽调，各类应急物资的采购、运输、储存、调拨、回收等职能分散在不同部门、地区和企业，彼此之间缺乏有效协调、沟通和整合，缺乏系统性和预见性，组织效率不高，尚未形成统一有效的指挥。

(3) 救援物资储备不足。目前我国的国家救援物资储备不足，全国仅建立了 10 个国家级的储备仓库，主要物资是帐篷和棉被等物品，种类稀少，而且救援响应速度慢。

(4) 缺乏相应的法律保障。我国目前尚未形成比较完备的应急物流法律法规和政策，立法空白甚多，至今没有一部专门性的法律。应急物流条款也只是散落在相关的法律中，立法层次低，缺乏稳定性和强制性，彼此各自为政，缺乏衔接，内容严重滞后且可操作性差，难以形成配套的法律体系。

(5) 国民忧患意识淡薄。目前我国应急体系建设还不完善，平时缺少宣传和教育，大众的防灾意识偏弱。政府官员、企业及市民在面对灾害时反应迟钝、麻木犹豫，应对素质较低，防灾、抗灾、减灾措施和能力与美、日等国家相比均存在很大差距。缺乏应急演练和应急知识影响了应急的效率，甚至可能造成更大的次生灾害。但在日本北部，每个人的车辆后备厢都有防滑链，房间里面都有急救箱和急救包。这样，当灾害来临时，人民群众有了一定的物资方能等待外界的救援或实施自救。

2.5.5 虚拟物流

我国物流市场前景良好，产业发展空间巨大，这为尚处于成长期、由传统储运企业转型而来的大量第三方物流企业提供了良好的机遇和发展空间。但是，我国以中小型企业为主体的第三方物流企业由于本身不能独立提供全程一站式服务，所以在物流服务的质量上存在缺陷；同时由于资产规模较小、服务地域不广，所以在物流服务的声誉方面缺乏可信度。面对加入 WTO 之后涌入的国际大型物流企业，我国企业在物流服务的竞争上处于弱势。因此，虚拟物流企业成为众多中小物流企业快速提高综合物流能力的选择。

1．虚拟物流的概念

虚拟物流的概念最初是由美国的斯图尔特等人于1996年提出的。斯图尔特认为虚拟物流是利用日益完善的通信网络技术及手段，将分布于全球的企业仓库虚拟整合为一个大型物流支持系统，以完成快速、精确、稳定的物资保障任务，满足物流市场的多频度、小批量的订货需求。迈尔斯和格雷戈里认为虚拟物流本质上是"即时制"在全球范围内的应用，是小批量、多频度物资配送过程。它能使企业在世界任何地方以最低的成本跨国生产产品，以及获得所需物资，以赢得市场竞争速度和优势。之后国内的学者也开始研究虚拟物流，《物流术语》（GB/T 18354—2006）将其定义为以计算机网络技术进行物流运作与管理，实现企业间物流资源共享和优化配置的物流模式。

虚拟物流是多个具有互补资源和技术的成员企业，为了实现资源共享、风险共担、优势互补等特点的战略目标，在保持自身独立的条件下，建立的较为稳定的合作伙伴关系。

2．虚拟物流的特点

（1）信息化。物流信息化表现为物流信息的商品化、物流信息收集的数据库化和代码化、物流信息处理的电子化和计算机化、物流信息传递的标准化和实时化、物流信息存储的数字化等。因此，条形码技术、数据库技术、电子订货系统、EDI技术、快速反应及有效的客户反应、企业资源计划等技术与观念在物流中得到普遍的应用。

（2）自动化。物流自动化的设施非常多，如条形码/语音/射频自动识别系统、自动分拣系统、自动存取系统、自动导向车、货物自动跟踪系统等。

（3）网络化。网络化有两层含义：一是物流配送系统的计算机通信网络，包括物流配送中心与供应商或制造商的联系要通过计算机网络，另外与下游顾客之间的联系也要通过计算机网络通信。例如，物流配送中心向供应商提交订单这个过程，就可以使用计算机通信方式，借助于增值网络上的电子订货系统和EDI技术来自动实现，物流配送中心通过计算机网络收集下游客户订货的过程也可以自动完成。二是组织的网络化，即所谓的企业内部网。例如，前文提到的我国台湾电脑业在20世纪90年代创造出的"全球运筹式产销模式"这一过程需要有高效的物流网络支持，当然物流网络的基础是信息、计算机网络。

（4）智能化。在物流作业过程中大量的运筹和决策，如库存水平的确定、运输（搬运）路径的选择、自动导向车的运行轨迹和作业控制、自动分拣机的运行、物流配送中心经营管理的决策支持等问题都需要借助于大量的知识才能解决。物流的智能化已成为电子商务下物流发展的一个新趋势。

（5）柔性化。柔性化本来是为实现"以顾客为中心"理念而在生产领域提出的，但要真正做到柔性化，即真正地能根据消费者需求的变化来灵活调节生产工艺，没有配套的柔性化的物流系统是不可能达成的。

3．虚拟物流体系面临的问题

（1）缺乏健全的物流信息平台。虚拟物流的发展离不开物流信息化建设。近年来，随着我国物流行业的不断发展，物流的信息化水平有了显著提高。部分城市已经建立如物流信息网等形式的简单的物流信息平台,但是其功能单一、信息安全性和保密性差,与发展城市虚拟物流体系的要求还存在很大差距。

(2) 缺乏潜在用户群的理解和接受。虚拟物流作为物流行业的发展前沿,其理论认识尚且没有统一。但就当前对虚拟物流的普遍认识,虚拟物流参与方往往没有自己的仓库、车队等显性资源,有的只是信息、知识、方案等隐性资源。因此部分参与方由于没有显性资源而得不到需求方的理解和接受。此外,由于全国范围内已成功实施虚拟物流的具体案例也非常少,再加上业界对物流宣传力度不够,导致今后一段时间内虚拟物流很难获得用户的完全理解和接受。

(3) 物流标准化建设尚不完善。发展虚拟物流体系的关键在于整合现有的物流资源,这就要求具备完善的物流标准化体系。当前我国城市物流行业的低标准造成了社会资源浪费,与物流相关的现有产业标准体系起步较低,缺乏系统性,问题突出表现在托盘、包装、信息技术等通用技术设备与标准上。另外,产业间的标准难统一,制约了物流各相关产业间的统一性和协调性。

(4) 从事现代物流虚拟管理或是智慧性运筹管理的人才严重匮乏。物流虚拟化需要更高层次的管理人才,要求其除具有基本的运输仓储行业知识、生产服务管理知识、电子通信网络知识以及运筹学、统计学等高级理论和知识外,特别要具有较强的协调能力和统一指挥调度能力。目前,这样的高级人才在我国还相当匮乏,这是迈向物流虚拟化的最大的也是最根本的困难。

(5) 虚拟物流的风险不可小觑。虚拟物流的成员企业为了实现资源共享、风险共担、优势互补等战略目标,可以在较短的时间内,通过外部资源的有效整合,实现对市场机遇的快速响应。但由于虚拟物流并没有改变各节点企业在市场中的独立法人属性,也没有消除其潜在的利益冲突。因此,虚拟物流也给各联盟企业带来了一些新的风险问题。虚拟物流风险是指由虚拟物流组织系统内部和外部环境的不确定因素,导致的合作联盟的成员发生损失的可能性。虚拟物流组织中的风险可以分为两大类:一类是来自于虚拟物流组织外部的风险,包括市场风险、金融风险、政治风险、自然灾害类风险等;另一类是来自于虚拟物流组织内部的风险,包括能力风险、协作风险、投资风险、运行流程风险等。虚拟物流作为一种现代物流管理模式,在其酝酿、组建、运行及解体等不同阶段都存在一定的风险,尤其是在市场、法律环境还不完善的情况下,虚拟物流的联盟成员间容易出现互不信任和不规范的行为,从而导致虚拟物流管理模式的中途失败,给企业带来不可挽回的损失。因此,虚拟物流的风险问题及由此带来的负面影响不容忽视,需要加强对虚拟物流风险管理方面的理论研究,以最小的成本,在分析虚拟物流风险的基础上,选择最优的风险处理技术,确保虚拟物流组织的安全。

2.5.6 实体分仓物流

1. 实体分仓物流的概念

相对于传统的分仓,实体分仓物流就是电子商务交易中信息流和资金流可以快速传输,而商品在发生正向与逆向物流过程中会耗费更多的时间、物力和财力,所以把商品留在当地的分仓,在需要的时候再进行近距离配送。淘宝网首席财务官张勇也认为:"实体分仓的概念很简单,希望在全国各地根据消费者分布的特征,在各地区设立仓储,这些仓储能够帮助商家把一部分的货送到区域中,来完成消费者的就近配送。"

当快递员把货物送到客户那里,如果客户拒收,快递员就拿回来免费放在当地仓库。例如,某商品在苏州被退货,就送到苏州的中转站,但会通知广州的公司,说货物没有卖出去,实物还放在苏州当地。如果另有客户要购买,我们就把 A 客户改为 B 客户,可以在短时间内再次配送。这样就可以将信息和企业、客户分享对接,对运转中心和终端加盟商的经营管理提供支持,实现电子商务包裹有序高效运转。

2. 实体分仓物流的特点

(1) 提升递送效率。网上购物的人大多会有这样的经历:从不同的商家买东西,即便选了同一家快递,也可能是上午取一趟货,下午取一趟货,无形之中浪费了买家的很多时间。实体分仓就是根据全国各地消费者分布的特征,在各地区设立仓储,让商家把部分货送到区域仓库中,在某一地区,对多个卖家的商品进行统一的进货、仓储、分拣、合包、配送、结算和保险等管理,实现就近配送。

(2) 节约逆向物流费用。以往买家如果拒绝收货时,快递公司只好将货物退回,大量的积压造成了物流的浪费。通过实体分仓物流模式,客户如果拒收,快递员可以拿回来免费放在当地仓库,如果另有客户要购买,可以在短时间内再次配送。

(3) 货到付款,移动 POS 刷卡消费。以星辰急便为首的实体分仓物流企业,与云物流概念整合,实行货到付款方式,通过移动 POS 机,实现客户在家网购后等待快递员上门送货,然后刷卡买单。这种 POS 机刷卡的方式省去了网上支付或者现金支付带给快递员的麻烦,也方便了那些不善于使用在线支付工具的用户尝试网购。

2.5.7 智慧物流

1. 智慧物流的概念与特征

IBM 公司于 2008 年首先提出"智慧地球"的新概念,并将此作为各国应对金融危机、振兴经济的重点领域。智慧城市是智慧地球的核心内容,是指利用新一代信息技术,按照新型城市化发展道路,在信息全面感知、智能处理、互联互通的基础上,实现人、财、物、政府职能部门、城市公共设施等连接互联网,以达到智能交通、实时监控、应急处理、物资保障、社会管理、公共服务等各个子系统的高效、智能、自动响应与良性运转,并形成一个智慧、低碳、和谐、可持续发展的新型城市结构,为人类社会创造一个更好的生活、工作、休息和娱乐的城市环境。"智慧物流"是智慧城市建设的核心内容之一,"智慧物流"的概念、内涵和具体应用还处于不断探索过程中,随着手机二维码、物联网、云计算及物流行业各类创新模式的不断涌现,"智慧物流"逐步进入我国社会生产和生活中。2012 年以来,"智慧物流"的探索与研究,对促进我国网络经济快速发展、推动传统企业转型网上零售模式、优化我国物流行业流通结构、建设创新型国家,都具有重大战略意义。

中国物联网校企联盟认为,智慧物流是利用集成智能化技术,使物流系统能模仿人的智能,具有思维、感知、学习、推理判断和自行解决物流中某些问题的能力。即在流通过程中获取信息从而分析信息做出决策,使商品从源头开始被跟踪与管理,实现信息流快于实物流,即可通过 RFID、传感器、移动通信技术等让配送货物自动化、信息化和网络化。

"智慧物流"的特征主要体现在三个方面:一是运用现代信息和传感等技术,运用物联网进行信息交换与通信,实现对货物仓储、配送等流程的有效控制,从而降低成本、提高效益、优化服务;二是通过应用物联网技术和完善的配送网络,构建面向生产企业、流通企业和消费者的社会化共同配送体系;三是将自动化、可视化、可控化、智能化、系统化、网络化、电子化的发展成果运用到物流系统中。简而言之,"智慧物流"就是运用物联网和现代某些高新技术构成的一个自动化、可视化、可控化、智能化、系统化、网络化的社会物流配送体系。

2. 智慧物流平台构建的核心技术

2010 年 9 月,我国《物流行业十二五发展规划》指出:智慧物流将成为我国重点发展的九大产业之一。而智慧物流系统建设将依托强大的信息技术,其中主要包括二维码技术、BDS(中国北斗卫星导航系统)与 GIS 技术、物联网与 RFID 技术、云计算与云服务技术等。

(1)智慧物流系统终端融合

融合型的智慧物流终端设备包括 BDS/GIS、遥感设备、无线设备、射频采集工具、手机及二维码读取设备等,将物流数据感知、采集与传输有机结合,采用高集成度、模块化设计,将有线无线感知、智能化处理、有线无线传输等技术综合运用,实现智慧物流终端的充分融合,达到无所不在、全面、透彻的感知效果。

(2)智慧物流系统网络融合

智慧物流集合无线通信、射频技术、互联网技术、IT 技术、网络安全技术等,打破行业壁垒,实现"老三网"(PSTN、HFC、IP)与"新三网"(物联网、移动网、传感网)等多网合一,并构建多维度、立体化、虚拟化的融合型感知、传输、交换网络系统,实现无缝连接的网络融合。

(3)智慧物流系统平台融合

智慧物流采用云计算、海量数据存储、安全控制、信息呈现等多种技术,运用面向对象、面向服务、面向模块的系统平台架构方法,实现系统管理、身份认证、隐私保护、安全控制、环境监测、计费管理等强大的功能集成,并开发出协同、互动、分布式、基于云计算与云服务的系统管理平台,实现各类用户对智慧物流统一、强大、安全、可控的管理功能需求。

(4)智慧物流系统服务融合

在平台融合的基础上,实现大型网购平台、品牌企业网上商城、大型物流企业信息门户、公共物流设施信息平台等关键物流资源、信息、设施的集成、一体化运营,提供物流订单服务、运输服务、仓储服务、共同配送、物流金融等强大功能,并实现物流资源虚拟化、物流能力服务化,实现网购时代智慧物流配送的动态、实时、快捷、高效的运作。

> **视野拓展**
>
> **智慧物流的"智慧"体现**
>
> (1)AR增强现实技术。通过AR增强现实技术,工作人员可以更准确地找到货架以及商品,在此过程中,工作人员完全不用思考和判断,只要跟着指令走,拿起货品放进箱子里,然后再跟着指令去下一个地方取货,整个取货过程就像玩游戏一样,工作人员通过AR眼镜的指引,即便是没有拣货经验,也能够快速找到任务所对应的货品,这种方式不但提高了工作效率,同时还能够有效避免差错。
>
> (2)AGV机器人。AGV机器人具有导航功能和拖动货架功能,AGV机器人听从中控系统指挥。中控系统负责任务分配和排班,并给AGV机器人下达任务指令,机器人根据指令,到相应的站点取走货架,并根据任务要求送达目的站点。多条任务下达后,多个机器人同时出动,它们的行动有条不紊,场面看起来十分壮观。此外,如果AGV机器人长时间没任务,电量又低于80%,它就会自动返回充电;在电量低于15%的时候,也会自动返回充电。
>
> (3)智能机械臂分拣系统。智能机械臂分拣系统可以实现存储、拣选和分拨三个功能,它们覆盖了库内作业中80%以上的工作流程。例如,吸盘机械臂利用抽真空原理,通过吸力将货品取出并放置到流水线上,并根据订单数量进行拣选。再如,智能机械臂会根据每个订单对货品的需求进行分拣,通过扫描条形码识别货品及订单箱,并将订单中的货品放入相应的订单箱中。可见,智能机械臂分拣系统可以取代人工作业,既能减少人工劳动力,还能有效避免差错。
>
> (4)送货机器人。给机器人安装了"大脑"后,它就可以去送货了,这个"大脑"主要有四个功能:建模、规划、识别、控制。建模是指根据我们看到的和听到的数据重新建模整个三维世界。规划就是在现实世界已经被建模的情况下,设定起点和终点,找到一个最优的路径,以最快的速度把包裹送到客户手中。识别功能可以帮送货机器人躲避各种障碍物,随后重新规划和设置新的送货路线。待送货机器人到达指定地点后,客户可以用手机扫描二维码取货。
>
> (5)智能打包算法。人工打包主要是依靠肉眼和经验对商品的体积和重量进行判断,很难进行精确计算,而通过"智能打包算法",系统会对商品的属性、数量、重量、体积,甚至摆放的位置进行精确计算,实现货品与纸箱的最佳匹配,并展示货品在纸箱里面如何摆放最节省包装,整个计算过程用时不超过1秒。由于每个箱子装得更满,空间利用更合理,每个订单的配送成本可节省0.12元,耗材费用可节省0.16元,以一个日均10万单的仓库来说,一年至少节省1000万元。

3. 我国智慧物流发展现状

目前,智慧物流的概念已经被我国运输、仓储、生产及销售企业所广泛认识,并具备了一定的基础,但尚处于起步阶段。

(1) 产品的智能可追溯系统

目前,在医药领域、农业领域、制造领域,产品追溯体系都发挥着货物追踪、识别、查询等巨大作用。比如,食品的可追溯系统、药品的可追溯系统等为保障食品安全、药品安全提供了坚实的物流保障。粤港合作供港蔬菜智能追溯系统,通过安全的 RFID 标签,可以对供港蔬菜进行溯源,实现了从种植、用药、采摘、检验、运输、加工到出口申报等各环节的全过程监管,可快速、准确地确认供港蔬菜的来源和合法性,加快了查验速度和通关效率,提高了查验的准确性。

(2) 物流过程的可视化智能管理网络系统

基于 GPS 卫星导航定位技术、RFID 技术、传感技术等,在物流过程中实时进行车辆定位、运输物品监控,并在线调度与配送可视化与管理系统。目前,全网络化与智能化的可视管理网络还未实现,但初级的应用比较普遍。比如,一些物流公司或企业建立了 GPS 智能物流管理系统,一些公司建立了食品冷链的车辆定位与食品温度实时监控系统等,初步实现了物流作业的透明化、可视化管理。

(3) 智能化的企业物流配送中心

基于传感、RFID、声、光、机、电、移动计算等,建立全自动化的物流配送中心,建立物流作业的智能控制、自动化操作的网络,实现物流与制造联动,实现商流、物流、信息流、资金流的全面协同。比如,一些自动化物流中心,已经实现了机器人码垛与装卸、无人搬运车进行物料搬运、自动化的输送分拣等。这样,物流信息中心与制造业 ERP 系统进行无缝对接,整个物流作业系统与生产制造实现了自动化、智能化。

(4) 智慧物流向智慧供应链延伸

智慧供应链是结合物联网技术和现代供应链管理的理论、方法和技术,在企业中和企业间构建的,实现供应链的智能化、网络化和自动化的技术与管理综合集成系统。供应链管理是物流发展的必然趋势,是改变经济发展方式的"杀手锏",所以智慧物流一定要向智慧供应链延伸。

2.5.8 跨境物流

1. 跨境物流的概念

广义的跨境物流是指商品跨越不同国家或地区,从供应地向接收地流动的物流活动。而狭义的跨境物流则特指在跨境电子商务运营模式下,为通过跨境电子商务平台达成的线上交易提供实体商品跨境运输和配送的活动。由于跨境电子商务的交易双方分属于不同的国家或地区,商品需要从供应方所在的国家或地区通过跨境物流的方式实现空间位置的转移,在需求方所在国家或地区内实现最后的物流与配送。

根据商品的空间位移轨迹,跨境物流分为输出地物流、国际物流和目的地物流,涉及的主体有企业(卖家)、跨境电子商务平台、消费者(买家)以及政府监管部门,如图 2-2 所示。由于不同国家或地区的政策、法律、市场、文化等存在较大差异,会影响通关、检验检疫等环节,因此跨境物流是整个跨境电子商务交易环节中容易出现瓶颈的地方,未来跨境物流服务行业仍有很大的市场发展空间。

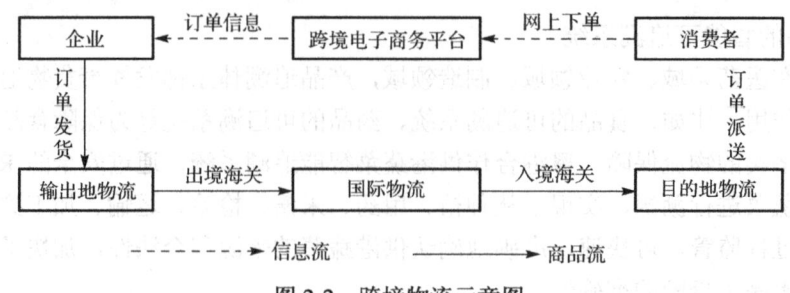

```
企业 ←--订单信息-- 跨境电子商务平台 ←--网上下单-- 消费者
 │                                              │
订单发货                                        订单派送
 ↓                                              ↓
输出地物流 --出境海关→ 国际物流 --入境海关→ 目的地物流

    --------→ 信息流        ——→ 商品流
```

图 2-2　跨境物流示意图

2. 跨境物流的特征

与境内物流相比，跨境物流具有成本高、时间长、覆盖范围广、复杂性高、技术性强等特征。而与传统国际贸易物流相比，跨境物流具有反应快速化、功能集成化、作业规范化、信息电子化、服务系统化等特征。

(1) 物流过程的复杂性

跨境贸易的特点使其供应链更长，两端国家或地区的揽件及配送，中间段的通关、检验检疫和运输环节，使跨境物流的周期要远长于境内物流，其过程相对来说更为复杂。例如，通关过程涉及的主体较多，主要有跨境电子商务企业或平台、第三方支付平台、第三方物流企业、海关、税务机关、外汇管理部门等，而且需要办理的凭证、单据繁多；此外，跨境电子商务交易中的商品质量问题、商品丢失问题、海关通关问题、检验检疫问题以及配送地址错误问题等都会造成退换货的发生，而跨境物流存在的环节多、成本高、周期长、风险大等因素导致的退换货比境内物流要复杂得多。为了解决这些问题，跨境物流企业正积极探索高效率的物流配送方式。例如，实施新型物流模式，开发新的物流渠道等，同时强化跨境物流网络的协同性，尤其是要加强多个国家或地区、多个部门以及物流节点上的多个企业之间的沟通与合作，增强协同意识，通过在商品分类、包装、运输等方面加强配合，推动跨境物流网络的协同发展，降低跨境物流过程的复杂性。

(2) 物流信息的电子化

在境内物流体系中，货物全程追踪已成为各卖家的基本要求，但对于跨境物流来说，货物全程追踪问题目前仍未得到很好的解决。欧美等发达国家的信息化程度较高，对跨境货物的定位追踪和反馈效果较好，他们之间的跨境物流体系大多已具备电子化特征。但是一些发展中国家物流系统的信息化程度不高，无法与其他国家或地区的物流企业建立物流信息共享网络，也难以为订单信息、商品配送等提供追踪服务。未来跨境物流将更加强调订单处理、信息处理的系统化和电子化，广泛采用 ERP 系统完成标准化的物流订单处理和物流仓储管理，以更方便地考核物流渠道的成本和实效，并对库存积压、产品延迟到货、配送不及时等情况进行有效的控制。其特点是对物流过程的各个环节进行信息化管理，整个物流过程都在 ERP 系统的管理范围之中，从而使企业能够掌握物流运送的时间、准确地进行成本核算和环节衔接等。

(3) 物流功能的集成化

跨境电子商务通过物流来集成供应链的各个环节。物流功能又称为集体分配功能，包括货物的运输、仓储、装卸搬运、包装加固、流通加工、发货配送以及物流信息服务功能。

跨境物流集成的具体形式是物流一体化，包括三个方面：一是业务过程的集成，即一体化物流服务功能；二是技术的集成，即形成协调的技术体系，其中最重要的是信息技术集成、运输技术与设备的协调和配合；三是管理的集成，即全过程监控的记录手段和协调技术。由于跨境电子商务的环节多、复杂性高，一些发展中国家间的跨境物流在供应链的集成化方面仍未达到一体化程度，如跨境电子商务凭条在订单、商品的监控和追踪方面有待进一步完善，未来可以通过先进的信息技术、一站式的物流管理平台、完善的管理模式实现跨境物流的全球集成化运行。

3．跨境物流模式

跨境物流模式主要包括邮政包裹、国际快递、专线物流、海外仓储、边境仓、保税区或自贸区等。

(1)邮政包裹模式。邮政包裹模式一般是以个人邮包的形式发货，通过万国邮政联盟来解决商品跨境配送及物流问题。邮政网络起步较早，目前已基本覆盖全球，比其他任何物流渠道的覆盖面都要广，而且价格便宜，这主要得益于万国邮政联盟和卡哈拉邮政组织（KPG）。

万国邮政联盟是联合国下设的一个关于国际邮政事务的专门机构，它通过一些公约和法规来改善国际邮政业务，开展邮政方面的国际合作。万国邮政联盟由于会员众多，而且各个会员的邮政系统发展很不平衡，因此很难促成会员之间的深度邮政合作。于是在2002年，邮政系统相对发达的中国、美国等6个国家和地区的邮政部门在美国召开了邮政CEO峰会，并成立了卡哈拉邮政组织，后来西班牙和英国也加入了该组织。卡哈拉邮政组织要求所有成员的投递时限达到98%的质量标准，如果货物没在指定日期投递给收件人，那么负责投递的运营商要按货物价格的100%赔付客户。这些严格的要求促使各成员之间深化合作，努力提升服务水平。例如，从我国发往美国的邮政包裹，一般15天以内就可以到达。据不完全统计，我国出口跨境电子商务70%的包裹都是通过邮政系统投递的，其中中国邮政占50%左右。在国际邮政包裹中，使用较多的有中国邮政、比利时邮政、俄罗斯邮政、德国邮政等。国际邮政包裹作为目前我国跨境电子商务零售出口卖家的主要物流模式，具有价格便宜、通关方便等优点，但其缺点是递送时效慢、丢包率较高、非挂号件无法跟踪，而且商品体积、重量、形状等方面的局限性较大，在一定程度上影响物流效率及用户物流体验。

(2)国际快递模式

国际快递模式是指利用四大国际快递企业，即敦豪快递(DHL)、TNT快递、联邦快递(FedEx)、UPS快递进行物流配送。这些国际快递企业通过自建的全球网络，利用强大的信息系统和遍布世界各地的本地化服务，为客户带来极好的物流体验。例如，从我国通过UPS快递寄送到美国的包裹，最快可在48小时内到达，但是其价格比其他物流模式高，一般只是在对商品时效性要求很高的情况下，才使用国际商业快递来派送商品。

DHL是一家创立于美国的运输公司，目前由德邦邮政集团全资持有，是目前世界上最大的运输公司之一，通达220个国家和地区的12万个目的地。TNT快递的总部位于荷兰，成立于 1946 年，其国际网络覆盖世界 200 多个国家和地区，提供一系列全球综合物流解决方案。早在 1988 年，TNT 快递就已进入我国市场，在我国拥有 25 个直属运营分支机构、三个全功能国际口岸和近 3000 名员工，服务范围覆盖我国 500 多个城市。2016 年，TNT 快递被 FedEx 收购。FedEx 是一家国际性快递集团，提供隔夜快递、地面快递、重型货物运送、文件复印及物流服务，其总部位于美国，拥有环球航空及陆运网络，它通常只需一至两个工作日，就能迅速运送时限紧迫的货物，并且提供"准时送达保证"。UPS 快递于 1907 年成立于美国华盛顿州西雅图市，是一家全球性的快递承运商与包裹递送公司，同时也是专业的运输、物流、资本与电子商务服务的提供者，它将货物流、资金流和信息流结合起来，不断开发供应链管理、物流和电子商务的新领域。

随着我国跨境电子商务的迅猛发展，我国本土快递公司也逐步涉入跨境电子商务物流业务，如中国邮政特快专递(EMS)、顺丰速运、"四通一达"(申通快递、圆通速递、中通快递、百世汇通、韵达速递)等。其中，EMS 的国际化业务是最完善的，依托邮政渠道，EMS 可以直达全球 60 多个国家和地区，且费用比国际商业快递企业低。顺丰速运的国际化业务比较成熟，目前已经开通美国、澳大利亚、韩国、日本、新加坡、马来西亚、泰国、越南等国家和地区的快递服务。申通快递和圆通速递在跨境电子商务物流领域布局较早，但近期才大力拓展跨境电子商务物流业务。美国申通快递于 2014 年 3 月才上线，圆通速递于 2014 年 4 月才与 CJ 大韩通运合作。而中通快递、百世汇通和韵达速递的跨境电子商务物流业务起步较晚，但他们借助我国跨境电子商务的发展态势，成长较为迅速。

(3) 专线物流模式

专线物流模式是针对某一特定国家或地区的跨境专线递送方式。它一般是通过航空包舱的方式将货物运输到境外，再通过合作公司进行目的国(或地区)境内的派送，其物流起点、物流终点、运输工具、运输线路、运输时间基本固定。这种模式的运输方式主要包括航空专线、港口专线、铁路专线、大陆桥专线、海运专线以及固定多式联运专线，如郑欧班列、中俄专线、渝新欧专线、中欧(武汉)班列以及传统的亚欧航线等。

专线物流的时效比国际快递慢，但比邮政包裹快很多，而且能够集中大批量到某一特定国家或地区的货物，通过规模效应降低成本，因此对固定路线的跨境电商而言是一种较好的物流解决方案。但其存在的冲突问题是具有区域局限性，无法到达所有国家和地区。目前，常见的专线物流有美国专线、欧洲专线、澳大利亚专线、俄罗斯专线等，也有一些物流公司推出了中东专线、南美专线、南非专线等。

(4) 海外仓储模式

海外仓储模式是为卖家在销售目的地进行货物仓储、拣货、包装和发送而提供的一站式控制与管理服务模式，跨境电子商务企业在跨境电子商务目的国(或地区)预先租赁或建设海外仓，通过国际物流预先把商品送达这些海外仓，然后通过互联网销售商品，在接到买家订单后直接从海外仓发货并进行配送。海外仓储一般分为头程运输、仓储管理和本地配送三个部分，其中头程运输指卖家通过海运、空运、陆运或联运将商品运送至海外仓；仓储管理指卖家通过物流信息系统，对海外仓进行远程仓储、库存管理；本地派送是最后一步，海外仓储中心根据订单信息，通过当地邮政或快递将商品配送给买家。

近年来，诸多跨境电子商务企业纷纷租赁或自建海外仓，如 eBay、亚马逊等推出海外仓，大龙网、FocalPrice 等投入巨资自建海外仓。海外仓是跨境电子商务与跨境电子商务物流的一大突破，能够解决邮政包裹和国际快递的短板问题，如物流时效慢、物流成本高、通关与检验检疫、本土化、退换货困难等问题。但是海外仓也存在一定的局限性，一般适用于库存周期快的热销单品，否则，极容易压货。同时，这种模式在供应链管理、库存管控、动销管理等方面对卖家提出了更高的要求。例如，海外仓的租赁、建设与运营需要专业人员及大量资金，而且在商品预运前要有准确的销售预期，否则商品运送后会因滞销而造成库存和积压。

(5) 边境仓模式

除以上四种主要的物流模式外，跨境电子商务近几年又出现了其他物流模式，如边境仓。边境仓的功能类似于海外仓，但其主要是在物流目的国（或地区）的邻国或地区边境内租赁或建设仓库。根据所处地域的不同，可以将边境仓分为绝对边境仓和相对边境仓。绝对边境仓指当跨境电子商务交易双方所在的国家或地区相邻时，将仓库设在卖方所在国家或地区的与买方所在国家或地区相邻近的城市，例如，我国在进行对俄罗斯的跨境电子商务交易时，在哈尔滨或中俄边境的中方城市设立仓库。相对边境仓指当跨境电子商务交易双方所在的国家或地区不相邻时，将仓库设在与买方所在国家或地区相邻的国家或地区的边境城市，例如，我国在进行对巴西的跨境电子商务交易时，在与之相邻的阿根廷、巴拉圭、秘鲁等与之接壤国家的边境城市设立仓库。

(6) 保税区或自贸区模式

为了进一步促进各个国家或地区之间的贸易往来，一些国家和地区建立了保税区和自贸区以便于商品的跨境交易。保税区又称保税仓库区，是一个国家或地区海关设置的或经海关批准注册、受海关监督和管理的可以较长时间存储商品的区域。自贸区通常是指两个以上的国家或地区通过签订自由贸易协定，相互取消绝大部分货物的关税和非关税壁垒，取消绝大多数服务部门的市场准入限制，开放投资，从而促进商品、服务和资本、技术、人员等生产要素的自由流动，实现优势互补，促进共同发展。例如，亚马逊以中国（上海）自由贸易试验区为入口，引入全球商品线。跨境电商企业可以先把商品放在自贸区，在买家下单后，将商品从自贸区发出，从而有效地缩短了配送时间。保税区或自贸区仓储，使跨境电子商务企业可以有效地利用自贸区与保税区的各类政策、综合优势和优惠措施，尤其是在保税区和自贸区的物流、通关、检验检疫、收付汇、退税等方面的便利，简化跨境电子商务的业务操作，促进跨境电子商务交易。

综合以上分析可以发现，每一种跨境物流模式都有各自的特点和优劣势，如表 2-2 所示。卖家在跨境配送商品时要根据商品的特点（如尺寸、安全性、通关便利性等）、运输成本、时效要求等来选择合适的物流模式。例如，对于时效性要求较高的生鲜产品，应选择国际快递模式；对于大件物品（如家具），则应该选择海外仓储模式等。卖家在销售前要向买家列明不同物流模式的特点，为买家提供多样化的物流选择，让其根据实际需求来选择合适的物流模式。

表2-2 不同跨境物流模式对比

模式	优点	缺点	价格与时效
邮政包裹模式	邮政网络基本覆盖全球	在重量、尺寸方面有限制，无法享受正常的出口退税，配送速度较慢	价格低；一般需要20~50天
国际快递模式	速度快、服务好、丢包率低，发往欧美等发达国家或地区非常方便	价格昂贵，只在货物价值高、买家强烈要求、对时效性要求很高时才会使用	价格高，一般需要3~7天
专线物流模式	能够集中大批量货物发送；价格比国际快递低；配送速度快于邮政包裹；丢包率也比较低	与邮政包裹相比运费较高，而且在境内的揽收范围相对有限	价格中等；俄罗斯专线一般需要10~20天
海外仓储模式	可以降低物流成本；能够为买家提供灵活可靠的退换货方案；能够缩短发货周期，加快发货速度	会占用库存，适用于库存周转快的热销单品，包括标准化、偏重、体积大的商品；对卖家供应链管理的要求高	综合价格中等；本地快递时间高，一般需要2~5天
边境仓模式	风险小，成本低；能够保证货物的安全性，节省头程运输时间，提高了运输效率	能够发送的商品品类有限；当前正处在探索阶段，模式还不成熟；我国主要在黑龙江设置边境仓	价格中等；一般需要5~15天
保税区或自贸区模式	在物流、通关、检验检疫、收付汇、退税等方面享有便利；能够简化跨境电子商务业务操作	会占用库存，适用于库存周转快的单品；对卖家供应链管理的要求高	价格中等；本地快递时效高，一般需要2~5天

小案例

网易考拉海购是网易旗下以跨境业务为主的综合型电商平台，主营母婴用品、美妆个护、食品保健、家居数码和服饰鞋包等业务，是网易集团投入大量优势资源打造的战略级平台。依托网易集团丰富的用户、媒体、产品资源以及雄厚的资金实力，网易考拉构建了强大的跨境物流体系，具体如下：

(1)建立境内保税仓和境外海外仓。网易考拉在境内设有杭州、宁波、郑州、重庆、天津、深圳、苏州七个仓储中心，尽可能地覆盖到全国各地区，这使网易考拉的保税仓资源达到了行业顶尖水平。在境外，网易考拉在旧金山、东京、首尔、悉尼、香港等地建立了国际物流仓储中心。

(2)提高入库检测和仓储服务质量。网易考拉针对商品的品类和特性，在入仓时对每一件商品的包装完整性、有效期等进行严格检查，提高入仓门槛，规避瑕疵品和过期产品，以避免因瑕疵品和包装变形等原因引起用户体验下降。面对夏季高温可能带来的商品变质问题，网易考拉启用了5000平方米的恒温仓，将水果制品、软糖、胶囊等对温度和湿度较为敏感的商品分门别类存储于恒温仓中，以保证商品质量。

(3)部署智能化管理系统。网易考拉联合科箭软件科技和海仓科技，共同开发了智能化管理系统"祥龙"与云TMS系统"瑞麟"。"祥龙"系统具有三维测量、智能指引入库、机器人拣选、红外线称重等功能，可对新入库的中小体积商品测量长宽、高和体积，根据商品信息优化入库，提高入库速度。云TMS系统"瑞麟"将物流企业、消费者、品牌商之间的链路直接打通，可以查看包裹的实时动态，并对运力进行智能配置，针对异常订单(如在仓内停留时间超过规定时间、运输时效不达标)，"瑞麟"会自动识别并发送警报，同时进行异常处理。通过"祥龙""瑞麟"等智能化管理系统，网易考拉的跨境物流整体效率得到了有效提高。

（资料来源：网易科技）

案例点评：随着人们生活水平的不断提高，海淘已成为新的购物方式之一。由于个人海淘往往过程复杂，被骗风险高，且安全性、时效性难以得到保障，因此，近些年国内出现了许多跨境电商平台，以方便消费者购买海外产品。通过不断优化物流体系、扩建仓储面积、加强入库检测、开发智能化平台等，网易考拉已成为国内领先的跨境购物商城。

2.6 物流模式的选择

企业在进行物流决策时，应立足于自己的实际需要和资源条件，以提高自身的核心能力和市场竞争力为导向，综合考虑以下主要因素，慎重选择物流模式。

2.6.1 物流子系统的战略地位

在物流模式决策时，首先要考虑物流子系统的战略重要性，它是电子商务企业决定其采用何种物流模式的首要影响因素。物流地位越重要，企业自营物流的可能性就越大，反之亦然。而考虑物流子系统的战略地位，主要看其是不是构成企业的核心能力。要判断物流子系统是否构成企业的核心能力，一般可以从以下几个方面进行分析。

物流子系统是否影响企业的业务流程？

物流子系统是否需要先进的技术，采用此技术能否使企业在行业中领先？

物流子系统的优势是否是企业长期积淀的、在短期内不能为其他企业所模仿的？

如果得到的答案是肯定的，那么就可以断定物流子系统在战略上处于重要地位。由于物流系统是多功能的集合，各功能的重要性和相对能力水平在系统中是不平衡的，因此，还需对各功能进行分析。某项功能是否具有战略意义，关键就看它的替代性。如果其替代性很弱，几乎只有本企业才具备这项能力，企业就应保护好、发展好这项功能，使其保持旺盛的竞争力。在物流子系统构成企业战略子系统的情况下，为保证物流的连续性，最好是与物流公司长期合作，建立物流联盟；而在物流子系统不构成企业战略子系统的情况下，采用何种物流模式就要在顾客服务水平与成本之间寻找平衡点了。

2.6.2 企业对物流的管理能力

企业对物流的管理能力是影响其选择物流模式的又一个重要因素。一般而言，在其他条件相同的情况下，如果企业在物流管理方面有很强的能力，自营物流就比较可取。企业物流管理能力越强，自营物流的可能性就越大，而在企业对物流的管理能力较差的情况下，如物流子系统在战略上处于重要地位，则应该寻找合适的物流伙伴建立物流联盟，反之选择第三方物流较为合适。但应当注意的是：具备了物流能力，并不意味着企业一定要自营物流，还要与物流公司比较"在满足一定的顾客服务水平下，谁的成本更低"，只有在企业的相对成本较低的情况下，选择自营物流的方式才有利；若不然企业应把该项功能分离出去，实行物流外包。

> **视野拓展**
>
> 电子商务物流模式选择方法——安索夫矩阵图
>
> 安索夫博士于 1957 年提出以产品和市场为两大基本面向,区别出四种产品/市场组合和相对应的营销策略,这是应用最广泛的营销分析工具之一,它的四象限矩阵图之后扩展到了各个领域。电商企业在选择物流模式时,至少应该考虑物流服务对本企业的影响程度和本企业经营物流的能力,其决策参考模型如图 2-3 所示。
>
> | | 弱 | 强 |
> |---|---|---|
> | 高 | 寻找强有力伙伴 | 自营物流 |
> | 低 | 第三方物流 | 联盟关系的主导者 |
>
> 纵轴:物流对企业的影响程度　横轴:企业处理物流的能力
>
> 图 2-3　选择物流模式矩阵图
>
> 根据图 2-3 所示进行分析,结果如下:
> (1)若物流对企业成功的影响程度高,企业处理物流的能力相对较弱,则宜采用物流联盟寻求强有力的合作伙伴,以期弥补自己的物流劣势;
> (2)若物流对企业成功的影响程度高,且企业处理物流能力也强,则宜采用自营物流模式;
> (3)若物流对企业成功的影响程度较低,同时企业处理物流的能力也弱,则宜采用第三方物流服务;
> (4)若物流对企业成功的影响程度低,但企业处理物流的能力强,即企业存在物流能力盈余现象,宜采用物流联盟,成为合作关系的领导,以充分利用物流资源。

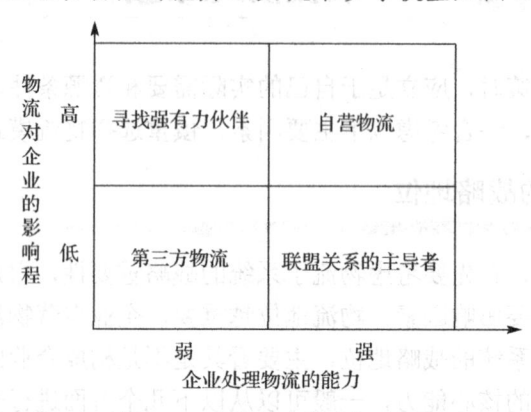

2.6.3　对企业柔性的要求

随着科技的进步与经济的发展,企业要根据市场不断改进自己的经营方向、经营重点、产品研发等问题,这就对企业的柔性提出了越来越高的要求。相对而言,外包物流能够使企业具有较大的柔性,能够比较容易地对企业业务方面、内容、重点、数量等进行必要的调整。所以,相对而言,处于变化发展速度较快的行业中的企业,其商品种类、数量比较不稳定、非规则化,变化较多、较大,需要根据情况相应调整其经营管理模式及相关服务,为保证企业具有足够的柔性,应采用外包物流服务。而业务相对稳定、物流商品种类比较稳定、数量大的企业,对于企业的柔性要求比较低,采用自营物流的可能性就比较大。

2.6.4 物流系统总成本

在选择物流模式时，必须弄清楚物流系统总成本的情况。计算公式：物流系统总成本=总运输成本+库存维持费用+批量成本+总固定仓储费用+总变动仓储费用+订单处理和信息费用+顾客服务费用。这些成本之间存在着二律背反现象，例如，减少仓库数量时，可降低保管费用，但会带来由于运输距离和次数的增加而导致运输费用增加的问题。如果运输费用增加部分超过了保管费用的减少部分，总的物流成本反而增加。所以，在选择和设计物流系统时，要对物流系统的总成本加以论证，最后选择总成本最小的物流系统。

2.6.5 企业产品自身的物流特点

对于大宗工业品原料的装运或鲜活产品的分销，则应利用相对固定的专业物流服务提供商和短渠道物流；对全球市场的分销，宜采用地区性的专业物流公司提供支援；对产品线单一的或作为主机厂配套的企业，则应在龙头企业统筹下自营物流；对于技术性较强的物流服务，如口岸物流服务，企业应采用委托代理的方式；对非标准设备的制造商来说，企业自营虽有利可图，但还是应该交给专业物流服务公司去做。

2.6.6 企业规模和实力

一般来说，大中型企业因为实力较雄厚，所以有能力经营自己的物流系统，制订合适的物流需求计划，保证物流服务质量。如实力雄厚的麦当劳公司，每天必须把汉堡等新鲜食品运往中国各地，为保证供货的准确及时，就组建了自己的货运公司；另外，大中型企业还可以利用过剩的物流网络资源拓展外部业务，为别的企业提供区域服务。而小企业则受人员、资金和管理等资源的限制，物流管理效率难以提高，此时，企业为把资源用于核心业务，就适宜把物流管理交给第三方专业物流代理公司去做。

【本章小结】

本章首先阐述了电子商务物流模式的含义、种类，其次较为详细地介绍了自营物流模式、物流联盟模式、第三方物流模式、第四方物流模式这四种物流模式，也介绍了绿色物流、冷链物流、危险品物流、应急物流、虚拟物流、实体分仓物流、智慧物流及跨境物流等多种新型的物流模式，分析了各自的特点、优劣势和应用场合，给出了各自发展的空间和企业选择物流模式的建议。

【本章习题】

一、名词解释

物流模式　　自营物流模式　　物流联盟模式　　跨境物流　　冷链物流

二、单项选择题

1. （　　）是电子商务企业与第三方物流企业，由业务伙伴关系向战略伙伴关系转换的模式。
   A．自营物流模式　　　　　　B．第三方物流模式
   C．战略联盟模式　　　　　　D．物流一体化模式

2. 自营物流模式的优点不包括（　　）。
   A．安全性　　B．准确和及时　　C．降低成本　　D．不用投资

3. 物流联盟模式的特点不包括（　　）
   A．物流伙伴关系　　　　　　B．冲突减少相互依赖
   C．联盟动态性　　　　　　　D．自营物流

4. 若物流对企业成功的影响程度高，且企业处理物流能力也强，则宜采用（　　）
   A．第三方物流　　　　　　　B．物流联盟
   C．自营物流　　　　　　　　D．第四方物流

5. 若物流对企业成功的影响程度较低，且企业处理物流能力也弱，则宜采用（　　）
   A．第三方物流　　　　　　　B．物流联盟
   C．自营物流　　　　　　　　D．第四方物流

6. 以物流系统为核心的，由生产企业，经由物流企业、销售企业，直至消费者供应链的整体化和系统化，它是指物流业发展的高级和成熟阶段，这种物流模式属于（　　）
   A．物流一体化模式　　　　　B．第三方物流模式
   C．物流联盟模式　　　　　　D．自营物流模式

7. （　　）是一个供应链的集成商，它帮助企业降低成本、有效整合资源、提供独特的和广泛的供应链解决方案，并不实际承担具体的物流运作活动。
   A．第一方物流　　　　　　　B．第二方物流
   C．第三方物流　　　　　　　D．第四方物流

8. 两个或两个以上的企业为实现特定的物流目标而采用长期战略契约关系，来弥补自身能力不足，从而达到参与方共赢，但合作企业仍保持各自的独立性，这种物流模式属于（　　）
   A．自营物流模式　　　　　　B．第三方物流模式
   C．物流联盟模式　　　　　　D．第四方物流模式

六、简答题

1. 简述电子商务物流模式的含义。
2. 自营物流模式的优、劣势有哪些？
3. 物流联盟模式有哪几种类型？
4. 简述第三方物流模式的含义、特点及其发展模式。
5. 简述第四方物流模式的含义、功能、特点。
6. 信息技术在第四方物流模式中的作用是如何体现的？
7. 简述绿色物流的内涵。

第2章 电子商务物流模式

8. 我国虚拟物流体系面临的主要问题有哪些？
9. 简述跨境物流的概念、特点及其物流模式。
10. 什么是智慧物流？其平台构建涉及的核心技术包括哪些？
11. 分析电子商务环境下现代物流的发展趋势。

【案例分析】

中欧班列首条跨境电商专线"菜鸟号"正式开通

2019年3月2日9时30分，伴随着阵阵鸣笛，中欧班列(郑州)"菜鸟号"，满载着来自义乌、东莞及河南本土的商品，缓缓驶出郑州铁路口岸中铁联集郑州中心站，远赴比利时列日。据悉，这条全国首条跨境电商专线班列，由菜鸟联合郑州国际陆港开发建设有限公司、中外运等合作伙伴共同运营，采用无纸化电子清关，大幅提升了清关效率，还能为企业节省30%的物流成本。

据悉，设立初期每周运行两班，国内电子产品、美妆、大件等商品将搭上这趟专列送至欧洲的波兰、法国、捷克、比利时等28个国家，正式开启中欧班列(郑州)陆上丝绸之路与阿里巴巴菜鸟跨境电商之间强强联手、创新合作、进军国际的序幕。

在跨境电商领域，传统平邮小包一直存在时效不稳定、甩货率高、无追踪信息等问题，在使用平邮产品寄递低货值小商品时，中小商家经常被丢件、时效慢等问题困扰。在"菜鸟号"投入使用后，针对小商品的"菜鸟超级经济"等产品将迎来升级。在时刻回传物流详情的基础上，不仅妥投速度较市场同类产品提速30%以上，价格也将便宜30%左右，同时还能解决电子设备、美妆等特殊货品的跨境出口的问题，为中小企业提供了价格相对低廉的跨境物流运输服务产品。

公开资料显示，中欧班列(郑州)自2013年开行以来，开行班次、载货量每年以20%~30%的速度递增。截至2019年3月，总累计开行1889班(1082班去程，807班回程)，总累计货值89.21亿美元，货重90.53万吨。

此前，在国务院印发的《十三五现代综合交通运输体系发展规划中》明确提出，要将郑州建设成为国际性综合交通枢纽，地处中原腹地的郑州，是中国重要的公路、铁路、航空、通信兼具的综合交通枢纽，在连接东西、贯通南北中发挥着重要作用。而比利时列日位于7条公路支线网的正中心，距荷兰30公里，德国45公里，地处欧洲中心，同样具备交通发达、高速公路网密集、辐射面积广等特点。

"欧洲是中国电商的重要市场，而郑州则拥有非常发达的物流网络，我们可以很方便地把全国各地，诸如华东、华南的电商小包调货至郑州。"菜鸟国际总经理表示，"中欧班列(郑州)的常态化运营，将进一步拓展欧洲物流线路，为中小企业提供多元化的解决方案。此外，列日还是阿里菜鸟在欧洲的重点转运中心，菜鸟要在列日建立自己的物流分拨网络。"

2018年12月，菜鸟宣布在列日投建eHub(数字中枢)。项目建成后，列日eHub将与西欧密集的路网和仓储网络迅速连接，提升西欧的物流效率，也将实现商品进入欧洲的"秒级通关"，大幅缩减动辄数日的通关时间，使中小企业更好地参与跨境贸易。据了解，中欧班列(郑州)跨境电商专线"菜鸟号"，是国内中部地区开通的首条跨境电商商品物流专线，也是全国首条按照海关出口 9610 监管方式（9610 就是俗称的"集货模式"，采用"清单核放、汇总申报"）阳光清关的铁路班列跨境电商物流专线，开创了中欧班列跨境电商包裹运输的新模式，采用无纸化电子清关，大幅提升了清关效率。

根据以上案例分析下面的问题：

1. 案例中"菜鸟号"的运输模式属于跨境电商物流运输模式中的哪种模式？菜鸟选择该种模式的原因有哪些？

2. 结合案例说明，跨境电商与中欧班列的结合给了我们哪些启示？

【实训操作】

实训项目 1：第三方物流企业调研

实训目的：通过实训，了解学校所在地区第三方物流企业的类型和发展现状。

实训内容：对当地企业进行调研，理解第三方物流企业的类型及地区第三方物流企业发展现状。

实训要求：将参加实训的学生分组，在教师指导下进行调研，完成实训报告。

实训项目 2：电子商务企业物流解决方案调查与比较

实训目的：

(1) 掌握电子商务企业物流解决方案。

(2) 通过调查京东商城、苏宁易购、海尔商城3家网上商城的物流解决方案，分析电子商务企业物流模式特点，比较各家的快递方式、物流服务价格、送货范围、送货时限等内容，分析我国电子商务企业物流解决方案存在的问题和发展趋势。

实训内容：

(1) 登录京东商城、苏宁易购、海尔商城3家网上商城网站，查阅物流配送栏目的相关信息，进行收集和整理。

(2) 比较 3 家网上商城的物流解决方案，分析各自的优势和劣势。

(3) 通过分析3 家大型网上商城的物流解决方案，分析我国电子商务企业物流模式存在的问题和发展趋势。

实训要求：将参加实训的学生分组，在教师指导下进行调研，要求写出实训内容、遇到的问题及解决的方法，完成实训报告。

Chapter 3

第3章 电子商务物流管理技术

【本章要点】
- 电子商务物流技术概论
- 电子商务物流管理信息技术
- 电子商务物流管理自动化技术

【引导案例】

铁道部的调度利器

我国铁路的车辆调度系统是应用 RFID 最成功的案例。铁道部在中国铁路车号自动识别系统建设中,推出了完全拥有自主知识产权的远距离自动识别系统。

在20世纪90年代中期,国内有多家研究机构参与了该项技术的研究,在多种实现方案中最终确定了 RFID 技术为解决"货车自动抄车号"的最佳方案。过去,国内铁路车头的调度都是靠手工统计、手工进行,费时费力还不够准确,造成资源极大浪费。铁道部在采用 RFID 技术以后,实现了统计的实时化、自动化,降低了管理成本,提高了资源利用率。据统计,每年的直接经济效益可以达到3亿多元。

这是国内采用 RFID 唯一的一个全国性网络,但是美中不足的是,这个系统目前还是封闭的,无法和其他系统相连接。如果这个系统开放,将有利于推动整个物流行业的信息化和标准化,有利于像 RFID 这样的技术得到更有效地应用,有利于物流的大整合。

3.1 电子商务物流技术概论

3.1.1 物流技术的发展

为适应现代生产的需要,物流正向着现代化的方向发展。物流技术的发展历史大致可以分为五个阶段。

第一代物流是人工物流。人类自有文明以来,物流一直是世界的一个重要组成部分。

初始的物流是从人们的举、拉、推、计数等人工操作开始的。虽然第一代物流是人工的，但即使在今天，人工物流仍存在于几乎所有的系统中。

第二代物流是机械物流。由于机械结构和机构的引入，人类的能力和活动范围都扩大了。现代化设备能让人们举起、移动和放下更重的物体，速度也更快。机器延伸了人们的活动范围，使物料堆得更高，在同样的面积上可以储存更多的物料。从19世纪中叶到20世纪中叶的一个世纪里，机械系统一直起主导作用。同时，它在当今的许多物流系统中也仍是主要的组成部分。

第三代物流是自动化物流。自动存储系统(AS/RS)、自动导引车(AGV)、电子扫描器和条形码是自动化系统的主要组成部分。同时自动化物流也普遍采用机器人堆垛物料和包装、监视物流过程及执行其他某些过程。自动输送机系统提供物料和工具的搬运，加快了运输的速度，使物流的效率得到了很大提高。

第四代物流是集成物流。它强调在中央控制下各个自动化物流设备的协同性，中央控制通常由主计算机实现。这种物流系统是在自动化物流的基础上进一步将物流系统的信息集成起来，使得从物料计划、物料调度直到将物料运送到生产线的各个过程的信息，通过计算机网络相互沟通。这种系统不但使物流系统各单元间达成协调，而且使生产与物流之间达成协调。

第五代物流是智能型物流。智能型物流系统在制订生产计划后，自动生成物料和人力需求，查看存货单和购货单，规划并完成物流。如果物料不够，无法满足生产要求，就推荐修改计划以生产出等值产品。这种系统是将人工智能集成到物流系统中。目前，这种物流系统的基本原理已在实际的一些物流系统中逐步得到实现。

物流技术是电子商务活动的基础平台和主要支持，无论是物流信息技术还是物流自动化技术的发展都将对电子商务活动产生一定的影响。因此，物流技术与电子商务活动的匹配与协调，对提高企业的物流与商务活动效率和效益有着重要的意义。

3.1.2 电子商务物流技术的概念

电子商务物流技术是指与电子商务物流要素活动有关的所有专业技术的总称，可以包括各种操作方法、管理技能等，如流通加工技术、物品包装技术、物品标识技术、物品实时跟踪技术等；物流技术还包括物流规划、物流评价、物流设计、物流策略等；当计算机网络技术的应用普及后，物流技术综合了许多现代技术，如条码(Bar Code)、电子数据交换(EDI)、射频识别(RFID)技术、地理信息系统(GIS)、全球定位系统(GPS)等。

电子商务物流技术是基于互联网技术，旨在创造性地推动物流行业发展的新商业模式。通过互联网，物流公司能够被更大范围内的货主客户主动找到，能够在全国乃至世界范围内拓展业务。

3.1.3 物流信息

1. 物流信息的概念

物流信息的含义可从狭义、广义两方面来考察。从狭义范围看，物流信息是指与物流活动有关的信息。在物流活动的管理与决策中，如运输管理、库存管理、订单管理、仓库作业管理等都需要详细而准确的物流信息。从广义范围看，物流信息不仅指与物流活动有关的信息，还包含与其他流通活动有关的信息，如商品交易信息和市场信息等。

2. 物流信息的分类

(1) 按物流信息的来源分类

根据物流信息的来源，物流信息分为物流系统内信息和物流系统外信息两个方面。

① 物流系统内信息是指伴随着物流活动而发生的信息。包括交通运输信息、仓储信息、装卸搬运信息、流通加工信息和配送信息。

② 物流系统外信息是指在物流活动以外发生的，但提供给物流活动使用的信息。包括商流信息、资金流信息、生产信息、消费信息和国家政治、经济、文化等信息。

(2) 按物流的功能分类

根据物流的功能，物流信息分为计划信息、控制及作业信息、统计信息和支持信息等。

① 计划信息是指尚未实现但已当做目标确认的一类信息。如物流量计划、仓库吞吐量计划、车皮计划、与物流活动有关的国民经济计划、工农业产品产量计划等。这种信息具有相对稳定性和更新速度慢的特点。

② 控制及作业信息是指在物流活动过程中发生的信息。如库存种类、库存量、在运量、运输工具状况、物价、运费、投资在建情况、港口舰艇的贸易货物到发情况等。这种信息具有动态性强、更新速度快和时效性强的特点。

③ 统计信息是指物流活动结束后，对整个物流活动的一种总结性、归纳性的信息。如上年度、月度发生的物流量、物流种类、运输方式、运输工具使用量、仓储量以及与物流有关的工农业产品产量和内外贸易量等。这种信息具有恒定不变和较强的资料性的特点。

④ 支持信息是指对物流计划、业务、操作有影响的文化、科技、产品、法律、教育等方面的信息，如物流技术革新、物流人才需求等信息。

(3) 按管理层次分类

根据管理层次，物流信息分为操作管理信息、知识管理信息、战术管理信息和战略管理信息。

① 操作管理信息产生于操作管理层，反映和控制企业的日常生产和经营工作。如每天的产品质量指标、用户订货合同、供应厂商原材料信息等。这类信息通常具有信息量大、发生频率高等特点。

② 知识管理信息是知识管理部门相关人员对企业自身的知识进行收集、分类、存储和查询，并进行分析得到的信息。如专家决策知识、物流企业相关业务知识、工人的技术和经验形成的信息等。

③ 战术管理信息是部门负责人制定局部和中期决策所涉及的信息。如月销售计划完成情况、单位产品的制造成本、库存费用和市场商情信息等。

④ 战略管理信息是企业高层管理决策者制定企业年度经营目标、企业战略决策所需要的信息。如企业全年业绩综合报表、消费者收入动向和市场动态、国家有关政策法规等。

3．物流信息的特点

(1) 信息量大

由于物流是一个大范围的活动，物流信息源也分布于一个大范围内，所以物流信息伴随着物流活动大量产生，多品种少量生产、多频度小数量配送使库存、运输等物流活动信息大量增加。随着企业间合作的进一步增强和信息技术的发展，物流的信息量将会越来越大。

(2) 更新快

由于物流的各种作业活动频繁发生，物流信息的动态性增强，这就对物流信息的更新速度提出了新要求，即随着物流信息价值衰减速度的加快，信息的即时性增强。它不仅体现在物流信息的定期更新方面，甚至还要求物流信息具有实时在线更新功能。

(3) 来源多样化

物流信息的来源多种多样，包括企业内部的物流信息、企业间的物流信息和物流活动中各环节的信息。随着企业间信息交换和共享的深入，信息来源会更加复杂多样。

视野拓展

满帮网

满帮集团的核心业务即车货匹配服务。对于每一单货源的运输时间、货品种类、价格及车辆要求均给出合适的方案，有效提升了用户体验，对于车货匹配效率的提升以及货车空驶率的降低也有重要意义。

集团运营平台依托大数据、云计算技术为物流供给方和需求方提供实时供需匹配，给出合适的物流服务方案、关键路径优化、相关配载优化等方案，以此吸引更多用户加入，从而形成规模效应。主要服务于第三方物流企业、大型物流服务需求企业或是运输企业。

4．物流信息的功能

物流信息就是物流活动的内容、形式、过程及发展变化的反应。现代物流信息在物流活动中起着神经系统的作用，"牵一发而动全身"，其作用主要通过它的协调、作业管理和服务这几项基本功能来实现。

(1) 物流信息的协调功能

物流系统中各环节的相互衔接是通过信息进行沟通的，而且物流资源的调度也是通过信息的采集与传递来实现的。具体表现为在物流运作中，通过企业内部集成的和与外部共享的物流信息系统来共享与传递物流信息，如货物的需求量、库存量、流向、流量、进度、状态等，在此基础上对内部和供应链伙伴成员的物流活动进行协调，联合预测、计划、补货，开展广泛的、深入的合作，以实现高效的一体化物流运作。

(2) 物流信息的作业管理功能

物流信息的作业管理功能具体表现为通过物流信息系统对物流运作的各项功能活动

的恰当管理与控制运输的管理、仓储的管理、配送的管理等,从而实现物流活动的全过程管理与控制,通过各环节数据的统计、分析,得出指导企业运营的依据。

(3) 物流信息的服务功能

物流信息的服务功能具体表现为通过物流信息系统来实现客户查询、核算统计、决策支持等功能。及时准确地提供物流信息是物流服务的一项重要内容,通过物流信息系统可以为客户提供灵活多样的查询条件,使客户可以共享物流企业的信息资源,如货物物流分配情况、货物在途运输状况、货物库存情况等。另外,物流信息系统提供动态的或固定的多种物流统计报表,如物流的流量、需求量、库存量、工作质量、服务质量、费用等,可以方便物流管理工作者的管理及决策工作。

3.2 电子商务物流管理信息技术

根据物流的功能及特点,物流信息技术主要包括条形码及射频技术、计算机网络技术、多媒体技术、地理信息技术、全球卫星定位技术、自动化仓库管理技术、智能标签技术、信息交换技术、电子数据交换技术、数据仓库技术、数据挖掘技术、Web 技术等。在这些信息技术的支持下,形成了以移动通信、资源管理、监控调度管理、自动化仓库管理、业务管理、客户服务管理、财务处理等多种业务集成的一体化现代化物流信息系统。

3.2.1 条形码技术

条形码(亦称条码)技术,是条形码自动识别技术的简称。条形码技术是在当代信息技术基础上产生和发展起来的符号自动识别技术。它将符号编码、数据采集、自动识别、自动录入、存储信息等功能融为一体,能够有效解决物流过程中大量数据的采集与自动录入问题。

1. 条形码概述

条形码是由一组按特定规则排列的,由条、空及其对应字符组成的表示一定信息的符号。条形码的条、空组合部分称为条码符号,对应符号部分的一组阿拉伯数字称为条码代码。条码符号和条码代码相对应,表示的信息一致。条码符号用于条码识读设备扫描识读,条码代码供人识读。不同的码制,条形码符号的组成规则也不同。

一个完整的条形码的组成次序为:静区(前)、起始符、数据符(中间分割符和校验符)、终止符、静区(后),如图 3-1 所示。

(1) 静区,指条码左右两端外侧与空的反射率相同的限定区域,它使阅读器进入准备阅读的状态,当两个条码的距离较近时,静区则有助于阅读器对它们加以区分。静区的宽度通常应不小于 6 毫米(或 10 倍模块宽度)。

图 3-1 条形码的组成

(2) 起始/终止符,指位于条码开始和结束的若干条与空,标志条码的开始和结束,同时提供码制识别信息和阅读方向的信息。

(3)数据符,位于条码中间的条、空结构,它包含条码所表达的特定信息。

2．物流条码

(1)物流条码的概念

物流条码是指用以标识物流领域中具体实物的一种特殊代码,它是由一组黑白相间的条、空组成的图形,利用识读设备可以实现自动识别、自动数据采集。它可实现整个物流活动过程,包括生产厂家、配销业、运输业、消费者等环节的共享数据。它贯穿整个贸易过程,并通过物流条码数据的采集、反馈,提高整个物流系统的经济效益。

(2)物流条码的特点

与商品条码相比较,物流条码有以下特点:

① 储运单元的唯一标识。商品条码是最终消费品,通常是单个商品的唯一标识,用于零售业的现代化管理;物流条码是储运单元的唯一标识,通常标识多个或多种类商品的集合,用于物流的现代化管理。

② 服务于供应链全过程。商品条码服务于消费环节:商品一经出售到最终用户手里,商品条码就完成了其存在的价值,商品条码在零售业的 POS 系统中起到了单个商品的自动识别、自动寻址、自动结账等作用,是零售业现代化、信息化管理的基础。物流条码服务于供应链全过程:生产厂家生产出的产品,经过包装、运输、仓储、分拣、配送,直到零售商店,中间经过若干环节,物流条码是这些环节中的唯一标识,因此它涉及更广,是多种行业共享的通用数据。

③ 信息多。通常,商品条码是一个无含义的 13 位数字条码;物流条码则是一个可变的,可表示多种含义、多种信息的条码,是无含义的货运包装上的唯一标识,可表示货物的体积、重量、生产日期、批号等信息,是贸易伙伴根据在贸易过程中共同的需求,经过协商统一制定的。

④ 可变性。商品条码是一个国际化、通用化、标准化的商品的唯一标识,是零售业的国际化语言;物流条码是随着国际贸易的不断发展,贸易伙伴对各种信息需求的不断增加应运而生的,其应用在不断扩大,内容也在不断丰富。

⑤ 维护性。物流条码的相关标准是一个需要经常维护的标准。及时沟通用户需求,传达标准化机构有关条码应用的变更内容,是确保国际贸易中物流现代化、信息化管理的重要保障之一。

3．二维条码

(1)二维条码的产生与概念

随着条码技术应用领域的不断扩大,传统的一维条码渐渐表现出了它的局限性:首先,使用一维条码,必须通过连接数据库的方式提取信息才能明确条码所表达的信息含义,因此在没有数据库或者不便联网的地方,一维条码的使用就受到了限制;其次,一维条码表达的只能为字母和数字,而不能表达汉字和图像,在一些需要应用汉字的场合,一维条码便不能很好地满足要求;最后,在某些场合下,大信息容量的一维条码通常受到标签尺寸的限制,也给产品的包装和印刷带来了不便。二维条码的诞生解决了一维条码不能解决的问题，它能够在横向和纵向两个方向同时表达信息，不仅能在很小的面积内表达大量的信息，而且能够表达汉字和存储图像。二维条码的出现拓展了条码的应用领域，因此被许多不同的行业所采用，如图 3-2 所示。

(2) 二维条码的类型

二维条码的研究在技术上从两个方面展开，一是在一维码基础上向二维码方向扩展；二是利用图像识别原理，采用新的几何形体和结构设计出二维码制。

图 3-2　二维条码图

二维条码可以分为堆叠式二维条码和矩阵式二维条码。堆叠式二维条码形态上是由多行短截的一维条码堆叠而成的；矩阵式二维条码以矩阵的形式组成，在矩阵相应元素位置上用点的出现表示二进制"1"，空的出现表示二进制"0"，由点的排列组合确定了代码表示的含义。二维条码可以使用激光或 CCD 阅读器识读。

(3) 二维条码的特点

① 信息容量大。根据不同的条空比例，每平方英寸可以容纳 250 到 1100 个字符。在国际标准的证卡有效面积上(相当于信用卡面积的 2/3，约为 76 毫米×25 毫米)，二维条码可以容纳 1848 个字母字符或 2729 个数字字符，约 500 个汉字信息。这种二维条码比普通条码的信息容量高几十倍。

② 编码范围广。二维条码可以将照片、指纹、掌纹、签字、声音、文字等凡可数字化的信息进行编码。

③ 保密、防伪性能好。二维条码既可以采用密码防伪、软件加密又可利用所包含的如指纹、照片等信息进行防伪。

④ 译码可靠性高。普通条码的错误率约为百万分之二左右，而二维条码的误码率不超过千万分之一。

⑤ 修正错误能力强。二维条码采用了世界上最先进的数学纠错理论，如果破损面积不超过 15%，条码由于玷污、破损等原因所丢失的信息也可以照常被破译出来。

⑥ 容易制作且成本低。利用现有的点阵、激光、喷墨、热敏/热转印、制卡机等打印技术，即可在纸张、卡片、PVC 甚至金属表面上印出二维条码，且成本低。

⑦ 条码符号的形状可变。同样的信息量，二维条码的形状可以根据载体面积及美工设计等进行调整。

3.2.2　射频技术

1. 射频技术的概念

射频识别技术(RFID，简称射频技术)是从 20 世纪 80 年代开始走向成熟的一项自动识别技术。它利用射频方式进行非接触式双向通信交换数据以达到识别的目的。和传统的磁卡、IC 卡相比，射频卡最大的优点就在于非接触，因此完成识别工作时无须人工干预，适合于实现系统的自动化且不易损坏，可识别高速运动物体并可同时识别多个射频卡，操作快捷方便。射频卡不怕油渍、灰尘污染等恶劣的环境，短距离的射频卡可以在这样的环境下替代条码，用在工厂的流水线等场合跟踪物体；长距离的产品多用于交通上，距离可达几十米，可用在自动收费或识别车辆身份等场合。

射频技术的基本原理是电磁理论，利用无线电波对记录进行读写。射频系统的优点是不局限于视线，识别距离比光学系统远，射频识别卡可具有读写能力，可携带大量数据、难以伪造和具有智能功能等。在物流活动中，射频技术适用于物料跟踪、运载工具和货架识别等要求非接触数据采集和交换的场合。由于利用射频技术制作的电子标签具有可读写能力，因而对于需要频繁改变数据内容的场合尤为适用。

2．射频识别系统的组成及类型

(1) 射频识别系统的组成

射频识别系统在具体的应用过程中，根据不同的应用目的和应用环境，系统的组成会有所不同，但从射频识别系统的工作原理来看，系统一般都由信号发射机、信号接收机、编程器、天线等几部分组成。

① 信号发射机。在射频识别系统中，信号发射机为了不同的应用目的，会以不同的形式存在，典型的形式是标签(Tag)。标签相当于条码技术中的条码符号，用来存储需要识别传输的信息。另外，与条码不同的是，标签必须能够自动或在外力的作用下，把存储的信息主动发射出去。标签一般都带有线圈、天线、存储器与控制系统的低电集成电路。

② 信号接收机。在射频识别系统中，信号接收机一般也叫阅读器。根据支持的标签类型不同与完成的功能不同，阅读器的复杂程度也有显著不同。阅读器的基本功能就是提供与标签进行数据传输的途径。另外，阅读器还提供相当复杂的信号状态控制、奇偶错误检验与更正功能等。标签中除了存储需要传输的信息，还必须含有一定的附加信息，如错误校验信息等。识别数据信息和附加信息按照一定的结构编制在一起，并按照特定的顺序向外发送。阅读器通过接收到的附加信息来控制数据流的发送。

一旦到达阅读器的信息被正确地接收和译解，阅读器就会通过特定的算法决定是否需要发射机对发送的信号重发一次，或者通知发射器停止发信号，这就是"命令响应协议"。使用这种协议，即便在很短的时间、很小的空间阅读多个标签，也可以有效地防止"欺骗问题"的产生。

③ 编程器。只有可读可写标签系统才需要编程器。编程器是向标签写入数据的装置。编程器写入数据一般来说是离线完成的，也就是预先在标签中写入数据，等到开始应用时直接把标签黏附在被标识项目上。也有编程器写入数据是在线完成的，尤其是在生产环境中作为交互式便携数据文件来处理时。

④ 天线。天线是标签与阅读器之间传输数据的发射、接收装置。在实际应用中，除了系统功率，天线的形状、大小和相对位置也会影响数据的发射和接收，需要专业人员对系统的天线进行设计、安装。

(2) 射频识别系统的类型

根据 RFID 系统完成的功能不同，可以粗略地把 RFID 系统分成四种类型：EAS 系统、便携式数据采集系统、物流控制系统、定位系统。

① EAS(Electronic Article Surveillance)系统。EAS 系统是一种设置在需要控制物品出

入口的 RFID 技术。这种技术的典型应用场合是商店、图书馆、数据中心等地方，当未被授权的人从这些地方非法取走物品时，EAS 系统会发出警告。在应用 EAS 技术时，首先在物品上黏附 EAS 标签，当物品被正常购买或者合法移出时，在结算处通过一定的装置使 EAS 标签失活，物品就可以取走。物品经过装有 EAS 系统的门口时，EAS 装置能自动检测标签的活动性，发现活动性标签 EAS 系统会发出警告。EAS 技术的应用可以有效防止物品被盗，不管是大件的商品，还是很小的物品。应用 EAS 技术，商品不用再锁在玻璃橱柜里，可以让顾客自由地观看、挑选，这在自选日益流行的今天有着非常重要的现实意义。典型的 EAS 系统一般由三部分组成：附着在商品上的电子标签，这是电子传感器；电子标签灭活装置，以便授权商品能正常出入；监视器，在出口形成一定区域的监视空间。

② 便携式数据采集系统。便携式数据采集系统是使用带有 RFID 阅读器的手持式数据采集器采集 RFID 标签上的数据。这种系统具有比较大的灵活性，适用于不宜安装固定式 RFID 系统的应用环境。手持式阅读器(数据输入终端)可以在读取数据的同时，通过无线电波数据传输方式实时地向主计算机系统传输数据，也可以暂时将数据存储在阅读器中，再成批地向主计算机系统传输。

③ 物流控制系统。在物流控制系统中，固定布置的阅读器分散布置在给定的区域，并且阅读器直接与数据管理信息系统相连，信号发射机是移动的，一般安装在移动的物体或人上面。当物体或人经过阅读器时，阅读器会自动扫描标签上的信息并把数据信息输入数据管理信息系统进行存储、分析、处理，达到控制物流的目的。

④ 定位系统。定位系统用于自动化加工系统中的定位以及对车辆、轮船等进行运行定位支持。阅读器放置在移动的车辆、轮船上或者自动化流水线中移动的物料、半成品、成品上，信号发射机嵌入到操作环境的地表下面。信号发射机上存储有位置识别信息，阅读器一般通过无线的方式或者有线的方式连接到主信息管理系统。

3．射频识别技术的应用

由于射频识别技术具有非接触采集信息、读写能力强、正确率高等优点，因而它应用于很多行业中。以下只是列举了目前射频识别技术的部分应用，随着射频识别技术的进一步成熟与完善，它的前景将十分广阔。

(1)高速公路的自动收费系统

高速公路上的人工收费站由于效率低下而成为交通瓶颈。如果将 RFID 技术应用在高速公路自动收费上，能够充分体现它非接触识别的优势，让车辆在高速通过收费站的同时自动完成收费。据测试，采用这种自动收费方式，车辆通过自动收费卡口车速可保持在 40 千米/小时，与停车领卡交费相比，行车可节省时间 30%～70%。

(2)交通督导和电子地图

利用 RFID 技术可以进行车辆的实时跟踪。通过交通控制中心的网络在各个路段向司机报告交通状况，指挥车辆绕开堵塞路段，并用电子地图实时显示交通状况，能够使交通流量均匀，大大提高道路利用率。通过实时跟踪，还可以自动查处违章车辆，记录违章情况。另外，公共汽车站实时跟踪指示公共汽车到站时间及自动显示乘客信息，可以带给乘客方便。

(3) 停车场智能化管理系统

无须停车，系统自动识别车辆的合法性，完成放行(禁止)、记录等管理功能。节约进出场的时间，提高工作效率，杜绝管理费的流失。

(4) 邮政包裹管理系统

在邮政领域，如果在邮票和包裹标签中贴上 RFID 芯片，不仅可以实现分拣过程的全自动化，而且邮件包裹到达某个地方，标签信息就会被自动读入管理系统，并融入"物联网"供顾客或企业查询。

(5) 铁路货运编组调度系统

火车按既定路线运行，读写器安在铁路沿线，就可获得火车的实时信息及车厢内装的物品信息。通过读取的数据，能够得知火车的身份，监控火车的完整性，以防止遗漏在铁轨上的车厢发生撞车事故，同时在车站能将车厢重新编组。

(6) 集装箱识别系统

将记录有集装箱位置、物品类别、数量等数据的标签安装在集装箱上，借助射频识别技术，就可以确定集装箱在货场内的确切位置，在移动时可以将更新的数据写入射频卡(电子标签)。系统还可以识别未被允许的集装箱的移动，有利于管理和安全。

3.2.3 EDI 技术

1．电子数据交换(EDI)的含义

电子数据交换(Electronic Data Interchange，EDI)是指商业贸易伙伴之间，将按标准、协议规范化和格式化的经济信息通过电子数据网络，在单位的计算机系统之间进行自动交换和处理。它是电子商业贸易的一种工具，将商业文件按统一的标准编制成计算机能识别和处理的数据格式，在计算机之间进行传输。

2．物流 EDI

物流 EDI 是指货主、承运业主以及其他相关的单位之间，通过 EDI 系统进行物流数据交换，并以此为基础实施物流作业活动的方法。

近年来，EDI 在物流中被广泛应用。物流 EDI 的参与对象有货物业主(如生产厂家、贸易商、批发商、零售商等)、承运业主(如独立的物流承运企业等)、实际运送货物的交通运输企业(如铁路企业、水路企业、航空企业、公路运输企业等)、协助单位(政府有关部门、金融企业等)和其他的物流相关单位(如仓库业者、配送中心等)。

下面看一个应用物流 EDI 系统的实例。这是一个由发送货物业主、物流运输业主和接收货物业主组成的物流模型。这个物流模型的动作包括以下几个步骤：

(1) 发送货物业主(如生产厂家)在接到订货后制订货物运送计划，并把运送货物的清单及运送时间安排等信息通过 EDI 发送给物流运输业主和接收货物业主(如零售商)，以便物流运输业主预先制订车辆调配计划和接收货物业主制订货物接收计划。

(2) 发送货物业主依据顾客订货的要求和货物运送计划下达发货指令、分拣配货、打印出有物流条形码的货物标签并贴在货物包装箱上，同时把运送货物品种、数量、包装等信息通过 EDI 发送给物流运输业主，以便物流运输业主依据请示下达车辆调配指令。

(3)物流运输业主在向发货业主取运货物时,利用车载扫描读数仪读取货物标签的物流条形码,并与先前收到的货物运输数据进行核对,确认运送货物。

(4)物流运输业主在物流中心对货物进行整理、集装、做成送货清单并通过 EDI 向收货业主发送发货信息。在货物运送的同时进行货物跟踪管理,并在货物交付给收货业主之后,通过 EDI 向发货业主发送完成运送业务信息和运费请示信息。

(5)接收货物业主在货物到达时,利用扫描读数仪读取货物标签的物流条形码,并与先前收到的货物运输数据进行核对确认,开出收货发票,货物入库。同时,通过 EDI 向物流运输业主和发送货物业主发送收货确认信息。

3.2.4 GPS 技术

1. GPS 的概念及特点

(1) GPS 的概念

全球定位系统(GPS)是现代高新技术的产物,也是一种免费的可利用资源。现已被广泛应用于军事、测量、交通运输等领域,在大范围货运车辆实时定位管理中起着非常重要的作用。GPS 不仅可以为许多行业带来巨大的效益,还带来了全新的概念和工作方式,丰富了物流管理的手段。

GPS 是从 20 世纪 70 年代开始研制,历时 20 年,耗资近 200 亿美元,于 1994 年全面建成的利用导航卫星进行测时和测距,具有在海、陆、空进行全方位实时三维导航与定位能力的新一代卫星导航与定位系统。它是继阿波罗登月计划、航天飞机后的美国第三大航天工程。如今 GPS 已经成为当今世界上很实用,也是应用很广泛的全球精密导航、指挥和调度系统。

(2) GPS 的特点

GPS 的出现标志着电子导航技术发展到了一个更加辉煌的时代。GPS 系统与其他导航系统相比,具有以下主要特点。

① 全球地面连续覆盖。由于 GPS 卫星数目较多且分布合理,所以在地球上任何地点均可连续同步地观测到至少 4 颗卫星,从而保障了全球、全天候、连续、实时导航与定位的需要。

② 实时定位速度快。目前 GPS 接收机的一次定位和测速工作在 1 秒甚至更少的时间内便可完成,这对高动态用户来讲尤其重要。

③ 功能多、精度高。GPS 可为多类用户连续地提供高精度的三维位置、三维速度和时间信息。

④ 抗干扰性能好、保密性强。由于 GPS 系统采用了伪码扩频技术,因而 GPS 卫星所发送的信号具有良好的抗干扰性和保密性。

2. GPS 系统组成

GPS 系统由空间部分、地面监控部分和用户设备三大部分组成。

(1) 空间部分

GPS 系统的空间部分由 24 颗 GPS 工作卫星所组成,这些 GPS 工作卫星共同组成了

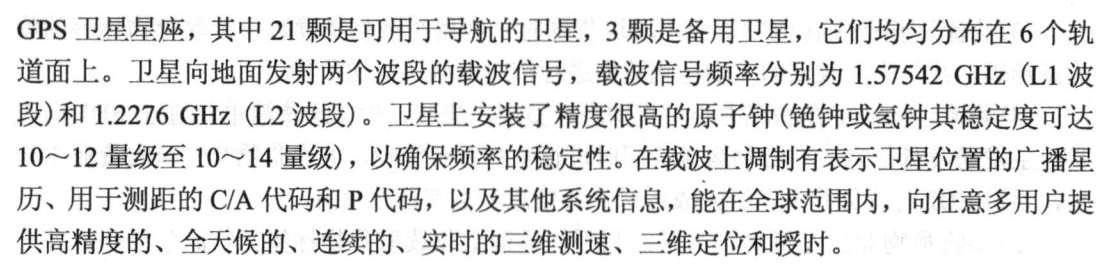

GPS卫星星座，其中21颗是可用于导航的卫星，3颗是备用卫星，它们均匀分布在6个轨道面上。卫星向地面发射两个波段的载波信号，载波信号频率分别为1.57542 GHz（L1波段）和1.2276 GHz（L2波段）。卫星上安装了精度很高的原子钟(铯钟或氢钟其稳定度可达10~12量级至10~14量级)，以确保频率的稳定性。在载波上调制有表示卫星位置的广播星历、用于测距的C/A代码和P代码，以及其他系统信息，能在全球范围内，向任意多用户提供高精度的、全天候的、连续的、实时的三维测速、三维定位和授时。

(2)地面监控部分

地面监控部分是整个系统的中枢，由美国国防部JPO管理，它由分布在全球的一个主控站、三个信息注入站和五个监测站组成。对于导航定位来说，GPS卫星是一动态已知点。卫星的位置是依据卫星发射的星历——描述卫星运动及其轨道的参数算得的。每颗GPS卫星所播发的星历，是由地面监控系统提供的。卫星上的各种设备是否正常工作，以及卫星是否一直沿着预定轨道运行，都由地面设备进行监测和控制。地面监控系统另一重要作用是保持各颗卫星处于同一时间标准——GPS时间系统。这就需要地面站监测各颗卫星的时间求出时间差，然后由地面注入站发给卫星，卫星再用导航电文发给用户设备。GPS的空间部分和地面监控部分是用户广泛应用该系统进行导航和定位的基础，这些均为美国所控制。

(3)用户设备

用户设备部分主要由以无线电传感和计算机技术支撑的GPS卫星接收机和GPS数据处理软件构成。GPS卫星接收机能够捕获到按一定卫星高度截止角所选择的待测卫星的信号，并跟踪这些卫星的运行，对所接收到的GPS信号进行变换、放大和处理，以便测量出GPS信号从卫星到接收机天线的传播时间，解译GPS卫星所发送的导航电文，实时计算观测站的三维位置，甚至三维速度和时间，最终实现利用GPS进行导航和定位的目的。

3. GPS系统的应用

GPS系统可广泛应用于军事、民用的众多领域。

(1)基于GPS技术的车辆监控管理系统

基于GPS技术的车辆监控管理系统是将GPS技术、地理信息技术和现代通信技术综合在一起的高科技系统。主要功能是将任何装有GPS接收机的移动目标的动态位置、时间、状态等信息，实时地通过无线通信网络传至监控中心，而后在具有强大地理信息处理、查询功能的电子地图上进行移动目标运动轨迹的显示，并能对目标的准确位置、速度、运动方向、车辆状态等用户感兴趣的参数进行监控和查询，以确保车辆的安全，方便管理，提高运营效率。

(2)基于GPS技术的智能车辆导航仪

基于GPS技术的智能车辆导航仪是安装在车辆上的一种导航设备。它以电子地图为监控平台，通过GPS接收机实时获得车辆的位置信息，并在电子地图上显示出车辆的运动轨迹。当接近路口、立交桥、隧道等特殊路段时可进行语音提示。作为辅助导航仪，可按照规定的行进路线使司机无论是在熟悉或不熟悉的地域都可迅速到达目的地。该装置还设有最佳行进路线选择及路线偏离报警等多项辅助功能。

(3) 利用 GPS 技术实现货物跟踪管理

货物跟踪是指物流运输企业利用现代信息技术及时获取有关货物运输状态的信息(如货物品种、数量、货物在途情况、交货期间、发货地和到达地、货物的货主、送货责任车辆和人员等)，提高物流运输服务的效率。具体地说，就是物流运输企业的工作人员在进行物流作业时，利用扫描仪自动读取货物包装或货物发票上的物流条形码等货物信息，通过计算机通信网络把货物的信息传送到总部的中心计算机进行汇总整理，这样所有被运送货物的物流全过程的各种信息都集中在中心计算机里，可以随时查询货物的位置及状态。

3.2.5 GIS 技术

1. GIS 的概念及特点

地理信息系统(GIS)是以地理空间数据库为基础，采用地理模型分析方法，适时提供多种空间和动态的地理信息，为地理研究和地理决策服务的计算机技术系统。它具有以下三个方面的特征：

(1) 具有采集、管理、分析和输出多种地理空间信息的能力，具有空间性和动态性。

(2) 以地理研究和地理决策为目的，以地理模型方法为手段，具有区域空间分析、多要素综合分析和动态预测能力，产生高层次的地理信息。

(3) 由计算机系统支持进行空间地理数据管理，并由计算机程序模拟常规的或专门的地理分析方法，作用于空间数据，产生有用信息，完成人类难以完成的任务。

2. GIS 的组成

GIS 主要由四个部分组成，即计算机硬件系统、计算机软件系统、地理空间数据库和系统管理人员。

(1) 计算机硬件系统。它是 GIS 操作所依赖的硬件环境。今天，GIS 软件可以在很多类型的硬件上运行，从中央计算机到个人计算机，从单机到网络环境都可以运行。

(2) 计算机软件系统。它是提供 GIS 所需的存储、分析和显示地理信息功能的工具，主要由输入和处理地理信息的工具、数据库管理系统、支持地理查询工具、分析和视觉化工具等组成。

(3) 地理空间数据库。一个 GIS 系统中最重要的部分就是数据库。数据库管理自动采集或从商业数据提供者处购买地理数据和相关的表格数据。

(4) 系统管理人员。GIS 技术如果没有人来管理系统和制订计划应用于实际问题，就没有什么价值。因而 GIS 技术人员的范围从设计和维护系统的技术专家，到那些使用该系统并完成他们每天工作的人员。

3. GIS 的功能和应用

(1) GIS 的主要功能

① 数据输入。在地理数据应用 GIS 之前，数据必须转换成为适当的数字格式。从图纸数据转换成为计算机文件的过程叫数字化。目前，许多地理数据已经是 GIS 兼容的数据

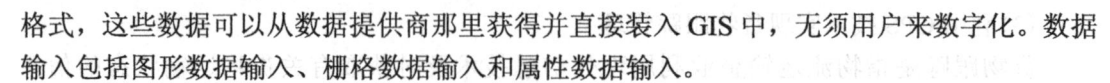

格式，这些数据可以从数据提供商那里获得并直接装入 GIS 中，无须用户来数字化。数据输入包括图形数据输入、栅格数据输入和属性数据输入。

② 数据校验。数据校验指 GIS 通过观测、统计分析和逻辑分析等对输入数据的质量进行检查和纠正、空间拓扑结构的建立以及图形修饰等，为下一步的数据管理、空间分析与查询、数据表达等提供有效服务。数据校验包括图形校验和属性数据校验。图形数据的校验包括多边形拓扑关系的建立与校正、图形编辑、图形拼接、投影变换等。属性数据的校验往往与数据管理结合在一起。

③ 数据管理。通过 GIS 可以对涉及地理元素的位置、连接关系及属性数据进行构造和组织，以便于计算机处理和系统用户理解。

④ 空间查询与分析。它是 GIS 最重要的功能，它使地图图形信息以及各种专业信息的利用深度和广度增强，用户可以从中获取很多派生信息和新知识，可用来实现经济建设、环境和资源调查中的综合评价、规划、决策、预测等任务。

(2) GIS 在物流中的应用

GIS 的基本功能是可以将表格型数据转换为地理图形显示，无论这些数据是来自数据库、电子表格文件还是直接在程序中所输入的都可以转换成地理图形显示，然后对显示结果进行浏览、操作和分析。GIS 应用于物流分析，主要是指利用 GIS 强大的地理数据功能来完善物流分析技术。通过 GIS 物流分析技术在实际物流中可以进行诸如车辆路线确定、客户定位、分配集合、设施定位等物流活动。

① 车辆路线确定。通过 GIS 系统，可以在有一个起始点、多个终点的货物运输中，通过运输线路的分析，选择一条最佳的运输线路，并且决定使用多少辆车，这样可以有效降低物流作业费用，保证物流服务水平和质量。

② 客户定位。由于地理地图已具有了地理坐标，因而通过对地理坐标的描述，可以在地图上对新客户进行地理位置的定位或者修改老客户的地理位置，从而在地理地图坐标中最终确立客户的地理位置。通过 GIS 数据采集器，即可进行客户定位。

③ 分配集合模型。此模型可以根据各个要素的相似点把同一层上的所有或部分要素分为几个组，用以解决确定服务范围和销售市场范围等问题。例如，某一公司要设立 X 个分销点，要求这些分销点要覆盖某一地区，而且要使每个分销点的顾客数目大致相等。运用此模型就能很容易地解决。

④ 设施定位模型。此模型用于确定一个或多个设施的位置。在物流系统中，仓库和运输线共同组成了物流网络，仓库处于网络的节点上，节点决定着线路，如何根据供求的实际需要并结合经济效益等原则，在既定区域内设立多少个仓库、每个仓库的位置、每个仓库的规模，以及仓库之间的物流关系等，运用此模型均能很容易地得到解决。

> **视野拓展**
>
> **智能快递车**
>
> 2020 年年初在武汉"封城"抗击新冠肺炎疫情期间，京东物流智能快递车为武汉市民和医务人员提供"无接触配送"服务。其标准流程为：首先对车辆进行消毒放件，出

发启动后，车辆会自动通过短信、语音电话通知收件人并等待客户取件，随后自动行驶到下一个取件点或返回配送站点。

据悉，京东物流智能快递车在武汉提供配送服务107天，行驶总里程超过6800公里，运送包裹约1.3万件。

3.2.6 物流机器人技术

目前，我国物流业正努力从劳动密集型向技术密集型转变，由传统的机械化、电气化向数字化、智能化升级，伴随而来的是各种先进技术和装备的应用和普及，同时物流人力成本提高、底层用工荒等问题也促使物流业"机器换人"步伐加快。

我国物流机器人主要应用在仓储、运输以及制造等行业领域，以辅助/替代人工作业，提升作业环境中自动化水平和作业效率，降低差错率和货损率。比如在仓储场景中的"货到人"拣选，在机器人的推动下迅速成为一种主流的方案，可以大大提升仓储环节的拣选效率，提升仓储空间利用率。这种方式，不仅诞生了以Kiva为代表的潜伏式移动机器人，也推进了无人叉车的发展。如今，拥有上百台移动AGV的仓储场景已经不再少见，网络化、柔性化、智能化的物流机器人正在登堂亮相，人机协同的智慧物流场景正在走向前台。近年来，随着物流学科与产业的发展，特别是在电商的带动下，物流机器人取得了非常迅猛的发展，年均增长超20%。2020年史无前例的疫情重创了全球经济，却加速了机器人技术的研发和产业的发展。在抗击新冠疫情过程中，物流机器人展现了强大的战斗力、执行力和创造力，极大地提升了物流机器人的市场前景与预期，成为机器人的一个重要分支。同年中国智能物流市场规模突破5000亿元，而物流机器人作为推动智慧物流发展必不可少的重要技术装备，正借助智慧物流发展的东风，呈现勃勃生机。

1. 码垛机器人

码垛机器人是用在工业生产过程中执行大批量工件、包装件的获取、搬运、码垛、拆垛等任务的一类工业机器人，是集机械、电子、信息、智能技术、计算机科学等学科于一体的高新机电产品。码垛机器人技术在解决劳动力不足、提高劳动生产效率、降低生产成本、降低工人劳动强度、改善生产环境等方面具有很大潜力，为我国物流包装企业的生产和发展做出贡献。从20世纪90年代中期至今，青岛、玉溪等卷烟厂采用码垛机器人对其卷烟成品进行码垛作业，节省了大量人力，减少了烟箱破损。码垛机器人配备条码识别器可以实现2种以上品牌产品的码垛；利用真空吸盘可以实现成品拆垛；利用图像识别系统和多功能机械手实现了各种辅料托盘的识别和抓取，完成卷烟辅料的搭配作业。

随着计算机技术、工业机器人技术以及人工智能控制等技术的发展和日趋成熟，日本、德国、美国、瑞典、意大利、韩国等国家在包装码垛机器人的研究上做了大量工作，相应推出了自己的码垛机器人。如日本的FANUC系列和OKURA系列以及FUJI系列、德国的KUKA系列、瑞典的ABB系列等。德国、瑞典以及日本等国家的码垛机器人一般为4~6轴机器人，主要由固定底座、连杆、连杆臂、臂部、腕部以及末端执行器组成，如图3-3所示。

(a) 德国KUKA码垛机器人

(b) 瑞典ABB码垛机器人　　(c) 日本FANUC码垛机器人

图 3-3　码垛机器人

2. 自动送货机器人

自动送货机器人是智能配送方式的一种，自动送货机器人属于机电一体化产品，是一种新型的末端配送方式。

自动送货机器人主要由两大系统组成：一是机械系统，二是控制系统。机械系统可执行控制系统发出的运动控制指令。自动送货机器人属于自动配送范畴，送货全程无须人工干预，适用范围主要是园区、学校等人口相对密集的场所。自动送货机器人的总体设计尺寸、载重量和速度大小参照快递专用电动三轮车来进行设定。

自动送货机器人的机械系统主要包括行走机构、底盘、快件厢柜、取货装置以及车体外壳，如图3-4所示。

(1) 行走机构

机器人行走机构主要包括足式、履带式、轮式三种。

(2) 取货装置

取货装置的作用是实现货物的选取和传送。目前取货装置主要有机械手和货叉两种方式。

(3) 快件厢柜

快件厢柜作为快件的载体，其结构对机器人配送量和安全性能都有很大影响。

图 3-4　送货机器人

(4) 车架与底盘

车架类型主要包括边梁式、中梁式和无梁式。

自动送货机器人控制系统主要包括以下技术：

(1) 环境感知技术

环境感知技术在自动送货机器人中起到对外界情况的监视作用，通过多种传感器共同使用对送货机器人附近的路况信息进行检测，判断和控制送货机器人在道路上的状态。环境感知技术对送货机器人的决策行为有直接影响，即使一次失误都有可能导致事故。因此，其检测的准确性极其重要。

(2) 路径规划技术

路径规划技术是自动送货机器人对行驶路线的分析和选择，是自动送货机器人进行导航研究的基础。按照规划路线种类的不同分为全局路径规划和局部路径规划。

全局路径规划是在出发地和目的地之间寻找一条最优行驶路线，以事先完成的精细地图为基础进行相关算法的计算得出最优结果。局部路径规划在事先规划好的整体路线中使用，主要表现为避障、换道等行为。

(3) 定位导航技术

定位导航技术由定位和导航两部分组成。相对定位、绝对定位和组合定位统称为定位技术。常见的基于北斗导航功能或 GPS 导航功能的定位方式称为绝对定位，主要因为该种定位方式直接通过卫星获取移动机器人位置信息，然而相对定位往往由陀螺仪、里程计等信息检测设备去获取移动机器人的位置变化信息，从而得出移动机器人当前位置。两种定位方式各有优劣之处，绝对定位精准度高，但容易受到恶劣天气的影响，从而降低定位的准确性，相对定位更多应用在局部环境内，但长时间不间断的定位难免会产生累计误差。

(4) 行为决策及控制技术

行为决策及控制技术在自动送货机器人中主要行使向各个执行装置发出决策命令功能，它对环境感知系统所获取的道路信息进行分析，并对自动送货机器人当前状态进行控制。决策控制部分由横向控制和纵向控制两部分组成。横向控制用来改变 2 个驱动轮的速度差来改变车辆方向，可用于路径规划、过弯控制及障碍物躲避等方面；纵向控制表现为对移动机器人的速度控制，是移动机器人的行驶动力系统。

(5) 远程监控技术

自动送货机器人远程监控系统，由自动送货机器人自带监控终端和工作人员控制中心两部分组成，实现远程监控中心对上传数据进行解析、整理、压缩、存储，并综合实际情况，在需要的情况下对终端下发特定数据或控制指令，远程监控系统必须为自动送货机器人量身定做。

3. 无人仓

所谓无人仓，是指利用各种仓储自动化设备实现仓储作业的整体无人化。严格意义上应该称作无人操作的仓库，而不是简单地理解为没有人的仓库。在无人仓中，使用自动化设备替代原有的作业人员完成了仓储作业，但是也增加了大量的设备和系统运维人员。

无人仓是一个系统工程，其组成单元包括各种仓储自动化设备，通过 WCS 与 WMS 系统综合集成在一起来实现仓储作业自动化。今天的无人仓技术，并不是采用了划时代的新设备、新技术，而是综合使用现有的各种设备，其最大的挑战在于如何能够将现有的技术综合在一起，柔性地支持各种仓储运营场景，或者只在单一、少数场景下能替代全部人工操作。现有的无人仓几乎均是只针对性地解决单一的或者少数仓储运营场景下仓储操作无人化，最大的困难就是柔性地支持各种仓储运营场景,整个系统的灵魂来自 WCS 和 WMS 软件。

无人仓主要设备可以简单地划分为搬运设备、存储设备、上架与拣选设备、分拣设备以及其他辅助设备。依据每个仓库的运营场景，可能只使用部分设备。比如，整箱/整托盘存储和发货，可能就不需要上架和拣选设备。每次逐一订单地拣选发货，可能就不需要分拣设备。

(1) 搬运设备。首当其冲是滚筒型、皮带型、倍速链、RGV 等输送系统，考虑到更好地支持柔性化作业，当前越来越多地使用各种类型的 AGV 自动导引车，包括无人堆高车、无人叉车、类 KIVA 机器人，以及无人牵引小车。

(2) 存储设备。主要有堆垛机、多层穿梭车、旋转货架、多向穿梭车、AutoStore 等。随着 AGV 技术的发展，很多 AGV 小车具备了独立从货架上拣选货筐/箱甚至是商品的能力。

(3) 上架和拣选设备。主要由各种机械臂组成，从普通的多关节机器人到如蜘蛛手一般的并联机器人等，都可以作为拆零上架和拣选的设备，目前主要有抓夹式和吸盘式两种获得商品的方式。如何高速柔性地实现不同商品的拆零上架和拣选，是当前无人仓技术面临的最大挑战之一。

(4) 分拣设备。自然是各种各样的分拣机，如滚轮、摆臂、滑块、交叉带以及其他能实现分拣功能的设备或者系统，如由立镖首创的 AGV 小车分拣系统等。

(5) 其他辅助设备。比如码垛机器人、自动折箱机、自动封箱机、自动装袋机、在线测量称重设备、在线扫描设备、自动贴标与贴面单机，以及 RFID 读取设备等。

4. 智能快递柜

智能快递柜将快件暂时保存在投递箱内，并将信息通过短信等方式发送给用户，为用户提供 24 小时自助取件服务。用户还可以通过寄存功能将物品进行短暂的存放，通过发送的验证码再次开柜取走寄存物品。广告模块可以由广告商申请权限进行物料的上传和广告计划的添加，用户亦可上传需要发布的物料，类似寻人寻物启事等。

智能快递柜后台管理系统 Web 应用，主要功能有机柜管理、广告计划、快递员管理、快递员 App 配置管理等模块。

智能快递柜的硬件设计模块共包括 9 个部分，其中条码及二维码阅读器和读卡设备模块是快递员存件需要使用到的模块，然后就是进入锁控模块，存储模块和 WiFi 模块是中间的桥梁，用户则是通过短信模块收到取件码信息的，用户在语音提示下通过触摸屏完成取件，且行为在实时监控的范围内。

智能快递柜基本操作如图 3-5 所示。

第 3 章 电子商务物流管理技术

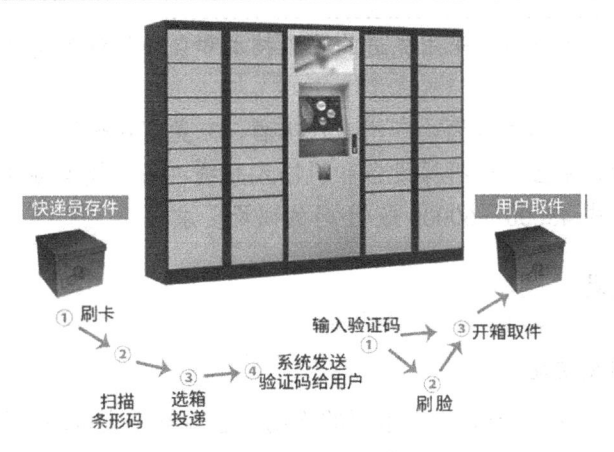

图 3-5 智能快递柜

3.3 电子商务物流管理自动化技术

物流自动化技术是现代生产制造自动化技术发展的必然产物。物流自动化系统可以看成是现代物流装备、计算机及其网络系统、信息识别和信息管理系统、智能控制系统的有机集成。它是集机、光、电、液为一体的复杂的系统工程，是在一定的时间和空间里，由所需输送的物料和相关的设备、输送工具、仓储设施、人员及通信联系等若干相互制约的动态要素构成的具有特定功能的有机整体。它广泛应用于机械、电子、商业、化工、交通、食品、烟草等行业，能够实现物料运输、识别、分拣、堆码、仓储、检索、发售等各个环节的全过程自动化作业。

物流自动化系统按系统的主要功能可划分为仓储物流自动化系统、中转物流自动化系统、生产物流自动化系统等多种类型，具有不同的应用范围和技术特征。

仓储物流自动化系统是物流自动化系统中最基本的系统，其基本结构代表了物流自动化系统的主要特征。仓储物流自动化系统具有存储物料、协调供需关系等基本功能，被喻为生产流通领域的"调节阀"。系统由货架（或堆场）、自动识别设备、自动搬运设备、输送设备、码垛设备、信息管理和控制系统等组成。

中转物流自动化系统的主要功能是实现异地物流运输、物流配送等。系统由各种运输设备（包括公路、铁路、水运、航空运输设备）、自动分拣设备、信息识别设备、包装设备、信息管理和控制系统等组成。

生产物流自动化系统是指生产企业中实现不同场地、不同工序或不同设备之间的物料（原材料、半成品、产品等）或工具（如刀具）自动传送的系统。

> **视野拓展**
>
> **码垛机器人**
>
> 我国是世界最大的啤酒生产和消费国家，如何降低物流系统的成本，提高效益与服

务质量，成为竞争的新焦点。采用先进的物流技术和自动化设备是获得市场优势的主要战略之一。

目前，青岛啤酒、燕京啤酒、广州珠江啤酒、东莞雪花啤酒等知名大型啤酒生产企业已经采用全自动、半自动码拆垛设备和机器人系统，码垛效率得到了极大提高。现在的设备基本可以完成48000~60000瓶/小时的码垛要求。

3.3.1 自动化货架

1. 货架的作用及功能

货架在现代物流活动中起着相当重要的作用，仓库管理实现现代化与货架的种类、功能有直接的关系。货架的作用及功能有如下方面：

（1）货架是一种架式结构物，可充分利用仓库空间，提高库容利用率，扩大仓库储存能力；

（2）存入货架中的货物互不挤压，物资损耗小，可完整保证物资本身的功能，减少货物的损失；

（3）货架中的货物存取方便，便于清点及计量，可做到先进先出；

（4）保证存储货物的质量，可以采取防潮、防尘、防盗、防破坏等措施，以提高物资存储质量。很多新型货架的结构及功能有利于实现仓库的机械化及自动化管理。

2. 货架的分类

（1）按货架的发展可分为以下几类：

① 传统式货架。传统式货架主要分为层架、层格式货架、抽屉式货架、橱柜式货架、U形架、悬臂式货架、栅型架、鞍架、气罐钢筒架、轮胎专用货架等。

② 新型货架。新型货架主要分为重力式货架、贯通式货架、阁楼式货架、移动式货架、旋转式货架、装配式货架、调节式货架、托盘货架、进车式货架、高层货架、屏挂式货架等。

（2）按货架的适用性可分为以下几类：

①通用货架；②专用货架。

（3）按货架的制造材料可分为以下几类：

①钢货架；②钢筋混凝土货架；③钢与钢筋混凝土混合式货架；④木制货架；⑤钢木合制货架。

（4）按货架的封闭程度可分为以下几类：

①敞开式货架；②半封闭式货架；③封闭式货架。

（5）按结构特点可分为以下几类：

①层架；②层格式货架；③橱柜式货架；④抽屉式货架；⑤悬臂架；⑥三脚架；⑦栅型架。

（6）按货架的可动性可分为以下几类：

①固定式货架；②移动式货架；③旋转式货架；④组合货架；⑤可调式货架；⑥流动

储存货架。

(7) 按货架结构可分为以下几类：

①整体结构式，即货架直接支撑仓库屋顶和围棚；②分体结构式，即货架与建筑物分为两个独立系统。

(8) 按货架的载货方式可分为以下几类：

①悬臂式货架；②橱柜式货架；③棚板式货架。

(9) 按货架的构造可分为以下几类：

①组合可拆卸式货架；②固定式货架，其中又分为单元式货架、一般式货架、流动式货架、贯通式货架。

(10) 按货架高度可分为以下几类：

①低层货架，高度在 5 米以下；②中层货架，高度在 5～15 米；③高层货架，高度在 15 米以上。

(11) 按货架载重可分为以下几类：

①重型货架，每层货架载重在 500 千克以上；②中型货架，每层货架(或搁板)载重在 150～500 千克；③轻型货架，每层货架载重在 150 千克以下。

3．几种新型货架的介绍

(1) 重力式货架

重力式货架如图 3-6 所示。重力式货架的每一个货格就是一个具有一定坡度的存货滑道，入库的单元货物在重力的作用下，由入库端流向出库端。位于滑道出库端的第一个货物单元被出库起重机取走后，在它后面的各个货物单元在重力作用下依次向出库端移动一个货位。为减少货箱与货架之间的摩擦，在存货滑道上设有辊子或者滚轮。配备重力式货架的仓库，在排与排之间有作业通道，大大提高了仓库面积利用率。

在重力式货架中，每个存货滑道只能存放同一种货物。重力式货架适用于少品种、大批量货物的存取。进入货格的货物都处于流动状态，存取迅速，保证先进先出，适用于存放不宜长期积压的货物。

图 3-6 重力式货架

(2) 贯通式货架

贯通式货架如图 3-7 所示。贯通式货架没有位于各排货架之间的巷道，将货架合并在一起，是同一层、同一列的货物互相贯通，因此在同样的空间内比通常的托盘货架几乎多一倍的储存空间。托盘或者货箱搁置在由货架立柱伸出的悬臂横梁上，叉车或者起重机可以直接进入货架每列存货通道内。这种货架仓库利用率高，可实现先进先出，或先进后出，适合储存大批量、少品种货物，批量作业。

(3) 阁楼式货架

阁楼式货架是一种充分利用空间的简易货架。它在已有的货架或者工作场地上建造一个中间阁楼以增加储存面积。阁楼楼板上一般可以放较轻及中小件货物或者储存期长的货物,可以用叉车、输送带、提升机或者升降台提升货物。

(4)移动式货架

移动式货架如图3-8所示。移动式货架容易控制,安全可靠,每排货架有一个电机驱动,由装置于货架下的滚轮沿铺设于地面上的轨道移动。移动式货架的突出优点是提高了空间利用率,一组货架只需一条通道,而固定式托盘货架的一条通道只服务于通道两侧的两排货架,所以在相同的空间内,移动式货架的储存能力比一般固定式货架高得多。

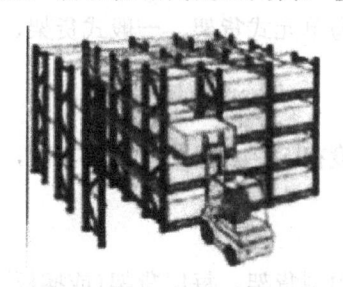

图3-7 贯通式货架　　　　图3-8 移动式货架

(5)旋转式货架

旋转式货架,如图3-9所示。旋转式货架设有电力驱动装置(驱动部分可设于货架上部,也可设于货架底座内),货架沿着由两条直线和两条曲线组成的环形轨道运行,由开关或者计算机进行控制操作。存取货物时,把货物所在货格编号由控制键盘按钮输入,该货格则以最近的距离自动旋转到拣货点停止。因此拣货路线短、拣货效率高。

旋转式货架适用于小物品的存取,尤其对于多品种的货物更为方便。其储存密度大、货架不设通道、容易管理、投资小。因为操作人员位置固定,所以可以采用局部通风和照明来改善工作条件,并节约大量能源。

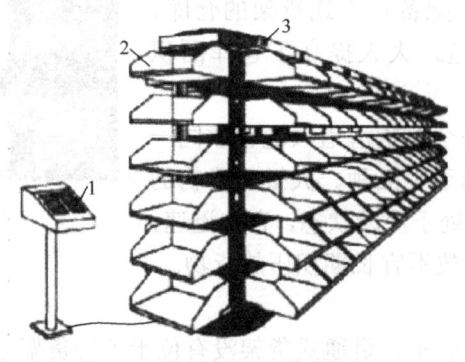

图3-9 旋转式货架

3.3.2 自动化分拣技术

物品在从生产厂流向顾客的过程中,总是伴随着物品数量及其集合状态的变化。因此,为了准确地存储、运输和配送,常需要将集装化的货物单元解体并重新分类,集成新的供货单元。分拣就是把很多货物按品种、不同的地点和单位及顾客的订货要求,迅速、准确地拣取出来,按一定方式进行分类、集中并分配到指定位置,等待配装送货。按分拣的手段不同,可分为人工分拣、机械分拣和自动分拣三大类。

人工分拣基本是靠人力或利用最简单的器具如手推车等搬运,把所需的货物分门别类地送到指定的地点。这种分拣方式劳动强度大,效率最低。

机械分拣是以机械为主要输送工具,靠人工进行拣选。这种分拣方式用得最多的是输送机,有板条式输送机、传送带、辊道输送机等,也有的叫"输送机分拣"。这种方式是用设置在地面上的输送机传送货物,在各分拣位置配置的作业人员根据标签、色标、编号等分拣标志进行拣选(把货物取出),再放到手边的简易传送带或场地上。也有用"箱式托盘分拣",即在箱式托盘中装入待分拣的货物,用叉车等机械移动箱式托盘,用人力把货物放到分拣的位置,或再利用箱式托盘进行分配。使用较多的是在箱式托盘下面装车轮的滚轮箱式托盘。这种分拣方式投资不多,可以减轻劳动强度,提高分拣效率。

自动分拣是从货物进入分拣系统开始到送达指定的分配位置为止,都是靠自动装置执行指令来完成的。这种装置是由接受分拣指示信息的控制装置、计算机网络、搬运装置(负责把到达分拣位置的货物搬运送到别处的装置)、分类装置(负责在分拣位置把货物进行分送的装置)、缓冲站(在分拣位置临时存放货物的储存装置)等构成。所以,除了用终端的键盘、鼠标或其他方式向控制装置输入分拣指示信息外,全部采用自动控制。因此,分拣处理能力较强,分拣、分类数量也较多。

自动分拣系统可分为三大类:自动分拣机分拣、机器人分拣和自动分类输送机分拣。

(1) 自动分拣机分拣系统

自动分拣机,一般称为盒装货物分拣机,是药品配送中心常用的一种自动化分拣设备,如图3-10所示。这种分拣机有两排倾斜的放置盒状货物的货架,架上的货物由人工按品种、规格分别分列堆码,货架的下方是皮带输送机,根据集货容器上条码的扫描信息控制货架上每列货物的投放,投放的货物可直接装进集货容器。显然自动分拣机系统的分拣能力要大于人工分拣。

图3-10 自动分拣机

自动分拣机分拣时,货物的拣选是并行的,分拣效率可达2～5件/秒,皮带机的速度为1米/秒;在皮带机的出口处,还有一个称量装置,检查每个集货容器的总重是否与标准一致,避免分拣错误的发生。自动分拣机分拣时,货架投料口处皮带机的转动受计算机控制，当某投料口接到计算机出货要求后，开始转动，通过皮带机附带的推杆将货物推出。

采用自动分拣机分拣时，可实现分拣工作的自动化，分拣精度高、分拣效率高，可同时完成多张订单所要求的货物分拣，但只适合于尺寸较小的圆柱状、盒状货物分拣。对每一张订单所要求的货物数量有限制，否则货架会很长。补货只能通过人工进行，准确率要求也高。

(2) 机器人分拣系统与装备

与自动分拣机分拣相比，机器人分拣具有很高的柔性，如图 3-11 所示。如果机器人分拣所需的拣选货物的储位和数量等信息是通过配送中心的计算机信息系统提供的，那么货物的存放地点不能随意变动，活动货架也不可能应用。为了保证机器人作业的效率，包装的样式要统一，尺寸误差也不能过大。但如果采用了(CCD)电子耦合器件，则机器人可通过传感系统了解货物储位和包装的变化，并向机器人控制系统发出指令，机器人与 AGV 组成的分拣系统就可自行变更预定的运动路线，系统可获得更大的灵活性。

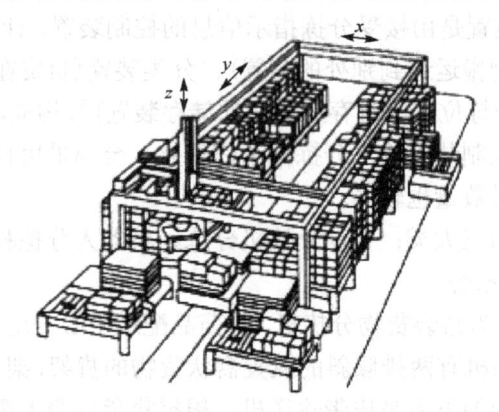

图 3-11　机器人分拣系统

系统的装卸机器人可停在任一货垛的任一件货物的上方拣取货物，并将其搬到 AGV 上的托盘上。系统出货可通过两条辊子输送机送出，补货可通过另一台在机器人工作空间外运行的 AGV 进行。

(3) 自动分类输送机分拣系统

自动分类输送机分拣系统是第二次世界大战后在美国、日本和欧洲的物流配送中心广泛采用的一种分拣系统，目前已经成为发达国家大中型物流中心不可缺少的一部分。

该系统的作业过程可以简述如下：物流中心每天接收成百上千家供应商或货主通过各种运输工具送来的成千上万种货物，在最短的时间内将这些货物卸下并按商品品种、货主、储位或发送地点进行快速准确地分类；将这些货物运送到指定地点(指定的货架、加工区域、出货站台等)；同时，当供应商或货主通知物流中心按配送指示发货时，自动分拣系统在最短的时间内从庞大的高层货架存储系统中，准确地找到要出库的货物所在位置，并按所需数量出库，将从不同储位上取出的不同数量的货物按配送地点的不同运送到不同的理货区域或配送站台集中，以便装车配送。

自动分类输送机分拣系统一般由识别及控制装置、分类装置、输送装置组成，需要自动存取系统(AS/RS)的支持，如图 3-12 所示。

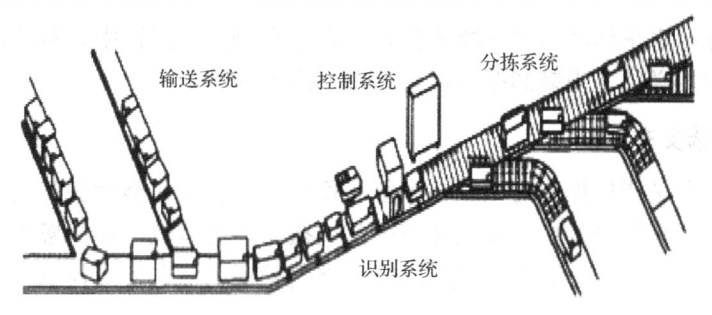

图 3-12 自动分拣系统

自动分拣系统的主要特点如下：

① 能连续、大批量地分拣货物，由于采用大生产中使用的流水线自动作业方式，自动分拣系统不受气候、时间、人的体力等限制，可以连续运行。同时由于自动分拣系统单位时间分拣件数多，因此自动分拣系统可以连续运行 100 小时以上，每小时可分拣 7000 件包装商品，如用人工则每小时只能分拣 150 件左右，同时分拣人员也不能在这种劳动强度下连续工作 8 小时。

② 分拣误差率极低。自动分拣系统的分拣误差率大小主要取决于所输入分拣信息的准确性，这又取决于分拣信息的输入机制。如果采用人工键盘或语音识别方式输入，则误差率在 3%以上；如果采用条形码扫描输入，除非条形码的印刷本身有差错，否则是不会出错的。因此，目前自动分拣系统主要采用条形码技术来识别货物。

③ 分拣作业基本实现无人化。国外建立自动分拣系统的目的之一就是为了减少人员的使用，减轻员工的劳动强度，提高员工的劳动效率。因此，自动分拣系统能最大限度地减少人员的使用，基本做到无人化。分拣作业本身并不需要使用人员，人员的使用仅局限于以下工作：

A．送货车辆抵达自动分拣线的进货端时，由人工接货；
B．由人工控制分拣系统的运行；
C．分拣线末端由人工将分拣出来的货物进行集中装车；
D．自动分拣系统的经营、管理和维护。

例如，美国一公司配送中心面积为 10 万平方米左右，每天可分拣近 40 万件商品，但仅使用 400 名左右员工，这其中部分人员都在从事上述 A、B、D 项工作，自动分拣真正做到了无人作业。

在配送作业的各环节中，分拣作业是非常重要的一环，是整个配送作业系统的核心。在配送搬运成本中，分拣作业的搬运成本约占 90%，分拣时间约占整个配送中心作业时间的 30%～40%。因此，合理规划设计分拣系统，对提高配送中心以致整个物流仓储系统的作业效率和质量、提高运行速度、扩大系统运行能力、降低系统硬件及运作成本具有决定性的影响。

3.3.3 自动化搬运技术

装卸是指物品在指定地点以人力或机械装入或卸下运输设备。搬运是指在同一场所内，对物品进行以水平移动为主的物流作业。在整个物流供应链中，装卸搬运作业所占的比例很大，因此，必须重视装卸搬运，防止物流成本的增加。

1．低位拣选叉车

低位拣选叉车是指操作者可站立在上下车便利的平台上，能驾驶和上下车拣选物料的搬运车。其适用于车间内各个工序间加工部件的搬运，可减轻操作员搬运、拣选作业的强度。一般站立平台离地高度仅为 20 毫米左右，支撑脚轮直径较小，仅适用于车间平坦路面上行驶。

2．托盘搬运车

托盘搬运车是搬运托盘的专用设备，根据驱动方式的不同可以分为电动托盘搬运车和手动托盘搬运车两种。

电动托盘搬运车是由外伸在车体前方的、带脚轮的支腿来保持车体的稳定，货叉位于支腿的正上方，并可以做微起升，使货物托盘离地进行搬运作业的电动插腿式叉车。根据司机运行操作的不同，电动托盘搬运车可分为步行式、踏板驾驶式和侧座式三种。

手动托盘搬运车在使用时，将其承载的货叉插入托盘孔内，由人力驱动液压系统来实现托盘的起升和下降，并由人力拉动完成搬运作业。它是托盘运输中最简便、最有效、最常见的装卸、搬运工具。

3．电动托盘堆垛车

电动托盘堆垛车是指由外伸在车体前方的、带脚轮的支腿来保持车体稳定的，货叉位于支腿的正上方，并可以较高起升，进行堆垛作业的电动插腿式叉车。根据司机运行操作的不同，电动托盘堆垛车可分为步行式、踏板驾驶式和侧座式三种。

4．自动导引小车(AGV)

（1）AGV 小车概述

AGV（Automatic Guided Vehicle）是自动导引小车的缩写。小车是以电池为动力，装有非接触导向装置、独立寻址系统的无人驾驶自动运输车，是现代物流系统的关键设备。它是一种集声、光、电、计算机为一体的简易移动机器人，它可以按照监控系统下达的指令，根据预先设计的程序，依照车载传感器确定的位置信息，沿着规定的行驶路线和停靠位置自动驾驶。如图 3-13 所示。

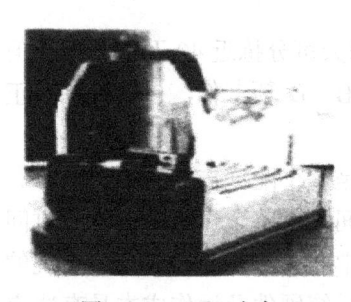

图 3-13　AGV 小车

（2）AGV 小车的系统构成

AGV 的基本构成包括车体、能源储存装置、转向和驱动系统、安全系统、控制与通信系统、导引系统。

① 车体。车体包括底盘、车轮、车架、壳体和控制室等，是装配 AGV 其他零部件的主要支撑装置，是运动中的主要部件之一。车体无论是框式结构还是其他结构，都考虑了运行中的 AGV 可能会同人或者其他物体相碰撞，除了操作上的需要，车身的外表不得有

尖角和其他突起等危险部分。在车体底部，车体底盘建在大块钢板上，以便降低车体重心，增强稳定性。

② 能源储存装置。AGV 的能源储存装置为蓄电池。选用蓄电池需考虑其功率大小、功率重量比、体积大小、充电时间的长短和维护的难易性。AGV 常采用 24 伏或 48 伏直流工业蓄电池，一般应保证 8 小时以上的工作需要，对两班制工作环境供电能力要求能达到 17 小时以上。

③ 转向和驱动系统。AGV 的转向和驱动系统常采用共用方式，采用电气方法实现前进、后退、自动导向和转弯分岔。一般由驱动轮、从动轮和转向机构组成，形式有 3 轮、4 轮、6 轮及多轮等。3 轮结构一般采用前轮转向和驱动。4 轮或 6 轮一般采用双轮驱动、差速转向或独立转向。为了提高定位精度，驱动及转向电机都采用直流伺服电机。此外，在 AGV 的转向和驱动系统中往往还装有制动装置。

④ 安全系统。在现代化的生产环境中，人与各种机械设备处于同一环境，为了防止设备运行中出错对人员及其环境设施产生影响，常对 AGV 采取多级硬件、软件的安全措施。当前的安全保护装置主要应用障碍物接触式保护装置和障碍物非接触式保护装置。

⑤ 控制与通信系统。在工作过程中，AGV 通过通信系统从基地主控计算机接受指令并报告自己的状态，而主控计算机向 AGV 下达任务，同时收集 AGV 发回的信息以监视 AGV 的工作状况。AGV 配备的车载计算机，是AGV行驶和进行作业的直接控制中枢，主要功能为：接收主控计算机下达的命令、任务；向主控计算机报告 AGV 小车自身状态，如 AGV 的位置、运行速度、方向、故障状态等；根据所接收的任务和运行路线自动运行到目的装卸站，在此过程中自动完成运行路线的选择、运行速度的选择、自动卸载货物、运行方向上小车的避让、安全报警等。

⑥ 导引系统。AGV 的关键部分是导引与控制系统。AGV 依靠导引可以沿一定路线自动行驶。不同类型的 AGV 系统采用的导引技术各不相同，目前导引技术有电磁导引、光学导引、磁带导引、激光导引、惯性导引、环境映射法导引等。

(3) AGV 小车的分类

根据用途和产品结构的不同，AGV 逐步发展成各种型号，并且新型的 AGV 也不断问世，国际上对其无统一的分类。

① 按物料搬运的作业流程要求进行如下分类：

A．牵引式 AGV。牵引式 AGV 使用最早，包括牵引车和挂车。牵引车只起拖动作用，货物则放在挂车上。大多采用 3 个挂车，拖动能力为挂车载重 2～20 吨，个别可达 50 吨以上，拖动行走速度为 60～100 米/分钟，转弯和坡度行走时要适当减速。牵引式 AGV 可用于中等运量或大批运量，运送距离在 50～150 米或更远。目前牵引式 AGV 多用于纺织工业、造纸工业、塑胶工业、一般机械制造业，提供车间内和车间外的运输。

B．托盘式 AGV。托盘式 AGV 的车体工作台主要运载托盘。托盘与车体移载装置不同，有辊道、链条、推挽、升降架和手动形式。适合于整个物料搬运系统处于地面高度时，将物料从地面上一点送到另一点。AGV 的任务只限于取货、卸货，完成即返回待机点。

C．单元载荷式 AGV。单元载荷式 AGV 根据载荷大小和用途分成不同形式。根据生产作业中物料和搬运方式的特点，采用以单元化载荷的运载车比较多，适应性也强。一般用于总运输比较短、行走速度快的情况，有效载荷可达 0.5～5 吨，行走速度为 30～80 米/

分钟。其适合面积大、重量大的物品的搬运，且自成体系，还可以变更导向线路，迂回穿行到达任意地点。当用于搬运小型物品时，由于其最小转弯半径小，通常为 1.5～2.0 米，可运行于活动面积窄小的地段。

D. 叉车式 AGV。叉车式 AGV 根据载荷装卸叉子方向、升降高低程度可分成各种形式。叉车式 AGV 不需复杂的移载装置，能与其他运输仓储设备相衔接，一般可处理 2～3 吨物品，能将物品提升到 3～4 米高处。叉车式 AGV 需装设检知器，以防止碰撞。同时为了保持 AGV 有载行走的稳定性，车速不能太快，且搬运过程速度要慢。有时由于叉车伸出太长，所需活动面积和行走通道较大。

E. 轻便式 AGV。考虑到轻型载荷和用途的日益广泛，各种形式的轻便式 AGV 应运而生。它的体形不大，结构相对简化许多，自重很轻，价格低廉，使用非常广泛。如日本松下电气公司生产的 PW-s10 型 AGV，全高 195 毫米，自重 95 千克，可以驮载 3.0 千克物品。由于采用计算机控制，轻便式 AGV 具有相当大的柔性，主要用于医院、办公室、精密轻量部件加工等行业。

F. 专用式 AGV。专用式 AGV 根据其用途可分为：装配用 AGV、特重型物品用 AGV、特长型物品用 AGV、冷库使用的叉车式 AGV、处理放射性物品的专用搬用 AGV、超洁净室使用的 AGV、胶片生产暗房或无光通道使用的 AGV 等。

② 按自主程度进行如下分类：

A. 智能型 AGV。每台小车的控制系统中通过编程存有全部的运行线路和线路区段控制的信息，小车只需知道目的地和到达目的地后所需完成的任务，就可以自动选择最优线路完成指定的任务。这种方式下，AGV 系统中使用的主控计算机可以比较简单。主控计算机与各 AGV 车载计算机之间通过通信装置进行连续的信息交换，可以实时监控所有 AGV 的工作状态和运行位置。

B. 普通型 AGV。每台小车的控制系统一般比较简单，其本身的所有功能、路线规划和区段控制都由主控计算机进行控制。此类系统的主控计算机必须有很强的处理能力。小车每隔一段距离通过地面通信站与主控计算机交换信息，因此小车在通信站之间的误动作无法及时通知主控计算机。当主控计算机出现故障时，小车只能停止工作。

(4) AGV 小车在仓储物流中的应用——"货到人"

订单拣选作业最为关键的两个方面就是"快"和"准"，即订单拣选作业系统响应时间要短并且要做到拣选作业精准无误。基于 AGV 的订单拣选系统高度自动化，将拣选模式由"人到货"转变为"货到人"，可以大幅度替代人工，提高拣选效率。且相对于其他种类的"货到人"物流拣选系统，更具有灵活性强、易于扩展的特性，非常适用于 SKU 量大、商品数量多、有多品规订单的场景。例如，据相关行业资料显示，装备有物流机器人的仓库存储效率是传统货架存储效率的五倍以上，并联机器人拣货效率相当于传统仓储作业效率的五到六倍。国外的亚马逊在仓库中使用 Kiva 机器人辅助进行仓储作业，使得亚马逊仓库的拣选效率大大提高，每年可以节约上亿美元拣选成本。国内的京东作为智慧物流的先行者和践行者，成立了京东 X 事业部，自主研发智慧无人仓，在上海建设了"亚洲一号"并投入使用。目前，AGV 的订单拣选系统在电商、商超零售、医药、快递等多个行业实现了成功应用，逐渐成为电商物流配送中心订单拣选系统发展趋势。

电商物流配送中心由入库区、出库区、货物存储区、拣选区、核单区和物流 AGV 停放/充电区等区域组成。其中，货物存储区由多排货架组成，每排货架之间留有物流 AGV 行走的通道；货物存储区上方为拣选区，由多个拣选台组成，每个拣选台配有一名拣选工人，同一时间多个拣选台可并行处理拣货任务。当有任务下达时，物流 AGV 将目标货架从货物存储区搬运至拣选台处，拣货工人完成拣选后，物流 AGV 再将该货架送至存储区，然后再去执行下一个任务。重复以上作业过程，直到所有的任务执行结束。

基于物流 AGV 的电商物流拣选作业模式主要有两种，分别为多拣选台同步拣选模式和多拣选台异步拣选模式。多拣选台同步拣选模式是指对于同一个批次的任务所有拣选台必须同时开始，并且当所有拣选台都完成当前批次的任务后才能进行下一批次的任务，每个物流 AGV 可以服务于多个拣选台。该拣选模式下，拣选台的任务可以分配给所有物流 AGV，将可能得到全局近似最优解，但由于各拣选台完成任务的时间不同步，可能会造成时间的浪费。多拣选台异步拣选模式是指将所有物流 AGV 分组，每组服务于一个拣选台，将每个拣选台当前处理的批次任务作为一个集合，并将任务分配给该拣选台对应的物流 AGV。该拣选模式可有效解决多拣选台同步拣选模式下先完成任务的拣选台等待后完成任务的拣选台造成的时间浪费问题，但不能从全局的角度进行多物流 AGV 任务分配。

小案例

京东物流的物流仓储作业发展分为三个阶段：第一个阶段，也就是物流仓储业发展的初期阶段，仓储的整个作业流程都是围绕着人工来进行的；第二个阶段，就是类似近几年亚马逊、菜鸟网络以及京东的"无人仓"，都只是实现部分自动化而已；第三个阶段是当今物流业发展的大方向及无人仓技术的作业模式，仓储的智能覆盖率达到 100%。

目前，京东在全国各地的"亚洲一号"库里面使用了多层穿梭车机器人，其作业区域主要在各高层的立体货架之间，对高层立体货架的货物进行搬运；AGV 搬运机器人则做到自动导引载货，即自动根据控制系统发出的指令把货物从一个位置搬到另一位置；DELTA 型分拣机器人能做到与环境有效配合，能自动更换端拾器，实现快速以及不间断地拣选；六轴机器人 6-AXIS 作用于仓库货物的快速搬运、拆码垛等工作。机器人的使用可多通道同时作业，自动导引载货等，解决了传统人工带来的作业节奏不均衡等问题。

京东在"双 11"以及"618"期间，将机器人投入到全国各地的"亚洲一号"仓库，避免了之前双节期间京东物流仓库临时增加十几万的物流员工仍无法完成物流相关作业。无人仓机器人的使用提高了作业效率、准确率和用户体验。

（资料来源：物流指闻、雷锋网）

案例点评：无人仓技术已经成为一种发展趋势，未来是"智能+无人"。我国物流行业仓储成本的普遍提高，加上各领域机器人技术的成熟，机器替代人的时代已成为不争的事实。像京东物流、菜鸟网络以及亚马逊等电商行业的巨头也早已加入无人仓的建设和应用，作业效率大幅度地提升。正如京东总裁刘强东所说，在不久的将来，在世界整个零售领域里面，所有的基础设施，不管是硬件设备还是软件设备，都将会变得可塑化、智能化和普遍化，无人化时代、智慧物流时代再也不是遥不可及而是触手可及了。

3.3.4 自动化输送技术

输送机是按照规定路线连续地或间歇地运送散装物料和成件物品的搬运机械。输送机系统是由两个以上输送机及其附件组成的比较复杂的工艺输送系统，可以完成物料的搬运、装卸、分拣等。输送机和输送机系统广泛应用于工厂企业的流水生产线、物料输送线以及流通中心、配送中心物料的快速拣选和分拣。

1. 重力输送机

(1)重力式滚轮输送机

重力式滚轮输送机的主要特点是重量轻、容易搬动、装卸方便。对于表面较软的物品，如布袋等，滚轮式较滚筒式有较好的输送性。但是，对于底部有挖空的容器，则不宜使用滚轮输送机。为使物品输送平稳，任何时候一个物品最少有分布在3根轴上的5个轮子支撑，如图3-14所示。

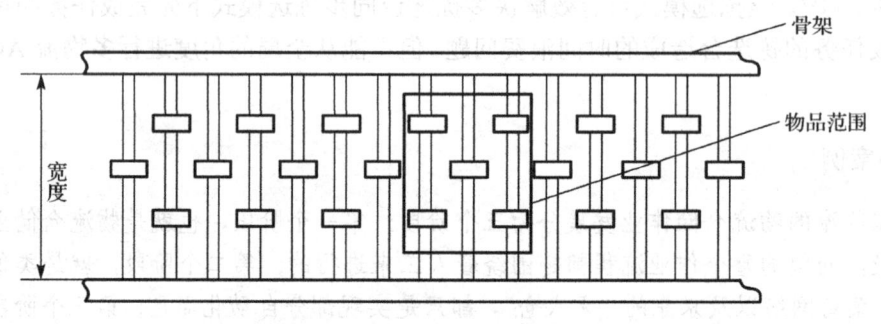

图3-14 重力式滚轮输送机

重力式滚轮输送机的宽度一般常用的有 300 毫米、400 毫米、500 毫米和 600 毫米。标准长度为 1.5 米、2 米和 3 米，单位长度的滚轮数量取决于物品的大小，较小的物品要求较多的滚轮。骨架的强度与负载大小和支脚的距离有关，在选择滚轮输送机时应根据载荷大小计算骨架变形量，当超过变形量时应增加支脚。

重力式滚轮输送机的倾斜度与输送物品的重量和表面条件有关。对于纸箱，倾斜度为每 1 米高 2.5 厘米。表面结实、光滑的物品需要的倾斜度较小，表面较软的物品需要较大的倾斜度。选择多大的倾斜角，需要根据具体经验和实际情况来决定。

(2)重力式滚筒输送机

重力式滚筒输送机以滚筒代替滚轮，其特点是应用范围远远大于滚轮式输送机。一般不适合滚轮输送机的物品，如塑料篮子、容器、桶形物等均适合于滚筒式输送机。对于重力式滚筒输送机，最少需要 3 个滚筒支撑物品才能保证正常输送工作。

(3)重力式滚柱输送机

重力式滚柱输送机以滚柱代替滚轮，结构简单，一般无动力驱动，适用于成件包装货物或者整底面物料的短距离搬运。

2. 动力输送机

(1) 链条式输送机

链条式输送机是利用链条牵引、承载或由链条上安装的板条、金属网、辊道等承载物料的输送机，如图 3-15 所示。根据链条上安装的承载面的不同，可分为链条式、链板式、链网式、板条式、链斗式、托盘式、台车式。此外，链条式输送机也常与其他输送机、升降装置等组成各种功能的生产线。

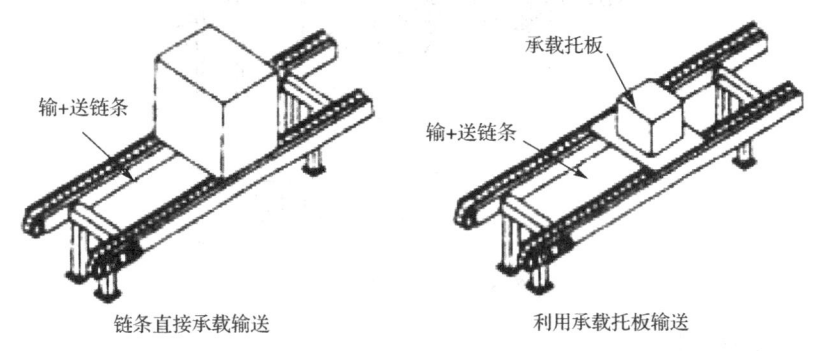

图 3-15 链条式输送机

(2) 动力滚筒式输送机

动力滚筒式输送机常用于储积、分支、合流和较重负载的情况，此外，也广泛应用于油污、潮湿、高温和低温环境。动力滚筒式输送机主要包括平带驱动滚筒式输送机、V带驱动滚筒式输送机、连套驱动滚筒式输送机、齿形驱动滚筒式输送机、锥齿轮驱动输送机、电动滚筒、圆带驱动滚筒式输送机等。

3. 空间输送机

为了节省占地面积，缩短输送距离，提高储存空间和使用面积，现代自动化立体仓库大多采用多层式建筑。为了在各楼层之间自动地输送物品，就必须利用立体输送机。

(1) 空中移载台车

空中移载台车悬挂在空中导轨上，按照指令在导轨上运动或停止，如图 3-16 所示。在运动过程中，货台装置是通过卷扬机和升降带被提到最高位置，并与车体合为一体的。当运动到指定位置时，升降带伸长，货台下降，进行卸货或装货。空中移载台车的优点是快速、准确、安全，所占空间较小。

(2) 螺旋滑槽式垂直输送机

螺旋滑槽式垂直输送机是利用重力及螺旋倾斜滑槽，使物品自上而下平稳滑下。由于无驱动装置，只能向下而不能向上输送物品。其特点如下：

① 滑槽轨道用四氯乙烯原料制成，倾斜度在 12 度以内，速度缓慢，不损伤物品；
② 可连续输送料箱，当料箱很多时，可存于槽内；
③ 由于无驱动装置，所以噪声小；
④ 结构简单、成本低、维修费用小。

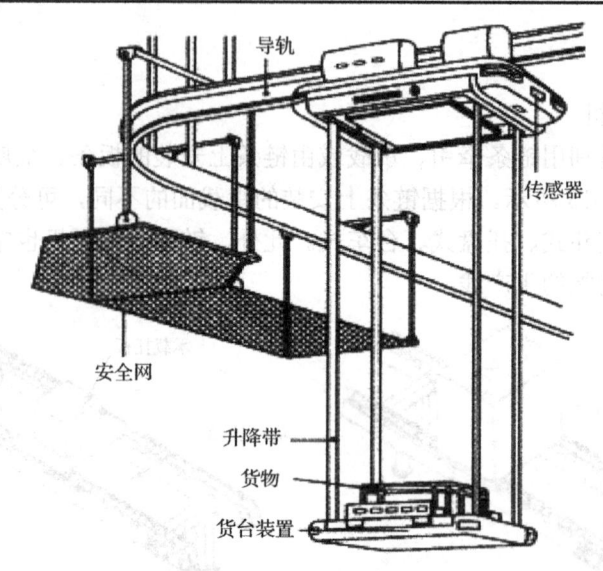

图 3-16　空中移载台车

(3) 垂直升降输送机

垂直升降输送机能连续地垂直输送物料，使不同高度上的连续输送机保持不间断的物料输送。也可以说，垂直升降输送机是把不同楼层间的输送机系统连接成一个更大的连续的输送机系统的重要设备。垂直升降输送机又称连续垂直输送机和折板式垂直输送机。其原理类似于电梯。

(4) 托盘式垂直升降输送机

托盘式垂直升降输送机能连续输送，所以效率较高。

(5) 悬挂输送机

悬挂输送机属于链条(也可为钢索)牵引式的连续输送机。悬挂输送机是规模较大的工厂综合机械化输送设备，它广泛地应用于大量或者成批生产的工厂，作为车间之间和车间内部的机械化、自动化连续输送设备，在汽车、家电、服装、邮政等行业得到广泛应用。

根据牵引件和承载件的连接方式不同，悬挂输送机可分为通用悬挂输送机(提式悬挂输送机)、推式悬挂输送机、拖式悬挂输送机和积放式悬挂输送机，根据承载件的支撑方式不同，悬挂输送机可分为空中吊挂式输送机和地面支撑式输送机等。

(6) 单轨(小车)输送机

单轨(小车)输送机是在特定的空中轨道上的物料搬运系统，广泛应用于汽车制造、邮电行业、工厂企业的装配线、检测线等。其特点如下：

① 系统中的各个小车独立驱动；

② 物料搬运系统由轨道、平移道岔、转盘、升降机段等组成，形成立体输送网络；

③ 多种控制方式，可采用集中控制、分散控制或集散控制方式，小车按设定程序实行全自动作业。

4. 辊道输送机

辊道输送机是利用辊子的转动来输送成件物品的输送机。它可沿水平或曲线路径进行输送，其结构简单，安装、使用、维护方便，对不规则的物品可放在托盘或者托板上进行输送。

【本章小结】

现代物流是智能型物流，组织物流活动必须以信息技术为基础，物流信息技术主要包括条形码及射频技术、地理信息技术、全球卫星定位技术、自动化仓库管理技术、电子数据交换技术、物流机器人技术等。现阶段这些技术主要用于物流信息管理、自动化技术及智慧物流，但应用的广度和深度还有待进一步发展。

【本章习题】

一、名词解释

RFID　　无人仓　　AGV

二、单项选择题

1. 电子商务物流管理信息技术不包括（　　）技术。
A．EDI　　　　B．GPS　　　　C．CRM　　　D．GIS
2. 物流信息的特点不包括（　　）。
A．信息量大　　B．来源多样化　　C．更新快　　D．冗余度高

三、简答题

1. 实现智慧物流的技术有哪些？
2. 简述物流信息技术对物流活动的影响。
3. 分析目前我国物流信息技术的应用现状和未来的发展趋势。

【案例分析】

Kiva 机器人在亚马逊配送中心中的应用

在类似亚马逊和 Staples 这样的大型电商公司配送中心内部，每天有大批人员步行数英里，将商品从货架上拣出来并放在盒子里。该过程费用高、效率低下并且容易出错。在 Kiva 出现之前，最先进的便捷工具是自行车。

在 Webvan 公司任职一段时间后，Kiva 的创始人 Mick Mountz 意识到：如果可以将货架移动到人面前，而不是人移动到货架，那么拣货效率将大大提高。Mick 于 2003 年与 Pete Wurman 和 Raffaello D'Andrea 合作，创立了 KivaSystems 公司，从根本上改变了人和物品在仓库中的移动方式。

原则上，Kiva 机器人非常简单。它每隔 40 英寸就会读取地板上铺设的 QR 或老版本 Kiva 机器人 Datamatrix 的二维码，并从其大脑的云中接收行动指令。机器人到达货架后，运用巧妙的举升机构，自身旋转以举起一个滚珠丝杠机构，将货架从地面抬起。在亚马逊的仓库中，Kiva 橙色机器人的拣货流程包括拣出流程和归位流程。主要包括识别目标货架、

锁定机器人、举起货架、高速运行、交叉运行、排队等候、工作人员取走货物、机器人回到储物区。

Kiva橙色机器人可以举起3000磅重量的货物，能像蜜蜂一样在仓库里穿梭忙碌，会把满是货物的货架举起并送到包装车间，交给包装工人，最后还会自动把货架放到不妨碍其他运输线路的地方。这样处理订单的效率是传统方式的2～4倍。

仓库地面装有识别和感应装置，如果该条运行线上有障碍，机器人就会在相应的圆形感应处进行转换方向行驶；如果该条运行线上没有障碍，机器人就会直线行走。机器人在托起货架后，从始发点到目的地的最佳线路已经确定，在总系统的控制下，机器人以最快速度行驶，特别是在交叉运行的时候，若干机器人都在运行，合理地布置每个机器人的路线成为仓储管理的瓶颈问题。由于Kiva橙色机器人强大的感应性和识别性，每个编号机器人的信息（信息主要包括机器人的目的地、货物信息、行驶路径、速度等信息）都会成为周围机器人的输入信息，信息系统会统计所有信息，进而安排每个机器人的最佳路线和速度，使总的时间最少，效率最高。

Kiva橙色机器人利用自身先进的技术，在仓库中流畅、快速地移动并抓取仓库中的货物，同时还能够按照订单进行第一时间的货物分派，这样在线零售商的订单就能够很快地完成，大大提高了零售商的货物安排效率。

根据以上案例分析下面的问题：

1. 传统电商仓库中拣货流程存在的问题有哪些？
2. Kiva机器人的运行需要怎样的仓储管理信息系统支撑？

【实训操作】

实训项目：物流信息技术在电子商务企业仓储管理中的应用
实训目的：了解电子商务企业的仓储管理信息技术。
实训内容：
(1)选择一家电子商务企业的仓库进行调研。
(2)分析仓储物流活动各环节使用到的信息技术和智能化设备。
(3)分析电子商务企业仓储物流管理的特点及不足，探讨相应的解决方案。
实训要求：写出实训过程、结果和体会。

第 4 章　电子商务物流功能要素

【本章要点】

- 电子商务物流功能要素概述
- 包装
- 装卸搬运
- 流通加工
- 运输
- 仓储与库存管理
- 配送
- 物流信息管理

【引导案例】

每日优鲜的"前置仓"

　　每日优鲜是一家创立于 2014 年的社区生鲜电商，每日优鲜自成立以来从一张白纸发展成为行业内唯一具备 3 倍增速、在一线城市实现全面盈利的百亿营收企业。每日优鲜的发展历程中，多次化危为机，持续成长为生鲜电商"独角兽"。创始初期，每日优鲜便确立品质为本，他们选择与顺丰冷链合作进行物流配送，但时效性差、成本高昂等问题让企业盈利艰难，这时他们勇立潮头大胆创新，采用前置仓商业模式摊薄冷链成本，并保证了生鲜产品的品质和配送时效，从 2015 年 11 月的 2 小时极速达服务上线到 2017 年 6 月实现 1 小时极速达服务，用户体验感极佳。每日优鲜投入的前置仓固定成本随着订单的规模效应被逐渐被摊薄，解决了传统生鲜电商全程冷链模式存在的"订单越多，亏损越多"问题，同时也提升了消费者即时性消费需求体验。每日优鲜延续"产地—城市分选大仓—社区前置仓"的配送路径，较好地满足了消费者的优质和即时性需求。"前置仓+1 小时配送"的方式，即通过城市中心位置选择分选中心的位置，并根据订单密度渗透至距离社区约半径三公里覆盖面积的网络的商业模式，极大地降低了物流配送成本。同时，每日优鲜还提出了"让冷源离消费者足够近"的宣传口号，以产品的"鲜"为核心，打造"冷源+时间冷链"的概念，实现生鲜产品极短时间内的配送，在保证产品温度变化较小的情况下实现节约耗材包装的目的。传统生鲜电商的产品配送一般是客户线上下单，以生鲜产品快递方式运送到家的模式,该模式下不仅配送时间长,同时也需要耗用大量冷媒如泡沫、冰袋和纸箱等,而且这些冷媒成本都属于可变成本范畴,随着订单规模的增长,该部分成本也会越来越高。而每日优鲜的前置仓模式实现了生鲜产品最后一公里配送的"去冷媒化",类似于在用户家门口修建了一个集约化配送的冷库,节约了冷媒成本的支出。前置仓模式下公司的冷链物流支出成本更多是冷藏车、冷库、冰箱等固定成本,这些成本均具有规模递减效应,随着公司订单规模的提升,这部分固定成本支出都被摊薄了。2020年新冠疫情冲击加速了生鲜电商市场的洗牌,很多生鲜电商平台面临现金流不足、资金链断裂甚至破产情况,但像每日优鲜这些市场头部企业竞争优势却在不断放大。根据 Trustdata 发布的《2019年Q4中国移动互联网行业发展分析报告》显示,每日优鲜维持着1152万的月活和43.9%的增速,并以4.4次的日均打开次数成为生鲜电商用户使用频率榜第一的 App。

(资料来源:滕春仙. 新零售背景下社区生鲜电商商业模式研究——以"每日优鲜"为例)

4.1 电子商务物流功能要素概述

4.1.1 物流功能要素概述

根据中国国家标准《物流术语》,物流的定义为:"物品从供应地向接受地的实体流动过程。根据实际需要,将运输、储存、装卸、搬运、包装、流通加工、配送、信息处理等基本功能实施有机结合。"依据这一定义,并结合王之泰教授及其他学者的研究成果,可以得出物流的基本功能是运输、储存、装卸和搬运、包装、流通加工、配送、信息处理。王之泰教授还将这七项物流功能称为物流系统能力的基本要素和功能要素,并指出这七项功能要素是构成总体的、系统的物流能力的基本能力。这里借鉴王之泰教授的观点,通过前人的研究成果,暂时先把物流能力的构成要素划分为包装管理能力、装卸搬运管理能力、流通加工管理能力、运输管理能力、仓储与库存管理能力、配送管理能力和物流信息管理能力,如表4-1所示。

表4-1 物流管理构成要素体系

要素名称	类别	层次	具体内容
包装管理能力	综合要素	战术、运作	包装设计与决策管理;对原材料、半成品、成品包装作业的处理和管理
装卸搬运管理能力	综合要素	战术、运作	装卸、搬运系统设计规划的管理,物料装卸、搬运硬件设备和人员的共同处理(包括逆向物流)
流通加工管理能力	综合要素	战略、战术、运作	流通加工战略决策的管理;流通加工作业的处理
运输管理能力	综合要素	战略、战术、运作	运输战略规划管理,物料运输方式、运输网络规划,运输计划的管理,企业物流网络中两个物流节点之间的运输和网络的整体流通管理,其中包括逆向运输
仓储与库存管理能力	综合要素	战略、战术、运作	仓储战略规划管理;仓储设施规划的管理;采购管理;采购与供应决策的管理;存储与搬运决策的管理;存储点和企业物流网络的库存管理;各种仓储设施的储存管理

续表

要素名称	类别	层次	具体内容
配送管理能力	综合要素	战略、战术、运作	配送网络的规划设计管理；配送作业的管理
物流信息管理能力	综合要素	战略、战术、运作	物流信息系统规划、二次开发及实施的管理；与相关企业和客户之间信息及时交流的管理；与相关企业和客户之间信息共享的管理；企业内部和企业间信息标准化的管理；订单管理；保障信息安全的管理；采用先进信息技术的管理；需求预测的管理

4.1.2 电子商务对物流功能要素的影响

电子商务对物流发展的更大价值在于，它要求统筹协调、合理规划物流发展的不同功能、各个环节流程，发挥结构优化效应，更好地满足客户的需求，这些也促进了物流业的转型，推进了现代物流的发展。主要有以下几方面内容：

(1) 信息与技术成为必不可少的物流投入要素。电子商务创造的虚拟市场，其能够保证交易活动顺利开展的基础是信息，尤其是反映商品的信息，借助网络平台能够不断聚合、组织、发布。电子商务环境下的物流活动是商品流的延伸，服务商品最终的实物交割的顺利完成，因此，物流服务商要把信息技术融入物流作业过程中，来提高物流服务的水平和效率。例如，物流服务商利用电商平台上的物流相关数据，对消费者的需求进行分析预测，同时为企业提供实时的库存和需求信息。网络上的信息传递可以有效地对物流实施控制。

(2) 增值性物流服务提高物流服务水平。传统物流业提供的物流服务以仓储、运输、搬运、装卸、配送等基本物流服务为主，企业多是凭借硬件投入、以低水平的价格竞争赢得市场，物流企业规模小，数量多；物流市场"产品"的差异化程度不高；服务单一，服务水平低。而电子商务时代，由消费者推动生产者的关系，能更快速、更高效地满足消费者的需要，"以客户为中心"的原则，要求既能降低成本又能增强物流服务功能的专业物流服务，即提供增值物流服务。对于增值服务的界定，主要可分为：客户增值体验、物流解决方案和IT管理系统服务。这三类增值服务能使物流企业产生区别于其他竞争对手的特色业务，并且具有投入少、回报高的特点，但对物流专业性要求更高，并要求物流企业具备较高的资源整合能力，提供最优的物流解决方案以及相关的配套系统服务，来满足客户的个性化要求。

(3) 现代化的物流对电子商务的发展起着关键的保障和促进作用。从企业的角度来看，在电子商务渠道下，分销环节缩短，店面人力等方面的销售成本大大降低，而物流成本在小批量、多频率、多品种的电子商务配送模式下成为重要的列支项。降低物流成本是电商企业和消费者的共同诉求，这时高效率运作的现代化物流体系在降低成本、提高服务水平方面就体现出来了强大的支撑作用。从顾客的角度来看，在电子商务情境下，用户体验以及对这种体验的满意度评价是电子商务的生命。如果物流运作效率低下，那么顾客就感觉不到电子商务的诸多优势，物流事关客户满意度及忠诚度，物流配送效率是影响用户评价的重要因素。

从产业之间的联系来看，电子商务与物流业以物流服务作为相互联系的纽带，形成供与需两方，供给和需求是互相依赖的。物流提供商为电子商务企业提供其所需的实物保存、运送、包装、装卸等基本物流服务和物流解决方案等增值性服务，其中，物流服务的需求方是电子商务企业，物流服务的供给方是物流提供商，两者通过"物流服务"这种无形产品的供给和需求形成一种相互依赖的关系。具体到对物流功能要素来说，电子商务的影响主要有以下几方面内容。

1. 对包装的影响

包装进入物流系统之中，这是现代物流的一个新观念。而包装作为物流系统的构成要素之一，与运输、保管、搬运、流通、加工均有十分密切的关系。包装本身就是物流信息的载体之一，在现代物流信息活动中起着极其重要的作用，包装上的标记、说明、条形码等都是物流中不可缺少的信息。所以如何从包装设计的角度来合理有效地提高物流各个环节的生产效率，已经成为包装设计中的一项非常重要的工程。各种相关新技术的综合应用（如计算机技术、数字化智能化技术、激光加工技术和包装新技术等），不断优化整个生产系统。计算机技术无疑为快速、方便、准确地达到目标提供了最有效的技术和方法，也使企业在竞争中占据有利地位。同时也将设计师从繁重的手工劳动中解脱出来，降低了设计师的工作强度，为设计适应时代的发展提供了最先进的科技手段；采用相应的新包装形态，摒弃传统加工技术，寻求新技术、新思维及一体化包装解决方案；降低整个产品包装作业、物流、仓储系统的运作成本，使产业链上的各个节点均能受益。这种包装理念的形成和实施，是市场经济全球化竞争的必然结果。

2. 对物料采购和流通加工的影响

企业在网上寻找合适的供应商，从理论上讲具有无限的选择性。这种无限选择的可能性将加剧市场竞争，并带来降低供货价格的好处。但是，所有的企业都知道频繁地更换供应商，将增加资质认证的成本支出，并面临较大的采购风险。所以，从供应商的立场来看，应对竞争的必然对策是积极地寻求与制造商建成稳定的渠道关系，并在技术或管理或服务等方面与制造商结成更深度的战略联盟。同样，制造商也会从物流的理念出发来寻求与合格的供应商建立一体化供应链。作为利益交换条件，制造商和供应商之间将在更大的范围内和更深的层次上实现信息资源共享。例如，LOF 公司在建立信息共享机制后，将其产品承运人的数目从 534 位减少为 2 位：一家物流服务公司为其安排所有的货运事项；另一家物流公司则为其提供第三方付款服务，负责用电子手段处理账单信息，这不仅可减少运费 50 万美元，而且消除了 7 万件文案工作。事实上，电子商务对物料采购成本的降低，主要体现在诸如缩短订货周期、减少文案和单证、减少差错和降低价格等方面。因此，虚拟空间的无限选择性将被现实市场的有限物流系统即一体化供应链所覆盖。

3. 对库存存货的影响

一般认为，由于电子商务增加了物流系统各环节对市场变化反应的灵敏度，可以减少库存，节约成本。因此相应的技术手段也有看板管理(JIT)和物料需求计划(MRP)等，转向配送需求计划(DPR)、重新订货计划(ROP)和自动补货计划(ARP)等基于对需求信息做出快速反应的决策系统。但从物流的观点来看，这实际是借助了信息分配对存货在供应链中进行了重新安排。存货在供应链中的总量是减少的，但结构上将沿应链向下游企业移动，即经销商的库存向制造商转移，制造商的库存向供应商转移，成品的库存变成零部件的库存，而零部件的库存将变成原材料的库存等。因存货的价值沿供应链向下游是逐步递减的，所以将引发一个新的问题：上游企业由于减少存货而带来的相对较大的经济利益如何与下游企业一起来分享。供应链的一体化不仅要分享信息，而且要分享利益。比如，最著名的虚拟企业耐克公司，开始改用电子数据交换(EDI)方式与其供应商联系，直接将成衣的款式、颜色和数量等条件以 EDI 方式下单，并将交货期缩短至 3~4 个月。它同时要求供应布料的织布厂先到美国总公司上报新开发的布样，由设计师选择合适的布料设计为成衣款式后，再下单给成衣厂商生产。成衣厂商所使用的布料也必须是耐克公司认可的织布厂生产的。这样一来，织布厂必须提早规划新产品供耐克公司选购。但由于布料是买主指定，买主给予成衣厂商订布的时间缩短，成衣厂商的交货期也就越来越短，从以往的 180 天缩短为 120 天甚至 90 天。显然，耐克公司的库存压力减轻了，但成衣厂商为了提高产品的可得性就必须对织布厂提出快速交货的要求。这时织布厂将面临要么增加基本原材料的存货，要么投资扩大其新产品的开发能力的问题。

4．对运输的影响

在电子商务环境下，虽然传统的运输原理没有发生变化，但是运输的组织形式受其影响很大。

(1) 一次运输与二次运输的结合应用

一次运输是指综合物流中心相互之间的运输；二次运输是指物流中心辐射范围之内的多方运输。一次运输主要是应用铁路运输来完成运输任务，因此运费很低，而且往往是直达方式，速度也很快；二次运输主要是用来完成配送任务的，由当地的运输组织来完成运输任务。物流网络由物流运输路线和物流节点组成，物流节点决定了物流运输路线的设计。在传统经济模式下，生产企业的各个仓库地点非常分散，由于物流集中度低，所以运输也很分散，运输过程往往非常复杂，效率低，费用高。而随着电子商务的发展，库存被极大程度地集中起来，库存的集中使得物流运输也进一步集中化。随着城市综合物流中心的建立，公路、铁路各个货站被集约在一起，物流中心的物流量很容易达到一定规模，从而实现大规模的城市之间的铁路直达运输。因此，一次运输和二次运输在电子商务作用下也被结合起来了，有利于物流任务高效且低成本地完成。

(2) 多式联运方式得到发展

电子商务环境为多式联运提供了基础。首先，由于电子商务使企业联盟更容易实现，因此运输企业通过企业间的联盟形式，可以采取多式联运方式经营，从而进一步扩大自身的运输渠道。其次，多式联运方式能够为用户提供一票到底及门到门的服务，为托运人提供了物流上的方便。因此，在未来的电子商务环境下，多式联运物流服务方式，很可能成为现代物流业所能提供的一种最优的服务方式。

> **视野拓展**
>
> **多式联运**
>
> 多式联运是由两种及以上的交通工具相互衔接、转运而共同完成的运输过程。多式联运的主要特点有：运输全程至少使用两种运输方式，而且是不同方式的连续运输；多式联运的货物主要是集装箱货物，具有集装箱运输的特点；多式联运是一票到底，实行单一运费率，发货人只要订立一份合同，一次付费，一次保险，通过一张单证即可完成全程运输；多式联运无论涉及几种运输方式，分为几个运输区段，均由多式联运经营人组织完成，由其对货运全程负责。

5．对配送的影响

(1)配送业的地位得到提升

配送业在其发展的早期，主要职能是促进销售，以送货上门作为吸引客户的一个有利条件。根据有关学者的研究表明，推行配送的适合环境必须是在供大于求的市场格局下。由此可见，在电子商务出现之前，配送业的主要职能是为了促销，可以想象充当这样角色的配送业发展速度不会快，地位也不会高。然而到了电子商务时期，无论是B2B还是B2C，都需要依靠物流来完成交易，尤其是B2B逐渐将物流业务外包给第三方物流来完成，由此为配送业提供了良好的发展前景。没有配送，电子商务物流就没有办法实现，电子商务也就变得毫无意义，所以电子商务与配送业的关系变得日益紧密。电子商务为制造业、零售业实现"零库存"的同时，实质上是将库存完全转移给了配送中心，因此配送中心实际上承担了整个社会仓库的职能。由此可见，在电子商务环境下，配送业的地位得到了很大的提高，从某种程度上说，电子商务时代的物流方式实质上就是一种配送方式。

(2)配送中心成为信息流、商流、物流的集合中心

在传统企业物流体系中，物流、信息流、商流三者之间是完全割裂的，彼此之间没有联系，而电子商务时代，集信息化、现代化、社会化于一身的物流配送中心将这三者有机地结合到了一起。配送业务离不开这"三流"，而其中"信息流"是最为重要的，在信息流的指导下商流和物流才能顺利地进行运作，只有畅通、及时、准确的信息才能从根本上保证物流和商流的高效率和高质量。因此，电子商务物流实现了配送中心汇集"三流"的能力，也为自身的发展提供了便利。

6．对物流信息的影响

(1)信息流从企业内部发展到企业间

传统企业的信息管理以企业自身的物资管理为中心，以物流企业的运输环节作为发展对象，很少与外界进行信息交流。然而，在电子商务的作用下，现代物流企业更加重视供应链的管理，以服务顾客为根本出发点和工作中心。企业开始通过电子商务形成战略联盟，把产品的生产、库存、采购、配送、运输、销售等环节集合起来，在一个紧密的供应体系中，综合加入生产企业、物流中心、分销商网络等经营过程的各个方面。可见，此时的信息就不仅仅是在企业内部封闭式地流动了，而是在企业间通过供应链各环节及时地流动和共享。

(2) 信息模块的功能发生变化

电子商务环境下现代物流技术的广泛应用，使传统物流管理信息系统中的一些模块发生了很大变化。例如：在运输方面，运用 GPS 等技术手段，使运输路线更加合理，运载货量更大，而且使运输过程变为可见；在库存方面，条码技术的大量使用，使得库存信息获取更加准确和快捷，大大提高了企业产成品的流通效率，使得库存管理更加有效和科学；在发货方面，以前一个企业的各个仓库之间互不关联，各个仓库的库存信息得不到共享，经常造成交叉运输、产品积压或脱销的现象。然而在电子商务环境下，现代物流企业的各个仓库的管理可以进行信息资源共享，由企业的中央仓库针对发货任务进行统筹管理，从而克服传统企业库存管理上的缺陷，提高企业生产销售各方面的合理性和有效性。

4.1.3 电子商务物流系统要素的主要活动

电子商务的最终成功取决于物流，电子商务下物流活动构成要素主要包括包装、装卸搬运、流通加工、运输、存储、配送、物流信息等几个方面。

1．电子商务物流的起点：包装

包装是在物流过程中为保护产品、方便储运、促进销售，按一定的技术方法采用容器、材料及辅助物等将物品封装并予以适当装饰标志的活动总称。简而言之，包装是包装物及包装操作的总称。基本功能包括防护功能、方便与效率提高功能、促销功能、信息传递功能。

2．电子商务物流的接点：装卸搬运

装卸是指物品在指定地点以人力或机械运输设备装入或卸下。搬运是在同一场所内，对物品进行水平移动为主的物流作业。装卸搬运是指在同一地域范围内进行的、以改变物品的存放状态和空间位置为主要内容和目的的活动。具体来说，包括装上、卸下、移送、拣选、分类、堆垛、入库、出库等活动。装卸具有支持、保障与衔接性功能。装卸合理化的途径包括：消除无效搬运；提高搬运活性；利用重力作用，减少附加重量；合理利用机械；保持物流的均衡顺畅；集装单元化原则等。

3．电子商务物流的价值途径：流通加工

在流通过程中附属的加工活动称为流通加工。流通加工是为了弥补生产过程的加工不足，更有效地满足用户或本企业的需求，使产需双方更好地衔接，将这些加工活动放在物流过程中完成，而成为物流的一个组成部分。它是生产加工在流通领域的延伸。流通加工的功能包括促进销售、提高加工设备的利用率、提供原材料的利用率、提高被加工产品的质量、促进物流合理化等。流通加工有效地完善了流通，是物流中的重要利润源，在国民经济中是重要的加工形式，也实现了电子商务物流的价值。

4．电子商务物流的动脉：运输

运输是物流系统的首要构成要素，在物流系统中占有非常重要的地位。物流中的运输是指通过运输手段使货物在物流节点之间流动，实现买卖行为。其功能是实现物品的空间位移、创造场所效用、物品存储。按照运输工具不同，运输方式可划分为公路运输、铁路运输、水路运输、航空运输、管道运输、磁悬浮列车运输六种基本方式。由于这六种运输方式在运载工具、线路设施、营运方式及技术经济特征等方面各不相同，有各自不同的适用范围，因此，又出现了把各种运输方式联合起来的多式联运。

运输合理化的途径主要包括：确定合理的运输距离；确定合理的运输环节；确定合理的运输工具；确定合理的运输时间；确定合理的运输费用；提高运输技术水平，提高运输作业效率；加强各种运输方式的紧密协作，实行多式联运；合理安排运输与其他物流环节间的比例关系。

5. 电子商务物流的中心：存储

存储包括两个既独立又有联系的活动，即存货管理与仓储。这两者在物流系统中是一个相对传统、完善的环节，在整个生产流通过程中的任何领域都客观存在，不能被其他物流活动所代替。即使在所谓的"零库存"、供应商管理库存的今天，存储也仅仅是由社会再生产的一个领域转移到了另一个领域。因此，存储作业是物流活动中一个不可缺少的重要环节，是任何其他经济活动不能替代的。

存储的功能包括供需调节功能、价格调节功能、调节货物运输能力功能、配送和流通加工功能以及陈列展示功能等。

存储主要通过各种仓库实现。许多重要的决策都与存储活动有关，包括仓库数目、存货量大小、仓库的选址、仓库的大小等。

6. 电子商务物流的后勤保障：配送

配送是电子商务物流的最后一个环节，商品将通过配送最终到达买方手中。它是商流与物流紧密结合的一种特殊的综合性供应链环节，也是物流过程的关键环节。由于配送直接面对消费者，最直观地反映了供应链的服务水平，所以，配送"在恰当的时间、地点，将恰当的商品提供给恰当的消费者"的同时，也应将优质的服务传递给消费者。

7. 电子商务物流的中枢：物流信息

信息贯穿于物流活动的全过程、全环节，是物流活动的纽带和中枢，也是电子商务与物流紧密关联的接口。在电子商务时代，物流活动一方面以实物流的形式进行，另一方面以信息流的方式呈现，实物流与信息流同步进行，相辅相成。信息结合互联网、大数据、云计算、区块链、智能传感等数字技术，多维度展示和分析物流全过程，支持决策的支持和判断。

8. 其他活动

另外，物流活动还包括订单处理、预测、生产计划、采购、客户服务、选址、物品回收、废品处理等内容。

4.1.4 电子商务物流系统要素的组织形式

正如前面所描述的，物流系统是由运输、存储、装卸搬运和配送等环节组成的，它们也可以称为物流的子系统。物流系统的输入是运输、存储、搬运和装卸等环节所耗费的劳务、设备及材料等资源，经过处理转化成为物流系统的输出，即物流服务。电子商务的物流系统与传统的物流系统并无本质区别，不同之处在于电子商务的物流系统突出强调一系列电子化、机械化、自动化工具的应用以及准确、及时的物流信息对物流过程的监督，它更强调物流的速度、物流系统信息的通畅和整个物流系统的合理化。在电子商务交易过程中，物流的流动过程通过通畅的信息流把相应的运输、仓储、配送等业务活动联系起来，使之协调一致，这是提高电子商务物流系统整体运作效率的必经途径。如图 4-1 所示是一个简单的电子商务物流系统，其中框中的内容即电子商务物流系统要素的主要组织形式。

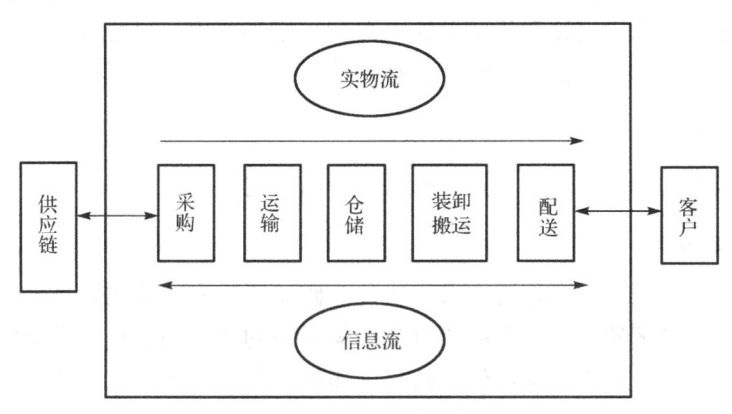

图 4-1　电子商务物流系统要素组织形式

4.2　包　装

包装是物流系统中的一个子系统。产品生产过程中的最后一道工序是包装，同时包装也决定了消费者接触产品的"第一印象"。它是实现商品价值的重要手段之一，也是产品在流通过程中必须采用的技术措施。中国国家标准《物流包装通用术语》中对包装的定义：所谓包装，是指在流通过程中保护产品、方便储存、促进销售，按一定技术方法而采用的容器、材料及辅助物等的总体名称，并且包括为了达到上述目的而进行的操作活动。

4.2.1　包装的功能

包装的功能是指包装与产品组合时所具有的功能和作用，其主要功能有以下四个方面。

1. 保护功能

包装的保护功能，即保护物品不受损伤的功能。防止物品破损变形；防止物品发生化学变化，如水分、光线或者空气中各种有害气体对物品的影响；防止有害生物如鼠咬、虫蛀对物品的破坏；防止危害性内装物对接触的人、生物和环境造成伤害或污染；防止异物混入、污物污染、丢失、散失。

2．方便功能

包装的方便功能是指便于装卸、存储和销售，同时也便于消费者使用。

包装物品将按一定的数量(或重量)、形状、尺寸规格进行包装，并根据物品的性质，恰当地使用包装材料和容器，便于各种装卸、搬运机械的使用，有利于提高生产效率；包装的规格尺寸标准化后，为几何包装提供了条件，便于物品计量和清点，有利于提高运输、装卸和堆码效率，提高仓容利用率和存储效率，加速商品流转，降低物品的流通费用，提高经济效益。

包装中包含的绘图、商标和用途用法说明等以满足消费者需求为主要目的，对消费者了解物品的成分、性质、用途和使用方法，起到了指导作用。包装有大小、单件、多件、各种规格配套组合，便于消费者携带、保存和使用。

3．销售功能

良好的包装起到诱导和激发消费者购买欲望的作用。

4．信息交流功能

包装的信息交流作用主要体现在清点货物、跟踪货物和指导物料处理中。

信息交流中最显著的作用是帮助所有分销渠道中的成员识别包装中的物品。常见信息包括制造商、产品、集装箱的总价值、数量、通用商品码、产品电子代码，也有可能通过条形码或者射频识别技术交流信息。外包装上的信息用于收货、订单分拣以及装运环节的物品确认。可见性是识别货物时需要着重考虑的因素，物料处理作业人员需要在一定的距离以外能够从不同方位看到或者通过电子技术读出商品的标签。

简便的物品跟踪功能对内部运作和客户都非常重要，对流动中的产品进行有效跟踪控制会减少产品丢失的情况出现。

物品包装还能为物料处理人员提供物料处理和处理受损货物时的说明。包装上应该标明对货物进行作业时需要注意的问题，如轻拿轻放、温度限制、货物堆放注意事项等。如果物品具有潜在的危险性，应该针对某些意外事件有所注明，以便在出现如容器破损等情况时进行妥善处理。

4.2.2 现代包装的分类

现代包装门类众多，品种复杂，这是由于要适应各种物资性质差异和不同运输工具等各种不同的要求和目的，从而使包装在设计、选料、包装技法、包装形态等方面出现了多样化。

1．按包装功能不同分类

(1) 工业包装

工业包装又称为运输包装，是物资运输、保管等物流环节所要求的必要包装。工业包装以强化运输、保护商品、便于储运为主要目的。

(2) 商业包装

商业包装以促进商品销售为主要目的。这种包装的特点是：外形美观，有必要的装潢，包装单位适合客户购买量和商店设置的要求。

2. 按包装层次不同分类

(1) 个包装

个包装是指以一个商品为一个销售单位的包装形式。个包装直接与商品接触，在生产中与商品包装配成一个整体。它以销售为主要目的，一般随同商品销售给客户，又称为销售包装或小包装。

(2) 中包装(内包装)

中包装是指若干个单体商品包装组成一个小的整体包装。它是介于个包装与外包装的中间包装，属于商品的内层包装。中包装在销售过程中，一部分随同商品出售，一部分则在销售中被消耗掉，因而被列为销售包装。在商品流通过程中，中包装起着进一步保护商品、方便使用和销售的作用，方便商品分拨和销售过程中的点数和计量，方便包装组合等。

(3) 外包装(运输包装或大包装)

外包装是指商品的最外层包装。在商品流通过程中，外包装起到保护商品，方便运输、装卸和储存等方面的作用。

3. 按包装使用范围分类

(1) 专用包装

专用包装是指专供某种或某类商品使用的一种或一系列的包装。

(2) 通用包装

通用包装是指一种包装能盛装多种商品，被广泛使用的包装容器。通用包装一般不进行专门设计制造，而是根据标准系列尺寸制造的包装，用以包装各种无特殊要求的或标准规格的商品。

4. 按包装使用的次数分类

(1) 一次用包装

一次用包装是指只能使用一次，不再回收复用的包装。它是随同商品一起出售或在销售过程中被消费掉的销售包装。

(2) 多次用包装

多次用包装是指回收后经当地加工整理，仍可重复使用的包装。多次用包装主要是商品的外包装和一部分中包装。

(3) 周转用包装

周转用包装是指工厂和商店用于固定周转、多次复用的包装容器。

5. 包装的其他分类方法

按运输方式不同，包装可分为铁路运输包装、卡车货物包装、船舶货物包装、航空货物包装、零担包装和集合包装等。

按包装防护目的不同，包装可分为防潮包装、防锈包装、防霉包装、防震包装、防水包装、防热包装、遮光包装、真空包装、危险品包装等。

按包装操作方法不同，包装可分为灌装包装、捆扎包装、裹包装、收缩包装、压缩包装和缠绕包装等。

4.2.3 电子商务包装技术

1. 电子信息组合包装

所有商品的包装物上带有关于商品选购与使用的一切信息(以数码形式贮存于微芯片中)，工作人员的手推车上装有专用的扫描仪和微型计算机，工作人员可以很方便地用此装置读取包装上的所有信息(名称、成分、功能、产地、保质期、重量、价格、使用指南、警告等)，甚至还能计算和画出同类产品的容量价格比图线。这种电子组合包装的出现，使工作人员的采购行为既省力又方便。带有电子数据信息的包装涵盖面很广，可以运用在包括食品在内的几乎所有产品上。

2. E-包装解决方案

E-包装是对传统包装功能的拓展，是信息技术在包装中的应用。重要的是 E-包装使用了传统包装所没有的信息技术，这使得商品在外观、功能、产品包装的实施、物流管理等方面都不同于传统产品的包装。E-包装的关键创新之处在于其无须人工接触、无须光学可视、无须人工干预即可完成信息输入和处理，完全优化产品的供应链。

E-包装的主要组成部分包括能源、智能标签、电子导电油墨、电子纸等部分。E-包装对于传统包装的改革主要体现在信息的传送和通信上，这种智能包装技术可以应用在供应链的各个环节，如可以用电子纸来制作折叠纸盒，这样就可以在盒子上显示任何想显示的个性化信息。另外在产品仓储时也可以用 E-包装来实现管理，如在外包装上装有一个温度传感器，当仓储温度超过某一设定温度时，就发出警告信息；在 E-包装上设定保质期来决定是否购买某一商品等。另外，E-包装材料的重复使用也可以大大节省包装材料。可以看出，E-包装在包装的各个环节都可以发挥重要作用。

3. 二维码技术下的"零包装"

"二维码"技术可以通过图像输入设备或光电扫描设备进行信息的自动识读，并实现信息的自动处理。由于二维码具有输入速度快、可靠性高、信息采集量大、纠错性能好、灵活性强、系统成本较低等一维码不可比拟的优势，因而常被用来表示产品的相关信息和其他附属信息，如价格、名称、制造厂、生产日期、重量、有效期、检验员等。目前，二维码技术在物流包装中应用的通常做法是把条码印制或粘贴在物品或物品的外包装上，通过应用二维码识读器和计算机网络设备对物流全过程进行实时跟踪、识别、认证、控制、反馈，避免数据的重复录入。

"零度包装"，简称为"零包装"，它的提出源自垃圾回收领域提出的"零废弃"这一理念，零废弃实际上是一种态度，提倡对资源生命周期重新设计，尽量减少垃圾的产生。此后，"零废弃"这一理念受到了众多环保人士的认同和提倡，并开始进入公众视野。"零包装"在这种背景之下，也被作为一种设计态度和设计理念正式提出来。它的提出旨在从包装设计的源头来解决包装污染问题，力求节省自然资源及保护环境，尽可能从设计环节创造一种包装用完之后不产生任何垃圾，对环境不造成任何污染的理想的包装方式。零包装只是一种相对的概念，作为一种设计的理想和态度，它更多地提倡人类要积极寻求解决包装和环境之间的矛盾的设计办法，实现人、自然、产品能够和谐相处的包装方式。

二维码技术在电子商务环境下包装中的应用，主要体现在两个方面：一方面由于二维码在物料管理、生产管理、产品管理、物流配送等方面所显现出来的强大的、精确的管理功能，保证产品及其产品包装发生质量事故之后具有责任可追溯性，因而可以从管理层面有效地弥补因物流次数的频繁而造成的包装保护性、安全性等方面功能被客观减弱的缺陷，从而提高了"零包装"设计态度下量化包装的利用效率；另一方面因为二维码技术在产品销售及售后服务的数字化虚拟管理系统中，能将产品虚拟信息、具体产品与直接用户、生产商、网络分销商联系在一起，建立一个高效的服务系统，这就为电子商务活动下产品"零包装"设计模式中，包装实体和数字虚拟化包装两者之间，相互独立又成系统的设计模式的实现提供了技术条件。

4.3 装卸搬运

装卸是指物品在指定地点进行的以垂直移动为主的物流作业。搬运是指在同一场所内将物品进行的以水平移动为主的物流作业。装卸和搬运就是指在某一物流节点范围内进行的，以改变物料的存放状态和空间位置为主要内容和目的的活动。在物流领域，人们常把装卸搬运活动称为"物资装卸"，而生产企业则把这种活动称为"物料搬运"。实际上，活动内容都是一样的，只是领域不同。

4.3.1 装卸搬运的作用

装卸搬运活动贯穿于物流各环节、各领域，是各种物流活动顺利进行的关键。装卸搬运活动是提高物流效率、降低物流成本、保证物流质量最重要的物流环节之一。完成装卸搬运作用应具备的条件有：劳动力(装卸职工，包括机械化、自动化设备的操作、控制与管理人员)、装卸搬运设备(工具)与设施(车、船、场、库等)、工艺(作业方法)、管理信息系统、作业保障系统。装卸搬运的作用体现在以下三方面。

1. 装卸搬运是物流各阶段之间相互转换的桥梁

物流各阶段的不同活动之间，都必须进行装卸搬运作业。无论是生产领域的加工、组装、检测，还是流通领域的包装、运输、储存，一般都以装卸搬运作为起始或终结，它起到了桥梁作用。

2. 装卸搬运连接各种不同的运输方式，使多式联运得以实现

通常经联合运输的货物，要经过4次以上的装卸搬运与换装(多则可经过十几次)，其费用约占运输费用的四分之一左右。

3. 装卸搬运成为生产过程中的重要组成部分

在许多生产和流通领域中，装卸搬运已经成为生产过程中的重要组成部分和保障系统,如采掘业的生产过程,实质上就是装卸搬运;而在加工业和流通业,装卸搬运是生产过程中不可缺少的组成部分。

做好装卸搬运环节的重要意义有:加速车船周转,提高港、站、库的利用效率;加快货物送达,减少流通资金占用;减少货物破损、减少各种事故的发生。提高装卸搬运作业效率能显著提高物流的经济效益和社会效益。

4.3.2 装卸搬运的特点

(1)装卸搬运过程不产生有形的产品,而是提供劳动服务,是生产领域与流通领域其他环节的配套"保障"和"服务"性作业。

(2)装卸搬运过程不消耗作业对象,不产生废弃物,不占用大量流动资金。

(3)装卸搬运没有提高作业对象的价值和使用价值。因为它不改变作业对象的物理、化学、几何、生物等方面的性质,也不改变作业对象的相互关系(如零件组装成部件或机器、机械设备拆解为零部件等)。

(4)装卸搬运作业具有均衡性与波动性。在生产领域,生产企业内部装卸搬运相对比较稳定。但是物资一旦进入流通,受到产需衔接、市场机制的制约,物流量便会出现较大的波动性。商流是物流的前提,某种货物的畅销和滞销、远销和进销,销售批量的大与小,围绕着货物实物流量便会发生巨大的变化。从物流领域内部观察,运输路线上的"限制口",也会使装卸搬运量出现忽高忽低的现象。另外,各种运输方式由于运量上的差别、运速的不同,使港口、码头、车站等不同物流节点也会出现集中到货或停滞等待的不均衡的装卸搬运现象。因此装卸搬运作业应具有使用波动性的能力。

(5)装卸搬运作业具有保障性和劳务性。装卸搬运制约着生产与流通领域其他环节的业务活动,如果处理不好,整个物流系统将处于瘫痪状态。装卸搬运保障了生产与流通其他环节活动的顺利进行,具有保障性质,但不产生有形产品,因此具有提供劳务的性质。

4.4 流通加工

流通加工是物流中具有一定特殊意义的物流形式。一般来说,生产是通过改变物的形式和性质来创造产品的价值和使用价值的,而流通则是保持物资的原有形式和性质,以完成其所有权的转移和空间形式的位移。物流的包装、储存、运输、装卸等功能并不改变物流对象的物理和化学属性。但是为了提高物流速度和物资的利用率,在物资进入流通领域后,还需按用户的要求进行一定的加工活动,即为了促进销售、维护产品质量、实现物流的高效率所采取的使物品发生物理和化学变化的活动。

4.4.1 流通加工的目的和作用

商流是物流的前提,物流是商流的保证。在商流和物流的联系中,流通加工表现得最为直接,流通加工的最根本目的是市场销售,如图4-2所示。

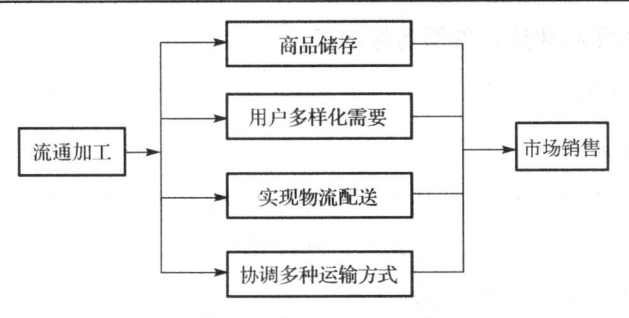

图 4-2 流通加工的目的

流通加工的作用体现在以下几方面。

(1)提高原材料利用率。利用流通加工环节进行集中下料,可将生产厂直接运来的简单规格产品,按使用部门的要求下料。集中下料可以优材优用、小材大用、合理套裁,取得较好的技术经济效果。

(2)进行初级加工,方便用户。用量小或临时需要的使用单位,缺乏进行高效率初级加工的能力,依靠流通加工可使使用单位省去进行初级加工的设备及人力,从而方便了用户。

(3)提高加工效率及设备利用率。建立集中加工点,可以采用效率高、技术先进、加工量大的专门机具和设备。这样做可提高加工质量,提高设备利用率,提高加工效率,从而降低了加工费用及原材料成本。

(4)充分发挥各种输入手段的最高效率。流通加工环节将事物的流通分成了两个阶段。一般来说,从生产厂到流通加工点这段输送距离长,而从流通加工点到消费环节这段输送距离短。第一阶段是在数量有限的生产厂与流通加工点之间进行定点、直达、大批量的远距离输送,因此,可以采用船舶、火车等大量输送的手段;第二阶段则是利用汽车和其他小型车辆来输送经过流通加工后的多规格、小批量、多用户的产品。这样可以充分发挥各种输送手段的最高效率,加快输送速度,节省运力运费。

(5)改变功能,提高收益。在流通过程中可以进行一些改变产品某些功能的简单加工。其目的除上述几点外,还在于提高产品销售的经济效益。例如,内地的许多制成品在沿海城市进行简单的装饰加工,改变产品外观功能,就可使产品售价提高2%以上。所以,在物流领域中,流通加工可以成为高附加值的活动。这种高附加值的形成,主要着眼于满足用户的需要、提高服务功能,是贯彻物流战略思想的表现,是一种低投入、高产出的加工形式。

4.4.2 流通加工的形式

按加工的目的不同,分为以下基本的流通加工形式。

1. 为弥补生产领域加工不足的深加工

有许多产品在生产领域的加工只能到一定程度,这是由于许多因素限制了生产领域不能完全实现终极的加工。例如,钢铁厂的大规模生产只能按标准规定的规格生产,以使产品有较强的通用性,使生产能有较高的效率和效益。

2．为满足需求多样化进行的服务性加工

需求存在着多样化和多变化两个特点，为满足这种需求，经常是用户自己设置加工环节。

3．为保护产品所进行的加工

在物流过程中，直到用户投入使用前都存在对产品的保护问题，防止产品在运输、储存、装卸、搬运、包装等过程中遭到损失，保障使用价值能顺利实现。

4．为提高物流效率，方便物流的加工

有一些产品本身的形态使得难以对其进行物流操作。进行流通加工，可以使物流各环节易于操作。

5．为促进销售的流通加工

流通加工可以从若干方面起到促进销售的作用。如将零配件组装成用具、车辆以便于直接销售；将蔬菜、肉类洗净切块以满足消费者要求等。这种流通加工可能是不改变"物"的本体，只进行简单改装的加工，也有许多是组装、分块等深加工。

6．为提高加工效率的流通加工

许多生产企业的初级加工由于数量有限、加工效率不高，也难以投入先进科学技术。流通加工以集中加工的形式，克服了单个企业加工效率不高的弊病。以一家流通加工企业代替了若干生产企业的初级加工工序，促进生产水平的提高。

7．为提高原材料利用率的流通加工

流通加工利用其综合性强、用户多的特点，可以采用合理规划、合理套裁、集中下料的办法，这就能有效提高原材料利用率，减少损失浪费。

8．衔接不同运输方式，物流合理化的流通加工

在干线运输及支线运输的节点，设置流通加工环节，可以有效解决大批量、低成本、长距离干线运输与多品种、少批量、多批次末端运输之间的衔接问题，在流通加工点与大生产企业间形成大批量、定点运输的渠道，又以流通加工中心为核心，组织对多用户的配送。也可在流通加工点将运输包装转换为销售包装，从而有效衔接不同目的的运输方式。

9．以提高经济效益，追求企业利润为目的的流通加工

流通加工的一系列优点，可以形成一种"利润中心"的经营形态，这种类型的流通加工是经营的一环，在满足生产和消费的基础上取得利润，同时在市场和利润引导下使流通加工在各个领域中能有效地发展。

10．生产—流通一体化的流通加工形式

依靠生产企业与流通企业的联合，或者生产企业涉及流通，或者流通企业涉足生产，形成对生产与流通加工进行合理分工、合理规划、合理组织、统筹进行生产与流通加工的安排，这就是生产—流通一体化的流通加工形式。这种形式可以促成产品结构及产业结构的调整，充分发挥企业集团的经济技术优势，是目前流通加工领域的新形式。

4.5 运　　输

运输是物流过程中开支最大的环节,通常会占到整体物流费用的60%以上。物资运输将生产和消费所处的不同空间联结起来,为实现事物从生产到消费的移动起到了决定性的作用。在现代生产中,由于生产的专门化、集中化,生产与消费被分割的状态越来越严重,被分割的距离也越来越大,从而运输的地位也越来越高。运输如今被人们称为"经济的动脉"。

4.5.1 运输的作用

运输企业主要提供了两种类型的物流服务:产品移动和产品存储。

1. 产品移动

无论运输的对象是原材料、部件、在制品还是产成品,运输服务的基本价值就在于将货物运送到某一个确定的地点。运输的主要价值是使产品在供应链中进行移动。对于采购、生产和客户服务而言,运输渠道是否畅通将起到至关重要的作用。运输对于逆向物流的重要性也同样不可忽视。如果没有可靠的运输作为保障,很多商业活动都无法正常地开展下去。运输过程中消耗了多种资源,如实践资源、财力资源和环境资源等。

运输之所以存在种种限制,是因为产品在运输过程中通常是不可用的。我们将运输系统中的产品称为在途库存。显然,在设计物流系统时,管理人员要尽可能减少在途库存的数量。信息技术的发展极大地增加了在途库存的可得性,同时也能够为运输提供准确的地点信息和到货时间信息。

同样,运输也需要花费财力。运输成本包括司机工资、车辆运行费用、设备投入的资本以及管理费用等。除此以外,运输成本还包括货物的丢失和损失。

运输还需要直接或间接的使用环境资源。从直接使用资源方面来看,在美国,运输是耗费燃料和石油最多的产业之一。虽然使用节能车辆能够减少运输对燃料和石油的消耗,但是能源的总消耗量仍然很高。此外,运输产生的交通拥堵、空气污染以及噪声污染问题对环境都有间接的负面影响。

2. 产品存储

运输所提供的另一种服务就是产品存储,产品被装载在运输工具上的时候,实际上就等同于被储存起来了,因此运输工具在运货的起点或终点也可以起到临时储存产品的作用。如果产品要在几天之内运送到一个新的地点,那么先储存、再装货的费用就可能会超过暂时使用运输工具进行储存的费用。

4.5.2 运输的参与者

运输过程的参与者主要有:①发货人,也称托运人;②收货人,也称接收人;③承运人和代理人;④政府;⑤互联网;⑥公众。图4-3直观地显示出以上各方之间的关系。

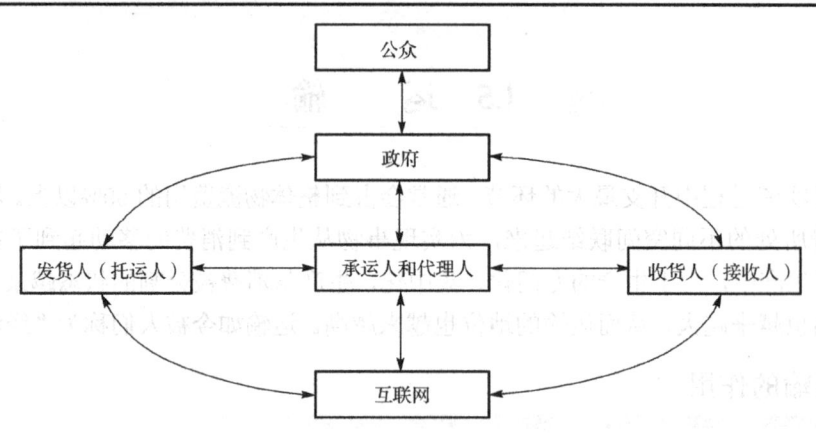

图4-3 运输环节中各成员之间的关系

1. 发货人和收货人

发货人和收货人有共同的目标，即在一定时间内以最低的成本把产品从起始地运往目的地。在此过程中，运输所提供的服务包括明确的提货和交货时间、预计的运输时间、零货物损失、零货物损坏、及时准确的信息交换以及运费结算等。

2. 承运人和代理人

承运人是提供运输服务的商业机构。作为商业服务企业，承运人一方面希望尽可能多地向客户收取高额费用，另一方面努力将完成运输所需的人工、燃料、车辆等相关成本降到最低。为了实现上述目标，承运人会想方设法协调提货和发货时间，将不同发货人的产品集中在一起进行集中运输。经纪人和货运代理公司都属于代理人，他们在货运公司和客户之间起到协调作用。

3. 政府

政府对运输活动颇为关注，这是因为可靠的运输服务对于经济和社会的稳定发展具有相当重要的意义。为了支持经济增长，政府希望创造一个稳定高效的运输环境。如果要创造一个稳定高效的运输环境，那么承运人必须以合理的费用提供关键的运输服务。运输对于经济的稳健发展有直接影响，因此传统上政府越来越多地参与到承运人运作及运输定价实践中。以前，政府通过限制承运人的服务市场以及限定承运人的收费价格等方式对承运人进行管理。同时政府也使用了一些手段促进承运业的发展，如支持研究工作以及提供公路、机场等运输必备设施。

4. 互联网

运输业近年的一个重要变化就是出现了大量基于互联网的运输服务。利用互联网进行沟通可以使承运人与客户和供应商一起实时地共享信息。除在物流运作中直接用互联网进行企业之间的沟通外，近年又出现了各种类型的网上公司。这些网上公司一般可以提供两种类型的市场：第一种是用于交换信息的市场,针对承运人的运输能力与现有货物进行匹配；另一种形式的信息交换与燃料、设备、部件和补给品的采购直接相关。通过互联网进行的信息交换使承运人能够将不同的采购订单合并在一起，在一大批潜在的卖主中寻找机会。

5. 公众

运输体系中的最后一个参与者是公众，公众与运输的可得性、运输费用、运作效率以及环境和安全标准都有关系。通过采购物品，公众间接地对运输提出了需求。虽然最低运输成本对于消费者而言十分重要，但同时也应该充分地考虑对环境的影响和安全问题。对大气的污染以及漏油事件是重要的社会问题，与运输服务密切相关。从长远来看，消费者最终会对环境和安全的破坏付出相应的代价。

由于以上六方之间相互作用，运输政策相当复杂。这种复杂性常常会导致发货人、收货人和承运人之间出现冲突或纠纷。而保护公众的利益一直都是政府制定经济和社会规章制度的主要目的。

4.5.3 现代运输方式

现代运输方式包括铁路运输、公路运输、水路运输、航空运输和管道运输等。

1. 铁路运输

铁路运输是一种重要的现代陆地运输方式。它是使用机动车牵引车辆，用以载运旅客和货物，从而实现人和物发生位移的一种运输方式。

(1) 铁路运输的技术经济特点

① 适应性强。依靠现代科学技术，铁路几乎可以在任何需要的地方修建，可以实现全年、全天候不间断运营，受地理和气候条件的限制很少。铁路运输具有较高的连续性和可靠性，而且适合长短途各类不同重量和体积货物的双向运输。

② 运输能力大。铁路是通用的运输方式，能承担大批量的大宗货物运输。铁路运输能力取决于列车重量（列车载运吨数）和昼夜线路通过的列车对数。如复线铁路每昼夜通过的货物列车可达百余对，因此其货物运输能力每年单方向可超过 1 亿吨。

③ 安全程度高。随着科学技术的发展和在铁路运输中的应用，铁路运输的安全程度越来越高。特别是许多国家的铁路广泛采用了计算机和自动控制等技术，安装了列车自动停车、自动控制、自动操纵、设备故障和道口故障报警、灾害防护报警等装置，有效地防止了列车运行事故。在各种现代化运输方式中，按所完成的货物吨千米计算的事故率高低来说，铁路运输的事故率是最低的。

④ 运送速度较快。常规铁路的列车运行速度一般为每小时 60～80 千米，少数常规铁路可高达每小时 140～160 千米，高速铁路的运行速度可达每小时 210～300 千米。我国沪宁城际高铁和武广高铁最快运行速度已达每小时 350 千米。应指出，速度越快，技术要求也越高，能耗也越大，经济上不一定合算。

⑤ 能耗小。铁路运输轮轨之间的摩擦阻力小于汽车车辆和地面之间的摩擦力。铁路机车车辆单位功率所能牵引的重量约比汽车高 10 倍，所以铁路单位运量的能耗也就比公路运输少得多。

⑥ 环境污染程度小。工业发达国家在社会及其经济和自然环境之间的平衡受到了严重的破坏，其中运输业在某些方面起到了主要作用。对空气和地表的污染最为明显的是公路运输，相比之下铁路运输对环境和生态平衡的影响程度较小。

⑦ 运输成本较低。铁路运输规定资产折旧费所占比重较大，而且与运输距离长短、运量的大小密切相关。运距越长、运量越大，单位成本越低。一般来说，铁路的单位运输成本比公路运输和航空运输要低得多，有的甚至低于内河航运。

(2) 组织铁路运输的方法

① 整车运输。整车运输是根据被运输物资的数量、形状等，选择合适的车辆，以车厢为单位的运输方法。

② 零担运输。零担运输也可称为小件货物运输。这种运输办法多是因待运量少而不够一个整车装载量时采用的。与整车运输相比，这种运输方法费用较高。

③ 混装运输。混装运输是小件货物运输的一种装载情况。一般可将到达同一地点的若干小件物资装在一个货车上。不同的物资分装在同一个集装箱中也是一种混装运输。

④ 集装箱运输。集装箱运输指采用集装箱专用列车运输物资。这种运输方法是发挥铁路运输量大、迅速的特点，并与其他运输方式相结合的理想运输方法。

2．公路运输

公路运输是现代运输的主要方式之一。

(1) 公路运输的技术经济特征

① 机动、灵活、可实现"门到门"运输。汽车不仅是其他运输方式的接运工具，还可进行直达运输、减少中转环节和装卸次数。在经济运距之内可以到广大的城镇和农村，在无水路或铁路运输的地区更是如此。

② 货损货差小、安全性高、灵活性强。汽车运输能保证运输质量，能够及时送达。随着公路网的建设和发展，公路的等级不断提高，汽车的技术性能不断改善，公路运输的货损货差率不断降低，而安全水平不断提高。由于公路运输的灵活性强，运达速度快，有利于保持货物的质量，提高货物运输的时间价值。

③ 原始投资小、资金周转快、技术改造容易。汽车车辆购置费较低，原始投资回收期短。美国有关资料表明：公路货运企业每收入1美元，仅需投资0.72美元，而铁路则需投资2.7美元；公路运输的资本每年可周转3次，铁路则需3~4年周转1次。

④ 适合中短途运输，不适合长途运输。公路运输在中短途运输中的效果最突出。公路运输在担负长途运输中费用较高，这是其难以弥补的缺陷。

(2) 组织公路货物运输的方法

① 多班运输。多班运输是指在一昼夜内车辆工作超过一个工作班以上的货运形式。多班运输是增加车辆工作时间、提高车辆生产率的有效措施。

② 定时运输。定时运输是指车辆按运行计划中所拟定的行车时刻表进行工作。行车时刻表中一般对汽车从车场开出的时间、每个运次到达和开出装卸站的时间及装卸工作时间等进行规定。

③ 定点运输。定点运输指发货点相对固定的车队，专门完成固定货运任务的运输组织形式。定点运输既适用于装卸地点都比较固定集中的货运任务，也适用于装货地点集中而卸货地点分散的货运任务。

④ 直达联运。直达联运指以车站、港口和物资供需单位为中心，按照运输的全

过程，把产供销部门、各种运输工具组成一条龙运输，一致把货物从生产地运到消费地。

⑤ 零担货物集中运输。零担货物运输，一般指一次托运量不满一整车的少量货物的运输。而零担货物集中运输，是指以定线、定站的城市间货运班车将沿线零担货物集中起来进行运输的一种形式。

⑥ 拖挂运输。拖挂运输指利用由牵引车和挂车组成的汽车列车进行运营的一种运输形式。比较常见的搭配是由载货汽车和全挂车两部分组成的汽车列车。通常说的列车拖挂运输是指牵引车与挂车不分离，共同完成运行和装卸作业，这种形式又称拖挂运输；如果根据不同装卸和运行条件，载货汽车或牵引车不固定挂车，而是按照一定的运输计划更换拖带挂车运行，则叫做甩挂运输。

3. 水路运输

水路运输由船舶、航道和港口组成。海上运输是历史悠久的运输方式。

(1) 水路运输的经济技术特征

① 运输能力大。在海洋运输中，超巨型油船的载重量多为20万～30万吨，最大的达56万吨，矿石船载重量达35万吨，集装箱船已达13.7万吨，可装载13 800个标准箱。海上运输利用天然航道，不像内河运输受航道限制较大，如果条件许可，可随时改造为最有利的航线，因此，海上运输的通过能力比较强。

② 运输成本低。水运成本之所以能低于其他运输方式主要是因为其船舶的运载量大、运输里程远、路途运行费用低。

③ 投资省。海上运输航道的开发几乎不需要支付费用。内河虽然有时要花费一定的开支疏浚河道，但比修筑铁路的费用小得多。

④ 劳动生产率高。水路因运载量大，其劳动生产率较高。一艘20万吨的油船只需配备40名船员，人均运送货物达5000吨。在内河运输中，采用分节顶推船队运输，也提高了劳动生产率。

⑤ 航速较低。船舶体积较大，水流阻力高，所以航速较低。低速航行所需克服阻力小，能够节约燃料；反之，如果航速提高，所需克服的阻力则直线上升。例如，船舶行驶速度从每小时5千米上升到每小时30千米时，所受阻力会增加35倍。因此，一般船只的行驶速度只能达到每小时40千米，比铁路和汽车运输慢得多。

(2) 水路运输方式

① 国际航运。国际航运的经营方式主要有班轮运输和租船运输两大类。前者又称定期船运输，后者又称不定期船运输。

② 航线营运方式。航线营运方式也称航线形式，即在固定的港口之间，为完成一定的运输任务，配备一定数量的船舶并按一定的程序来组织船舶运行的活动。在国内的沿海和内河运输中，航线形式是主要的运营形式。它定期发送货物，有利于吸收和组织货源，缩短船舶在港时间，提高运输效率，并为联运创造条件。

③ 航次运营方式。航次运营方式是指船舶的运行没有固定的出发港和目的港，船舶仅为完成某一特定的运输任务按照预先安排的航次计划运行，其特点是机动灵活。

④ 客货船运营形式。这是一种客运和货运同船的运输形式，其运营特点是需要定期、定时发船。

⑤ 多式联运。多式联运是指以集装箱为媒介，把铁路、水路、公路和航空等单一的运输方式有机地结合起来，组成一个连贯的运输系统的运输方式。

4．航空运输

(1) 航空运输的经济技术特点

① 航空运输的高技术特性。航空运输的主要工具是飞机，其本身就是先进科学技术及其工艺水平的结晶。此外，如通信导航、气象、航空管制、机场建设等无不涉及高科技领域。

② 航空运输的高速度。与其他运输方式相比，高速度无疑是航空运输最明显的特征，在物流中具有无可比拟的价值。

③ 航空运输的灵活性。航空运输不受地形、地貌、山川、河流的影响，只要有机场，有航空设施保证，即可开辟航线。如果用直升机运输，机动性更强。对于自然灾害的紧急救援，对于各种运输方式不可达到的地方，均可采用飞机空投方式，以满足特殊条件下特殊物流的要求。

④ 航空运输的安全性。航空运输平稳、安全，货物在物流中受到的震动、撞击等均小于其他运输方式。

⑤ 航空运输的国际性特征。严格说起来，任何运输方式都有国际性，都有可能在国家间完成运输任务。这里所要体现的国际性是指国际交往中航空运输的特殊地位。国际间航空运输的飞行标准、航空器适航标准、运输组织管理、航空管制、机场标准等都有国际上统一的规范和章程。国际民航组织制定了各种法规、条例、公约来统一和协调各国的飞行活动和运营活动。

⑥ 航空运输在物流中占的比重小。航空运输与其他运输方式相比，其运输量少得多。一方面受其运量少的限制，另一方面其运输成本高，一般的货物运输使用航运方式在经济上不合算。

(2) 航空港

航空港又称机场，是航空线的枢纽，它供客货飞机执行运输业务、保养维修，以及飞机起飞、降落使用。

按照设备情况，航空港可分为基本航空港和中途航空港。前者配备有为货运及其所属机群服务的各种设备，后者专供飞机作短时间逗留、上下旅客及装卸货物之用。

以飞行站距离为标准，航空港分为国际航空港、国内航空港及短距离机场等。航线上各航空港间的距离取决于沿线城镇的大小及其重要性、航空港的用途(短途或长途运输)、飞机类型、飞行速度、高度等。

中国航空港分级是以每昼夜起飞次数而定的。

(3) 航空线

航空线是指在一定方向上沿着规定的地球表面飞行，连接两个或几个城市，进行运输业务的航空交通线。航班飞行一般分为班期飞行、加班飞行及包机或专机飞行。

航空线按其性质和作用可分为国际航线、国内航空干线和地方航线三种。

① 国际航线。该航线主要根据国家和地区的政治、经济和友好往来，通过双方的民航协定建立。它是由两个或两个以上的国家共同开辟，主要担负国际间旅客、邮件、货物的运送。

② 国内航空干线。该航空干线的任务首先要为国家的政治、经济服务；其次根据各种运输方式的合理分工，承担长途和边远地区的客、货运转任务。

③ 国内地方航运线。该航线一般是为省内政治、经济联系服务的，主要在一些省区面积大而区内交通不发达的地区和边疆地区使用。

5. 管道运输

管道运输是使用管道输送流体货物的一种方式。

(1) 管道运输的经济技术特点

① 运量大。由于管道能够进行不间断的输送，输送连续性强，不产生空驶，运输量大。如管径529毫米的管道，年输送能力可达1000万吨；管径为1200毫米的管道，年输送能力可达1亿吨。

② 管道运输建设工程比较单一。管道埋于地下，除泵站、首末站占用一些土地外，管道占用土地少，建设周期短，收效快。同时，管道还可以通过河流、湖泊、铁路、公路，甚至翻越高山、横跨沙漠、穿过海底等，易取捷径，缩短运输里程。

③ 管道运输具有高度的机械化。管道输送流体货物，主要依靠每60～70千米设置的增压站提供压力能，设备运行比较简单，且易于就地自动化和进行集中遥控。先进的管道增压站已完全做到无人值守。

④ 有利于环境保护。管道运输不产生噪声，货物漏失污染少。它不受气候影响，可以长期安全、稳定运行。

⑤ 管道运输使用的局限性。管道运输使用的局限性主要是由本身工程结构上的特点导致的。

(2) 管道运输的形式

管道以所输送的介质命名。如输送原油，称之为原油管道；输送加工后的成品油称之为成品油管道；此外还有天然气管道、煤浆管道等。

4.6 仓储与库存管理

根据国家标准GB/T 4122.1的定义，储存是保护、管理、贮藏物品。储存对于调节生产、消费之间的矛盾，促进商品生产和物流发展都有十分重要的意义。

仓储管理包含两个概念：一是存储与保管，指物品离开生产过程但尚未进入到消费过程的间隔时间内在仓库中的储存、保养和维护管理；二是库存控制与管理，以备及时供应。"存储"作为物流大系统的一个子系统，是十分重要的环节，具有"物品银行""物品转运站"及物品供应的作用。从现代物流的角度研究和经营仓储，要考虑仓储规划与设施，存储技术与方法，物资订购与存储数量的适度性。涉及范围与知识面广泛而有深度。

4.6.1 仓储和库存管理的意义

1. "蓄水池"作用

仓库是物流过程中的"蓄水池"。无论生产领域还是流通领域,都离不开储存。有亿万吨的商品、物资,平时总是处在储存状态,保管在生产或流通各个环节的仓库里,成为大大小小的"蓄水池",以保证生产和流通的正常运行。

2. 时间效用

储存的目的是消除物品生产与消费在时间上的差异。生产与消费不但在距离上存在不一致性,而且在数量上、时间上存在不同步性,因此在流通过程中,产品(包括供应物流中的生产原材料)从生产领域进入消费领域之前,往往要在流通领域中停留一段时间,形成商品储存。同样,在生产过程中,原材料、燃料和工具、设备等生产资料和在制品,在进入直接生产过程之前或在两个工序之间,也有一小段停留时间,形成生产储备。这种储备保障了消费需求的及时性。而有了商品储备必然要求要有相应的商品保管。

3. 保存商品的使用价值和价值

由于进行科学保管和养护,商品或产品的使用价值和价值得到完好的保存,才能实现及时供货的意义。

储存产品看上去好像是静止不变的,但实际上受内因和外因两方面的影响和作用,它每一瞬间都在运动着、变化着。但这种变化是从隐蔽到明显、从量变到质变的,所以只有经过一段时间,发展到一定程度才能被发现。

库存商品的变化是有规律的。商品保管就是在认识和掌握库存商品变化规律的基础上,灵活有效地运用这些规律,采取相应的技术和组织措施,削弱和抑制外界因素的影响,最大限度地减缓库存商品的变化,以保存商品的使用价值和价值。

4.6.2 库存的类型

库存是指储存作为今后按预期的目的使用而暂时处于闲置或非生产状态的物品。按库存在企业中的用途可将库存分为原材料库存、在制品库存、维护/维修/作业用品库存、包装物和低值易耗品库存和产成品库存。

(1)原材料库存是指企业通过采购和其他方式取得的用于制造产品并构成产品实体的物品,以及供生产消耗但不构成产品实体的辅助材料、修理用备件、燃料和外购半成品等,是用于支持企业内制造或装配过程的库存。

(2)在制品库存是指已经过了一定生产过程,但尚未全部完工,在销售以前还要进一步加工的中间产品和加工中的产品。在制品库存之所以存在是因为生产一件产品需要时间(称为循环时间)。

(3)维护/维修/作业用品库存是指用于维护和维修设备而储存的配件、零件、材料等。

(4)包装物和低值易耗品库存是指企业为了包装本企业产品而储备的各种包装容器和

由于价值低、易损耗等原因而不能作为固定资产的各种劳动资料的储备。

(5)产成品库存是已经完成制造过程、等待装运,可以对外销售的制成品的库存。

4.6.3 ABC 分类法

ABC 分类法起源于意大利社会学家帕累托对英国人口和收入问题的研究。该方法的核心思想是在决定一个事物的众多因素中分清主次,识别出少数的但对事物起决定作用的关键因素和多数的但对事物影响较少的次要因素。后来,美国通用电气公司董事长迪基经过对该公司的库存物品调查发现,上述原理也适用于库存管理。1951 年,管理学家戴克将其应用于库存管理,并命名为 ABC 分类法,使帕累托法则(80/20 法则)从对一些社会现象的反映和描述发展成一种重要的管理手段。1951—1956 年,朱兰将 ABC 分类法引入质量管理,用于质量问题的分析,被称为排列图法。1963 年,德鲁克将这一方法推广到对全部社会现象的研究,使 ABC 分类法成为企业提高效益普遍应用的管理方法。

ABC 分类法是运用数理统计的方法,对种类繁多的各种事物及相关因素,按其影响程度或事物属性及所占权重等不同要求,进行统计、排列和分类,划分为 A、B、C 三类,分别给予重要、一般、次要等不同程度的相应管理。在库存管理中,ABC 分类法通常将库存品按品种和占用资金的多少分为三类:A 类,特别重要的库存品;B 类,一般重要的库存品;C 类,最不重要的库存品。具体项数和占用资金情况为:A 类物料项数约为 5%~15%,所占资金约为 60%~80%;B 类物料项数和所占资金均为 15%~25%;C 类物料项数约为 60%~80%,所占资金约为 5%~15%。

4.6.4 库存政策

企业在制定库存政策时必须对库存关系进行考虑。企业必须利用这些关系来制定其库存政策,确定最佳的订货时间和订货数量。

库存政策包括确定购买什么产品或者生产什么产品,决定何时将上述行为付诸实施,以及决定购买或者生产产品的数量等。同时,如何在不同的地点对库存进行配置,也是库存政策的一个组成部分。例如,有些企业可能会把货物放在工厂里,从而推迟库存的配置;而另一些企业则可能会采取更为投机的办法,将产品存放在靠近当地市场或区域市场的仓库中。在库存管理中,要制定一条适合的库存政策绝非易事。

库存政策同时还涉及库存管理的实际运作。一种极端的做法是在每一个库存设施中都对库存进行单独管理;另一种极端的做法则是在所有仓库中都实行集中式库存管理。集中式库存管理需要企业采取有效的沟通和协作。随着信息技术和电子商务的日益普及,现在已经有越来越多的企业趋向于采用集中式库存管理。

1. 平均库存

平均库存通常适用于物流系统内存储的原材料、零部件、在制品和产成品等。从库存政策的角度来看,企业必须为每一个库存设施制定具体的库存水平。图 4-4 为我们形象地展示了一个仓库中某一库存产品的运作周期。运作周期是指买方从发出订单开始,直到最后收到货物所花费的全部时间。当不存在缺货且处于正常的运作周期时,该仓库所能达到的库存最大值为 70 000 元,最小值 30 000 元。最高与最低库存水平的差值为 40 000 元(70 000 元-30 000 元),即为订货量。这个订货量将会引起 20 000 元的周期库存。周期库存,或称为基本库存,是平均库存的一部分。在运作周期的初期,企业从供应商那里获得了订购的货物,因而此时的库存水平是最高的。随着客户逐渐消耗掉企业的库存量,库存水平也逐渐降至最低水平。在库存达到最低水平之前,企业必须及时发出补货订单,以保证补充的库存能够在出现缺货之前及时到达。在运作周期中,当现有库存量小于或者等于预测的需求时,企业就必须发出补货订单。我们将企业为了补货而订购的产品数量称为订货量。根据基本的订货计算方法,平均周期库存或基本库存等于订货量的一半。

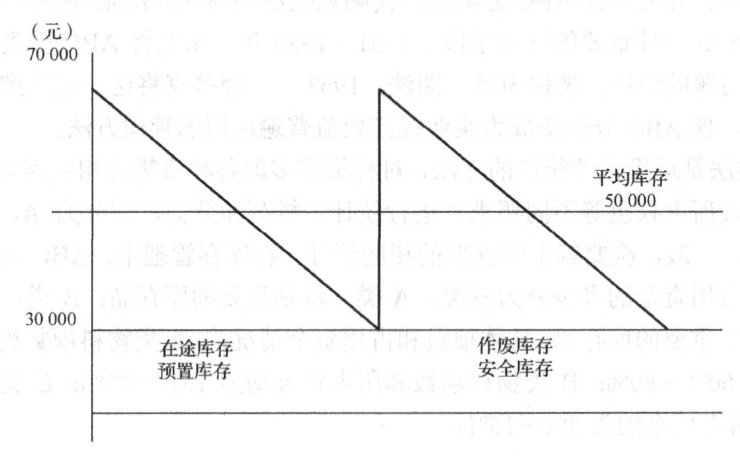

图 4-4 典型产品的库存循环

在途库存指在仓储设施之间处于运输状态的库存或订单中已发货但未交付的产品。作废库存指过时的库存或近期都没有需求的库存,最终将以捐赠、销毁或低价出售的方式处理掉。预置库存是指通过货币保值交易在需求发生之前提前购买的库存,通常是为获取折扣或为潜在的劳动力终端做准备。预置库存有一个典型的例子,每年中国大部分地区都有为期数周的时间庆祝春节,这期间厂家会有计划地关闭停产,因此商家必须准备预置库存。

通常情况下,在物流系统中,大部分的库存都是安全库存。企业维持安全库存的目的在于应对需求不确定性及运作周期不确定性的影响。在补货周期的末期,只有当不确定性因素导致安全需求高于预计需求,或者实际的运作周期比预计的运作周期长时,企业才需要使用安全库存。因此,平均库存就等于订货量的一半与安全库存之和[(70 000 元-30 000 元/2)+30 000 元]。

2. 多个运作周期中的平均库存

企业在制定库存政策的初期,必须明确在什么时候需要订购多少货物。为了便于说明,我们假定补货的运作周期是一个不变的常数,为 10 天,每天的销售量为 10 个单位,补货的订货量为 200 个单位。

图 4-5 体现了上述各个要素之间的关系。因为图 4-5 中有很多直角三角形,所以这种

图被称为"锯齿图"。产品的使用周期和运作周期已经事先确定了，因此我们可以根据实际情况来制订计划，在最后一个单位的产品售出后，订购的货物恰好能够及时到达，从而不必再持有安全库存。在上例中，每天销售 10 个单位的产品，并且补货的运作周期为 10 天，那么每 20 天订购 200 个单位的产品就是一种非常合理的订货策略。

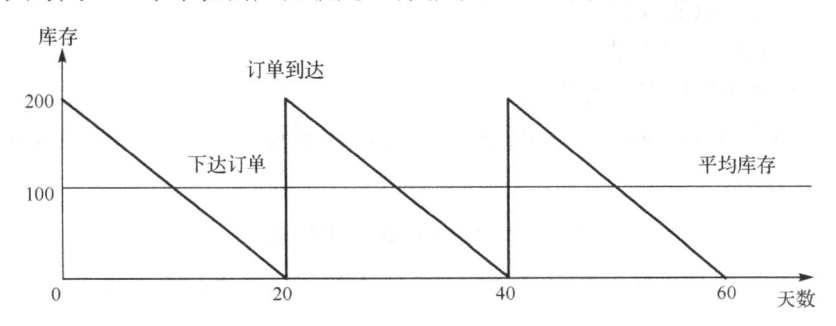

图 4-5　库存与固定销售量及运作周期之间的关系

首先，再订货点决定了企业于何时开始补货。在上例中，再订货点为 100 个单位，也就是说，当现有库存量低于 100 个单位时，我们就需要开始进行补货，订购 200 个单位产品。这样做的结果就是，在运行周期中每天的库存水平保持在 0～200 个单位。

其次，因为现有库存在一半时间内（10 天）高于 100 个单位，在另一半时间内低于 100 个单位，因此平均库存量为 100 个单位。事实上，平均库存就等于订货量（200 个单位）的一半，即 100 个单位。

最后，我们假定每年的工作天数是 240 天，期间需要订货 12 次。那么以每次采购 200 个单位的产品计算，我们共需要订购 2400 个单位的产品。如上所述，销售量为每天 10 个单位，平均库存为 100 个单位，那么库存周转率就等于 24（用总销售量 2400 个单位除以平均库存 100 个单位）。

这种计算方法在实际中会遇到很多问题。例如，如果订购的频率高于每 20 天 1 次将会如何？为什么是每 20 天订购 200 个单位，而不是每 10 天订购 100 个单位？20 天 1 次的订购频率是如何确定的？为什么不是每 60 天订购 600 个单位？假设库存运作周期仍然是 10 天，那么每一种订购政策对再订货点、平均库存和库存周转率会产生什么样的影响呢？

如果采取每 10 天订购 100 个单位的策略，就意味着要进行两次订购。在这种情况下，为了满足在 20 天的库存周期内每天销售 10 个单位的需求，再订货点仍然是 100 个单位。然而，当订货量变成 100 个单位之后，平均库存下降为 50 个单位，库存周转率将增加为每年 48 次。而每 60 天订购 600 个单位的订购策略将使平均库存变为 300 个单位，库存周转率变为每年 8 次。基于上述分析，我们可以得出，平均库存是订货量的函数，订货量越小，平均库存就越低。此外，在决定订货量时还需要考虑一些其他因素的影响，如运作周期的不确定性、采购折扣和运输的经济性等。

3．再订货点的计算

根据上述情况，我们得知，再订货点决定了补货的起始时间。再订货点可以用单位产品或供应天数来表示。如果补货运作是按照计划进行的，在不考虑其他因素的情况下，基本的再订货点公式如下：

$$R=D\times T$$

式中，R——再订货点的数量；
　　　D——平均的日需求量；
　　　T——平均运作周期的天数。

为了进一步说明如何利用上述公式进行计算，我们假定需求量为 20 个单位/天，运作周期为 10 天。那么

$$R=D\times T=20\times 10=200（个单位）$$

再订货点也可以用供应天数来表示。对于上面的例子来说，再订货点为 10 天。

4.6.5　独立需求和非独立需求

供应链通常由独立需求和非独立需求组成。来自用户对企业产品和服务的需求称为独立需求。例如，对成品或维修件的需求就是独立需求。当对一项物料的需求与对其他物料项目或最终产品的需求有关时，称为非独立需求（相关需求）。这些需求是计算出来的而不是预测的，对于具体的物料项目，有时可能既有独立需求又有非独立需求。在消费者层面，大多数需求是独立的，因为他们通常不会让零售商指导他们什么时候回来购买产品。消费者到了商店，一般期望要买的商品就在货架上。尽管如此，零售商可以根据历史情况预测需求，而且他们必须通过预先在店内准备库存来预期消费者的需求，这种情况通常被称为"备用"库存，因为这么做是以备消费者随时进店购买。在供应链的供应商端，零部件库存通常具有非独立性的特点。非独立性需求中，零部件的特点是必须组装成最终产品，如汽车或电子产品厂家便是如此。在非独立需求的情况下，生产商会制定生产日程安排，并且会把这个安排分享给供应商，以这个生产日程为基础，供应商便可以预测到需求以及所需零部件的送货日程。例如，一架汽车组装厂家的日生产量是 1000 辆，那么轮胎供应商便知道应该每天派送 4000 个轮胎以满足其生产需求。在非独立性需求的情况下，可以实行"即时"部署方案，因为一旦成品生产日程定下来并分享给供应商，需求便确定下来了。

4.7　配　送

4.7.1　配送的定义

我国国家标准《物流术语》(GB/T18354—2006)对配送的定义为："在经济合理区域范围内，根据客户要求，对物品进行拣选、加工、包装、分割、组配等作业，并按时送达指定地点的物流活动。"

定义中配送的范围是"在经济合理的区域范围内"。这个"经济合理的区域"是指配送客户网络所形成的区域，区域大小没有明确规定，可以是城市内的某一城区，或某一城市，甚至多个城市形成的更大的地区。随着配送管理水平的不断提高，配送区域范围不断扩大，配送会在更大的范围内进行资源整合。

配送一般包括备货、储存、分拣及配货、包装、加工、配装、配送、运输等基本功能要素。配送的一般流程如图 4-6 所示。

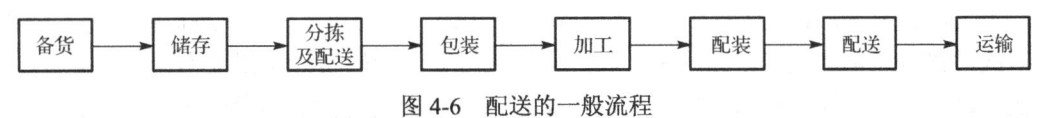

备货 → 储存 → 分拣及配送 → 包装 → 加工 → 配装 → 配送 → 运输

图 4-6 配送的一般流程

并不是说所有的配送都按上述流程进行，不同产品的配送可能有独特之处，如燃料油配送就不存在配货、分拣、配装工序；生鲜食品往往又增加了流通加工程序，而流通加工又可能在不同环节出现等。

上述配送的定义主要包含以下几层含义：

(1) 配送是按用户的要求进行的。用户对物资配送的要求包括数量、品种、规格、供货周期、供货时间等。

(2) 配送是由物流据点完成的。物流据点可以是物流配送中心、物资仓库，也可以是商店或其他物资集疏地。

(3) 配送是流通加工、整理、拣选、分类、配货、配装、末端运输等一系列活动的集合。

(4) 配送在将货物送交收货人后即告完成。

(5) 配送应在"经济合理的区域范围内"进行。

4.7.2 配送的特点

配送的概念既不同于运输，也不同于旧式送货，配送有以下几个特点。

(1) 配送是从物流节点至用户的一种特殊的送货形式。在整个输送过程中处于"二次输送""支线输送""终端输送"的位置，配送是"中转"型送货，其起止点是物流节点至用户。通常是短距离少量货物的移动。

(2) 从事送货的是专职流通企业(配送中心)，根据用户(企业或个人)需要配送，而不是生产企业(自营物流)生产什么配送什么。

(3) 配送不是单纯的运输或输送，而是运输与其他活动共同构成的组合体。配送要组织物资订货、签约、进货、分拣、包装、配装等，及时对物资进行分配、供应处理。

(4) 配送是供给者送货到户式的服务性供应。从服务方式来讲，是一种"门到门"的服务，可以将货物从物流节点一直送到用户的仓库、营业所、车间乃至生产线的起点或个体消费者手中。

(5) 配送是在全面配货基础上，完全按用户要求，包括种类、品种搭配、数量、时间等方面的要求所进行的运送。因此，除了各种"运"与"送"的活动外，还要从事大量分货、配货、配装等工作，是"配"和"送"的有机结合形式。

4.7.3 配送的作用

配送是物流的基本功能之一，也是体现物流服务水平的重要环节和窗口。它直接影响着市场需求量和市场占有率。配送的意义和作用表现在以下五个方面。

1．完善了输送和整个物流系统

第二次世界大战以后，由于大吨位、高效率运输工具的出现，使干线运输无论在铁路、海运或公路方面都达到了较高水平，长距离、大批量的运输实现了低成本化。但是，在干线运输之后，往往还要辅以支线转运或小搬运，这种支线运输及小搬运成了物流过程中的一个薄弱环节。这个环节与干线运输相比有着不同的要求和特点，如要求灵活性、适应性、服务性强，运力往往不能充分利用、成本过高等。采用配送方式，从范围来讲将支线运输及小搬运统一起来，使输送过程得以优化和完善。

2．提高了末端物流的经济效益

配送通过将用户所需的各种商品配备好，集中起来向用户发货，以及将多个用户的小批量商品集中起来进行一次发货等方式，提高了末端物流的经济效益。

3．通过集中库存使企业实现低库存或"零库存"

实现了高水平的配送之后，尤其是采取定时配送方式之后，生产企业可以依靠配送中心的准时配送而不需保持自己的库存或者只需保持少量保险储备，就可以实现生产企业"零库存"，减少资金占用，从而改善企业的财务状况。实行集中库存，库存的总量远低于各企业分散库存的总量，同时加强了调节能力，提高了社会经济效益。此外，采用集中库存还可利用规模经济的优势，使单位存货成本下降。

4．简化手续，方便用户

采用配送方式，用户只需向一处订购，或和一个进货单位联系就可订购到以往需要到许多地方才能订到的货物，接货手续也可简化，因而大大减轻了用户订购工作量，减少交易成本。

5．提高了供应保证速度

由生产企业自己保持库存，维持生产，供应保证程度很难提高（受到库存费用的制约），采取配送方式，配送中心可以比任何单独企业的储备量更大，因而对每个企业而言，由于缺货而影响生产的风险便相对减小。

配送是实现资源最终配置的经济活动，不但为配送企业创造了经济利益，而且有效配置和利用了社会资源，同时也为挖掘"第三利润源泉"创造了条件。

4.7.4 配送中心的概念和作业流程

配送中心是在仓库基础上发展而来的。传统仓库的主要功能是保管储藏货物，仓库的功能比较单一，但是随着市场的不断发展变化，产品需求从少品种大批量逐渐转变为多品种少批量，并且随着产品更新周期逐渐缩短，订货频率随之增加，因此仓库功能的侧重点也随之发生了变化。为了适应市场发展的需要，中转成为一部分仓库的重要功能。

在国内，随着经济的不断发展，出现了大量以衔接流通为主要职能的中转仓库。中转仓库的进一步发展以及这种仓库业务能力的增强，出现了一定数量的储运仓库。在国外，随着仓库的专业分工，逐渐形成了两大类型的仓库，以长期存储货物为主要功能的保管仓库，以货物流转为主要功能的流通仓库。

对于配送中心的定义，目前比较权威的主要有两个。

王之泰在其《现代物流学》中对配送中心的定义为："配送中心是从事货物配备（集货、加工、分货、拣选、配货）和组织对用户的送货，以高水平实现销售或供应的现代流通设施。"

我国2006年发布的国家标准《物流术语》（GB/T 18354—2006）对配送中心的定义：从事配送业务且具有完善信息网络的场所或组织。应基本符合下列要求：主要为特定客户或末端客户提供服务；配送功能健全；辐射范围小；提供高频率、小批量、多批次配送服务。

从上面的定义中可以看出，配送中心主要提供高频率、小批量、多批次的小范围配送服务，有很强的中转流通功能，中转作用的增强必然导致频繁的拣选作业。配送中心的存在对于完善物流网络，提高物流服务水平，降低配送成本起到非常重要的作用，配送中心是现代物流网络体系中的重要节点，在整个物流网络体系中发挥着重要的作用。

配送中心是为了提供完善的配送服务而设立的经营组织，其核心职能是通过集货、储存、加工、分拣、配送运输等环节完成配送功能。配送中心的作业流程是以配送环节和基本工艺流程为基础的。不同功能的配送中心和不同商品的配送，其作业过程和作业环节会有所不同，但都是在基本流程的基础之上对相应的作业环节进行适当的调整。配送中心内的主要作业包括订单处理作业、运输作业、储存作业、拣选作业、配装出货作业等。

1．订单处理作业

配送中心和其他经济实体一样，具有明确的经营目标和服务对象，其业务活动是以顾客订单的订货信息作为驱动源的。因此，在配送中心规划建设、开展配送活动之前，必须根据订单信息，对顾客的分布、商品的特性及品种数量、送货频率等资料进行分析，以此确定所要配送的货物种类、规格、数量和配送时间等。订单处理是配送中心组织、调度的前提和依据，是其他各项作业的基础。

2．运输作业

运输作业几乎会出现在所有配送中心的作业流程当中。虽然运输作业是不可避免的，但是应该遵循运输作业的指导原则，如降低运输作业次数原则、提高运输活性原则、集装单元化原则、合理安排运输作业过程原则等。

3．储存作业

在配送中心的运行过程中，储存作业作为缓冲蓄水池是为了给物流配送活动提供货源上的保证。在储存作业阶段的主要任务是在储存期间能够随时掌握商品的库存动态，使库存商品保持质量完好，并且数量准确无误。

4．拣选作业

拣选作业即拣选作业人员根据顾客的订单需求，从储存的货物中拣选出客户所需要的商品的一种作业活动。自动拣选系统是先进配送中心所必需的设施条件之一，自动化拣选系统大幅减少人工作业操作，提升拣选效率。物流中心每天接收成百上千家供应商或货主通过各种运输工具送来的成千上万种商品，在最短的时间内将这些商品卸下并按商品品种、货主、储位或发送地点进行快速准确的分类，将这些商品运送到指定地点(如指定的货架、加工区域、出货站台等)，同时，当供应商或货主通知物流中心按配送指示发货时，自动拣选系统在最短的时间内从庞大的高层存货架存储系统中准确找到要出库商品所在的位置，并按所需数量出库，将从不同储位上取出的不同数量的商品按配送地点的不同运送到不同的理货区域或集中配送站台，以便装车配送。

5．配装出货作业

为了充分利用运输车辆的容积和载重能力，提高运输效率，可以将不同客户的货物组合配装在同一辆载货车上，因此，在出货之前还需要完成组配或配装作业。有效地混载与配装，不但能够降低送货成本，而且可以减少交通流量。

4.8　物流信息管理

20世纪60年代以来，数据采集技术、处理技术和通信技术飞速发展，使物流信息可以及时地、大批量地获得，并能安全地存储和快速地处理、传输。发展物流业的关键是实现物流信息化。只有实现了物流信息化，才能在真正意义上以客户为中心，使物流、信息流、资金流高度统一，完成物流资源的整合和一体化供应链管理，快速响应物流客户的需求，提供适应经济全球化的现代物流服务。物流信息系统是物流信息化、以信息化带动物流业发展的具体实现，它涉及物流信息、信息技术、信息系统开发等各项技术和理论。物流信息系统通过物流信息的收集和整理，促进物流业务的自动化，其最终目的和最高境界是实现对物流管理的辅助决策，实现物流管理的科学化、合理化。

4.8.1　物流信息管理的内容

物流信息管理就是对物流信息资源进行统一规划和组织，并对物流信息的收集、加工、存储、检索、传递和应用的全过程进行合理控制，从而使物流供应链各环节协调一致，实现信息共享和互动，减少信息冗余和错误，辅助决策支持，改善客户关系，最终实现信息流、资金流、商流、物流的高度统一，达到提高物流供应链竞争力的目的。物流信息管理的主要内容如下。

1. 信息政策制定

为了实现不同国度、不同区域、不同企业、不同部门间物流信息的相互识别和利用，实现物流供应链信息的通畅传递与共享，必须确定一系列共同遵守和认同的物流信息规则或规范，这就是物流信息政策的制定，如信息的格式与精度、信息传递的协议、信息共享的规则、信息安全的标准、信息存储的要求等，这是实现物流信息管理的基础。

2. 信息规划

信息规划即从企业或行业的战略高度出发，对信息资源的管理、开发、利用制订长远发展的计划，确定信息管理工作的目标与方向，制定出不同阶段的任务，指导数据库系统的建立和信息系统的开发，保证信息管理工作有条不紊的进行。

3. 信息收集

信息收集即应用各种手段、通过各种渠道进行物流信息的采集，以反映物流系统及其所处环境的情况，为物流信息管理提供素材和原料。信息收集是整个物流信息管理中工作量最大、最费时间和最占人力的环节，操作时注意把握以下要点：(1)收集前要进行信息的需求分析；(2)收集工作要具有系统性和连续性；(3)要合理选择信息源；(4)信息收集过程的管理工作要有计划，使信息收集过程成为有组织、有目的的活动。

4. 信息处理

信息处理工作，就是根据使用者的信息需求，对收集到的信息进行筛选、分类、加工及储存等活动，加工出对使用者有用的信息。信息处理的内容如下。

(1) 信息分类及汇总

按照一定的分类标准或规定，将信息按不同的类别进行汇总，以便信息的存储和提取。

(2) 信息编目(或编码)

所谓编目(或编码)指的是用一定的代号来代表不同信息项目。用普通方式(如资料室、档案室、图书室)保存信息需进行编目，用电子计算机保存信息则需确定编码。在信息项目、信息数量很大的情况下，编目及编码是将信息系统化、条理化的重要手段。

(3) 信息储存

应用计算机及外部设备的储存介质，建立有关数据库进行信息的存储，或通过传统的纸质介质如卡片、报表、档案等对信息进行抄录存储。

(4) 信息更新

信息具有有效的使用期限，失效的信息需要及时淘汰、变更、补充等，才能满足使用者的需求。

(5) 数据挖掘

信息可区分为显性信息和隐性信息：显性信息是可用语言明确表达出来的、可编码化的信息；隐性信息则存在于人脑中的世界观、价值观和情感之中，往往很难以某种方式直接表达出来或直接发现，也难于传递与交流，但隐性信息具有可直接转化为有效行动的重要作用，其价值高于且广于显性信息。因此，为了充分发挥信息的作用，需要对显性信息进行分析、加工和提取等，挖掘出隐藏在后面的隐性信息，这就是数据挖掘的任务。数据挖掘包括数据准备、数据挖掘、模式模型的评估与解释、信息巩固与应用等几个处理过程。

5. 信息传递

信息传递是指信息从信息源发出，经过适当的媒介和信息通道传递给接收者的过程。信息传递的方式有许多种，一般可从不同的传递角度来划分信息传递方式。

(1) 从信息传递的方向看，有单向信息传递和双向信息传递方式。单向信息传递是指信息源只向信息接收源传递信息，而不双向交流信息。双向信息传递是指信息发出者与信息接收者共同参与信息传递，双方相互交流传递信息，信息流呈双向交流传递。

(2) 从信息传递层次看，有直接传递方式和间接传递方式。两种传递方式的区别是信息源与信息接收者之间，信息是直接传递，还是经其他人员或组织进行传递。

(3) 从信息传递时空来看，有时间传递方式和空间传递方式。信息的时间传递方式指信息的纵向传递，即通过信息的存储方式，实现信息流在时间上连续的传递。空间传递方式指信息在空间范围的广泛传递。

(4) 从信息传递媒介看，有人工传递和非人工的其他媒体传递方式。

6. 信息服务与应用

信息服务与应用是物流信息资源重要的特性，信息工作的目的就是将信息提供给有关方面使用。信息的服务工作主要有以下四个方面内容。

(1) 信息发布和传播服务，按一定要求将信息内容通过新闻、出版、广播、电视、报纸杂志、音像影视、会议、文件、报告、年鉴等形式予以发表或公布，便于使用者收集、使用。

(2) 信息交换服务，通过资料借阅、文献交流、成果转让、产权转移、数据共享等多种形式进行信息的交换，以起到交流、宣传、使用信息的作用。

(3) 信息技术服务，包括数据处理、计算机、复印机等设备的操作和维修及技术培训、软件提供、信息系统开发服务等活动。

(4) 信息咨询服务，包括公共信息提供、行业信息提供、政策咨询、管理咨询、工程咨询、信息中介、计算机检索等，实现按用户要求收集信息、查找和提供信息，或就用户的物流经营管理问题，进行针对性信息研究、信息系统设计与开发等，帮助用户提高管理决策水平，实现信息的增值和放大，以信息化水平的提高带动用户物流管理水平的提高。

4.8.2 物流管理信息系统的组成

物流管理信息系统(Logistics Management Information Systems，LMIS)是随着计算机技术和物流思想的发展而发展，是计算机管理信息系统在物流领域的应用。物流管理信息系统是企业管理信息系统中的一个重要子系统，一般指的是基于计算机的物流管理信息系统，可以做一个基本的定义：物流管理信息系统是指在一定时间空间内，由人和计算机等组成的对物流信息进行收集、传递、存储、加工、维护和使用的系统，是物流系统的重要组成部分。其作用是实现物流系统中各环节的有机衔接与合作，提高物流活动的效率，降低物流活动的成本，它是整个物流系统的神经中枢，在现代物流中发挥着重要的作用。

物流管理信息系统实现对物流服务全过程的管理。系统以运输和仓储为主线，管理取货、集货、包装、仓储、装卸、分货、配货、加工、信息服务、送货等物流服务的各环节，控制物流服务全过程。

1．系统设计目标

在企业总体发展目标的战略目标、体系框架下，按照集成、系统、协调、服务的现代供应链理念，基于 Internet/Intranet，以订单信息为核心，采用精益化、集成化供应链物流运作模式，形成企业新的核心竞争力。

2．系统的架构设计

系统的架构设计，可以按照使用信息的组织职能加以描述。系统所涉及的各职能部分都有自己特殊的信息需求，需要专门设计相应的功能子系统。描述子系统的功能模块设计的目的是建立一套完整的功能模块处理体系作为系统实施阶段的依据。例如，在生产制造企业中，物流管理信息系统可以由采购子系统、配送子系统、储运子系统构成，如图4-7所示。

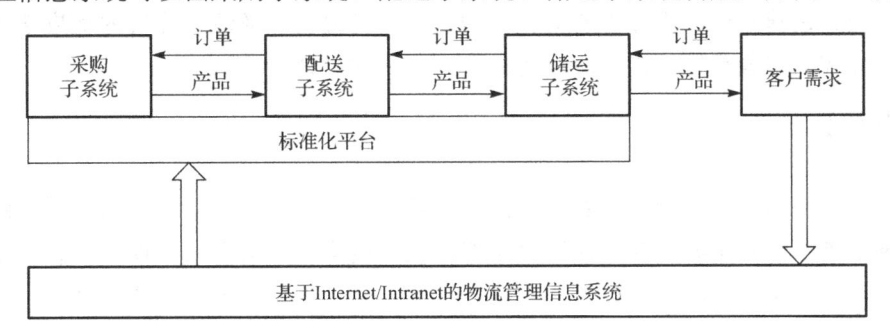

图 4-7　生产制造企业物流管理系统总体框架

（1）采购子系统：包括订货、供应商管理、付款条件、进货验收等。采购是供应链上的第一个环节，它的质量直接决定了后续环节的实现程度。采购子系统涉及采购人员、计划人员、合同人员、审计人员、监察人员、财务人员、质检人员、库管人员、信息操作员、系统管理员、企业领导等相关人员，设计子系统可以根据各个职能部门及人员不同的信息需求和业务逻辑来处理。

（2）配送子系统：包括配送仓库储存、分拣、拣货、配运、配装等。配送中心是物流系统中作业流程最为复杂的物流节点，功能主要包括配送资源的整合、仓库库区的划分、库存管理等方面。

（3）储运子系统：包括仓储管理和运输，仓储管理是对货物存储的经营管理，运输提供产品转移和产品存储两大功能。仓储管理和运输有效地衔接生产和消费，整合储存和运输，能提高顾客的满意度，降低储运成本，实现服务与经济性平衡的目标。

小案例

2014年9月25日，顺丰速运有限公司成立冷运事业部，推出顺丰冷运，专注为生鲜食品行业的客户提供"一站式供应链解决方案"；2015年1月，成立包装技术实验室，推进快递包装绿色化进程;2018年6月,顺丰冷运荣获"2017年年度中国冷链物流百强企业"第二名,致力于成为高品质、端到端、全程可控可视的冷链解决方案的领先供应商。2020年8月,顺丰冷运蝉联"2019年年度中国冷链物流百强企业"第一名,通过科技赋能、智慧物流推动冷链行业转型升级。

目前顺丰冷运已开通运营26个食品仓,仓库总面积约15万平方米,先进的自动化智能降温设备,进口计算机温度监控系统,提供7×24×365全天服务。成立研发并提供专业包装解决方案的公司,提供定制化包装解决方案200多套,申请国家专利450多项,参与制定国家/行业标准12个。开通运营冷运干线143条,覆盖117个城市、727个区县,共2583条流向。自有256辆食品冷藏车、1.4万余辆外包储备冷藏车,配备完善的物流管理信息系统及自主研发的TCEMS全程可视化监控平台。

(资料来源:顺丰官网)

案例点评:顺丰冷运的快速发展除得益于完备的冷链基础设施外,其全流程的物流信息管理起到了关键性作用。冷运物品随着时间的推移其价值会逐渐下降直至为零,所以要求全程温控、敏捷运送,因此需要更完善的包装、可温控的环境、更快的反应速度、可视化的全程管控,这些最终都以物流信息的形式呈现和反馈。

【本章小结】

本章首先介绍了物流功能要素的概念,然后阐述了电子商务对物流功能要素的影响、电子商务物流系统要素的主要活动以及组织形式,接下来分别介绍了包装、装卸搬运、流通加工、运输、仓储与库存、配送、物流信息管理七个电子商务物流功能要素。

【本章习题】

一、名词解释

二次运输　　多式联运　　ABC分类法　　配送中心　　物流管理信息系统

二、单项选择题

1. 综合物流中心相互之间的运输称为(　　)。
　　A. 二次运输　　　B. 综合运输　　　C. 一次运输　　　D. 多式联运
2. 包装按功能可分为工业包装和商业包装。其商业包装功能指的是(　　)。
　　A. 保护功能　　　B. 方便功能　　　C. 销售功能　　　D. 信息交流功能
3. ABC分类法中,占用资金比例最高的是(　　)。
　　A. A类库存品　　B. B类库存品　　C. C类库存品　　D. D类库存品
4. 物流各阶段之间相互转换的桥梁是(　　)。
　　A. 流通加工　　　B. 装卸搬运　　　C. 运输　　　　　D. 配送
5. 生产制造型企业中物流管理信息系统不包括(　　)。
　　A. 采购子系统　　B. 配送子系统　　C. 储运子系统　　D. 信息子系统

三、简答题

1. 电子商务物流系统要素的主要活动是什么？
2. 流通加工的目的是什么？
3. 运输的参与者有哪些？它们之间的关系是什么？
4. 再订货点的定义和计算公式是什么？
5. 简述独立需求和非独立需求的概念。

【案例分析】

湖北汽车运输公司的电子商务物流管理信息系统

湖北汽车运输公司（以下简称湖北汽运）是湖北省唯一具有国家一级道路货运经营资质的公司，通过了ISO9001:2000质量认证，是全国物流站场联盟和中国交通企业协会物流委员会副理事长单位，被中国道路运输协会评定为"中国道路运输资质企业"第19位，被中国交通企业协会两度评定为"全国百强物流企业"。公司注册资本为3413万元，资产总额为1.688亿元，可控资产为10.5亿元。总公司辖(控)有湖北捷龙等三家物流公司、湖北公路货运等两个市场及大力神吊装等20余家经营公司，拥有货运车辆1.3万台，仓储面积3.6万平方米，运营网点268个，快运专线200余条。公司竞争实力、经营规模和经营效益在省市同行业中处于前列。湖北汽运以现代物流理念为指导，依托企业车辆、信息、品牌等资源优势，形成了物流订单、物流网络、物流配送"三位一体"的发展战略。

物流订单——拥有一批较稳定的高端客户群体。湖北汽运主要为长飞、武烟、唯冠、一棉、武重、健民、美能达等高端客户提供仓储、配送、中转、吊装及相关服务，经营规模和份额逐年扩大，服务领域逐年延伸。

物流网络——构筑了"城区、区域、九州"三级物流配送圈。湖北汽运拥有以武汉为中心的鄂湘赣、以上海为中心的长三角、以广州为中心的珠三角、以北京为中心的京津冀、以济南为中心的环渤海五大区域配送中心，各区域中心以干线快运为链接，以自营的20余条和市场的200余条专线为平台，辐射全国31个省、市、自治区268个网点。"城区、区域、九州"各提供"6小时、12小时、24小时"即时服务。

物流配送——形成了"公铁水"多式联运格局。湖北汽运的公路货运总载质量为4万多吨，规模为全国第一。车型多样，从0.5吨市内配送车到世界一流的沃尔沃干线快运甩挂车一应俱全。企业与武铁、天河机场、华航集团等铁路、水运、航空企业建立了协作关系，实行"一程一票式"服务。

湖北汽运物流经营专业化特色已经显现，规模化经营上了新台阶，网络化格局有了基础，信息化平台形成框架。湖北汽运将努力建设成为一个集仓储、配送、中转、包装、加工、信息为一体的多功能第三方物流企业。

一个运输公司要发展物流业，一是必须具备运输、仓储、配送、装卸、包装、信息网络、库存控制和拥有大批物流专业人员的条件；二是要建立自己的物流信息管理体系；三是需要巨额的整合资金。

湖北汽运充分认识到，现代物流是利用先进信息技术和物流装备，整合传统运输、储存、装卸、搬运、包装、流通加工、配送、信息处理等物流环节，实现物流运作一体化、信息化、高效化的先进组织方式，也是降低物资消耗、提高劳动生产率以外的第三利润源泉。因此，要发展成现代物流公司离不开完善的电子商务物流管理信息系统的支持。其目标为：

(1)随时掌握本公司及各分公司的客户、订单、货物、仓储、车辆等业务经营情况；

(2)动态分析市场运价和公司业绩变化，为业务决策提供准确快捷支持；

(3)随时了解每位客户、每票业务、每趟发运的收付款、应收应付款明细账目；

(4)让客户通过网上货物查询、网上委托订单、网上对账等功能，提高查询效率，避免查询失误，轻松获得优质高效的服务，树立规范高效的服务形象，争取更多高端客户；

(5)全面开展各类业务：适应各类自有客户，分公司间运输，同行委托，同行承运，货站落货，沿途送货，短拨送货等单一或组合的运输业务形式。同时适应仓储配送、包装加工、保税通关等各类物流运作。

为了有效达成上述目标，该公司建立了电子商务物流管理信息系统，其主要模块如下。

(1)出入库管理

随时记录、查询出入库货物品种、数量、规格、出入库时间等信息，自动产生仓库日报表，反映库存货物历史变化记录。

(2)仓库盘点

实时盘点，及时发现短货溢货、货损货差，支持移库，支持品种、批次、有效期管理。

(3)仓储费用管理

仓储业务发生的包装、分拣、拆卸、拼箱等费用自动统计。

(4)到站货物管理

将总公司的异地分支机构间的货物流动、业务往来和代收代送生成业务清单，以此作为互相结算的依据。

(5)货物条码管理

每单件货品有唯一特定条码，将条码录入系统，实现货物跟踪、先进先出、后进先出和货位管理。

(6)计划调度管理

自动提示提货信息；合理利用运力资源；自动生成提货单。

(7)货物状况管理

系统可以动态追踪在途货物的车辆、司机信息，以及相应的货物信息和订单明细信息，形成客户服务报告，实现对货物和订单的全过程跟踪。如可以根据订单号查询当前货物状态(等待提货、提货中、在库待运、在途、到达中转站、签收等)，从而使客户随时了解自己货物的情况，提高服务水平和运作效率，提高客户满意度，增强竞争能力。

(8)配送车辆管理

自动提示待发运货物信息，方便配载发运；相同方向货物自动汇集，优化配载和路线选择；自动生成发运合同。

(9)配送过程管理

区分车辆运行的各种状态，并按照状态分类进行查询，随时掌握每辆车的运行状况；可与 GPS 全球定位系统集成，实时显示车辆当前位置、速度和方向，查询相应车货信息。

(10) 装卸搬运管理

自动显示货物的装卸搬运状态；显示装卸搬运的作业人员、作业时间、作业时长、货物在装卸搬运过程中的损耗情况。

(资料来源：http://baike.so.com/doc/7263331-7492683.html)

根据以上案例分析下面的问题：

1. 湖北汽运是如何使用电子商务物流管理信息系统实现"三位一体"的发展战略的？
2. 该公司的电子商务物流管理信息系统的物流功能要素有哪些？

【实训操作】

实训项目：第三方物流公司的功能要素

实训目的：了解第三方物流公司的功能要素。

实训内容：

(1) 选择一家第三方物流公司投递点进行调研。

(2) 分析第三方物流公司的功能要素及特点。

(3) 描述第三方物流公司的功能要素，探讨其可优化的部分。

实训要求：写出实训过程、结果和体会。

Chapter 5

第 5 章　电子商务物流服务与物流成本管理

【本章要点】

- 电子商务物流服务概述
- 物流成本概述
- 物流服务与物流成本的关系
- 物流成本管理概述
- 物流成本分析与控制

【引导案例】

苹果公司的物流供应链成本控制分析

美国苹果电脑公司（简称苹果公司）是全球手机生产商，通过实施需求导向的务实设计创新机制、差异化销售渠道、饥饿营销、精简库存、外包非核心业务及构建供应链联盟等策略，创建了供应商、公司和顾客之间的快速连接。

一、需求导向的务实设计创新机制

苹果公司是把握消费趋势的高手。苹果公司对人性至察而又通明的能力使得苹果公司能及时调整需求满足策略，构建务实的设计创新机制。对于每个新的产品设计理念，苹果公司都要求其工程师提供 3 份评价文件：一份市场开发文件，一份工程设计文件，一份用户体验文件。如果这 3 份文件被执行委员会认可，设计组就会得到一笔预算，这是以市场为导向设计产品及制定销售价格的策略。

二、差异化销售渠道

苹果公司针对不同的产品类型，采用各具特色的销售渠道。对于 iPhone 产品，苹果公司全部是直接与运营商合作，通过销售分成的方式获利。对于所有非 iPhone 产品，在零售终端方面，苹果公司进行市场细分筛选，采取了授权专卖店、授权卖场连锁店、授权网上零售、网上直销四种方式相结合的路线。

三、饥饿营销

饥饿营销是指商品提供者有意降低产量，以期达到调控供求关系，制造供不应求的假象，用来维持商品较高的售价和利润率的目的。当新品推出后，由于用户的饥饿感被引爆，iPhone 在开始销售的一周内销售了 100 万部，这是苹果公司计划年度内的计划销量，实际上只用了 6 天时间就完成了这个目标。

四、精简库存

苹果公司的库存成品价值高达 7 亿美元，使公司一度陷入存货危机，产品库存周转率还不到 13 次，为此苹果公司采取了一系列措施降低库存。

第一，减少供应商数量。苹果公司将原先庞大的供应商数量减少至一个较小的核心群体，开始经常给供应商传送预测信息，共同应对因各种原因导致的库存剧增风险。

第二，减少产品种类。苹果公司把原先的 15 种以上的产品样式削减到 4 种基本产品样式，并尽可能使用更多标准化部件，从而大大减少生产产品的零部件的备用数量及半成品的数量，能够将精力更集中于定制产品。

第三，提供更多的无形产品。苹果公司通过提供 iTunes（iTunes 程序是一个界面），管理受欢迎的 iPod 数字媒体播放器上的内容。此外，iTunes 能连接到 iTunes Store，以便下载购买数字音乐、音乐视频、电视节目、iPod 游戏、各种 Podcast 及标准长片。音乐商店服务让消费者把钱大把地花费在一个近 20 亿美元销售额的零库存商品供应链上。苹果公司的在线音乐商店已经成为世界上第三大音乐零售商，仅次于沃尔玛和百思买。

（资料来源：中国物流与采购网）

5.1 电子商务物流服务概述

随着网络技术和电子技术的发展，电子中介作为一种工具被引入生产、交通和消费中，人类进入了电子商务时代。在这个时代，人们做贸易的程序并没有改变，还是要有交易前、交易中和交易后几个阶段，但进行交流和联系的工具变了，如从以前的纸面单证变为现在的电子单证，这个时代的一个重要特点就是信息流发生了变化（电子化），信息流更多地表现为票据资料的流动。此时的信息流处于一个极为重要的地位，它贯穿于商品交易过程的始终，在一个更高的位置对商品流通的过程进行控制，记录整个商务活动的过程，是分析物流、资金流和进行经营决策的重要依据。在电子商务时代，由于电子工具和网络通信技术的应用，交易各方的时空距离几乎为零，这有力地促进了信息流、商流、资金流和物流这"四流"的有机结合。随着电子商务在全球的迅速开展和现代物流日益向纵深方向发展，电子商务物流服务悄然而至，正成为物流服务的新方式。毫无疑问，电子商务物流服务是影响企业发展的重要因素，有必要对其做一概括性认识。

5.1.1 电子商务物流服务的含义

中国国家标准《物流术语》对物流做了如下定义："物品从供应地向接收地的实体流动过程，根据实际需要，将运输、储存、装卸搬运、包装、流通加工、配送和信息处理等基本功能实施有机的结合。"根据已有的认识，电子商务物流服务就是利用电子化的手段，尤其是利用互联网技术来完成物流全过程的协调、控制和管理，实现从网络前端到最终客户端的所有中间过程服务，最显著的特点就是各种软件技术与物流服务的融合和应用。

5.1.2 电子商务物流服务的特征

1．信息化

电子商务时代，物流信息化是电子商务的必然要求。物流信息化表现为物流信息的商品化、物流信息收集的数据库化和代码化、物流信息处理的电子化和计算机化、物流信息传递的标准化和实时化及物流信息存储的数字化等。

2．网络化

物流领域网络化的基础是信息化，这里的网络化有两个方面的含义：一是物流配送系统的计算机通信网络化，包括物流配送中心与供应商或制造商的联系要通过计算机网络，另外与下游顾客之间的联系也要通过计算机网络；二是组织的网络化，即企业内部网。上述两个方面的含义其实就是企业外部网和内部网的引申，物流的网络化是物流信息化的必然发展，是电子商务物流服务的主要特征之一。

3．自动化

自动化的基础是信息化，核心是机电一体化，外在表现是无人化，效果是省力化，另外自动化还可以扩大物流作业能力、提高劳动生产率、减少物流作业的差错等。物流自动化的设施非常多，如条码/语音/射频自动识别系统、自动分拣系统、自动存取系统、自动导向车和货物自动跟踪系统等。这些设施在发达国家已普遍用于物流作业中，而在我国由于物流业起步晚、发展水平低，自动化技术的普及还需要相当长的时间。

4．智能化

智能化是物流服务信息化的一种高层次应用。物流作业过程中大量的运筹和决策，如库存水平的确定、运输路径的选择和物流配送中心经营管理的决策支持等问题都需要借助大量的知识才能解决。在电子商务物流服务中，智能化是不可回避的技术难题。目前，专家支持系统和智能机器人等相关技术已经在国际上有比较成熟的研究成果，也已被一些大的跨国企业所采用，如美国安利公司和日本的丰田汽车公司就是这方面的典范。为了提高物流现代化的水平，电子商务物流服务的智能化是一种新的趋势。

5．柔性化

柔性化本来是为了实现"以顾客为中心"的理念而首先在生产领域提出的，而柔性化的物流正是适应生产、流通与消费的需求而发展起来的新型物流模式，它要求物流配送中心根据现代消费需求"多品种、小批量、多批次、短周期"的特点，灵活地组织和实施物流作业。在电子商务时代，物流发展到集约化阶段，一体化配送中心已不单单是提供仓储运输服务，还必须开展配货、配送和提供各种附加值的流通服务项目，甚至还可按客户的需要提供其他特殊的服务。

6．一体化

电子商务物流服务一体化就是以物流系统为核心的，从生产企业经由物流企业、销售

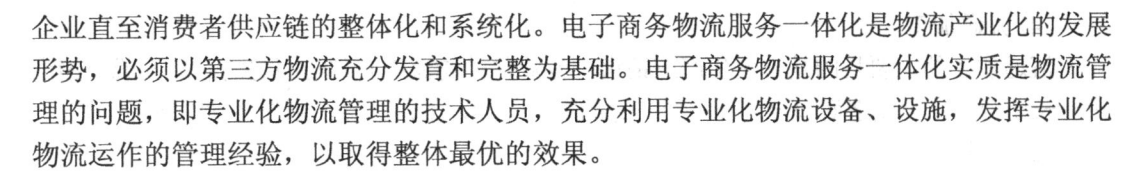

企业直至消费者供应链的整体化和系统化。电子商务物流服务一体化是物流产业化的发展形势，必须以第三方物流充分发育和完整为基础。电子商务物流服务一体化实质是物流管理的问题，即专业化物流管理的技术人员，充分利用专业化物流设备、设施，发挥专业化物流运作的管理经验，以取得整体最优的效果。

7．国际化

电子商务物流服务国际化，即物流设施国际化、物流技术全球化、物流服务全球化、货物运输国际化、包装国际化和流通加工国际化等。电子商务物流服务国际化的实质是按照国际分工协作的原则，依照国际惯例，利用国际化的物流网络、物流设施和物流技术，实现货物在国际间的流动和交换，以促进区域经济的发展和世界资源的优化配置。电子商务物流服务国际化正随着国际贸易和跨国经营的发展而不断发展。

5.1.3 电子商务物流服务的内容

如果将电子商务物流服务的需求仅仅理解为门到门运输、免费送货或保证所订的货物都送到的话，那就错了。因为电子商务需要的不是普通的运输和仓储服务，它需要的是物流服务。那么电子商务物流服务到底包括哪些内容？一般认为，电子商务物流服务包括两方面的内容，即基本物流服务和增值性物流服务。

1．基本物流服务

基本物流服务覆盖全国或一个大的区域，因此，第三方物流服务提供商首先要为客户设计最合适的物流系统，选择满足客户需要的运输方式，然后具体组织网络内部的运输作业，在规定的时间内将客户的商品运抵目的地，除在交货点需要客户配合外，整个运输过程，包括最后的市内配送都应由第三方物流服务提供商完成，以尽可能地方便客户。

(1) 储存

电子商务既需要建立互联网网站，同时又需要建立或具备物流中心，而物流中心的主要设施之一就是仓库和附属设备。需要注意的是，电子商务服务提供商的目的不是要在物流中心的仓库中储存商品，而是要通过仓储保证市场分销活动的开展，同时尽可能减少库存占压的资金，降低储存成本。因此，提供社会化物流服务的公共型物流中心需要配备高效率的分拣、传送、储存和拣选设备。在电子商务方案中，可以利用电子商务的信息网络，尽可能通过完善的信息沟通，将实物库存暂时用信息代替，即将信息作为虚拟内存。

(2) 装卸搬运

无论是传统的商务活动还是电子商务物流服务，都必须具备一定的装卸搬运能力。第三方物流服务提供商提供更加专业化的装卸、提升和运送等装卸搬运机械设备，以提高装卸搬运作业效率，缩短订货周期，减少作业对商品造成的破损。

(3) 包装

电子商务物流服务包装作业的目的不是要改变商品的销售包装，而是通过对销售包装进行组合、拼配和加固，形成有利于物流和配送的组合包装单元。

(4) 流通加工

流通加工的主要目的是方便生产或销售，专业化的物流中心常与固定的制造商或分销商进行长期合作，为制造商或分销商完成一定的加工作业，如贴标签、制作并粘贴条形码等。

(5) 运输

电子商务物流服务的运输功能负责为客户选择满足需求的运输方式，然后具体组织网络内部的运输作业，在规定的时间内将客户的商品运抵目的地。为运输活动选择经济便捷的运输方式和运输路线，以满足安全、迅速、准时和经济的要求。

(6) 配送

配送功能是物流服务的最终阶段，以配货、发送形式完成社会物流，并最终实现资源配置。配送功能在电子商务物流服务中的作用是非常突出的，它不单是简单的送货运输，更重要的是集经营、服务、社会集中库存、分拣和装卸、搬运于一体。

(7) 物流信息处理

电子商务物流服务作业离不开计算机，因此在电子商务物流服务中，对物流作业的信息进行实时采集、分析、传递，并向客户提供各种作业明细信息及资讯信息，是相当重要的。

2. 增值性物流服务

电子商务物流服务除提供基本物流服务外，还提供增值性物流服务。所谓增值性物流服务是指在完成物流基本功能的前提下进行的，根据客户需要提供的各种延伸业务活动。电子商务物流服务的增值性物流服务主要包括以下内容。

(1) 增加便利性的服务，即解放人的服务。一切能够简化手续、简化操作的服务都是增值性服务。简化是相对于消费者而言的，并不是说服务的内容简化了，而是指为了获取某种服务，以前需要消费者自己做的一些事情，现在由商品或服务提供商以各种方式代替消费者做了，从而使消费者可以简单地获得这种服务。例如，在提供电子商务物流服务时，一条龙门到门服务、完备的操作或作业提示、省力化设计或安装、代办业务、一张面孔接待客户、24 小时营业、自动订货、传递信息和转账及全过程追踪等都是对电子商务物流服务有用的增值性服务。

(2) 加快反应速度的服务，即让流动过程变快的服务。快速反应已经成为电子商务物流服务的动力之一。传统的观点和做法是将加快反应速度变成单纯对快速运输的一种要求，但在客户对速度的要求越来越快的情况下，它也变成了一种约束，因此必须想其他办法来提高速度。而这正是电子商务物流所要求的，利用电子商务系统来优化物流过程和网络是加快反应速度的必然途径。

(3) 降低物流成本的服务，即发现第三利润源泉的服务。电子商务物流发展的前期，物流成本会居高不下，有些企业可能会因为承受不了这种高成本而退出电子商务领域，或者是选择性地将电子商务物流服务外包出去，这是很自然的事情。因此，发展电子商务物流服务，一开始就应该寻找能够降低物流成本的物流方案。例如，企业可以采取以下方案：采用第三方物流服务提供商、电子商务经营者之间或电子商务经营者与普通经营者联合，采取物流共同化计划；同时，具有一定规模的企业，可以考虑对电子商务物流服务设备投资。从长期来看，这样有利于降低企业的物流成本，增加物流运作的自主性。

(4) 提供定制服务，即满足特定客户需求。企业在实现物流价值方面常常不仅限于快速交货，也包括根据不同客户的要求制定相应的物流方案，为客户提供定制服务。例如，客户想要直接在码头提货，可以为客户自有车辆或其雇用的运输公司车辆提供回程运输货载，这对双方都有利。企业赢得效率，客户也减少了车辆的空驶。有时，当客户相信企业有能力把货物准确地装到他们的卡车上时，可以采用甩挂方案，即客户的车辆到达企业配送中心时，摘掉挂车，由配送中心的工人装货，司机可原地等待。这样，企业也减少了有关装运、接收与验货等管理费用和时间。

(5) 延伸服务。延伸服务向上可以延伸到市场调查与预测、采购及订单处理，向下可以延伸到物流配送、物流咨询、物流方案的选择与规划、库存控制决策建议、货款回收与结算、教育与培训、物流系统设计和规划方案的设计等。

(6) 额外的劳动增值服务。电子商务物流服务可以使产品更适于销售给客户。针对特定的目标客户群，在电子商务物流服务中，有时需要采取特殊的包装。例如，饮料制造商将一车货物运到仓库后分解为较小的批量包装，将不同口味的饮料每若干个一组包装，就会出现多种包装形式、每包不同口味的组合，引起超市货架的变化。制造商是不希望做这种工作的，而这恰恰应该在最可能接近客户的时候完成，通过改变每一包装内容，物流作业增加了商品对客户的吸引力和价值。

5.2 物流成本概述

5.2.1 物流成本的含义

长期以来，我国企业对物流成本的核算和管理的重视程度不够，企业很少进行物流成本的专门统计与核算，造成浪费。电子商务的发展把物流提高到了一个非常重要的地位，也使人们充分认识到了降低物流成本的重要性。因此，在电子商务物流过程中，加强电子商务物流成本的管理、建立电子商务物流管理会计制度及降低电子商务物流成本，不仅是我国物流经济管理需要解决的重要问题，还是企业进行电子商务活动、开展物流配送和提高物流管理水平所必须解决的一个重要问题。

根据中国国家标准《物流术语》(GB/T 18354—2006)，物流成本(Logistics Cost)是指物流活动中所消耗的物化劳动和活劳动的货币表现。那么，电子商务物流成本是指在进行电子商务物流活动过程中所发生的人力、财力和物力耗费的货币表现，是衡量电子商务物流经济效益高低的一个重要指标。不同类型企业对物流成本的理解有所不同。对专业物流企业而言，企业全部运营成本都可理解为物流成本；对工业企业而言，物流成本则指物料采购、储存和产品销售过程中为了实现物品的物理空间运动而引起的货币支出，但通常不包括原材料、半成品在生产加工过程中由于运动而产生的费用；对商品流通企业而言，则指商品采购、储存和销售过程中商品实体运动所发生的费用。物流成本包括物流各项活动的成本，是特殊的成本体系。现代物流泛指原材料、产成品从起点直至终点及相关活动的全过程。它将运输、储存、装卸、加工、配送、信息等方面有机结合，形成完整的供应链管理体系。对于物流成本问题，一方面，有必要建立一套完整的理论体系指导实践，把物流成本管理提升到企业会计管理的高度，纳入企业常规管理范畴之内。另一方面，从企业组织结构来看，有必要从根本上改变企业部门和职能的结构，成立诸如物流部、物流科等职能部门，这样才有可能对物流成本实行单独核算，并对物流成本进行系统分析与控制。

5.2.2 物流成本的构成

到目前为止，由于企业物流成本的特性，对于企业物流成本构成的认识和分析都缺乏一定的标准。不同的管理者常常根据不同的需要，分析企业物流成本的构成。例如，企业经营者从投资经营的角度，常把企业物流成本分为运营成本和资本成本两大部分。运营成本是那些周期性重复发生或直接随着活动水平的变化而变化的成本，如运输费用、仓储费用、工资、管理费用和一些其他间接费用都是运营成本。资本成本是一次性开支，不随物流活动水平的变化而变化，如企业自有车辆的投资、企业仓库的建设成本及物流基础设施的购建等相关的固定资产。再如，为了便于统计和比较，大多数企业把企业物流成本分为运输成本、库存成本和管理成本三大部分，美国在对全国企业的物流成本进行比较时主要就用这三个指标进行横向和纵向的分析。而就企业内部而言，企业物流成本是企业管理物流运作的重要指标，如何在企业利润最大化及满足一定的客户服务水平的前提下降低物流总成本是所有企业的一项经营目标。企业物流管理者都希望能从各个角度和多个方面采取相应措施把企业物流成本控制到最低。因此，他们会尽可能细化企业物流成本构成。

根据相关聚类的原则，可把企业的物流成本细分为四大部分：运作成本、库存成本、物流信息成本及其他管理费用。在此基础上，对关键性的成本再进一步细化，如图 5-1 所示。

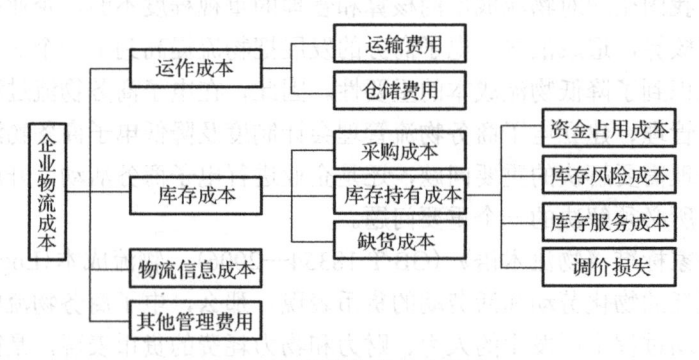

图 5-1 企业物流成本构成

1. 运作成本

运输费用和仓储费用构成了企业物流运作成本。运输费用是企业对原材料、在制品及成品的所有运输活动所产生的费用，包括直接运输费用和管理费用。直接运输费用包括原材料、在制品及成品在不同仓库之间调拨及逆向物流所产生的运输费用。如果企业的运输交由第三方物流公司运作，则合同上的费用即为运输费用。如果运输由企业自己运作，则还包括车辆折旧、维修等相关费用。管理费用指的是运输调度人员、司机等相关人员的管理费用。

仓储费用包括仓库租金和仓库折旧、设备折旧、装卸费、物流包装材料费用及管理费用。仓库租金包括原材料、在制品及成品仓库的租金，如果是自建仓库，则包括仓库的折旧；设备折旧指仓库内的物流运作设备，如叉车、手持扫描仪、货架等的折旧；装卸费指进仓、出仓及仓库内运作时的装卸费用；物流包装材料费用是指为了提高装卸效率或避免货物在运输途中损坏而使用的一些包装材料(如薄膜类包装等)的费用，同时包括由于产品外包装损坏而需要重新更换包装的费用；管理费用包括仓库管理及运作人员工资、福利等与仓库运作相关的管理费用。

因为运输费用和仓储费用属于直接成本，在企业的成本会计中不难得到确认，因此，运作成本常被作为物流总成本来计算。

2．库存成本

库存成本可以细分为采购成本、库存持有成本、缺货成本。

(1) 采购成本

采购成本是与采购原材料相关的物流费用，主要是处理订货的费用(订单生产、订单传输)、原材料检验入库费用、采购人员管理费用。

(2) 库存持有成本

库存持有成本指企业由于所持有的库存量而发生的一切成本。它是因为库存的存在而引起的，包括原材料库存和产品库存，具体包括资金占用成本、库存风险成本、库存服务成本、调价损失四部分。为满足各市场的细分需求，适应高强度的市场竞争，库存持有成本通常是大部分制造企业物流成本中的最大项，但是很多公司从来没有精确计算过库存持有成本，或者只是以当前的银行利率乘以存货价值再加上其他一些费用(如保险等)作为库存持有成本。

其中，资金占用成本是一种机会成本，是库存资本的隐含价值，反映失去的盈利能力。库存风险成本指货物存放在仓库中由于各种原因，如被盗、损坏、报废、盘亏等所造成的损失。库存服务成本主要指保险费用和税收。保险费用是指为存货投保所支付的费用；税收是指在存货转移中(货权的转移)可能发生的税收。调价损失指由于市场的变化、激烈的竞争、产品的更新换代或其他原因造成产品市场价格下降，从而造成存货价值的降低。不同产品的价格对市场的敏感度不同，高科技产品、电子产品更新换代较快，所以这类产品的存货调价损失相对会大得多。

(3) 缺货成本

缺货成本是指由于不能满足客户订单或需求所造成的销售利润损失。它不仅指当客户要货而仓库没有存货时所造成的损失，还包括当客户由于订货或送货时间太长、送货时间不稳定或其他与物流服务相关的原因而不在企业购买货物所造成的损失。缺货成本很难精确统计，但它是反映企业供货能力的一个指标，在计算企业物流成本时不能忽视。

> **小案例**
>
> 从物流成本构成来看，美国企业的物流成本主要包括三部分：库存成本、运输费用、管理费用。通过比较分析近30年来的美国企业物流成本的变化趋势可以看出，美国企业运输费用在美国GDP的比重变化不大，基本保持不变，而库存成本在美国GDP的比重变化较大，呈现很大程度的下降，这也是导致美国物流总成本占GDP比重下降的最主要原因，这一比例从过去接近5%下降到不足4%。由此可见，近些年信息技术的快速发展及仓储设备和装卸搬运设备的更新换代，促进库存管理效率提升，使库存成本降低、库存周转速度加快。也就意味着物流利润的源泉更多集中在降低库存成本、加速资金周转方面。
>
> 美国物流成本包括的三个方面都有各自的测算方法。库存成本是指花费在保存货物方面的成本，除包括租金、仓储设备折旧、装卸搬运设备折旧、货物损耗、人力成本及保险和税收费用外，还包括库存占压资金的利息部分。其中，利息是由当年美国商业利率乘以全国商业库存总金额得到的，把库存占压的资金利息加入物流总成本，这是美国现代物流与传统物流成本计算的最大区别。只有这样，降低物流成本和加速资金周转才能从根本上统一起来。美国库存占压资金的利息在美国物流企业平均流动资金周转次数达到十次的条件下，约为库存总成本的1/4，为物流总成本的1/10，数额之大不可小视。而当前我国物流企业在统计物流总成本及库存成本时，利息往往被忽略或统计比较模糊，不够精准。在这一方面，国内企业还有不少工作要做，美国这一做法值得我国企业借鉴。
>
> （资料来源：中国物流与采购网）
>
> **案例点评**：构建现代物流管理体系，大力发展现代物流业，就是要把目标重点锁定在加速资金周转和降低库存水平上，改善具体的管理措施。现代物流与供应链成本管理的概念必须拓展与延伸，库存成本不仅仅是仓储的保管费用，更重要的是要考虑它所占用的库存资金成本，即库存占压资金利息。要从更加微观的角度展开库存成本管理与控制，提高物流管理水平，控制运输成本的增长，促进现代物流业健康平稳发展。

3. 物流信息成本

物流信息成本指与物流管理运作相关的信息传递及信息系统方面的成本，包括软硬件折旧、系统维护及管理费用。

4. 其他管理费用

其他管理费用是指其他与物流管理及运作相关人员的管理费用，如市场预测人员、库存计划制订人员、负责给客户开单的财务及会计人员的管理费用等。在企业实际运作中，由于物流、商流没有分开独立运作，销售人员会承担起部分物流方面的工作，如安排送货车辆等。

特别要强调的是，企业对于物流成本的构成，除关注运输、仓储这些直接的成本外，更要关注不能直接在会计账面反映的库存持有成本、缺货成本等。

> **视野拓展**
>
> **中国物流成本占比居高不下**
>
> 国际航运巨头马士基集团发布的《2019年马士基集团在中国影响力报告》表明,通过近四十年的快速发展,中国物流业取得了巨大发展,特别是集装箱多式联运连接度已经达到世界先进水平,但也存在不少问题,特别是物流成本居高不下。2019年,中国社会物流总成本与GDP的比率约为14.7%,与上年基本持平。这一数据远高于欧美发达国家,也高于不少发展中国家。
>
> 该报告指出,在西方发达国家,物流成本占产品总成本的比重一般为10%~15%,而在一般发展中国家,由于各种技术和低效问题导致物流成本显著增高,占产品总成本的比重一般为15%~25%,而在中国,物流成本占产品总成本的比重可达到30%~40%。中国物流成本高昂既有经济结构性因素,也有其他因素,如管理、技术等。中国物流成本高昂带来的直接后果就是终端产品价格高,导致人民生活成本提高,同时也降低了中国产品的国际竞争力。不过报告最后也指出,中国物流成本高、市场渗透率低,说明中国物流未来发展空间巨大。报告预测,未来10年,中国物流市场将以12%~16%的幅度高速增长。

5.2.3 物流成本的特征

目前,虽然很多企业意识到物流领域存在着巨大的潜力,但并没有对物流成本进行有效的控制和节约,这与缺乏对物流成本特殊性的认识有重大的关系。物流成本的特征表现在以下几个方面。

1. 隐含性

现有的企业财务会计制度中并没有单独的物流成本项目,这给物流成本的管理带来了困难。物流成本常常包含在销售费用、管理费用及产品的制造费用等项目中,难以获得准确的数据。相对来说,企业比较容易核算外购物流服务支付的费用,因此企业多重视外购物流成本的管理,而忽视占据很大比重的内部物流成本。物流成本的隐含性被称为"物流冰山现象",即向外支付的物流费用,常常被误解为是物流成本的全部,其实仅是被企业观察到的冰山一角。

2. 复杂性

物流成本的构成很复杂,它不仅涉及企业运营的各个环节,而且各个环节的成本组成多样化,既包括人工费、管理费,还包括固定资产的折旧费、维修费和资本利息等。物流部门很难掌握全部的物流成本,如仓储费中过量进货、过量生产和因安全库存降低而紧急输送等产生的成本等,此外,对物流信息进行处理所产生的费用也是物流成本的重要组成部分。

3. 不明确性

企业因过量服务及其他因素等导致的成本都具有不明确性。例如,部分企业将促销费用也计入物流成本,而这一费用应该是计入企业的销售成本中的。

4. 可比性差

当前，对物流成本的计算缺乏标准，各企业根据自己的理解和认识来把握物流成本，企业间物流成本数据的可比性差，导致难以真实地衡量物流绩效，对物流成本管理的改进显得举步维艰。

5. 背反性

物流成本中各项目之间存在着此消彼长的关系，一个项目的降低可能导致另一个或几个项目升高。例如，企业包装费用的下降导致商品损耗的增加，从而使得一些传统的管理方法，如目标管理的目标分解等做法失去了意义，因而需要从总成本的角度出发，全盘考虑。

6. 综合性

物流成本是以物流的全部活动为计算客体的，涉及采购、生产和销售等生产经营活动的全过程，应该是企业唯一的、基本的和共同的管理数据，需要企业全部的部门对相关的物流活动进行整体的协调和优化，从而达到物流运作的高效和物流成本的最小化。

5.2.4 物流成本的分类

物流成本根据考虑的角度不同，有不同的分类方法。对物流成本进行合理的分类，有利于企业根据不同的情况来划定自身的物流成本范围。

1. 按物流成本是否具有可控性分类

(1) 可控成本

可控成本是指考核对象对成本的发生能够控制的成本。例如，生产部门对产量的消耗是可以控制的，所以材料的耗用成本（按标准成本计算）是生产部门的可控成本；而材料的价格，因由供应部门所控制，所以是供应部门的可控成本。

(2) 不可控成本

不可控成本是指考核对象对成本的发生不能予以控制的成本，因而也不予负责的成本。例如，材料的采购成本，生产部门是无法控制的，因而对生产部门来说是不可控成本；又如，供应部门的水、电、气成本对生产部门来说也是不可控成本。

可控成本与不可控成本是相对的，而不是绝对的。同一成本项目，对于一个部门来说是可控的，而对另一个部门来说是不可控的。但从整个企业来考察，所发生的一切费用都是可控的，只是这种可控性需分解落实到相应的责任部门。所以从整体上看，所有的成本都是可控成本，这样就能同时调动各责任部门的积极性。

2. 按物流成本的特性分类

(1) 变动成本

变动成本是指其发生总额随业务量的增减变化近似成正比例增减变化的成本，这里需要强调的是变动的对象是成本总额，而非单位成本。就单位成本而言须是固定的，变动成本总额才能与业务之间保持正比例的变化关系。

(2) 固定成本

固定成本是指成本总额保持稳定，与业务量的变化无关的成本。同样应予以注意的是，固定成本是指其发生额的总额是固定的，而就单位成本而言，却是变动的。因为在固定成本总额固定的情况下，业务量小，单位成本所负担的固定成本就高；业务量大，单位成本所负担的固定成本就低。

在生产经营活动中，还存在一些既不与产量的变化成正比也非保持不变，而是随产量的增减变动而适当变动的成本，这种成本被称为半变动成本或半固定成本。例如，机器设备的日常固定维修费、辅助生产费用等，其中受变动成本影响较大的称为半变动成本，而受固定成本的特征影响较大的称为半固定成本。由于这类成本同时具有变动成本和固定成本的特征，所以也称为混合成本。对于混合成本，可按一定方法将其分解成变动与固定两部分，并分别划归到变动成本和固定成本中。

> **视野拓展**
>
> **混合成本分解**
>
> 生产经营活动中存在一些兼有变动成本和固定成本两种性质的成本，它就是混合成本，这样，企业的总成本就由三个部分构成：变动成本、固定成本、混合成本，即
>
> 总成本=变动成本+固定成本+混合成本
>
> 由于量本利分析的前提是应用变动成本法，因此需要按成本性态将混合成本分解为变动成本和固定成本两个部分，从而使得总成本计算公式变为：
>
> 总成本=变动成本+固定成本
>
> 混合成本分解方法有会计法、技术测定法、高低点法、散布图法、回归直线法等。其中回归直线法是根据已知若干期间历史数据，采用数学中的最小二乘法，使所确定的直线与各成本点之间误差平方和最小，分解的结果最为精确、科学，但其运算工作量大且繁复，尤其是多元回归分解，手工难以准确解算。为解决回归直线法成本分解中复杂的数学计算问题，可借助 Excel 电子制表系统的相关函数，通过计算机进行简便的操作来实现。

3. 按物流成本的计算方法分类

(1) 实际成本

实际成本是指企业在物流活动中实际耗用的各种费用的总和。

(2) 标准成本

标准成本是通过精确的调查、分析与技术测定而制定的，用来评价实际成本、衡量工作效率的一种预计成本。在标准成本中，基本上排除了不应该发生的"浪费"，因此被认为是一种"理想成本"。标准成本和估计成本同属于预计成本，标准成本要体现企业的目标和要求，主要用于衡量工作效率和控制成本，也可用于存货和销货成本的计价。

4. 按物流费用的主要用途分类

(1) 物流作业成本

物流作业成本指直接用于物品实体运动各环节的费用，包括包装费（运输包装费、集合包装与解体费等）、运输费（营业性运输费、自备运输费等）、保管费（物品保管费、养护费等）、装卸费（营业性装卸费、自备装卸费等）、加工费（外包加工费、自行加工费等）。

(2) 物流信息成本

物流信息成本指用于物流信息收集、处理、传输的费用，包括线路租用费、入网费、网站维护费、计算机系统硬件和软件支出费等。

(3) 物流管理成本

物流管理成本指用于对物流作业进行组织、管理的费用，包括物流现场管理费、物流机构费等。

这种分类方法可用来比较不同性质费用所占的百分比，发现物流成本问题发生在哪个环节。这种方法比较适用于专业物流企业或综合性物流部门的物流成本分析与控制。

5. 按物流活动的逻辑顺序分类

物流活动按照其发生的逻辑顺序可分为供应物流、生产物流、销售物流、回收物流和废弃物物流等阶段，各阶段相应发生的成本如下。

(1) 供应物流成本

供应物流成本指从供应商处把物料送到本企业过程中发生的手续费、运输费、商品检验费等。

(2) 生产物流成本

生产物流成本指生产过程中发生的包装费、储存费、装卸搬运费等。

(3) 销售物流成本

销售物流成本指商品销售过程中发生的物流费，如运输费、储存费、配送费等。

(4) 回收物流成本

回收物流成本指在生产和销售过程中因废品、不合格品的退货、换货所引起的物流费用。

(5) 废弃物物流成本

废弃物物流成本指企业用于处理废弃物的费用，如排污费、污水处理费、垃圾清运费等。

这种分类法便于分析物流各阶段的成本发生情况，较适用于生产企业及综合性物流部门。

6. 按物流成本在决策中的作用分类

(1) 机会成本

机会成本是企业在做出最优决策时必须考虑的一种成本，其含义是当一种资源具有多种用途，即多种利用机会时，选定其中一种就必须放弃其余几种。为了保证经济资源得到最佳利用，即选择资源利用的最优方案，在分析所选方案（机会）的收益时，就要求将其余放弃方案中的最高收益额视为选定该方案所付出的代价，这种被放弃的次优方案的最高收益额即为所选方案的机会成本。

机会成本不是实际所需支付的成本，而是一种决策时为选择最优方案而考虑的成本。

在选择方案时，如果考虑了机会成本，所选方案的收益仍为正数，该方案即为最优方案；如果考虑了机会成本，所选方案的收益为负数，该方案就不是最优方案。引进机会成本这一概念，可保证决策的最优化。

(2) 可避免成本

可避免成本是指当决策方案改变时某些可免于发生的成本，或者在有几种方案可供选择的情况下，当选定其中一种方案时，所选方案不需要支出而其他方案需支出的成本。但应注意，可避免成本不是可降低成本。虽然对本方案来说，其他方案的某些支出在本方案中可免于支出，但本方案可能发生其他的支出，所以可避免成本仅指其他方案的某些支出在本方案中可免于发生。可避免成本常常是与决策相关的成本。

5.2.5 物流成本的影响因素

影响物流成本的因素有很多，最主要的有三个：竞争性因素、产品因素和空间因素。

1．竞争性因素

市场环境变幻莫测、充满了激烈的竞争，企业处于一个复杂的市场环境中，他们之间的竞争也并非单方面的。它不仅包括产品价格的竞争，还包括顾客服务的竞争，而高效的物流系统是提高顾客服务水平的重要途径。如果企业能够及时可靠地提供产品和服务，则可以有效地提高顾客服务的水平，这都依赖物流系统的合理化，而顾客服务水平又直接决定了物流成本的多少，因此物流成本在很大程度上是由于日趋激烈的竞争而不断发生变化的。企业必须对竞争做出反应，而每一个回击都是以物流成本的提高为代价的。影响顾客服务水平的主要因素体现在以下几个方面。

(1) 订货周期

企业物流系统的高效必然可以缩短企业的订货周期，降低库存，从而降低库存成本，提高企业的顾客服务水平，增加企业的竞争力。

(2) 库存水平

企业的库存成本提高，可以减少缺货成本，即缺货成本与库存成本成反比。库存水平过低，会导致缺货成本增加；但库存成本过高，虽然会降低缺货成本，但是存货成本会显著增加。因此，合理的库存应保持在使总成本最小的水平上。

(3) 运输

企业采用更快捷的运输方式，虽然会增加运输成本，但是可以保证运输质量、缩短运输时间、提高企业竞争力。但这要建立在对顾客服务水平和自身成本的权衡上。

2．产品因素

(1) 产品价值

随着产品价值的增加，每一领域的成本都会增加。运费在一定程度上反映货物移动的风险，一般来说，产品价值越大，对其所需使用的运输工具要求越高，仓储和库存成本也随产品价值的增加而增加。高价值意味着存货中的高成本，高价值的产品其过时的可能性更大，在存储时所需的物理设施也越复杂、越精密。高价值的产品往往对包装也有较高的要求。

(2) 产品密度

产品密度越大，每车装的货物越多，运输成本就越低，同时，仓库中一定空间领域存放的货物也会越多，这样就降低了库存成本。

(3) 易损性

易损性对物流成本的影响是显而易见的，易损性的产品对运输和库存都提出了更高的要求。

(4) 特殊搬运

这种产品对搬运提出了特殊的要求，如利用特殊尺寸的搬运工具，或在搬运过程中需要加热或制冷等，这些都会增加物流成本。

3. 空间因素

空间因素是指物流系统中企业制造中心或仓库相对于目标市场或供货点的位置关系。若企业距离目标市场太远，则必然会增加运输及包装等成本；若在目标市场建立或租用仓库，也会增加库存成本。因此，空间因素对物流成本的影响是很大的。

5.2.6 物流成本核算

物流成本的核算以物流成本项目、物流范围和物流成本支付形态作为核算对象，将10项物流功能成本项目(二级账户)按照发生的范围各自细分为供应物流成本、生产物流成本、销售物流成本、回收物流成本和废弃物物流成本(三级账户)，并分别核算自营和委托物流成本，组成企业物流成本主表，如表5-1所示。将10项物流功能成本项目中自营物流发生的材料费、人工费、维护费、一般经费和特别经费分别核算，则组成企业自营物流成本支付形态，如表5-2所示。

表 5-1 企业物流成本主表

成本项目		代码	供应物流成本			生产物流成本			销售物流成本			回收物流成本			废弃物物流成本			物流总成本		
			自营	委托	小计	自营	委托	小计	自营	委托	小计	自营	委托	小计	自营	委托	小计	自营	委托	小计
甲		乙	01	02	03	04	05	06	07	08	09	10	11	12	13	14	15	16	17	18
物流功能成本	运输成本	01																		
	仓储成本	02																		
	包装成本	03																		
	装卸搬运成本	04																		
	流通加工成本	05																		
	物流信息成本	06																		
	物流管理成本	07																		
	合计	08																		
存货相关成本	流动资金占用成本	09																		
	存货风险成本	10																		
	存货保险成本	11																		
	合计	12																		
其他成本		13																		
物流成本合计		14																		

表 5-2 企业自营物流成本支付形态表

成本项目		代码	内部支付形态					
			材料费	人工费	维护费	一般经费	特别经费	合计
甲		乙	1	2	3	4	5	6
物流功能成本	运输成本	01						
	仓储成本	02						
	包装成本	03						
	装卸搬运成本	04						
	流通加工成本	05						
	物流信息成本	06						
	物流管理成本	07						
	合计	08						
存货相关成本	流动资金占用成本	09						
	存货风险成本	10						
	存货保险成本	11						
	合计	12						
其他成本		13						
物流成本合计		14						

上述物流成本是现行会计核算体系中已经反映但分散于各会计科目之中的物流成本，可在会计账目中设置如表 5-1 和表 5-2 所示的物流成本辅助账户，通过账外核算的方式得到物流成本数据。而对于现行会计核算体系中没有反映但应计入物流成本的存货占用自有资金的机会成本，需要先计算出期末的采购在途、在库和销售在途存货占用自有资金的余额，然后按照行业基准收益率计算相应的机会成本。

5.3 物流服务与物流成本的关系

5.3.1 物流服务质量概述

1. 物流服务质量的含义与特点

物流的本质是服务，物流服务就是以顾客的委托为基础，按照顾客的要求，以优质的质量、正确的数量，在恰当的时间、准确的地点，以适当的价格送到顾客手中。物流服务质量的好坏直接关系到物流企业的整体绩效，它是物流企业管理最为核心的问题之一。日本物流学者阿保荣司教授用"到达理论"论述了物流服务的本质，他认为物流服务的本质是将商品送到用户手中，使其获得商品的"利用可能性"。可见，物流服务的本质是提供全面优质的服务以达到顾客满意的效果。物流企业能否有稳定的顾客群，主要取决于其服务质量的好坏。

物流服务质量是顾客对物流服务过程的一种"感知"，是物流服务活动满足顾客需求的程度。如果顾客对物流企业所提供的服务(感知)与其服务期望接近，则其满意程度就会较高，对物流企业的服务质量评价就高；反之，则对该物流企业的服务质量评价就会很差。

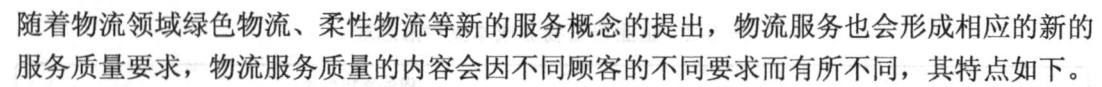

随着物流领域绿色物流、柔性物流等新的服务概念的提出，物流服务也会形成相应的新的服务质量要求，物流服务质量的内容会因不同顾客的不同要求而有所不同，其特点如下。

(1) 有形性

有形性指企业中人员仪容仪表、有形的设施和设备等。有形性是顾客对服务质量评价的重要依据。有形的环境条件体现了服务人员对顾客关心照顾的细致程度。

(2) 可靠性

可靠性是指企业可靠、准确地提供所承诺服务的能力。可靠的服务行动意味着企业按照承诺行事，以完全一致的方式、准确无误地准时完成，它体现在服务提供的各环节中。

(3) 响应性

响应性指企业根据顾客的需要为顾客提供帮助，并且企业要有提供快捷服务的自发性，即主动帮助顾客。让顾客处于等待的状态，特别是无原因的等待，将会影响顾客对服务质量的感知。响应性主要强调在处理顾客要求、询问、投诉时，员工的专注程度和快捷程度。企业应该从顾客的角度出发，审视服务传递和处理顾客要求的过程，建立有效的响应机制。

(4) 保证性

保证性是指企业员工具有为顾客提供服务时所需要的自信与值得信赖的专业知识、解决问题的能力和服务礼仪。服务人员的友好态度与胜任工作的能力，可以提高顾客对服务质量的信任水平及安全感。当存在高风险或顾客自己没有能力评价服务时，保证性显得非常重要。保证性主要体现在以下方面：礼貌和尊敬地对待顾客、与顾客保持畅通有效的交流、顾客最关心的事情也能够放在心上、完成服务的能力。

(5) 移情性

移情性指企业员工在向顾客提供服务时，把每一位顾客都当作独特的、重要的个人来看待，给予关心和提供个性化的服务，令顾客感到被尊重。移情性包括接近顾客的能力、敏感性和理解顾客需求的能力，其目的是通过个性化服务使每一位顾客感到自己是唯一的和特殊的。

2. 物流服务质量的评价指标

对于物流服务质量的最新的较完整的定义是美国 Tenessee 大学 2001 年的研究结果。该学校师生通过对大型第三方物流企业和顾客的深入调查，最终总结出从顾客角度出发度量物流服务质量的 9 个指标，并建立了以顾客为导向的物流服务质量评价体系，如表 5-3 所示。

表 5-3 以顾客为导向的物流服务质量评价体系

指标	含义
1. 人员沟通质量	负责沟通的物流企业服务人员是否能通过与顾客的良好接触提供个性化的服务。服务人员的知识、情商、能力等会影响顾客对物流服务企业服务质量的评价
2. 订单释放数量	一般情况下，物流企业会按实际情况释放(减少)部分订单的订量(出于供货、存货或其他原因)。对于这一点，尽管很多顾客都有一定的心理准备，但是，不能按时完成顾客要求的订量会对顾客的满意度造成负面影响
3. 信息质量	指物流企业从顾客角度出发提供与产品相关的信息的多少。这些信息包含了产品目录、产品特征等。如果有足够多的可用信息，顾客就容易做出较有效的决策，从而减少决策风险

续表

指标	含义
4. 订购过程	指物流企业在接受顾客的订单、处理订购过程时的效率和成功率。调查表明,顾客认为订购过程中的有效性、程序及手续的简易性非常重要
5. 货品精确率	指实际配送的商品和订单描述的商品相一致的程度。货品精确率应包括货品种类、型号、规格准确及相应的正确数量
6. 货品完好程度	指货品在配送过程中受损坏的程度。如果有所损坏,那么物流企业应及时寻找原因并及时进行补救
7. 货品质量	指货品的使用质量,包括产品功能与消费者的需求相吻合的程度
8. 误差处理	指订单执行出现错误后的处理。如果顾客收到错误的货品,或货品的质量有问题,会向物流企业追索更正。物流企业对这类错误的处理方式直接影响顾客对物流企业服务质量的评价
9. 时间性	指货品是否如期到达指定地点。它包括从顾客下订单到订单完成的时间长度,受运输时间、误差处理时间及重置订单的时间等因素影响

5.3.2 物流服务与物流成本的关系

一般来讲,物流服务与物流成本是一种此消彼长的关系,物流服务质量提高,物流成本就会上升,两者之间的关系适用于收益递减法则。

在物流服务水平较低阶段,如果追加 X 单位的物流服务成本,物流服务质量将提高 Y;而在物流服务水平较高阶段,同样追加 X 单位的物流服务成本,提高的物流服务质量只有 Y'($Y'<Y$)。所以,无限度提高物流服务水平,物流服务成本上升的速度加快,而服务效率则不会发生多大变化,甚至可能下降。

1. 物流服务与物流成本关系的四种类型

(1) 在物流服务水平既定的情况下,降低物流成本。不改变物流服务水平,通过改进物流系统来降低物流成本,这种尽量降低成本来维持一定服务水平的方法称为追求效益法。

(2) 提高物流服务水平,不惜增加物流成本,这是许多企业提高物流服务水平的做法,是企业对特定商品面临竞争时所采取的具有战略意义的做法。

(3) 在物流成本既定的情况下,实现物流服务水平的提高。这种状况是灵活、有效利用物流成本追求成本绩效的一种做法。

(4) 用较低的物流成本,实现较高的物流服务。这是一种增加销售、增加效益、具有战略意义的方法。只有要求企业合理运用自身的资源,才能获得这样的成果。

2. 物流服务与物流成本的平衡

作为物流系统的构成要素,物流的各项活动之间是相互联系、相互制约的,其中一项要素活动的变化会影响其他要素活动相应地发生变化。例如,商品储存数量变化会影响运输次数的变化,商品运输方式上的不同选择,也会影响库存数量和商品包装形式等方面的变化。物流系统要素间的相关性就使得物流的各项活动之间具有相互弥补、相互替代的可能。例如,为降低保管费用而减少商品储存的数量,必须有快速的运输作为弥补,以防止缺货;集中、大量化的运输,可以节省运输费用,但必须备有较多的商品库存予以调节,以保证供应保持既定的服务水平。可见,在物流系统的活动中,同样的服务水平是可以通过物流各项活动间不同的组合方式来实现的,不同的组合方式必然产生不同的物流成本。

物流系统各要素之间相互影响，产生了物流各项成本之间交替损益的关系。所谓交替损益是指改变系统中任何一个要素，都会影响其他要素，系统中任何一个要素增益都将对系统其他要素产生损益作用。例如，减少商品储存的数量可以降低储存成本，但由于储存数量减少，在市场规模不变的前提下，为了满足同样的需求，势必要频繁地进货，增加了运输次数，从而导致运输成本上升。

因此，虽然物流总成本是由物流系统各要素成本组成的，但物流总成本与物流系统各要素成本之间并非是简单的成正比或反比的关系，而是各项成本之间相互影响、相互作用的综合结果。

3. 二律背反定律对二者的影响

服务与成本的矛盾：用户总希望少付费用而满足自己所有的服务要求；而供应商则希望在高质量服务时能够得到高的效益回报。这两个矛盾逻辑上服从二律背反定律。一般来讲，高质量的商品一定是与较高的价格相关联的，提高质量要求，价格随之上升；优质的物流服务与物流成本相关联，提高物流服务水平，物流成本随之上升。既要充分考虑压价对服务质量的影响，又要充分考虑物流成本对价格的影响，否则，有可能导致服务水平的下降，最终损害用户和企业双方的整体利益。

视野拓展

效益背反

"效益背反"又称"二律背反"，这一术语表明两个相互排斥而又被认为是同样正确的命题之间的矛盾。"效益背反"是物流领域很普遍的现象，是物流领域中内部矛盾的反映和表现。"效益背反"指的是物流的系统构成要素之间存在着损益的矛盾，即某一要素的优化而导致利益发生的同时，必然会存在另一个或几个要素的利益损失，反之也如此。这是一种此长彼消、此盈彼亏的现象，往往导致整个物流系统效率的低下，最终会损害物流系统的整体利益。

在物流活动中存在很多效益背反的情形。例如，减少物流网络中仓库的数量并减少库存，必然会使库存补充变得频繁而增加运输的次数，这样虽然降低了库存成本，却增加了运输成本；将铁路运输改为航空运输，虽然增加了运费，但是提高了运输速度，减少了库存，降低了库存成本。

再如，包装问题，在产品销售市场和销售价格不变的情况下，假定其他成本要素也不变，那么包装方面少花一分钱，这一分钱就必然转到收益上来，包装越省，则利润越高。但是商品一旦进入流通环节，如果因包装降低了产品的防护功能，造成大量产品的损伤，就会造成储存、装卸、运输要素的工作损失和效益减少。显然，包装活动的效益是以其他要素的损失为代价的。我国流通领域每年因包装不善出现上百亿元的商品损失，这就是"效益背反"的实证。

物流服务中的问题及对策，只是把物流服务水平看作是一种销售竞争手段而不做出清晰的规定。批发商和零售商的要求必将升级，以致企业无法应付。现在，批发商或零售商

或是由于销售情况不稳定,或是由于没有存放货物的地方,或是为了避免商品过时,都在极力减少库存。如果无节制地要求多批次、小批量配货,或进行多批次的库存补充,物流工作量将大大增加,物流成本必然提高。而降低物流成本必须在保持一定服务水平的前提下考虑,从这个意义上说,物流服务水平是降低物流成本的依据。从与物流服务的关系着眼考虑物流成本,一味强调降低成本是毫无意义的,应当在维持物流服务水平的前提下,降低物流成本。

物流部门应定期对物流服务进行评估。检查销售部门有没有发生索赔、晚配、事故、货物破损等。通过征求顾客意见等办法了解服务水平是否已经达到标准,成本的合理化达到何种程度,是否有更合理的办法等。

物流服务质量是物流服务效果的集中反映,可以用物流时间、物流费用、物流效率来衡量,其变化突出表现在减少物流时间、降低物流成本、提高物流效率等方面。

总之,要真正做到物流成本和物流服务的平衡,必须正确处理好二者之间的复杂关系,应通过将为顾客服务的理念贯穿整个物流企业过程的观念,来对待面临的各种困难。物流中心的管理工作必须树立以顾客为核心的战略服务观念,认识到速度、灵活性和可靠性的重要意义,以市场需求为导向,以用户满意为目标,以顾客为中心,而不是以降低物流成本为中心,成本降低的最终目的还是为顾客服务。

5.4 物流成本管理概述

互联网技术及现代信息技术的发展为人们进行物流成本管理创造了一个有利的环境和基础。通过对物流成本的管理,企业不仅可以对物流成本进行有效的实时监控,也可以有效地模拟,从而达到降低物流成本、提高经济效益的目的。

5.4.1 物流成本管理的含义

物流成本管理是通过成本去管理物流,管理的对象是物流而不是成本,即以成本为手段的物流管理方法。这包含两点含义:一是成本能真实地反映活动的时态,二是成本可以成为评价所有活动的共同尺度。若用成本这个统一的尺度来评价各种各样的活动,可以把性质不同的活动放到同一个场合进行比较、分析,决定优劣,可以轻易地计算出盈亏,且效果显著。因此,把物流活动转换成物流成本来管理,是有效管理物流的一种新思路,并被纳入企业常规管理的范畴之内。对于生产企业而言,物流成本管理只是一种管理的理念,没有转化成管理行为。

5.4.2 物流成本管理的作用

物流成本管理的作用主要体现在以下三个方面:

(1)物流成本管理可以有效地对企业物流成本实行实时监控,改进物流成本管理,创造"第三利润源"。通过电子商务系统、信息技术等对物流成本的实施情况进行实时掌握,并根据物流成本的管理目标及企业目标,借助企业管理系统,及时做出科学合理的决策,降低物流成本,提高物流效率。

> **视野拓展**
>
> "第三利润源"说
>
> "第三利润源"的说法是日本早稻田大学西泽修教授于 1970 年提出的。"第三利润源"指的就是物流领域。随着市场竞争日益激烈,企业能够占有的市场份额也是有一定限度的,当达到一定限度不能再扩大利润的时候,如何寻找新的利润增长点就成为企业发展的关键。这时候如果能有效降低在企业成本中占据相当高比例的物流成本,就等于提高了企业的利润。所以这时候我们就开始把物流管理称为"第三利润源"。简单地说,在制造成本降低空间不大的情况下,降低物流成本便成为企业的"第三利润源"。
>
> 从历史发展角度来看,人类历史上曾经有过两个大量提供利润的领域:第一个是资源领域,第二个是人力领域。在这两个利润源潜力越来越小、利润开拓越来越困难的情况下,物流领域的潜力开始被人所重视,按时间序列排为"第三利润源"。"第三利润源"是对物流潜力及其效益的描述。经过半个世纪的探索,人们已肯定这"黑大陆"虽不清晰,但绝不是不毛之地,而是富饶之源,尤其是在经历了 1973 年石油危机考验之后,物流已牢牢树立了自己的发展地位。

(2) 物流成本管理可以有效地对物流成本进行模拟,协调各方面物流成本的关系。在物流的实际运作过程中,物流成本之间存在背反规律,一种功能成本的削减会使另外一种功能成本增加,各种成本之间是相互关联的。在传统的物流成本运作中,各物流功能被分割,隶属于不同的管理部门,缺乏统一管理,企业物流信息系统不健全,难以整体降低物流成本。在电子商务背景下,通过虚拟方式对物流过程进行模拟,并通过最合理和科学的方法,对物流作业进行调整和管理,促使各环节之间衔接和协调,实现物流的合理化运作,降低物流成本,提高效率。

(3) 物流成本管理可以降低产品价格,为社会节约财富。物流成本是产品价格的组成部分,其大小对产品价格的高低有重大影响。对物流成本进行管理,使物流成本尽可能降到最低,企业便可在一个较大幅度内降低其产品价格,增强企业在市场上的竞争力,提高利润。

物流成本是一种必要的耗费,但此种耗费不创造任何新的使用价值,因此是社会财富的一个减项。有效管理物流成本可以减少财产损失和损耗,减少社会财富的浪费,可以增加生产领域的投入,以便创造更多的物质财富。

5.4.3 物流成本管理的原则

物流成本管理的原则是指企业在进行物流成本管理过程中各环节和各方面遵循的基本行为准则,也就是处理物流成本关系的基本行为准则。具体地说,物流成本管理的原则主要包括以下四个方面:

(1) 物流总成本最低原则。物流总成本最低原则是指在保证一定服务水平的前提下，企业在物流成本管理的过程中，积极地采取各种对策和措施，降低物流成本，并努力维持各种成本与服务质量之间的平衡，在尽可能的情况下使成本降到最低。

(2) 保证需要原则。保证需要原则是指在物流成本管理过程中，企业在保证需要的前提下对物流成本进行控制。

(3) 利益兼顾原则。利益兼顾原则是指在物流成本管理过程中，企业应充分考虑各部门的利益，特别是各物流部门之间的利益，做到利益兼顾。应根据物流环节的重要程度、工作量规模的大小、所需承担的责任及市场情况来进行物流成本的具体控制。

(4) 责任明确原则。责任明确原则是指在物流成本管理过程中，企业应该对物流运作过程中相关部门的责任做出严格界定，明确各自的责任，以便促使各部门提高物流成本管理的效率。

5.4.4 物流成本管理的内容

物流成本管理的具体内容包括以下几个方面。

(1) 物流成本预测。物流成本预测是指根据有关成本数据和企业具体发展情况，运用一定的技术方法，对未来的成本水平及变动趋势做出科学的估计。成本预测是成本决策、成本计划和成本控制的基础工作，可以提高物流成本管理的科学性和预见性。在物流成本管理的许多环节中都存在成本预测问题，如仓储环节的库存预测，流通环节的加工预测，运输环节的货物周转量预测等。

(2) 物流成本决策。物流成本决策是在物流成本预测的基础上，结合其他有关资料，运用一定的科学方法，从若干个方案中选择一个满意方案的过程。从整个物流过程来说，有配送中心新建、改建、扩建的决策，装卸搬运设备、设施的决策，流通加工合理下料的决策等。进行成本决策，确定目标成本是编制成本计划的前提，也是实现成本的事前控制，提高经济效益的重要途径。

(3) 物流成本计划。物流成本计划(或预算)是根据成本决策所确定的方案、计划期的生产任务、降低成本的要求及有关资料，通过一定的程序，运用一定的方法，以货币形式规定计划期物流环节耗费水平和成本水平，并保证成本计划顺利实现所采取的措施。成本计划管理可以在降低物流成本方面给企业提出明确的目标，推动企业加强成本管理责任制，增强企业的成本意识，控制物流环节费用，挖掘企业降低成本的潜力，保证企业降低物流成本目标的实现。

> **视野拓展**
>
> **物流成本计划(或预算)**
>
> 物流成本计划(或预算)可以根据不同的预算项目，分别采用固定预算、弹性预算、滚动预算、零基预算、概率预算等方法进行编制。

(1) 固定预算是指根据预算内正常的、可实现的某一固定业务量(如生产量或销售量)水平而编制的预算,一般适用于固定费用或数额比较稳定的预算项目。

(2) 弹性预算是指在按照成本习性分类的基础上,根据本、量、利之间的依存关系而编制的预算,一般适用于与预算执行单位业务量有关的成本、利润等预算项目。

(3) 滚动预算是指随时间的推移和市场条件的变化而自行延伸并进行同步调整的预算,一般适用于季度预算的编制。简单地说,滚动预算就是根据上一期的预算指标完成情况,调整和具体编制下一期预算,并将预算期连续滚动向前推移的一种预算编制方法。这种方法适用于规模较大、时间较长的工程类或大型设备采购项目。

(4) 零基预算是指对预算收支以零为基点,对预算期内各项支出的必要性、合理性或者各项收入的可行性及预算数额的大小,逐项审议决策,从而予以确定收支水平的预算,一般适用于不经常发生的或者预算编制基础变化较大的预算项目,如对外投资、对外捐赠等。

(5) 概率预算是指对具有不确定性的预算项目,估计其发生各种变化的概率,根据可能出现的最大值和最小值计算其期望值从而编制的预算。一般适用于难以准确预测变动趋势的预算项目,如销售新产品、开拓新业务等。

(4) 物流成本控制。物流成本控制是根据计划目标,对成本的发生和形成过程以及影响成本的各种因素和条件施加主动的影响,以保证实现物流成本计划的一种行为。从企业生产经营过程来看,成本控制包括事前控制、事中控制和事后控制。事前控制是整个成本控制活动中最重要的环节,直接影响以后各作业流程成本的高低,主要有物流配置中心的建设控制,物流设施、设备的配备控制,物流作业过程改进控制等。事中控制是对物流作业过程实际劳动耗费的控制,包括设备耗费的控制、人工耗费的控制、劳动工具耗费和其他费用支出的控制等。事后控制是通过定期对过去某一段时间成本控制的总结、反馈来控制成本。通过成本控制,可以及时发现存在的问题,采取纠正措施,保证成本目标的实现。

(5) 物流成本核算。物流成本核算是根据企业确定的成本计算对象,采用适当的成本计算方法,按规定的成本项目,通过一系列的物流费用汇集与分配,从而计算出各物流活动成本计算对象的实际总成本和单位成本。通过物流成本核算,可以如实地反映生产经营过程中的实际耗费,对各种活动的费用、实际支出进行实时控制。

(6) 物流成本分析。物流成本分析是在成本核算及其他有关资料的基础上,运用一定的方法,揭示物流成本水平的变动,进一步分析影响物流成本变动的各种因素。通过物流成本分析,可以提出积极的建议,采取有效的措施,合理地控制物流成本。

上述各项物流成本管理活动的内容是相互配合、相互依从的一个有机整体。物流成本预测是物流成本决策的前提;物流成本计划是物流成本预测所确定目标的具体化;物流成本控制是对物流成本计划的实施进行监督,以保证目标的实现;物流成本核算与物流成本分析是对目标是否实现的检验。

视野拓展

"三联中国"物流

"三联中国"是一个第四方物流服务平台,其将现代信息技术和物流技术相结合,通过网络平台在物流信息服务、物流技术服务、物流系统集成这三个领域为客户提供创新的科技、产品和服务。通过提供整体物流过程解决方案和高效的物流管理能力，推动传统企业向现代物流方式转变，帮助企业实现物流电子化，使企业间可以高效率、低成本地完成物流交易和服务。其服务内容包括运输交易、物流服务、供应链管理、协同商务、物流增值服务和物流技术服务等。

最重要的是，"三联中国"建立了在线"货盘交易"系统，货主通过"发布货盘交易信息"，特别是货物与公司不在同一个地方的货主(如经销商、代理商、贸易公司等)，能够以理想的运输价格轻松找到优质的物流公司，专线物流公司通过"货盘交易信息"，可踊跃参与货盘信息的报价，使自己在传统的物流业务基础上有更多商业机会，公平竞争，轻松增加自己的业务量。它致力于为企业提供低成本物流解决方案，致力于创造一个公开透明的物流市场。

5.5 物流成本构成分析与控制

5.5.1 电子商务企业物流成本构成与控制

1. 电子商务企业物流成本构成

电子商务企业物流成本包括以下几个方面。

(1) 运输成本

运输成本是承运人为完成特定货物位移而消耗的物化劳动和活劳动的总和，即企业进行运输生产活动所产生的各项耗费的货币表现。电子商务企业为给客户配送所订商品，要么依靠自己配送，要么依靠第三方物流企业进行配送。现如今，大多数的电子商务企业给客户配送商品都依靠第三方物流企业，如申通快递、邮政快递、圆通快递等。而一般第三方物流企业收费占商品利润比重较大，使得电子商务企业的利润被削减；而若是企业自己配送，所花费的车辆购置费、养路费、保险服务费、路桥费、罚款等又是一般电子商务企业不能承受的。

(2) 仓储成本

目前，电子商务企业的仓储成本平均占到物流成本的18%。电子商务企业的仓库就像一个大型商场一样，而决定仓库价格的地价一路猛涨，大大超出了一般电子商务企业的承受能力。因此，电子商务企业若是自建仓库，成本很高，小型电子商务企业只能转而寻求租用仓库来进行商品存储、分拣、配送等物流活动。然而，近年来，仓库租金上涨也很快。电子商务企业在租用仓库时面临的另一个问题是出租方大多将承租方的货物当成临时存储货物对待，在管理上不予重视，分区分类存储做得不到位。

(3) 订单处理成本

电子商务企业的客户分散在全国各地，从总体经营效果看，客户规模很大，需求量大。但是由于大多数客户个体需求量小且需求多种多样，也就是订单数量多但多为 SKU(单件）。这直接产生的问题就是在处理订单时几乎按拆零方式拣选，订单的批量化处理很难实现，且在分拣订单和商品时费时费力，效率低且出错率高，作业成本增加，降低了电子商务企业的获利空间。

(4) 逆向物流成本

电子商务逆向物流成本主要表现为退货费用，即由于退货产生的一系列物流费用。退货商品的损伤或滞销及处理退货所产生的人员费用和各种事务性费用都增加了电子商务企业的物流成本。如今，大多数电子商务企业多以"七天内无理由退货"的方式吸引顾客，这种做法一方面带来了客户规模的扩大和销售量的增加，但同时使客户在收到商品后的退货比例上升，且买方不承担退货费用使电子商务企业的退货率比传统企业的退货率要高得多。由于退回商品大多数量较少，退货单件多且分散，会增加配送费用，也会给商品入库、账单处理等带来诸多不便。

2. 电子商务企业物流成本控制

电子商务企业物流成本的控制途径有以下几种。

(1) 加强信息化建设，构建物流交易信息平台。电子商务企业的客户订单多，但多为SKU，客户数量庞大但需求量小且多种多样。客户在节日、黄金假期等不同时期内的需求量差异大，时常出现运输车辆过剩或不足或装载不经济等影响物流运输效率的问题。为解决这些问题，电子商务企业应加快国内国际信息化互联，打造一体化信息平台；应加强对信息的管理和对需求的预测，减小电子商务企业、商家、运输企业、消费者间的"牛鞭效应"；应完善电子商务企业的分拣、收货、发货、配送、库存等环节，保证对物流系统的实时监控，提高物流系统的效率和作业效率，同时节省订单费等其他费用，简化订单处理流程，降低物流成本。

(2) 合理布局自身网络，实施物流战略联盟。电子商务企业要根据自身情况，合理设计、布局自己的仓库、配送中心、销售网店，尽可能保证在销售旺季各网点间可以相互支持。同时，由于物流网络和网点的建设成本高、投入大，电子商务企业可以和其他企业加强合作，实施物流战略联盟，在降低成本、提高效率的同时实现双赢甚至多赢。

(3) 积极实施物流网络规划与优化。物流网络作为支撑电子商务企业整体物流功能的基础，其配置直接关系到电子商务企业所能达到的物流服务水平及该服务水平下的物流成本；通过优化物流网络的软件（如 LogicNET 和 Flexsim 等），规划物流网络和优化物流供应链中的物流节点、供应商节点和客户终端节点，可以在维持或提高现有服务水平的同时降低物流成本、提高物流运作效率。据统计，优化物流网络和物流节点可以提高 10%～30%的服务水平，降低 5%～10%的物流成本。

(4) 实现供应链管理，提高客户服务水平，降低物流成本。实现供应链管理，不仅要求本企业物流管理效率化，也需要企业协调与其他企业及客户、消费者之间的关系，实现供应链管理的效率化。因此，企业内部各环节要加强物流成本控制，在提高效率的同时和其他企业加强合作，共同降低成本。

(5) 削减退货，降低逆向物流成本。随着电子商务企业的逐步发展和规模扩大，可以尝试将网络加实体连锁经营模式与第三方物流模式相结合。当电子商务企业具有一定规模时，基于成本掌控和提升客户满意度的要求，应开始考虑建立自营物流，采取自营物流加第三方物流的模式：自营物流配送一线城市，第三方物流配送二、三线城市，其他地区邮政覆盖，在更高层次上实现商流、物流、信息流的共享，并建立第三方物流绩效评价体系，提升服务质量。

小案例

京东商城是中国 B2C 市场最大的 3C 网上购物专业平台，是中国电子商务领域最大的电脑、数码通信、家用电器网上购物商城，主要的销售渠道为 B2C 电子商务网站，客户可以通过在线订购或电话订购的方式来购买商品，可以选择在线支付、货到付款和自提等方式支付货款并收取货物。

1. 运输成本控制

(1) 减少运输环节，节约成本。京东在采购商品时"就地取材"，尽可能地采用直营方式，减少中间环节，使商品不进入中转环节，越过不必要环节，减少运输过程，节约大量运输开支。

(2) 通过合理装卸，降低运输成本。通过改善装载方式、提高装载水平、充分利用运输车辆的容积和载重量，减少总运输成本。

(3) 科学预测顾客需求。京东构建信息库对某一个商圈内顾客的消费进行记录，科学地预测出顾客需求，减少商品无须运输的数量，让商品有组织、有管理、有序地流动，使每个商品从出厂到京东库房再到消费者家里，整个搬运距离最短，搬运效率最高，搬运成本也最低。

2. 仓储成本控制

京东通过在仓储内部加强信息化技术建设，如引进光电识别系统、计算机监控系统等，让每单位仓储面积、每个设备都做到物尽其用，既提高工作效率，又减少油料、电力等的消耗，降低仓储成本。

3. 采购成本控制

建立职责明确的组织结构，建立一套完整的供应商认证程序，定期对供应商进行绩效考核，提高采购人员的素质。

4. 时间成本控制

在地铁等人流密集的地方建立自动取货柜，方便顾客随时过来取货；也可把货送到顾客家居民小区的自提柜。

5. 人力成本控制

准确规划人员供需，标准化招聘流程，降低人员招聘成本；对各直接部门实施工时目标管理，对各间接部门实施加班目标管理，控制合理的人力使用成本；制定和完善标准化的培训程序，降低人员培训和开发成本；通过机器人、自动化设备的导入提高生产效率，降低劳动分配率。

案例点评：电子商务企业为在激烈的市场竞争中取得竞争优势，需通过合理手段对自身的物流成本进行有效控制。物流成本控制是电子商务企业增强自身市场竞争力的客观需求，是电子商务企业能够长远发展的参考依据，因此，物流成本控制尤为重要。

5.5.2 量本利分析法

1. 量本利分析法的基本原理

量本利分析法的基本原理是将成本划分为固定成本与变动成本，从而找出销售量（或业务量）与固定成本、变动成本及利润之间的关系，通过业务量的增加，减少分摊到单位业务量上的固定成本，从而使单位成本下降。量本利分析法的第一步是根据物流成本与物流业务量的变动关系将物流成本划分为固定成本、变动成本和半变动成本。

(1) 物流系统的固定成本。固定成本指在一定范围内，不随业务量的增减而变动的成本，如固定资产折旧费、财产保险费、管理人员工资、广告费、研究与开发费用、职工培训费等。

(2) 物流系统的变动成本。变动成本指与业务量直接成正比的费用，如燃料成本、装卸费用、计件工资、仓库材料成本等。为了简化，我们通常假设单位业务量的变动成本是不变的。这一假设在一定的物流业务量的范围（通常是企业设计规模）内是正确的，但超过一定的业务量，可能产生加班工资等成本，则单位业务量的变动成本会上升。

(3) 物流系统半变动成本，即总额受业务量变动的影响，但变动的幅度与业务量的增减不保持比例关系的成本，如辅助材料成本，设备维修费等。半变动成本可以划分为混合式半变动成本和阶梯式半变动成本。混合式半变动成本可分解为固定成本和变动成本，如设备维修费，可分解为定期预防性检修费和故障维修费，前者可视为固定成本，后者因与设备使用时间直接相关，可视为变动成本。阶梯式半变动成本是在相关范围内保持不变的，当物流业务量超过相关范围时，其总额将成跳跃式上升的成本。如采用铁路整车运输的货物运输，车辆标重设为 70 吨，则不到 70 吨的任何货运量运费相同，超过 70 吨和不到 120 吨的任何货运量的运费也相同。对这种半变动成本，当总的业务量较大时（如每次发运都有几千吨）可视为变动成本，当总的业务量较小时（如每次发运几百吨）则要慎重，必须进行灵敏性分析。

2. 量本利分析模型

设固定成本为 FC，变动成本为 VC，单位变动成本为 V，业务量为 Q，总成本为 TC，则

$$TC = FC + VC = FC + V \times Q$$

再设，单位业务量的收费（单价）为 P，盈利为 R，在不考虑营业税的情况下，物流系统量本利三者的关系可用以下公式表示：

$$R = P \times Q - TC = P \times Q - (FC + V \times Q) = (P-V) \times Q - FC$$

当盈利为零时，上式为：

$$(P-V) \times Q = FC$$

$$Q = FC/(P-V)$$

此时业务量称为盈亏平衡点业务量（设为 Q_b），又称为保本点，如图 5-2 所示。如果目标利润为 R，则

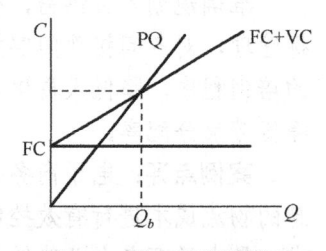

图 5-2 量本利分析模型

$$Q_R = (FC+R)/(P-V) = Q_b + R/(P-V)$$

Q_R 为保利点，即企业为实现目标利润 R 所应达到的目标业务量（或销售量）。

3．量本利分析法在成本控制中的应用

量本利分析法通常假定成本是已知的，再由成本推导利润及业务量。但是，若将公式稍加变换，也可用作成本控制的方法。

假设一定时期的业务量 Q 是既定的，即可能在合同中已经确定了。对第三方物流企业而言，这种情况是可能的。所谓既定，并非固定的意思，而是说这一变量是由外部环境决定的，企业无法控制。在这种情况下，企业要实现目标利润 R，就必须控制固定成本或变动成本。由以上公式可得：

$$FC = (P-V) \times Q - R$$

$$V = P - (FC+R)/Q$$

上两式中，若固定成本 FC、单位变动成本 V、单价 P 都是既定的，只要一定时期内的业务量 Q 确定，就能实现目标利润 R。若企业实现了目标利润 R，单价 P、一定时期内的业务量 Q 既定，则固定成本 FC 随单位变动成本 V 的变动而变动，或单位变动成本 V 随固定成本 FC 的变动而变动，这时只要控制固定成本或单位变动成本其中之一，另一个也将确定。

4．量本利分析法的局限性

量本利分析法是以固定成本不随业务量变动、单位业务量的变动成本也不随业务量变动为假设前提的，这在一定范围内是可行的，但超过一定范围，固定成本和单位变动成本都会上升。业务量增长达到一个临界值时，边际成本等于边际收益（MC=MR，边际成本指增加一个单位业务量增加的收益），业务量如果超过这一临界值，总利润就会下降，在经济学上，这一临界值称为利润最大化的均衡点。

5.5.3 活动成本法

1．活动成本法的含义

所谓活动成本（Activity-Based Costing，ABC）法，又称为作业成本法，是一种以活动（包括作业、业务、增值等）为对象的成本核算、分析与控制的方法体系。活动成本法试图将所有的有关费用与完成增值活动联系起来。活动成本的"活动"是指在生产产品或提供劳务过程中不可缺少的作业活动、操作环节、加工工序等。活动成本法可以为物流企业不断改善经营管理提供准确、及时的有关活动、活动量、活动印象（产品或用户）的信息，从而使物流企业利用这些信息来改善成本的管理过程。在物流企业组织中应用活动成本法，进行物流成本管理的关键步骤是成本分配和成本分析，这两个步骤体现了活动成本法的基本特点。

2．活动成本法的成本分配方式

活动成本法的成本分配方式如下。

（1）分析物流过程（如运输、仓储、配送等环节）中的活动实施成本。所有与完成物流功能有关的成本都应该包括在以活动为基础的成本中，所有和订货管理、运输、库存控制、仓储、包装、配送等有关的成本都必须予以分离。

(2) 将成本分配到所有的活动上去。要将成本分配到活动上，就需要分析这项活动有无必要、能否为客户带来增值。例如，如果分配的目标是一张客户订单，那么由完整周期产生的所有成本都可归结为总的活动成本，而以活动为基础的物流成本的典型分析单位是客户订单、渠道、产品和增值服务。由此可见，成本是根据挑选出来的作为观察对象的分析单位的变化而变化的。物流过程的活动通过这样的成本分配方式，可以为物流经营管理及物流系统规划、设计、运行提供许多极为有用的信息。

3. 活动成本法的成本分析方法

活动成本法的成本分析方法的基础是活动(作业、业务等)，应用活动成本法首先必须对活动本身进行分析，然后挖掘成本动因和建立活动计量体系。

(1) 分析活动

① 活动的必要性。分析活动首先要对活动的必要性进行确认。判断一项活动是否必要，通常可以从以下三个方面进行考察。第一，对用户是否必要。如果对用户是必不可少的，那么这项活动就是必要的。第二，对成功运营是否必要。如果对成功运营是必要的，那么这项活动也是必要的。第三，能否合并。若能合并到其他活动中，则合并，除此以外的活动都应予以删除。

② 活动量比较。仅凭本公司物流活动业务量的比率、效益不足以说明问题，需要与其他公司相同或相近的活动进行比较分析，从而发现相对差距并判断是否值得改进。

③ 各项活动之间的联系分析。要达到一定目标需要经过一系列活动，而这一系列活动必须和物流活动相协调，消除重复性活动，将活动占用的时间降至最少。

(2) 挖掘成本动因

寻找导致不必要活动或不佳活动产生的原因，从而为最终消除不必要活动成本找到依据。否则，这些不必要活动在经过一段时间后又会重新出现。

(3) 建立活动计量体系

分析活动和挖掘成本动因都是定期进行的，但物流活动是每天都在进行的，为了确保每项活动都对生产、经营、服务做出贡献，需要建立活动计量体系。其步骤如下。

① 确定目标，即确定满足用户需求和实现成功经营的目标体系。

② 将目标落实到参与活动的人员。每个参与活动的人员都应了解企业目标的重要性，以及各目标之间的关系，将企业目标经过层层分解，落实到每个参与活动的人员。

③ 采用多种计量方法。寻找对每项活动进行计量、评价的方法，正确反映每项活动对总目标贡献的大小，作为改进活动和进行奖励的依据。

4. 活动成本法的计算过程

活动成本法的导入程序和计算过程分别如图 5-3 和图 5-4 所示。

综合图 5-3、图 5-4 的内容可以得到如下活动成本法的具体计算过程。

(1) 明确导入活动成本法的目的及对象。在运用活动成本法计算成本之前首先要明确其目的，即要解决什么问题，需要计算什么样的成本。

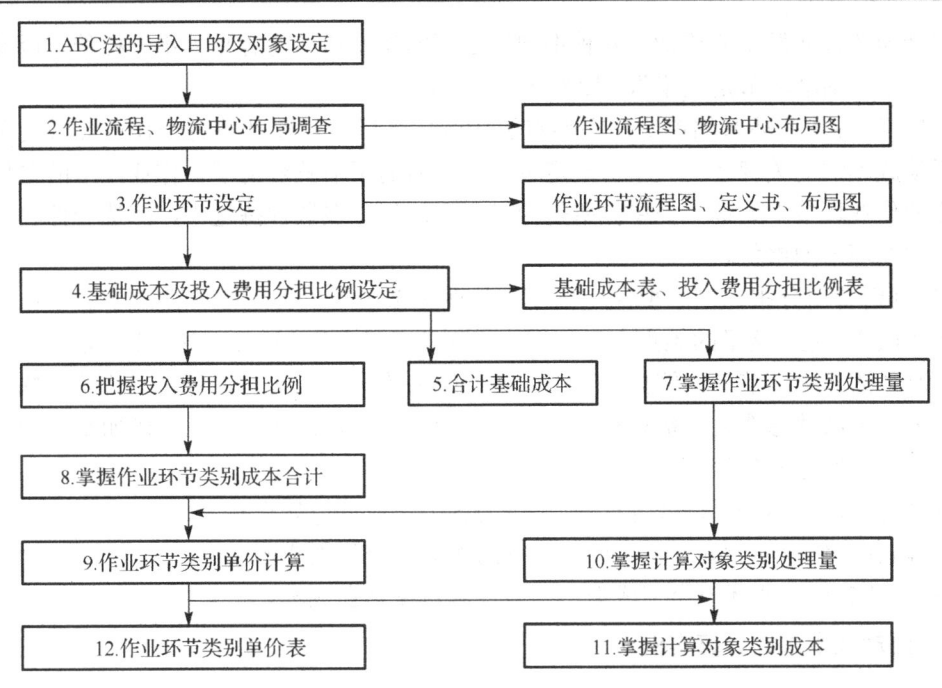

图 5-3　活动成本法的导入程序

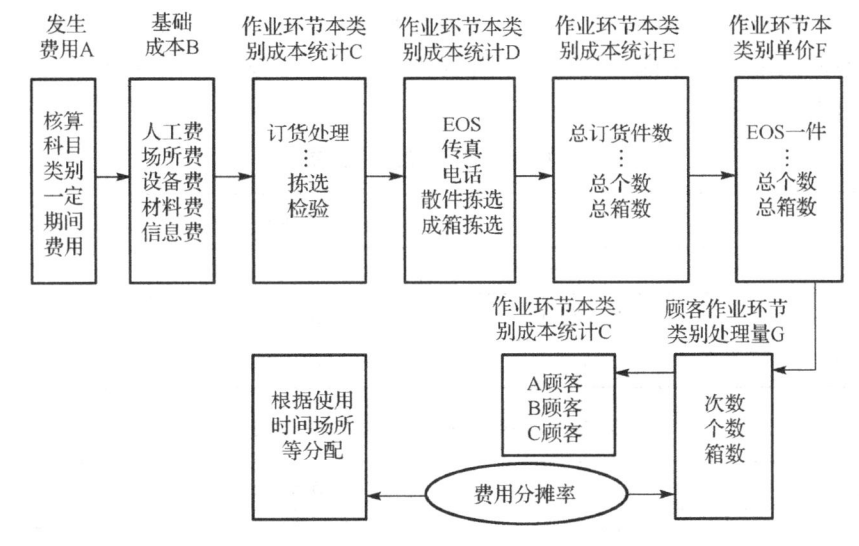

图 5-4　活动成本法的计算过程

(2) 调查作业流程和物流中心布局。对作业流程和物流中心布局的细致了解是做好下面各个环节工作的基础，通过调查制作出作业流程图和物流中心布局图。

(3) 确定作业的必要性，界定作业范围。活动成本法的分析基础是活动(作业、业务等)，应用活动成本法首先必须对活动本身的必要性进行分析。在确定必要活动后，还需要界定活动环节的范围。活动环节的界定要与活动成本法导入的目的相结合。活动环节的界定不同，费用是有差异的。例如，散件货物的拣选，只是指从货架上取出货物的作业环节，还是也包括为拣选而发生的移动？两种不同界定下的作业活动内容是大不一样的。因此，需要制作一部"活动环节定义集"，来统一活动环节。

(4) 计算各作业环节的单价。在界定了作业环节后，还要计算各个作业环节的单价，这是活动成本法的关键之一。单价确定下来，以后的事情就容易了。作业环节的单价是在所界定的作业环节上处理一个单位所需的成本。例如，在散件拣选中，拣选一件物品的成本就是作业环节的单价。

(5) 确定费用分担比例。要制定出不同作业环节的单价并不是一件简单的工作，需要有充足的成本数据。这里的难点在于如何将投入的各种费用（如人工费、设施费、水电费等）分配到具体的作业环节上。例如，人工费要分解为拣选人工费、捆包人工费等；拣选人工费又要分解为散件拣选人工费和整箱拣选人工费等；一定期间内发生的诸如水电费、机械设备费等也都要分摊到每个作业环节上。

(6) 掌握按计算对象（顾客等）类别划分的各个作业环节处理量。

(7) 用各个作业环节处理量乘以单价得出作业环节类别成本。

(8) 合计各个作业环节类别成本，得出计算对象类别成本。

5. 活动成本法的计算实例

由表 5-4、表 5-5、表 5-6 的简单事例可以看出，物流成本与顾客提出的物流服务要求直接相关，虽然零售店 A 和零售店 B 一个月内订货的总量是一样的，但是由于订货频率不同、每次订货数量不同，导致物流作业的繁杂程度及为此支出的费用也不一样，也就是说，不同水准下的物流服务成本是存在差异的，这种差异利用原来的成本计算方法无法体现出来。

表 5-4 订货情况一览表

内容\顾客	商店 A	商店 B	备注
订货数量	200 个/月	200 个/月	总订货量相同
订货频率	5 次/月	20 次/月	物流服务差距
订货数/次	40 个/次	10 个/次	

表 5-5 作业内容与作业成本一览表

作业内容		单价（一箱装 10 个）	作业内容		单价（一箱装 10 个）
分拣	散件	0.09 元/个	捆包	散件	1.5 元/件
	箱	0.14 元/箱		厂家原箱	0.39 元/件
分拣	大型	0.35 元/个		台车	0.68 元/件
	次数	0.6 元/次	贴标签		0.06 元/个
	准备	0.06 元/次			
检验	散件	0.06 元/个			
	箱	0.16 元/箱			

表 5-6 采用活动成本法计算的物流成本

成本项目	零售店 A	零售店 B
分拣成本	1.4 元(0.14 元×10 箱)	9 元(0.09 元×100 个)
分拣次数成本	3.0 元(0.6 元×5 次)	12 元(0.6 元×20 次)
检验成本	1.6 元(0.16 元×10 箱)	6 元(0.06 元×100 个)
合计	6 元	27 元

活动成本法与传统成本计算方法之间是交叉关系，如表 5-7 所示。传统成本计算方法从投入要素的角度计算成本的大小，活动成本法从作业环节的角度将所有的投入要素进行汇总得出在某个作业环节上的费用支出。活动成本法将传统成本计算方法无法看到的物流中心内部的"实态"用成本的形式表现出来。当然，不同的作业内容、不同的作业方法产生出来的物流服务水准也不一样，物流费用支出自然也不一样。

表 5-7 活动成本法与传统成本计算方法的关系

		活动成本法						合计	备注
		入库	上架	保管	拣选	检验	…		
传统成本计算方法	人工费								传统成本计算方法中各项费用之和等于物流中心费用；活动成本法中各项作业环节成本除以各自业务量，得到该作业环节的单价
	场所费								
	设备费								
	材料费								
	信息费								
	…								
合计									

活动成本法(并结合价值链和价值分析等方法)可以在以下方面降低物流企业成本。

(1)通过价值流重新设计，消除不必要的物流作业活动。精心设计物流服务项目的实现过程，是活动成本法降低活动成本乃至整个物流成本的关键所在。

(2)按照增值的要求进行业务流程重组，改革一切不利于增值的业务流程，减少物流活动时间和物流活动作业量。

(3)选择合适的物流活动成本项目和数量标准。

(4)尽可能共享活动，节省资源消耗。若用户需求有共性，在可能的情况下，尽可能采用共享活动的服务方式。

(5)重新处置未使用的资源。挖掘企业现有资源潜力，对富余资源可考虑重组、出租、出售。

5.5.4 标准成本法

1. 标准成本法的含义

标准成本是通过精确调查以后测定的在预定的情况下"应该发生"的成本。标准成本作为一种预计成本，要使它能与实际成本进行比较，就必须具有一定的"规范"性。根据规范的程度不同，标准成本一般可分为理想的标准成本、正常的标准成本和基本的标准成本三类。

(1) 理想的标准成本，是指以现有技术和管理处于最佳状态为基础所确定的标准成本。采用这种标准成本，意味着成本的发生完全按理想的状态进行，不允许有丝毫浪费。尽管这种标准成本在实际工作中很难达到，但它作为提高作业效率的最终目标具有引导意义。

(2) 正常的标准成本，又称为良好业绩标准，是根据已经达到的生产技术水平，以有效经营为前提而制定的标准成本。在制定这种标准成本时，应把生产经营过程中不可避免的损耗和低效率等情况考虑在内。这种标准成本经过努力是可以达到的，因而成为企业广泛应用的标准成本。

(3) 基本的标准成本，又称为过去业绩标准，是以历史上某一时刻已经达到的成本水平为基础而制定的标准成本。这种标准成本由于不具备先进性，一般不用于成本控制，但它可以使各个时期的实际成本与同一标准进行比较，从而反映成本水平的变化情况。

2. 标准成本的制定

制定标准成本必须从企业的实际情况出发，根据正常的生产技术和经营条件，恰如其分地予以确定。产品的标准成本一般按成本项目确定，即按直接材料费、直接人工费和制造费用分别确定。在此基础上，汇总确定单位产品的标准成本。其基本形式是标准"数量"乘以相应标准"价格"。制定物流作业的标准成本，业务数量标准通常由技术部门会同业务部门研究确定。制定标准成本应尽可能吸收负责执行标准的员工参加，从而使制定的标准符合实际物流活动的要求，使其既能达到控制成本的目的，又能成为通过努力可以实现的目标。

3. 标准成本的应用

将实际成本与标准成本进行比较，就会找到成本差异。应用标准成本法，除了制定合理的标准成本，更重要的是计算标准成本差异和分析产生差异的原因，最终找到消除差异（指不利差异）的方法。

5.5.5 弹性预算法

弹性预算法，也称变动预算法或滑动预算法，是相对于固定预算而言的一种预算方法，即按照一系列不同业务量水平所应开支的费用和利润水平，编制不同的预算。其基本原理是把成本按成本习性分为固定成本和变动成本两大部分。由于固定成本在其相关范围内总额一般不随业务量的增减而变动，因此在按照实际业务量对预算进行调整时，只需要调整变动成本即可。设定固定预算中的成本预算总额为：

$$Y = a + bX$$

式中，Y 为成本预算总额；

a 为固定成本总额；

b 为单位变动成本；

X 为计划业务量。

如果实际业务量为 X_L，按实际业务量调整后的费用预算总额为 Y_L，则有：

$$Y_L = a + bX_L$$

弹性预算法按预算期内某一相关范围内的可预见的多种业务量水平确定不同的预算额，从而扩大了预算的适用范围，便于预算指标的调整，使对预算执行情况的评价与考核建立在更加客观和可比的基础上，更好地发挥预算的控制作用。而且由于弹性预算法可根据不同业务量进行事先编制或根据实际业务量进行事后调整，因此弹性预算法在物流成本控制中具有适用范围广、操作简单的优点，很容易被企业接受。

【本章小结】

本章首先介绍了电子商务物流服务的含义、特征及内容。其次，阐述了物流成本的含义、构成、特征、分类，物流成本的核算方法，分析了影响物流成本的因素。接着，介绍了物流服务质量的含义、特点及评价指标，解释了物流服务与物流成本之间的关系。最后，介绍了物流成本管理的含义、作用、目标、原则、内容，讨论了物流成本的控制方法。

【本章习题】

一、名词解释

电子商务物流服务　物流成本　变动成本　固定成本　物流成本管理
量本利分析法　活动成本法　标准成本法

二、单项选择题

1. 依据物流系统运动的客观规律，为了满足顾客的服务需求，运用科学的管理方法和手段对物流过程的质量及影响因素进行计划、组织、协调控制的活动过程是（　　）。
   A．物流质量　　　　　　　　B．物流质量管理
   C．物流服务　　　　　　　　D．物流活动
2. 电子商务物流服务的特征不包括（　　）。
   A．信息化　　B．网络化　　C．智能化　　D．广泛化
3. 将必要的零件以必要的数量在必要的时间送到生产线，并且只将所需要数量的零件在正好需要的时间送到生产线，这种管理方式是（　　）。
   A．准时制物流　　　　　　　B．快速响应
   C．目标管理方法　　　　　　D．配送资源计划
4. 库存成本不包括（　　）。
   A．采购成本　　B．缺货成本　　C．库存持有成本　　D．运输成本
5. 物流企业服务质量评价指标不包括（　　）。
   A．货品精确率　　B．货品质量　　C．信息质量　　D．服务沟通
6. 物流成本管理的主要内容不包括（　　）。

A．物流成本预测 B．物流成本决策
C．物流成本削减 D．物流成本控制

7．量本利分析的基本模型为（　　）。
A．利润=营业收入-变动成本总额
B．利润=营业收入-固定成本总额
C．利润=（单价-单位变动成本）×业务量
D．利润=单价×业务量-单位变动成本×业务量-固定成本总额

8．某运输公司根据历史数据分析，确定固定成本总额为20万元，单位变动成本为0.1元/吨千米，单位运价为0.2元/吨千米，目标利润为2万元，则其保利点业务量为（　　）万吨千米。
A．100　　　　B．150　　　　C．200　　　　D．220

三、简答题

1．简述电子商务物流服务的含义及其优势体现在哪些地方。
2．电子商务物流服务的内容有哪些？电子商务物流服务有什么意义？
3．物流成本的含义及其特征有哪些？
4．物流成本由哪几部分构成？
5．解释物流服务与物流成本之间的关系。
6．物流成本管理的含义及原则是什么？
7．如何进行电子商务企业的物流成本管理？
8．物流成本的核算方法有哪几种？
9．请举例分析物流成本的"效益背反"理论。

【案例分析】

电商行业的物流成本控制与分析
——以亚马逊、当当、京东商城为例

互联网电子商务发展至今，电子商务行业的规模正在逐步扩大。关于如何控制物流成本的问题，国内不少人提出应从优化物流模式、加强电子商务供应链整合、消减退货等方面来降低物流成本。著名的亚马逊、当当网、京东商城的物流配送模式如下。

1．亚马逊物流配送模式

（1）在配送模式的选择上采取外包的方式。在电子商务中，亚马逊将其美国的配送业务委托给美国邮政和UPS，将国际物流业务委托给国际海运公司，自己则集中精力去发展主营和核心业务。这样既可以减少投资、降低经营风险，又能充分利用专业物流公司的优势，节约物流成本。

（2）将库存控制在最低水平，实行零库存运转。亚马逊通过与供应商建立良好的合作关系，实现了对库存的有效控制。亚马逊的库存图书很少，维持库存的只有200种最受欢

迎的畅销书。购书者以信用卡向亚马逊支付货款，而亚马逊却在图书售出46天后才向出版商付款，这就使得它的资金周转比传统书店要顺畅得多。由于保持了低库存，亚马逊的库存周转速度很快。在保持零库存的情况下，降低了存货积压带来的成本，有效地控制了企业的成本。

(3) 降低退货比率。亚马逊选择适当的商品品种，价格、商品质量和配送服务等能满足顾客需要，所以保持了极低的退货比率。极低的退货比率不仅减少了亚马逊的退货成本，也保持了较高的顾客服务水平并取得了良好的商业信誉。

(4) 为邮局发送商品提供便利，减少送货成本。亚马逊采取"邮政注入"方式减少送货成本。"邮政注入"就是使用自己的货车或由独立的承运人将整卡车的订购商品从亚马逊的仓库送到当地邮局的库房，再由邮局向顾客送货。这样就可以免除邮局对商品的处理程序和步骤，为邮局发送商品提供便利条件，从而降低成本、提高利润。

(5) 根据不同商品类别建立不同的配送中心，提高配送中心作业效率。亚马逊的配送中心按商品类别设立，不同的商品由不同的配送中心进行配送。这样做有利于提高配送中心的专业化作业程度，使作业组织简单化、规范化，既能提高配送中心作业的效率，又能降低配送成本和运输成本。

(6) 采取"组合包装"技术，扩大运输批量。为了节省顾客等待的时间，亚马逊建议顾客在订货时不要将需要等待的商品和有现货的商品放在同一个订单中。这样在发运时，承运人就可以将来自不同顾客、相同类别，而且配送中心也有现货的商品配装在同一货车内发运，从而缩短顾客订货后的等待时间，也扩大了运输批量，提高了运输效率，降低了运输成本。

2. 当当物流配送模式

(1) 当当在配送模式上选择了第三方物流的方式。当当进行了配送环节的创新。中国没有 UPS、FedEx 这样覆盖全国乃至全球的物流企业，当当现在的做法是航空、铁路、城际快递、当地快递公司齐上，并且主要依靠专业快递公司进行配送，与民营快递公司合作，并在一些大城市扩建了自己的仓储中心。通过选好配送公司，从而以更快的速度为消费者提供更好的服务。

(2) 当当对商品品种选择适当、价格合理，商品质量和配送服务等能满足顾客需要，所以保持了极低的退货比率。极低的退货比率不仅减少了企业的退货成本，也使企业保持了较高的顾客服务水平并取得了良好的商业信誉。

(3) 同亚马逊一样，根据不同商品类别建立不同的配送中心，提高配送中心作业效率。不同的商品由不同的配送中心进行配送。这样做有利于提高配送中心的专业化作业程度，使作业组织简单化、规范化，既能提高配送中心作业的效率，又能降低配送中心的管理和运营费用，从而降低企业的物流成本。

3. 京东物流配送模式

(1) 自营配送模式。京东商城在北京、上海、广州、成都这四个城市都建立了自己的物流体系。与此同时，还在苏州、杭州、天津、深圳、南京、无锡、宁波这七个城市开通配送站。并欲在华东物流中心旁建一座更大的物流仓储中心来支持企业的自营配送模式。京东建立自己的物流系统，依靠自身的配送队伍，一方面可以避免第三方物流产生的更高的物流成本;另一方面也可以加强管理,扩大企业自身规模,增强企业核心竞争力。但是,京东的成本压力并不小,用户获取成本也相当高,未来物流成本占比和人力成本占比还有上升风险。

(2)第三方物流配送模式。京东在自营配送到达不了的区域,选择与当地的快递公司合作,来完成货物的配送任务。另外,在配送大家电时,京东还选择与厂商进行合作,因为大家电的物流配送成本较高,京东自行运送不划算。

根据以上案例分析下面的问题:

1. 结合案例对比分析三家电子商务企业的物流模式及其物流成本控制方式。
2. 试根据对比分析结果总结电子商务行业物流成本控制存在的问题,并针对问题提出加快物流速度、降低物流成本的对策建议。

【实训操作】

实训项目1:电子商务企业物流成本控制调查分析

实训目的:

(1)理解电子商务物流成本的相关理论。

(2)能够将电子商务物流成本的核算方法和物流成本控制理论应用到实际企业中。

实训内容:实地考察当地一家专业物流公司。

(1)了解其物流成本的现状。

(2)调查企业的物流经营现状、物流相关成本,分析物流成本相关性,计算企业的物流成本。

(3)按照所学的物流成本分析的基本方法、思路和控制方法,分析该企业物流成本控制存在的问题,提出一些改进建议。

实训要求:将参加实训的学生分组,在教师指导下进行调研,完成实训报告。

实训项目2:物流客户服务满意度调查

实训目的:通过实训,了解提高物流客户满意度的基本思路与对策。

实训内容:认识物流客户服务的重要性,设计物流客户服务满意度调查问卷,熟悉物流客户服务满意度调查的基本方法。

实训要求:将参加实训的学生分组,在教师指导下进行调研,完成实训报告。

实训项目3:网店本量利分析

实训目的:通过实训,掌握本量利分析法在物流成本控制中的应用。

实训内容:手淘上某网店专卖汽车模型,平均售价为198元,卖家自己直接从义乌小商品市场进货,平均每件进货成本108元,每次进货坐火车来回,一次采购汽车模型为100辆,每个模型的尺寸为19.2cm×9.5cm×6.3cm,销售给买家时用快递寄送,物流费用由买方承担。卖家在杭州市区租赁了一间100平方米的房子,月租金1500元,其中一半用于居住,一半当作玩具仓库。卖家购置了一台计算机,价值8000元,还购买了一套进销存管理软件,价格300元;每月水电费200元,通信费300元,物业费160元,其他办公费用220元;销售每件汽车模型的包装材料费平均为5元。

请对该手淘网店进行本量利分析。

(1) 计算该手淘网店的固定成本和变动成本；

(2) 计算该手淘网店销售汽车模型的盈亏平衡点的业务量和销售额；

(3) 假设该手淘网店当月销售汽车模型 100 件，计算该手淘网店销售汽车模型当月的利润。

实训要求：将参加实训的学生分组，两人一组，任务完成后撰写《××手淘网店本量利分析报告》，字数不限，要求分析过程介绍详细，内容格式规范，条理清晰。

第 6 章　电子商务供应链管理

【本章要点】

- 供应链概述
- 供应链管理概述
- 供应链管理方法
- 供应链的设计
- 电子商务下的供应链管理
- 数字经济下电子商务供应链管理

【引导案例】

京东物流：一体化供应链服务商

十年磨一剑，2021年5月底京东物流不负众望，于中国香港上市。

多年来，京东物流的变革有目共睹。2007年，京东集团开始成立内部物流部门。2012年京东物流开启公司化运营，依托电商平台京东商城，至2020年已成为国内大型合同物流企业之一(数据见下表)。

京东物流(数据截至 2020 年 12 月 31 日)

营收	一体化供应链收入为 556 亿元，同比增长 32.9%
供应键解决方案	快速消费品、服装、家电、家具、3C、汽车和生鲜一体化供应链解决方案
物流基础设施	六大网络(仓储网络、综合运输网络、最后一公里配送网络、大件网络、冷链网络及跨境网络)、900 多个仓库、占地 2100 万平方米
服务基础设施	19 万名配送人员、1800 个大件配送及安装站点
科技能力	2008—2020 年，累计技术支出近 53 亿元，通过 X、Y 实验室，持续进行数字化、自动化技术的应用探索，与自动化和无人技术相关的专利及版权超过 2500 项
场景服务能力	通过京东帮提供家居家电安装、维修等服务

如今京东物流不止服务于电商仓配，更是从商流出发拓展至以科技驱动的一体化供应链解决方案，其核心竞争优势为强大的供应链业务及一站式服务。

据了解，京东物流是中国最大的一体化供应链物流服务供应商，2020 年的市场份额为 2.7%。

"一体化供应链"的服务主要包括仓配服务、快递快运服务、大件服务、冷链服务和跨境服务。其中，仓配服务占了京东物流全年收入的50%～70%。

京东物流通过设计并开发覆盖广泛且一体化的物流网络，通过专有技术及遍布全国的物流网络，涵盖了从上游制造、中游物流及流通至下游配送到终端客户的完整供应链，其解决方案及服务能有效地解决中国所有买方或卖方长期面临的供应链系统低效落后的问题（见下图）。

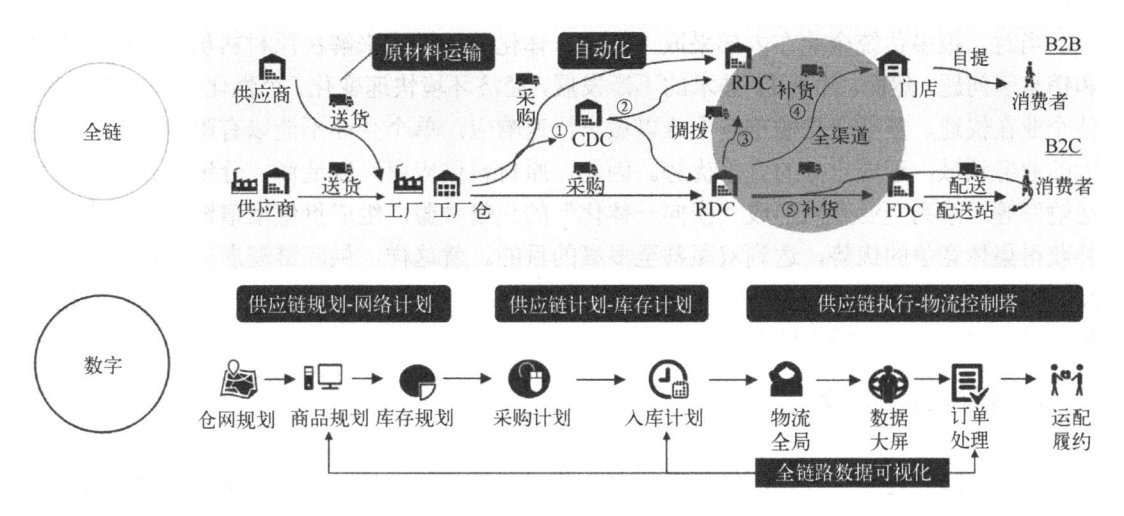

将供应链技术作为运营基础的京东物流，截至2020年年底，共运营32个高度自动化的物流中心——亚洲一号大型智能仓库，能高效处理订单。

2020年京东物流对使命愿景进行升级，以技术驱动成为全球领先的供应链基础设施服务商，并正式发布科技品牌"JDL物流科技"，意味着其未来将依托科技打造第二增长曲线。

总结而言，一体化供应链是京东物流的核心收入引擎，也是其"命脉"。

视野拓展

一体化供应链

一体化供应链即供应链一体化，它是一个系统概念，包括功能一体化、空间一体化、跨期一体化（分级规划），分别指：采购、生产、运输、仓储等活动的功能一体化；这些活动在地理上分散的供应商、设施和市场之间的空间一体化；这些活动在战略层、战术层、运作层三个规划层次上的跨期一体化。

6.1 供应链概述

在当今时代，所有的企业都面临严峻的挑战。它们必须在提高客户服务水平的同时，努力降低运营成本；必须在提高市场反应速度的同时，给客户更多的选择。客户拥有了越来越多的权利，因此，企业必须将满足客户实际需求作为供应链发展的原则和目标。以前的竞争是企业与企业之间的竞争，以后的竞争将是供应链与供应链之间的竞争。

6.1.1　供应链的起源

供应链起源于20世纪80年代，是美国政府为了重新夺得制造业领域的竞争优势而提出的一种新型管理模式。供应链的早期研究从物流领域开始，但很快扩展到其他行业的多个领域。

当时，很多传统企业在内部采取"纵向一体化"的模式来解决原材料供给、产品生产和销售等问题。然而，随着IT技术的不断发展，经济环境快速变化，个性化需求不断增加，使企业在快速、复杂变化的市场中难以做出快速响应，单个企业不能以有限的资源应付庞大的业务领域，形成自身的竞争优势。因此，原材料供应商、制造商、分销商、零售商和运输商等一系列企业开始形成"横向一体化"的战略联盟，组成价值增值链，通过优势互补获得集体竞争的优势，达到双赢甚至多赢的目的。就这样，供应链理念应运而生。从商品的价值在业务连锁中逐渐增值的角度看，可称为"价值链"；从满足客户需求的业务连锁角度看，也可称为"需求链"。

6.1.2　供应链的定义

目前国际上还没有统一的供应链定义，各国相关机构、学者或文件从不同角度给出了不同定义，如表6-1所示。

表6-1　供应链定义描述

机构、学者或文件	供应链定义
美国供应链协会	供应链涵盖从原材料的供应商，经过开发、加工、生产、批发、零售等过程到客户之间有关最终产品或服务的形成和交付的每一项业务活动
英国物流专家马丁·克里斯多夫（Martin Christopher）	供应链是指将产品或服务提供给最终客户的过程和活动的上游及下游企业组织所构成的网络
美国学者史蒂文斯（Stevens）	通过增值过程和分销渠道控制从供应商的供应商到客户的客户的流程就是供应链，它开始于供应的起点，结束于消费的终点
美国学者哈里森（Harrison）	供应链是采购原材料，将原材料转换为中间产品和成品，并且将成品销售到客户的功能网链
中国国家标准《物流术语》	供应链是指生产及流通过程中，涉及将产品或服务提供给最终客户的上游与下游企业所形成的网链结构

早期的供应链概念只局限于企业内部的操作层面，注重企业本身的资源利用。它把从企业外部采购的原材料和零部件，通过生产加工和销售，传递到零售商和客户的经过看作一个过程。强调企业内部供应链的管理，而整个产品供应链中的各个企业往往独立运作。

如今的供应链概念已发展到企业战略管理层面，强调供应链中各节点企业之间的集成，贯穿了从产品设计、原材料和零部件采购、生产制造、包装、运输、配送、销售直到最终客户的全过程。

在以上研究分析的基础上，我们给出供应链的定义：供应链是围绕核心企业，通过对信息流、物流、资金流的控制，从采购原材料开始，到制成中间产品及最终产品，最后由销售网络把产品送到客户手中,将供应商、制造商、分销商、零售商,直到最终客户连成一个整体的功能网链结构模式。它不仅是一条连接供应商和客户的物流链、信息链、资金链,更是一条增值链。这种企业管理模式更强调战略伙伴关系,注重外部环境对企业的关联和影响,强调相互间的协作和整合,是一种范围更广、更系统的概念。

> **视野拓展**
>
> **增值链**
>
> 现代企业价值由实体经济部分的价值链和虚拟经济部分的增值链构成。企业要发展独特的竞争优势,要创造更高的新增价值,要实现系列的增值过程,要整合能够实现增值的各个环节。经过系统整合的全部增值环节就是增值链。和过去实体经济所讲的增值链有一个不同之处,就是在虚拟经济部分构成的价值链也叫增值链。

6.1.3 供应链的网络结构

今天,供应链的概念更注重围绕核心企业的网络关系。例如,核心企业与供应商、供应商的供应商,乃至一切前向的关系;核心企业与客户、客户的客户及一切后向的关系。此时人们对供应链的认识已形成了一个网络结构的概念,如图 6-1 所示。

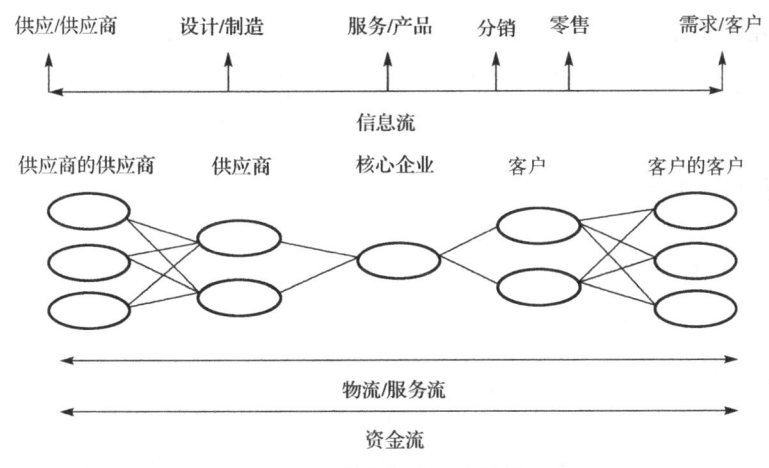

图 6-1 供应链的网络结构

从结构模型上看,供应链是围绕核心企业的网络结构,其核心企业可以是产品制造企业,也可以是大型零售企业。供应链上各节点企业在需求信息的驱动下,通过供应链的职能分工与合作(生产、分销、零售等),以资金流、信息流、物流/服务流为媒介实现整个供应链的不断增值。

6.1.4 供应链的特征

供应链是一个网络结构,由围绕核心企业的供应商、供应商的供应商和客户、客户的客户组成。一个企业是一个节点，节点企业和节点企业之间是一种需求与供应关系。供应链主要具有以下特征。

1. 复杂性

现代企业的供应链是一种复杂的、非线性虚拟价值链网络，由具有不同冲突目标的成员组成供应链的节点企业，包括生产加工型企业、服务型企业等；各企业之间存在着上下游关系，同时以某些企业为核心。在这种网络结构上，各节点企业相互依赖，各工序环环相扣，构成了一个不可分割的有机系统。可以看出，供应链是一个复杂的系统。

2. 动态性

供应链系统是一个开放的动态的系统，外界环境的变化对于供应链的运作有着重要的影响。宏观政策的变化、经济发展的速度和质量、新技术的发展和应用等，都会波及供应链系统功能的实现。这就要求供应链系统具有自适应性，具有与环境相互作用的自我调整性。

3. 整合性

供应链的各节点通过战略关系形成一个整体合作、协调一致的系统，每一个节点都是供应链中的一个环节，通过优势互补结成联盟，像链条一样连接在一起，为了一个共同的目的或目标，与整个供应链的动作一致，紧密配合，实现共赢。

4. 面向用户需求

供应链的形成、存在、重构，都是基于最终用户的需求，并且在供应链的运作过程中，用户的需求是供应链的信息流、物流、资金流运作的驱动源。

6.1.5 供应链的类型

供应链是一个复杂的系统，按划分标准不同，主要有以下几种类型。

1. 按照供应链活动范围划分

按照供应链活动范围，供应链分为内部供应链和外部供应链。内部供应链是指在企业内部产品生产和流通过程中，由所涉及的采购部门、生产部门、仓储部门、销售部门等组成的供需网络；而外部供应链则是指企业外部的，由与企业产品生产和流通相关的原材料供应商、制造商、运输商、零售商及最终客户组成的供需网络。

2. 按照供应链存在的稳定性划分

按照供应链存在的稳定性，供应链分为稳定供应链和动态供应链。稳定供应链是基于稳定、单一的市场需求的；动态供应链是基于相对变化频繁、复杂的市场需求的。在实际管理运作中，需要根据不断变化的需求，相应地改变供应链的组成。

3. 按照供应链的主要功能划分

按照供应链的主要功能模式，即物理功能、市场中介功能和客户需求功能，可以将供应链分为有效型供应链(ESC)、反应型供应链(RSC)和创新型供应链(ISC)。有效型供应链主要体现供应链的物理功能,即以最低的成本将原材料转化成零部件、半成品、成品,以及在供应链中运输等。反应型供应链主要体现供应链的市场中介功能,即把产品分配到满足用户需求的市场,对未预知的需求做出快速反应等。创新型供应链主要体现供应链的客户需求功能,即根据最终客户的喜好或时尚的引导,进而调整产品内容与形式来满足市场需求。

4．按照供应链容量与用户需求的关系划分

按照供应链容量与用户需求的关系,供应链分为平衡的供应链和倾斜的供应链。供应链尽管具有一定的、相对稳定的设备容量和生产能力,但用户的需求在不断变化：当供应链的容量能满足用户需求时,供应链处于平衡状态；当市场变化加剧,造成供应链成本增加、库存增加、浪费增加时,企业不是在最优状态下运作,供应链处于倾斜状态。

5．按照供应链的网络结构划分

按照供应链的网络结构不同,可以将供应链划分为发散型供应链(V型供应链)、会聚型供应链(A型供应链)和介于二者之间的供应链(T型供应链)。

(1) V型供应链

V型供应链是具有V形结构或分散型网络结构的最基本的供应链。这种供应链以大批量物料存在方式为基础,企业相对于供应商、中间产品生产商而言拥有更多的客户,从而形成发散状的网络结构。例如,原料经过中间产品的生产和转换,成为工业材料,如石油、化工、造纸和纺织等企业的原料,这些企业生产种类繁多的产品,满足众多下游客户的需求,从而形成了V型供应链。

(2) A型供应链

A型供应链是具有A形或会聚型结构的供应链。它在结构上与发散型供应链相反,其突出特点是供应链上的核心企业拥有大量的供应商,而面向数量较少的最终客户。整个链条自上而下呈现出不断收缩的会聚状态。例如,汽车业、航空业或机械制造业的供应链都属于这种类型,其核心生产企业或装配企业需要从大量的供应商手中采购大量种类繁多的物料或零部件,然后生产或组装成较少数量的产品。由于这些行业在产品的制造过程中,使用大量的零部件,而产品寿命周期长,市场相对稳定,会使零部件的库存占用大量资金。因此,其供应链一般要加强供应商和制造商之间的密切合作,共同控制库存量,以降低供应链总成本。

(3) T型供应链

T型供应链介于V型供应链和A型供应链之间,它存在于接近最终客户的行业,如医药保健品、电子产品、食品和饮料等行业。例如,为汽车、电子器械和飞机主机厂商提供零部件的公司,其通常根据订单确定通用件,从与自己相似的供应商公司采购大量物料,通过制造的标准化来降低订单的复杂程度,为大量终端客户和合作伙伴提供单件或套件。

T型供应链涉及的产品种类繁多,所提供的产品寿命短,该供应链市场环境变化迅速,

供应链必须适应这种市场需求，在及时掌握市场信息的基础上，尽可能准确估计市场需求的变化趋势，及时做出反应，抓住市场机遇，合理安排生产和供应，保证连续的生产过程能动态地适应不断变化的市场需求。

6. 按照供应链的驱动模式划分

顾客需求的满足可能是主动的，也可能是被动的。对供应链而言，对市场上顾客需求的把握方式可能存在不同，按照供应链的驱动模式可以将供应链分为生产推动型供应链和需求拉动型供应链。前者主要根据长期预测或销售订单进行生产决策，其主要形式是面向产品库存生产。一般地，制造商利用从零售商处接收的订单来进行需求预测。后者中的生产则根据实际客户的需求来开展计划和组织协调生产，其主要形式为面向订单生产。在这种方式中，供应链通过使用快速的信息流机制将客户需求信息向上传播。

6.2 供应链管理概述

为了能更好地发挥供应链上各个参与方的作用，并且真正使它们形成战略联盟，只有在供应链内建立最佳的战略联盟合作关系，结成利益共同体，进行一体化管理，实行优势互补，才有可能在激烈的市场竞争中获得成功。因此，必须研究如何进行供应链内各种资源的有效整合，从而形成供应链的最佳整合功能。于是，有了关于供应链管理的概念。

6.2.1 供应链管理的定义

供应链管理（Supply Chain Management，SCM）是在现代科技进步、产品极其丰富的条件下发展起来的管理理念，是物流运作管理的扩展，是物流一体化管理的延伸，是物流管理的新战略。供应链管理定义描述如表6-2所示。

表6-2 供应链管理定义描述

机构、学者或文件	供应链管理定义
全球供应链论坛	供应链管理是从最初供应商到最终客户的所有为客户及其他投资人提供增值产品、服务和信息的关键业务流程的一体化
美国供应链协会	供应链管理包括贯穿整个渠道来管理供应与需求、原材料与零部件采购、制造与装配、仓储与存货跟踪、订单录入、分销，以及向客户交货
美国学者伊文斯（Evens）	供应链管理是通过前馈的信息流和反馈的物流及信息流，将供应商、制造商、分销商、零售商，直到最终客户连成一个整体的结构模式
中国国家标准《物流术语》	利用计算机网络技术全面规划供应链中的商流、物流、信息流、资金流等，并进行计划、组织、协调与控制

总体上可以认为，供应链管理是借助先进的管理理念、方法和现代信息技术，将供应链上与合作伙伴相关的业务流程集成起来，并进行有效管理，使供应链各环节协同运作，以提高客户满意度，提升供应链整体效率和效益。供应链管理可以显著提高物流的效率，降低物流成本，大幅度提高企业的劳动生产率。实行供应链管理可以使供应链中的各成员

企业之间的业务关系得到强化，改变过去企业与外部组织之间的相互独立关系，成为紧密合作关系，形成新的命运共同体。

6.2.2 供应链管理的特点

1．集成化管理

供应链涉及供应商、制造商、销售商以及联系三者之间的物流、信息流、资金流等多个环节。当各自的职能目标产生冲突时，只有通过认识供应链管理的重要性和整体性，从战略的角度出发，运用战略管理才能有效实现供应链管理目标。供应链管理是一种纵横的、一体化经营的管理模式。它以业务流程为基础，以价值链的优化为核心，加强对物流、信息流、资金流的集成式管理，并通过业务流程的重组，实现业务流程的优化和整体目标。同时，通过核心企业管理思想在供应链上的扩散与移植，实现管理思想的集成。

2．注重动态优化管理

供应链的整体效率和竞争力是由整个供应链上的合作伙伴基于一种战略合作伙伴关系协同产生的。要长期地保持这种关系，就要注意对伙伴关系的不断优化。这种优化体现在管理与伙伴的关系、对合作伙伴进行阶段性的绩效评估、及时优化关系结构等方面。供应链的各节点企业都是以自身的核心竞争力加入供应链中来的，因此想要一直保持整体的竞争力，就要对各节点企业进行筛选、变更。

3．以客户为中心

供应链是由客户需求驱动的，即最终客户创造的需求使供应链得以存在；只有客户存在，供应链才能存在、延续并发展。因此，供应链管理以最终客户为中心，将客户服务、客户满意与客户成功作为管理的出发点，并贯穿供应链管理的全过程；将改善客户服务质量、实现客户满意、促进客户成功作为根本目标。

4．注重信息技术的集成应用

信息技术是提升整个供应链运作效率的重要保障之一。信息技术的集成应用使这个复杂的网链降低了伙伴间的交易成本，并且可使合作伙伴及时获取有效信息、快速反应，从而满足客户的需求。

5．关注整体

供应链管理不仅关注供应链上单个企业的运转状况，还关注供应链的整体状况。供应链管理是建立在供应链整体竞争力的基础上的，所以链上某一企业的得失对供应链竞争的成败不是绝对的。因此，供应链管理关心整条供应链是否进入最佳的运行状态，每个企业的运作及企业间的协作是否对供应链最有利，而不会追求所有企业的运行处于最佳状态，单个企业的最佳状态可能对供应链的整体效益不利。例如，在一条供应链中上游制造商为了追求自身利益最大化而不断扩大生产，但下游市场需求有限，反而会造成整体供应链库存成本的增加。

6.2.3 供应链管理的内容

面对愈加激烈的市场竞争和迅速变化的市场需求，为客户提供日益完善的增值服务，满足客户日益复杂的个性化需求成为现代企业生存和发展的关键。供应链管理为供应链中的各个独立的企业作为统一的竞争主体参与竞争提供了一个概念性的框架。供应链管理不仅包括企业运作层面的管理，还包括企业战略层面的管理。供应链上各节点企业不仅共享库存信息和通过 EDI 传递信息，还将各个企业的市场营销、产品设计、生产物流计划和在各个企业中存在的其他活动集成起来，形成一个密切联系且增值的供应链，以达到对快速变化的全球市场做出反应的目的。

1．供应链管理涉及的领域

供应链管理主要涉及供应、生产作业、传统物流和需求四个领域。

由图 6-2 可见，供应链管理是以同步化、集成化生产计划为指导，以各种技术为支持，尤其以 Internet/Intranet 为依托，围绕供应、生产作业、传统物流、需求来实施的，主要包括计划、合作、控制从供应商到客户的物料(零部件和成品)和信息。在供应、生产作业、传统物流和需求四个领域的基础上，又可将供应链管理分为职能领域和辅助领域。其中，职能领域主

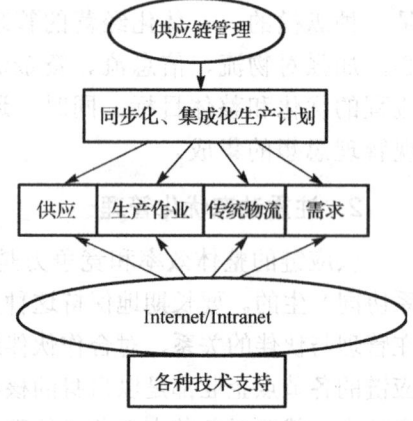

图 6-2　供应链管理涉及的四个领域

要包括产品工程、产品技术保证、采购、生产控制、库存控制、仓储管理、分销管理等；而辅助领域主要包括客户服务、制造、设计工程、会计核算、人力资源、市场营销等。

2．供应链管理的主要内容

(1) 供应商和客户战略性合作关系管理

由于供应链本身的动态性以及不同机构和伙伴有着相互冲突的目标，对供应链进行集成是相当困难的。但在竞争激烈的市场中，为了满足客户和供应链发展的需要，大多数公司要么被迫集成供应链并忙于战略性结盟；要么主动出击，选择战略伙伴。因此，怎样进行集成才能取得成功、采用何种信息共享方式、信息对供应链的设计和作业有何影响等，都是供应链集成和战略伙伴选择所需要解决的问题。

(2) 供应链的设计

供应链的设计要解决的主要问题是怎样将制造商、供应商和分销商有机地集成起来，使之成为相互关联的整体。供应链管理的出现扩大了原有的企业生产系统设计范畴，把影响生产系统运行的因素延伸到了企业外部，把供应链上的所有企业都联系起来，因此供应链设计就成为构造企业系统的一个重要方面。

(3) 供应链库存管理

供应链库存管理是站在由供应商、制造商、分销商和零售商等组成的整个供应链的角度考虑库存控制的问题的。通过企业间分享信息和协调管理机制，结合先进管理方法和技

术,对供应链上的库存进行整体计划、组织、协调和控制,以减缓供应链中的"牛鞭效应",降低库存的不确定性,提高供应链的稳定性。

> **视野拓展**
>
> **牛鞭效应**
>
> "牛鞭效应"是经济学上的一个术语,指供应链上的一种需求变异放大现象。信息流从最终客户端向原始供应商端传递时,无法有效地实现信息共享,从而使信息扭曲且逐级放大,导致需求信息出现越来越大的波动,此信息扭曲的放大效应在图形上很像一个甩起的牛鞭,因此被形象地称为"牛鞭效应"。
>
> "牛鞭效应"是市场营销活动中普遍存在的高风险现象,它直接加重了供应商的供应和库存风险,甚至扰乱了生产商的计划安排与营销管理秩序,导致生产、供应、营销的混乱。解决"牛鞭效应"难题是企业正常的营销管理和良好的顾客服务的必要前提。

(4)供应链信息集成与信息管理

信息共享在集成电子商务供应链管理中起着重要作用。电子商务环境下的信息管理能支持供应链的快速反应,促进其有效预测和协调整个系统,特别是在物流系统中实现物流与信息流的有机结合,将使供应链管理的效率和水平大大提高。

(5)供应链绩效评价

供应链管理不同于单个企业管理,因此其绩效评价体系及组织与激励系统也有所不同。根据供应链管理的特征,衡量供应链管理效果、促进供应链管理水平不断提高的关键是构建新的绩效评价体系及新的组织与激励系统。

(6)产品设计

有效的产品设计在供应链管理中具有关键作用,不合理的产品设计会增加库存保管成本或运输成本。产品重新设计的代价通常非常昂贵,什么时候值得对产品进行重新设计来减少物流成本?通过产品设计的作用来弥补顾客需求的不确定性是否可行?为了利用新产品设计,对供应链应做什么样的修改?研究这些类型的产品设计问题是供应链管理的另一项重要内容。

(7)实现客户价值

客户价值是衡量一个企业对其客户贡献大小的指标,这一指标是根据企业提供的全部商品、服务及无形影响来衡量的。如果一个企业希望满足客户的需要并提供价值,那么有效的供应链管理是很关键的。

6.2.4 供应链管理的运作模式

供应链不同节点上的经济主体拥有各自的资源和组织方式,各节点成员不一定能够同时满足各自最大的愿望,因而会产生冲突竞争,所以需要通过整合来进行共同协作,使整个供应链获得的利益大于各个节点企业单独获得的利益之和。供应链整合是将供应链上所有的相关链条和环节按照一定的集成方式和模式进行再构造和再组合,使其优化成为一个更为有机运行的系统,而不是单元之间的简单叠加。其目的是通过整合减少节点企业间的冲突竞争及内耗,提升核心企业及其供应链的整体获利空间。由于不同供应链所涉及产品或服务的供求双方实力存在差异,导致生产供给者和终端需求者在不同的供应链整合中所起的作用也各不相同,因此形成供应链整合运作中的推动式、拉动式以及由此两者结合而形成的推拉混合式三种主要运作模式。

(1) 推动式供应链

推动式供应链是以企业自身产品为导向的供应链,有时又称"产品导向"或"库存导向"式供应链。企业的产品生产以需求预测为基础并在客户订货前进行运作,根据产品的生产和库存情况,有计划地把商品通过分销商逐级推向终端客户,其驱动力源于供应链上游制造商的生产,如图6-3所示。此模式以制造商为核心,分销商和零售商处于被动接受的地位,各个企业之间的集成度较低,通常采取提高安全库存量的办法应付需求的变动。因此,整个供应链的库存量较高,对需求变动的响应能力较差。在推动式供应链中,制造商、分销商、零售商对需求信息未能做到充分共享,容易导致客户需求量的增长幅度被逐级放大,导致无效库存的增加,即产生"牛鞭效应"。这是供应链在信息不完全透明情况下的常见现象。这种运作方式适用于产品或市场变动较小的情况,处于供应链管理的初级阶段。

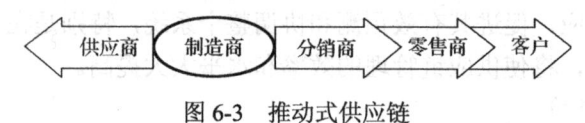

图6-3 推动式供应链

(2) 拉动式供应链

拉动式供应链是以客户需求为导向的,产品生产受客户需求驱动,根据订单来组织生产,所以又称"客户导向"(或"订单导向")式供应链。生产是根据客户实际的需求而不是企业的预测需求进行协调的,以客户需求为导向进行原料采购、生产和组织货源等,如图6-4所示。此模式的驱动力是最终客户的需求订单。整个供应链的集成度较高,信息交换迅速,可以有效地降低库存,并可以根据客户的需求实现定制化服务,为客户提供更大的价值。采取这种运作方式的供应链系统库存量较低,响应市场的速度快,但这种模式对供应链上的企业要求较高,对供应链运作的技术基础要求也较高。拉动式供应链适用于供大于求、客户需求不断变化的市场环境。

图6-4 拉动式供应链

从以上两种模式的各自特点来看,推动式供应链以生产为中心,是一种正向牵引模式;而拉动式供应链以客户为中心,是一种逆向牵引模式。两种不同模式分别适用于不同的市场环境并有着不同的运作要求与效果,反映了供应链整合理念从"以生产为中心"向"以客户为中心"的转变。在供应链运作实践中,随着供应链整合程度的逐步提高及其节点成员整合能力的增强,其运作模式也逐步由"推动式"向"拉动式"发展,体现了企业经营观念的转变和供应链逐步重视客户需求的发展趋势。

(3) 推拉混合式供应链

由于推动式供应链和拉动式供应链各有优缺点及不同的适用范围，企业在供应链运作实践中会根据需要将两种模式结合形成新的推拉混合式供应链，以求将两种模式的优点互补和缺点互避。

推拉混合式供应链通过推拉边界将推动流程和拉动流程区别开来：推拉边界之前，按推动式供应链模式来组织，采用大规模通用化方式和需求预测方式组织生产，以形成规模经济；推拉边界之后，按拉动式供应链模式来组织，首先将产品的本地化加工及包装和配送等过程延迟，等接到客户订单后，根据实际订单信息，尽快将产品按客户的个性化或定制要求进行加工及包装为最终产品，实现对客户需求的快速有效反应。推拉边界的位置是可调整的，一般根据企业的特点、产品生产的特征和市场需求的特点等情况来调整，如图6-5所示。此模式既能有效地响应市场，降低库存，又可以实现规模经济，降低实施难度。

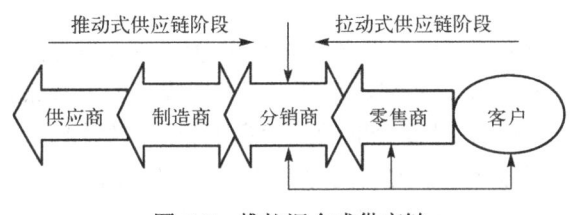

图 6-5 推拉混合式供应链

6.3 供应链管理方法

目前最常用的供应链管理方法主要有三种：快速反应（Quick Response，QR），有效客户反应（Efficient Consumer Response，ECR），协同规划、预测及连续补货（Collaborative Planning Forecasting and Replenishment，CPFR）。

6.3.1 快速反应

1. QR 产生的背景

从20世纪70年代后期开始，美国纺织品的进口急剧增加。到20世纪80年代初期，美国进口纺织品大约占到纺织行业总销售量的40%，严重威胁到了本地纺织企业的生存。针对这种情况，美国纺织企业一方面要求政府和国会采取措施阻止纺织品的大量进口；另一方面进行设备投资来提高企业的生产率。即使这样，廉价的进口纺织品的市场占有率仍在不断上升，而本地生产的纺织品的市场占有率却在连续下降。为此，美国一些主要的经销商成立了"爱国货运动协会"。一方面，通过媒体宣传美国国产纺织品的优点，采取共同的促销活动；另一方面，委托零售业咨询公司 Kurt Salmon 进行提高竞争力的调查。Kurt Salmon 公司在经过了大量充分的调查后指出，虽然纺织品产业供应链各环节的企业都十分注重提高各自的经营效率，但是供应链整体的效率并不高。为此，Kurt Salmon 公司建议零售业者和纺织品生产企业合作，共享信息资源，建立一个快速反应系统来实现销售额的增

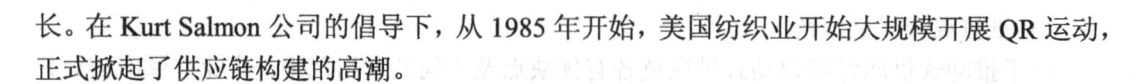

长。在 Kurt Salmon 公司的倡导下，从 1985 年开始，美国纺织业开始大规模开展 QR 运动，正式掀起了供应链构建的高潮。

2. QR 的定义

QR 是指在供应链成员企业之间建立战略合作伙伴关系，利用 EDI 等信息技术，进行销售时点信息交换及订货补充等其他经营信息的交换，用高频率、小批量配送方式连续补充商品，以此来实现减少库存、缩短交货周期、提高客户服务水平和企业竞争力的供应链管理方法。

QR 要求企业在面对多品种、小批量的买方市场时，不是储备好了成品，而是准备了各种"要素"，在客户提出要求时，能以最快的速度抽取"要素"，及时进行组装，提供客户所需的服务或产品。

3. QR 成功的条件

在作为 QR 发源地的美国，已有许多企业实施 QR，并且取得了成功。1991 年，Black Burn 对美国纺织行业进行了调查研究，总结出了 QR 成功的五项条件。

(1) 改变传统的经营方式，革新企业的经营意识和组织结构

① 企业不能局限于依靠本企业独自的力量来提高经营效率的传统经营意识，而要树立通过与供应链各方建立合作伙伴关系，努力利用各方资源来提高经营效率的现代经营意识。

② 零售商在垂直型 QR 系统中起主导作用，零售店铺是垂直型 QR 系统的起始点。

③ 在垂直型 QR 系统内部，通过将 POS(Point Of Sales，销售点)数据等销售信息和成本信息的相互公开和交换，来提高各个企业的经营效率。

④ 明确垂直型 QR 系统内各个企业之间的分工协作范围和形式，消除重复作业，建立有效的分工协作框架。

⑤ 必须改变传统的事务作业的方式，利用信息技术实现事务作业的无纸化和自动化。

(2) 开发和应用现代信息处理技术

开发和应用现代信息处理技术是成功进行 QR 活动的前提条件。这些信息技术有条码技术、电子订货系统(EOS)、POS 系统、EDI 技术、电子资金转账(EFT)技术、供应商管理库存(VMI)系统、连续补货(CRP)系统等。

(3) 与供应链各方建立战略合作伙伴关系

与供应链各方建立战略合作伙伴关系具体内容包括以下两个方面：一是积极寻找和发现战略合作伙伴；二是在战略合作伙伴之间建立分工和协作关系。合作的目标是：削减库存、避免缺货现象的发生、降低商品风险、避免大幅度降价现象的发生、减少作业人员和简化事务性作业等。

(4) 建立信息共享机制

改变对企业商业信息保密的传统做法，将销售信息、库存信息、生产信息、成本信息等与合作伙伴交流共享，并在此基础上，要求各方共同发现问题、分析问题和解决问题。

(5) 制造商必须缩短生产周期，降低商品库存

具体来说，制造商应努力做到：缩短商品的生产周期；进行多品种、少批量生产及多

频度、少量配送，降低零售商的库存水平，提高客户服务水平；在商品实际需要将要发生时采用 JIT 生产方式组织生产，减少制造商自身的库存水平。

> **视野拓展**
>
> ### JIT 生产方式
>
> 准时制（Just In Time，JIT）生产方式以准时生产为出发点，首先暴露出生产过量和其他方面的浪费，然后对设备、人员等进行淘汰、调整，达到降低成本、简化计划和提高控制的目的。在生产现场控制技术方面，JIT 生产方式的基本原则是在正确的时间，生产正确数量的零件或产品，即及时生产。

4. 实施 QR 的意义

对于制造商来说，QR 改善了它的客户服务，这种改善从根本上来说来自同零售商的良好合作关系。首先，长期良好的客户服务会增加制造商的市场份额。其次，QR 还能降低流通费用。由于将对客户需求的预测和生产规划集成到了一起，因此可以缩短库存周转时间，减少需要处理的存货，从而降低流通费用。再次，管理费用可以从以下三个方面得到降低：因为不需要手工输入订单，所以提高了采购订单的准确率；减少了额外的发票；货物发出之前，仓库扫描运输标签并向零售商发出提前运输通知。最后，可以制订出更好的生产计划。由于可以对销售进行预测并能够得到准确的销售信息，因此制造商可以准确地安排生产计划。

对于零售商而言，QR 的意义主要表现在客户服务水平和获利能力的显著提高上。QR 利用条形码和 POS 机，使零售商能够跟踪各种商品的销售和库存情况，这样就能准确地跟踪存货情况，在库存真正降低时才订货。它们还可以降低订货周期，实施自动补货系统，运用存货模型来确定何时需要采购，最终提高销售额。QR 使这些业务流程大大简化，从而降低了采购成本。制造商使用运输标签后，零售商可以扫描这个标签，这样就减少了手工检查到货所发生的成本。总之，采用了 QR 的方法后，虽然单位商品的采购成本会增加很多，但通过频繁地小批量采购商品，顾客服务水平就会提高，零售商就更能适应市场的变化，同时其他成本也会降低，最终提高了利润。

5. 实施 QR 的阶段

(1) 第一阶段

对所有的商品单元条形码化，即对商品消费单元用 EAN / UPC 条形码标识，对商品贸易单元用 ITF-14 条形码标识，而对商品物流单元则用 UCC / EAN-128 条形码标识。利用 EDI 传输订购单报文和发票报文。

(2) 第二阶段

在第一阶段的基础上增加与内部业务处理有关的策略，如自动补库与商品即时出售等，并采用 EDI 传输更多的报文，如发货通知报文、收货通知报文等。

(3) 第三阶段

与贸易伙伴密切合作，采用更高级的 QR 策略，以对客户的需求做出快速反应。一般来说，企业内部业务的优化相对来说较为容易，但在贸易伙伴间进行合作时，往往会遇到诸多障碍。在 QR 实施的第三阶段，每个企业必须把自己当成集成供应链系统的一个组成部分，以保证供应链的整体效益。例如，Varity Fair 与 Federated Stores 是北美地区的先导零售商，在与它们的贸易伙伴采用联合补库系统后，它们的采购人员和财务经理就可以省出更多的时间进行选货、订货和评估新产品。

> **小案例**
>
> 1986 年，沃尔玛建立了快速反应系统，主要处理订货业务和付款通知业务。通过 EDI 系统发出订货明细单和受理付款通知，提高订货速度和准确性，节约相关成本，具体的运用过程是：沃尔玛设计出 POS 数据的输送格式，通过 EDI 系统向制造商传送 POS 数据；制造商基于这些数据，及时了解商品销售状况，把握商品的需求动向，并及时调整生产计划和物料采购计划等。制造商利用 EDI 系统在发货之前，向沃尔玛传送预先发货清单，这样可省去货物数据输入作业，使商品检验作业效率化。
>
> 沃尔玛在收货时，用扫描读取机直接读取商品包装箱上的物流条码，把扫描读取的信息与预先储存在计算机内的进货清单进行核对，判断到货与发货清单是否一致，并做到单单相符、单货相符，简化了检验作业。在此基础上，利用电子支付系统向供货商支付货款。同时，只要把 ASN(Advance Shipping Notice，预先发货通知)与 POS 数据进行比较，就能迅速知道商品库存信息，这样不仅使沃尔玛节约了大量事务性作业成本，还能压缩库存、提高商品周转率。同时，沃尔玛把零售店的商品进货和库存管理职能转移给制造商，制造商对沃尔玛的流通库存进行管理和控制，即采用制造商管理库存的方式。
>
> **案例点评**：快速反应系统其实也是一种提供商品的控制技术，使零售商与制造商为了提高库存周转速度而通力合作，以满足顾客的购买需求。零售商可通过 EDI 系统将订单传送给制造商，制造商立即以最有效的方法安排生产和发货。这种快速可靠的订货反应连续不断地进行，就可以加快货物周转速度，从而降低物流成本。

6.3.2 有效客户反应

1. ECR 产生的背景

ECR 是在 20 世纪商业竞争加剧和信息技术发展的情况下产生的。20 世纪 80 年代特别是到了 90 年代以后，美国日杂百货业零售商和制造商的合作伙伴关系由原来制造商占据主导地位转换为零售商占据主导地位。在供应链内部，零售商和制造商为取得供应链主导权展开激烈的竞争，使供应链各个环节间的成本不断转移，供应链整体成本上升。

随着新的零售业态，如仓储商店、折扣店大量涌现，日杂百货业的竞争更趋激烈，为了在竞争中取得优势，它们迫切需要和制造商建立相互信任、相互协作的关系。制造商为了获得销售渠道，也希望与零售商结成更为紧密的联盟，通过现代化的信息和手段，协调彼此的生产、经营和物流管理活动，进而在最短时间内应对客户需求变化，提供满足客户需求的商品和服务。

为此，美国食品市场营销协会(Food Marketing Institute，FMI)联合可口可乐、宝洁公司等6家企业与流通咨询企业 Kurt Salmon 一起组成研究小组，于1993年1月提出了有效客户反应的概念体系。

2．ECR 的概念

ECR 是由制造商、分销商和零售商等供应链节点企业组成的各方相互协调和合作，更好、更快并以最低的成本满足消费者需求为目的的供应链管理系统。

中国国家标准《物流术语》(GB/T 18354—2006)将 ECR 定义为，以满足客户要求和最大限度降低物流过程费用为原则，能及时做出准确反应，使物品供应或服务流程最佳化的一种供应链管理策略。

ECR 的优势在于供应链各方为了提高客户满意度这个共同的目标进行合作，分享信息和诀窍。ECR 是一种把以前处于分离状态的供应链联系在一起来满足客户需求的工具。由于 ECR 活动过程主要由贯穿供应链各方的四个核心过程组成，因此，ECR 的四大要素内容包括：高效的新商品开发与市场投入、高效的促销活动、高效的店铺空间安排和高效的商品补充，如表6-3所示。

表6-3　ECR 四大要素内容

要素	内容
高效的新商品开发与市场投入	通过采集和分享供应链伙伴间实效性强、更加准确的购买数据，以此来指导新产品开发，合理安排生产计划，提高新产品的成功率
高效的促销活动	提高仓储、运输、管理和生产效率，减少预先购买、供应商库存及仓储费用，使贸易和促销的整个系统效率最高
高效的店铺空间安排	通过有效利用店铺的空间和店内布局，来最大限度地提高商品的获利能力，如建立空间管理系统、有效的商品品种管理系统等
高效的商品补充	从生产线到收款台，通过电子数据交换、以需求为导向的自动连续补货和计算机辅助订货等技术手段，使商品补充的时间和成本最优化，从而降低商品的售价

3．ECR 实施的条件

ECR 的最终目标是建立一个具有高效反应能力和以客户需求为基础的系统，是零售商及制造商以业务伙伴方式合作，提高整个供应链的效率，而不是单个环节的效率，从而大大降低整个系统的成本、库存和物资储备，同时为客户提供更好的服务。图6-6是 ECR 示意图，同时也清楚地反映出实施 ECR 必须具备的三个条件。

(1)应联合整个供应链所涉及的制造商、分销商以及零售商，改善供应链中的业务流程，使其最合理有效。

(2)以较低的成本，使业务流程自动化，以进一步减少供应链的成本和流通时间。具体地说，实施 ECR 需要将条形码、扫描技术、POS 系统和 EDI 集成起来，在供应链之间建立一个无纸系统，以确保产品能不间断地由制造商流向客户。

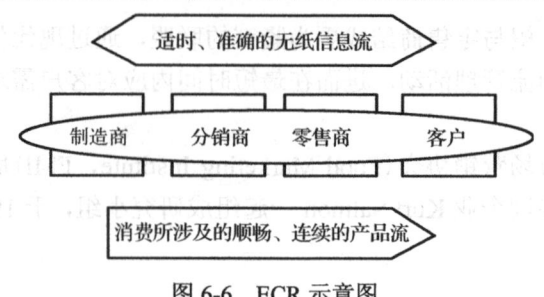

```
        适时、准确的无纸信息流
   ┌─────┬─────┬─────┬─────┐
   │制造商│分销商│零售商│客户 │
   └─────┴─────┴─────┴─────┘
        消费所涉及的顺畅、连续的产品流
```

图 6-6 ECR 示意图

(3) 信息流能够在开放的供应链中循环流动。产品的信息流能不间断地由制造商流向客户，由客户反馈的信息也不断循环流动回来。这样，整条供应链上的上下游商家都能及时了解市场动态，满足客户对产品的需求，使客户在最短的时间里获得最优质的产品和服务。

4．实施 ECR 的意义

ECR 模式在许多国家和地区迅速推广，所覆盖的领域由原先的食品行业，延伸到服装行业、超级市场等，其管理理念和系统方法在整个零售行业中都得到了广泛的应用。

技术的飞速进步，正在改变着人们对市场经济微观主体边界的认识，企业间实体空间的分离性和在线虚拟空间的网络性，前所未有地改变着人类的沟通方式；企业间的关系也不再纯粹是市场经济制度下的竞争关系，而是越来越倾向于通过合作竞争达到共赢。在这样的市场环境下，企业迫切需要利用更有效的 ECR 来提高经营效率。

ECR 强调以客户需求为核心的效率改进，因而给制造商和客户都带来了更多的利益。其中，最大利益是使真正的供应链成员企业间的合作成为可能。成员企业间结成战略合作伙伴关系后，因为产销行为和决策的一致性，易于产生更大、更好的经营效果。通过信息共享、合作竞争，由供应链的"推动"转变为需求的"拉动"，更加有效地刺激客户需求，从而实现并提高客户价值；反过来，又可以促进成员企业在经营管理观念、方式、流程和决策方面的变革，做到准时生产与销售，实时地响应市场上随时出现的消费动向，最终实现供应链整体优化的目标。

5．ECR 构成的主要技术要素

ECR 作为供应链管理系统，需要把市场营销、物流管理、信息技术和组织革新技术有机结合成一个整体使用。ECR 构成的主要技术要素有信息技术、物流技术、营销技术和组织革新技术，如图 6-7 所示。

6．ECR 和 QR 的比较

ECR 主要以杂货业为对象，其主要目标是降低供应链各环节的成本，提高效率。而 QR 主要集中在一般商品和纺织业，其主要目标是对客户的需求做出快速反应，并快速补货。这是因为杂货业与纺织业经营的产品的特点不同：杂货业经营的产品多数是一些功能型产品，每一种产品的寿命相对较长（生鲜食品除外），因此对下游采购商来说因订购产品数量的过多（或过少）造成的损失相对较小；纺织业经营的产品多属创新型产品，每一种产品的寿命相对较短,因此对下游采购商来说因订购产品数量过多(或过少)造成的损失相对较大。

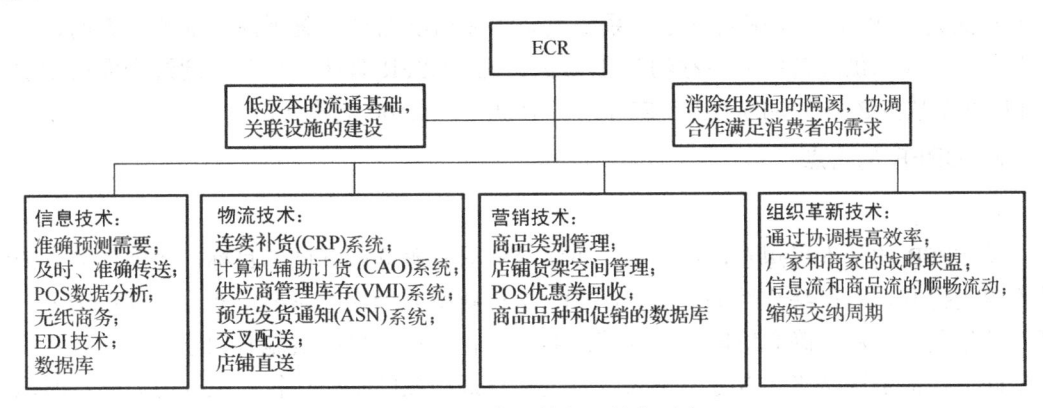

图 6-7 ECR 构成的主要技术要素

ECR 和 QR 的共同特征表现为超越企业之间的界限,通过合作追求物流效率化。具体表现在如下方面：贸易伙伴间通过商业信息的共享来实现高精度的协作；商品供应方更接近零售终端并提供高质量的物流服务；企业间订货、发货业务通过 EDI 技术和计算机辅助订货(CAO)系统、供应商管理库存(VMI)系统、连续补货(CRP)系统及产品销售数据库等来实现订货数据或出货数据的传送无纸化,作业自动化、精准化、一体化。

6.3.3 协同规划、预测及连续补货

1. CPFR 产生的背景

激烈的市场竞争和快速多变的市场需求使企业面临不断缩短交货期、提高质量、降低成本和改进服务的压力,迫使供应商、制造商、分销商和零售商走向合作。因此,供应链作为包括供应商、制造商、分销商和零售商的"由物料获取并加工成中间件或成品,再将成品送到客户手中的一些企业和部门构成的网络",成了学术界和企业界研究和实践的热点。但供应链是错综复杂的,供应链的业务活动不仅要跨越供应链通道(供应商、制造商、分销商、零售商和其他合作伙伴)的范畴,还要跨越功能、文化和人员的范畴,在努力减少成本、增加效率和获得竞争的过程中,不得不重新构思、重新定义和重新组织供应链合作伙伴关系和模式。为了建立新型合作伙伴关系,一种面向供应链的管理方法——CPFR 应运而生,并逐渐成为供应链管理中一个热门的研究问题。

2. CPFR 的定义

CPFR 的形成始于沃尔玛所推动的 CFAR,CFAR(Collaborative Forecast And Replenishment)是利用互联网通过零售商与制造商合作,共同进行商品需求预测,并在此基础上实行连续补货的系统。在沃尔玛的不断推动下,基于信息共享的 CFAR 又向 CPFR 发展。CPFR 在 CFAR 共同预测和补货的基础上,进一步推动共同计划的制订,即合作企业不仅实行共同预测和补货,还将原来属于各企业内部事务的计划工作(如生产计划、库存计划、配送计划、销售计划等)交由供应链各企业共同完成。

1995年，沃尔玛与其供应商Warner-Lambert、管理信息系统供应商SAP、供应链软件商Manugisties、美国咨询公司Benehmarking Partners联合成立了工作小组，进行CPFR的研究和探索，1998年美国召开零售系统大会时又加以倡导。美国商业部资料表明，1997年美国零售商品供应链中的库存约为1万亿美元，CPFR理事会估计，通过全面成功实施CPFR可以减少这些库存的15%～25%，即1500亿～2500亿美元。

3. CPFR 的特点

(1) 协同

从CPFR的基本思想看，供应链上下游企业只有确立起共同的目标，才能使双方的绩效都得到提升，取得综合性的效益。CPFR这种新型的合作关系要求双方长期承诺公开沟通、信息分享，从而确立协同性的经营战略，尽管这种战略的实施必须建立在信任和承诺的基础上，但是这是买卖双方取得长远发展和良好绩效的唯一途径。正因为如此，所以协同的第一步就是保密协议的签署、纠纷机制的建立、供应链计分卡的确立以及共同激励目标的形成(例如，不仅包括销量，还建立双方的盈利率)。应当注意的是，在确立这种协同性目标时，不仅要建立起双方的效益目标，还要确立协同的盈利驱动性目标，只有这样，才能使协同性体现在流程控制和价值创造的基础之上。

(2) 规划

CPFR要求有合作规划(品类、品牌、分类、关键品种等)及合作财务(销量、订单满足率、定价、库存、安全库存、毛利等)。此外，为了实现共同的目标，还需要双方协同制订促销计划、库存政策变化计划、产品导入和中止计划及仓储分类计划。

(3) 预测

任何一个企业或双方都能做出预测，但是CPFR强调买卖双方必须做出最终的协同预测。CPFR所推动的协同预测还有一个特点是它不仅关注供应链双方共同做出的最终预测，同时也强调双方都应参与预测反馈信息的处理和预测模型的制定和修正，特别是如何处理预测数据的波动等问题，只有把数据集成、预测和处理的所有方面都考虑清楚，才有可能真正实现共同的目标，使协同预测落在实处。

(4) 补货

销售预测必须利用时间序列预测和需求规划系统来转化为订单预测，并且供应方约束条件，如订单处理周期、前置时间、订单最小量、商品单元以及零售方长期形成的购买习惯等都需要供应链双方加以协商解决。根据美国产业共同商务标准协会的CPFR指导原则，协同运输计划也被认为是补货的主要因素。此外，例外状况的出现也需要转化为存货的百分比、预测精度、安全库存水准、订单实现的比例、前置时间及订单批准的比例，所有这些都需要在双方公认的计分卡基础上定期协同审核。潜在的分歧，如基本供应量、过度承诺等双方应及时加以解决。

4. CPFR 供应链的实施

从CPFR全球实施和进展的情况可以看出，CPFR不同于以往的管理实践，它关注的是企业间业务合作关系的建立，而不是单一企业内管理框架的建立。而且它不是简单地挖掘单一的相关数据，而是从多个企业中发现可比较的数据，进而对这些数据进行整合、组织，并以此确立企业间的商业规则。这既是CPFR取得巨大成效的关键，也是CPFR实施推广的难点。

以下是实施CPFR的四个框架和步骤：

(1) 识别可比较的机遇

CPFR有赖于数据间的比较，这既包括企业间计划的比较，又包括一个组织内部新计划与旧计划以及计划与实际之间的比较。CPFR的潜在收益随着这种比较的详细程度的增加而增加。因此CPFR实施的第一步就是识别可比较的机遇。零售商与制造商的计划千差万别，使企业间的计划非常富有挑战性。一般而言，零售商更关注预测客户对促销、竞争者和产品类别变化的反应，而制造商通常对管理分销商的库存较为关心；零售商的目标是在排除滞销品的同时使畅销品不断货，而制造商的目标是建立更有效的生产和补货流程。因此，如何有效地消除买卖双方计划的差异对于贸易伙伴数据的取得和保持其精确性非常重要。应当意识到识别可比较的机遇的关键在于下面两个方面内容。

一方面是订单预测的整合。零售商通常不做订单预测，这其中有很多商业和技术的原因。例如，有些企业认为订单预测限制了企业调整库存或获取产品资源的柔性，而没有充分看到它产生的效益以及对恰当的补货方式产生的正效应。即使有些零售商做了订单预测，也只是对基本需求做出预测，而且这种预测完全没有与促销计划统一起来。CPFR则不同，它为补货订单预测和促销订单提供了整合、比较的平台。CPFR参与者应该收集所有的数据资源和拥有者的计划，寻求一对一的比较，即便不能马上整合促销计划，最起码零售商的基本订单预测应当同制造商的预测相比较。

另一方面是销售预测的协同。CPFR要求企业在周计划的基础上再做出客户销售预测，将这种预测与零售商的销售预测相对照，就可以有效地避免销售预测中由于没有考虑促销、季节等因素产生的差错。

基于上述两个方面的考虑，CPFR的实施要求CPFR与其他供应和需求系统相整合，通过综合运作，识别可比较的机遇。

(2) 数据资源的整合运用

CPFR实施的第二个阶段就是数据资源的整合运用。这种整合运用不仅是集合、调整数据，而且也需要供应链参与方调整相应的业务政策，使CPFR可以实施。数据资源的整合运用主要反映在以下方面。

① 不同层面的预测比较。不同类型的企业受利益驱动，计划的关注点各不相同。一般在业务计划方面，零售商更倾向于基于地点的信息，如店铺层面的预测等；制造商更倾向于产品层面的具体信息，如品类、品种、规格等，并且越具体越好。这样两类不同来源的信息常常产生不一致。CPFR要求协同团队寻求到不同层面的信息，并确定可比较的层次。

② 商品展示与促销包装的计划。商品展示管理对于提高企业经营绩效至关重要，因为它通过将特定的商品放置在特定的位置来吸引客户的关注。CPFR在数据整合和运作方面的一个最大突破就是它对每一个产品进行追踪，直到店铺，并且销售报告以包含展示信息的形式反映出来。这样预测的订单不单是需要多少商品，而且还包含了不同品类、颜色及形状等特定的展示信息。这样数据之间的比较不再是预测与实际绩效之间的比较，而是

建立在商品单品基础上，包含商品展示信息的比较。CPFR 实施过程中还有一个很重要的因素是建立在预测、追踪及协同计划上的促销商品的管理。以前促销时对特殊包装商品的管理非常困难，因为交易伙伴有时可能没有对特殊包装商品进行标识，因此，当交易伙伴做销售预测时，特殊包装商品的信息就没有体现出来。而在 CPFR 中，由于交易双方在事前就已经商定了协同促销计划，所以对促销商品的预测、追踪和管理相对来说比较容易。

③ 时间段的规定。CPFR 在整合利用数据资源时，非常强调时间段的统一。由于预测、计划等行为都是建立在一定时间段的基础上的，如果交易双方对时间段的规定不统一，那么交易双方的计划和预测就很难协调，因此供应链参与方需要就时间段的规定进行协商统一，如预测周期、计划起始时间、补货周期等。

(3) 组织评判

通常，一个企业可以有多种组织框架，如企业可以按照配送中心确立分销体系，也可以按照销售区域确立分销体系。企业在现实中往往采用多种组织管理方法。CPFR 能在企业清楚界定组织管理框架后支持多体系并存，体现不同框架的映射关系。

(4) 商业规则界定

当所有业务规范和支持资源整合以及组织框架确立后，最后在实施 CPFR 的过程中需要决定的是供应链参与方的商业行为规则，这种规则主要体现在例外情况的界定和判断上。

5. 实施 CPFR 的风险和障碍

必须意识到实施 CPFR 是有风险和障碍的。

(1) 实施 CPFR 的风险

① 因为大规模进行信息共享，所以存在信息滥用的风险。通常 CPFR 合作伙伴的一方或双方与合作伙伴有竞争也有合作关系。

② 如果合作双方的一方改变它的规模或技术，另一方也要被迫改变以适应，否则就会失去合作关系。

(2) 实施 CPFR 的障碍

① CPFR 的实施和例外情况的解决要求双方密切交流，但是双方的企业文化可能存在巨大的差异。因此，不能在合作伙伴的组织内培育协作文化是 CPFR 实施的主要障碍。

② 实施 CPFR 的另一障碍是合作伙伴企图实现店铺层的协作，这需要更多的组织和技术投资。最好从合作协作和配送中心协作开始，这更聚焦，也更容易操作。为了最大化与 CPFR 伙伴的利益，在组织内部整合需求计划、供应计划、物流计划和公司计划则显得非常重要。

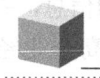

6.4 供应链的设计

在企业的经营活动中常常遇到这样的情况：从原材料到产成品需要数天甚至数月时间，而制造时间仅仅是几个小时甚至几分钟；零售商的库存一般在 10 周左右，而制造商具有每周的制造能力;经营者总是评价生产的价值,而不是满足客户的需求,总是觉得需求不准确,需求与供应总是不匹配,等等。产生这些问题的主要原因是没有科学、优化的供应链管理。设计和运行一个有效的供应链对于每一个制造商来说都是至关重要的,因为它可以提高用户服务水平,达到成本和服务之间的有效平衡,提高企业竞争力,提高柔性,渗入新的市场,通过降低库存提高工作效率。

6.4.1 供应链的设计目标

据美国费舍尔商学院全球供应链主席兰伯特教授等人的观点,供应链管理理念的基石是将精力集中于关键的业务流程(从最终用户到原始供应商)。他们将供应链管理的目标定为:

(1) 发展以客户为中心的团队,为那些有战略意义的重要客户提供互惠的产品和服务协议;
(2) 为所有的客户提供有效的联系,高效地处理客户的请求;
(3) 持续收集、整理、更新客户需求,将需求与供应相匹配;
(4) 开发柔性生产系统,使它们能够快速响应市场条件的变化;
(5) 管理与供应商的合作伙伴关系,实现快速响应和持续改善;
(6) 及时准确地履行100%的客户订单;
(7) 通过管理退货来提高赢利水平。

6.4.2 供应链的设计原则

供应链设计是一个复杂的过程,因此在供应链的设计过程中,必须遵循一定的原则以减少供应链设计中的失误,并保证供应链的设计和重建能够满足供应链管理的战略目标。这些原则主要有以下几个。

1. 自顶向下和自底向上相结合的设计原则

在系统建模设计方法中,存在两种设计方法,即自顶向下和自底向上的方法。自顶向下的方法是从全局走向局部的方法,自底向上的方法是从局部走向全局的方法。自顶向下是系统分解的过程,而自底向上则是一种集成的过程。在设计一个供应链时,往往是先由主管高层做出战略规划与决策(规划与决策的依据来自市场需求和企业发展规划),然后由下层部门实施决策,因此供应链的设计是自顶向下和自底向上的综合。

2. 简洁性原则

简洁性是供应链设计的一个重要原则,为了能使供应链具有灵活、快速响应市场的能力,供应链的每个节点都应是简洁的,具有活力的,能实现业务流程的快速整合。比如,供应商的选择就应以少而精为原则。通过和少数供应商建立战略伙伴关系,以减少采购成本,推动实施JIT采购法和准时生产。

3. 集优(互补性)原则

供应链的各个节点的选择应遵循强强联合的原则(集优原则)，以实现资源外用的目的。每个企业都集中精力致力于各自核心的业务过程，就像一个独立的制造单元(独立制造岛)，这些所谓单元化的企业具有自我组织、自我优化、面向目标、动态运行和充满活力的特点，能够实现供应链业务的快速重组。

4. 协调性原则

供应链业绩的好坏取决于供应链合作伙伴间的关系是否和谐，因此建立战略合作伙伴关系的企业关系模型是实现供应链最佳效能的保证。

5. 动态(不确定性)原则

不确定性在供应链中随处可见，许多学者在研究供应链运作效率时都提到不确定性问题。由于不确定性的存在，导致需求信息的扭曲。因此要预见各种不确定因素对供应链运作的影响，减少信息传递过程中的信息延迟和失真。

6. 创新性原则

在供应链的设计过程中，创新性是很重要的一个原则。要产生一个创新的系统，就要敢于打破各种陈旧的思维框框，用新的角度、新的视野审视原有的管理模式和体系，进行大胆的创新设计。进行创新设计，要注意以下几点：一是创新必须在企业总体目标和战略的指导下进行，并与战略目标保持一致；二是要从市场需求的角度出发，综合运用企业的能力和优势；三是发挥企业各类人员的创造性，集思广益，并与其他企业共同协作，发挥供应链整体优势；四是建立科学的供应链和项目评价体系及组织管理体系，进行技术经济分析和可行性论证。

7. 战略性原则

供应链的设计应遵循战略性原则，运用战略的眼光来减少不确定性的影响。供应链设计的战略性原则还体现在供应链发展的长远规划和预见性上。供应链的系统结构发展应和企业的战略规划保持一致，并在企业的战略指导下进行。

6.4.3 供应链的设计策略

供应链管理的出现，扩大了原有企业生产系统的设计范畴，把影响生产系统运行的因素延伸到企业外部，与供应链上的所有企业都联系起来，因而供应链管理系统设计就成为构建企业系统的一个重要方面。但是供应链也可能因为设计不当而导致浪费或失败。供应链的设计首先要明白客户对企业产品的需求是什么，产品生命周期、需求预测、产品多样性、提前期和服务的市场标准等都是影响供应链设计的重要因素。

目前常见的供应链的设计策略主要有以下几点。

1. 在产品开发初期设计供应链的思想

在一些高科技企业，产品设计被认为是供应链管理的一个重要因素。众多学者也提出了为供应链管理设计产品的概念，目的在于设计产品和工艺，以使供应链相关的成本和业务能得到有效的管理。人们越来越清楚地意识到供应链中产品生产和流通的总成本最终取决于产品的设计。在产品开发的生命周期中，早期开发阶段的成本约占总成本的70%，因此，必须在产品开发设计的初期就开始同时考虑供应链的设计问题，以获得最大的潜在利益。

2. 基于产品的供应链设计策略

欧洲商业管理学院 Marshall L. Fisher 认为供应链的设计要以产品为核心，即供应链的设计首先要明白客户对企业产品的需求是什么，是需要功能型产品还是需要创新型产品；然后要明白不同供应链的特性；最后设计出与产品特性相一致的供应链。因此就产生了基于产品的供应链设计策略。

不同的产品类型对供应链设计有不同的要求，如表 6-4 所示。

表6-4 两种不同类型产品的比较

比较类型	功能型产品	创新型产品
产品生命周期	超过2年	1～3年
边际贡献率	5%～20%	20%～60%
产品多样性	低	高
需求预测误差程度	10%（需求稳定，较易预测）	40%～100%（需求不稳定，难预测）
平均缺货率	1%～2%	10%～40%
季末降价率	0%	10%～25%
按订单生产的提前期	6～12个月	1天～2周
竞争程度	竞争激烈	具有竞争优势，不易被模仿

从表 6-4 可以看出，用于满足客户的基本需求的功能型产品变化很少，具有稳定的、可预测的需求和较长的生命周期，但它们的边际利润较低。为了避免低边际利润，许多企业在式样或技术上革新以寻求客户的购买，从而获得高的边际利润。这种创新型产品的需求一般不可预测，生命周期也较短。因为这两种产品有众多不同，所示需要有不同类型的供应链去满足不同的管理需要。

了解了产品和供应链的特性后，就可以设计出与产品需求一致的供应链。设计策略如表 6-5 所示。

表6-5 供应链设计与产品类型的策略组合

	功能型产品	创新型产品
有效型供应链	匹配	不匹配
反应型供应链	不匹配	匹配

由表 6-5 可知，与功能性产品相匹配的是有效型供应链，与创新型产品相匹配的是反应型供应链，这才是合理的供应链设计策略；反之，若匹配不当则是不合理的。

3. 基于成本核算的供应链设计策略

如何设计供应链、如何选择节点，是供应链管理的基础。基于成本核算的供应链设计策略包括供应链成本结构及其函数定义和供应链设计的优化成本算法等，涉及大量的计算，在此不做详细的介绍。

4. 基于多代理的集成供应链设计策略

随着信息技术的发展，供应链不再是由人、组织简单组成的实体，而是以信息处理为核心，以计算机网络为工具的人-信息-组织集成的超智能体。基于多代理的集成供应链模式是涵盖两个世界的三维集成模式，即实体世界的人-人、组织-组织集成和软体世界信息集成（横向集成），以及实体与软体世界的人-机集成（纵向集成）。

基于多代理的集成供应链设计策略采用了动态建模的思想，动态建模需要多种理论方法的支持，其基本流程为：多维系统分析—业务流程重构—精简/集成—协调/控制，在建模中并行工程思想贯穿于整个过程。

基于多代理的集成供应链建模常用到的方法主要有基于信息流的建模方法、基于过程优化的建模方法、基于案例分析的建模方法及基于商业规则的建模方法等。

6.4.4 供应链的设计步骤

基于产品的供应链设计步骤如图 6-8 所示。

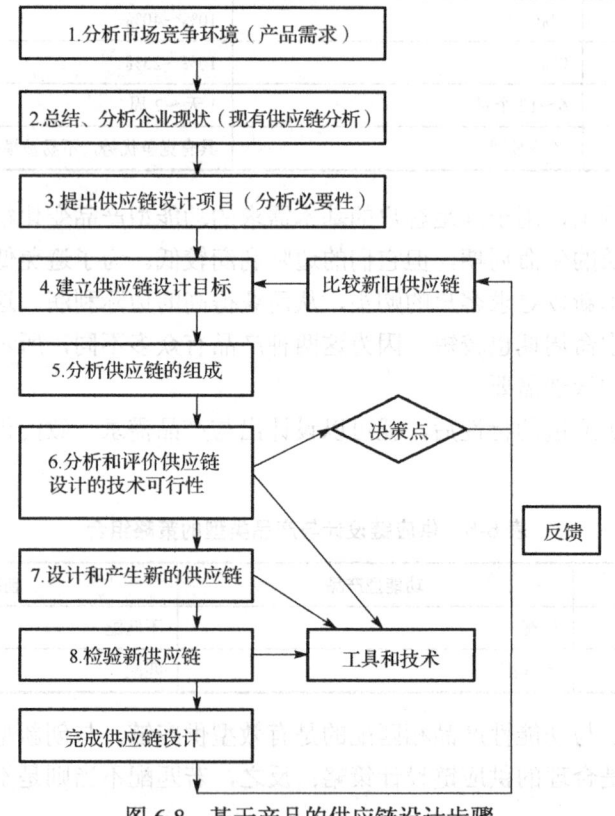

图 6-8 基于产品的供应链设计步骤

1. 分析市场竞争环境（产品需求）

分析市场竞争环境的目的在于找到准确的产品需求，即针对哪些产品做市场开发供应链才有效，为此，必须明确现在的产品需求是什么，产品的类型和特征是什么。分析市场特征的过程要针对卖方、客户和竞争者进行调查，提出诸如"用户想要什么""他们在市场中的份额有多大"这一类的问题，以确认客户的需求以及因卖方、客户、竞争者产生的压力。通过分析将会得出产品按重要性排列的市场特征，以及这些产品对市场的不确定性的分析和评价。

2. 总结、分析企业现状（现有供应链分析）

这里主要分析的是企业供需管理的现状（如果企业已经有供应链管理，则分析供应链的现状）。这个步骤的目的不在于评价供应链设计策略的重要性和合适性，而是着重于研究供应链开发的方向，分析、总结企业存在的问题以及影响供应链设计的阻力因素等。

3. 提出供应链设计项目（分析必要性）

针对存在的问题提出供应链设计项目，并分析其必要性。

4. 建立供应链设计目标

根据基于产品的供应链设计策略提出供应链设计目标。其主要目标在于获得高客户服务水平和低库存投资、低单位成本两个目标之间的平衡（这两个目标往往有冲突），同时还包括以下目标：进入新市场、开发新产品、开发新分销渠道、改善售后服务水平、提高客户满意度、降低成本、通过降低库存提高工作效率等。

5. 分析供应链的组成

提出组成供应链的基本框架。供应链的成员组成分析，主要包括制造工厂、设备、工艺、供应商、制造商、分销商、零售商及客户的选择及定位，以及确定选择和评价的标准。

6. 分析和评价供应链设计的技术可行性

这不仅是某种策略或改善技术的推荐清单，还是开发和实现供应链管理的第一步。它在可行性分析的基础上，结合企业自身的实际情况为开发供应链提出技术选择建议和支持。这也是一个决策的过程，如果认为方案可行，就可以进行下面的设计；反之，就要重新进行设计。

7. 设计和产生新的供应链

(1) 供应链的成员组成。
(2) 原材料的来源问题（包括供应商、流量、价格、运输等问题）。
(3) 生产设计（需求预测、生产什么产品、生产能力、供应给哪些分销中心、价格、生产计划、生产作业计划和跟踪控制、库存管理等问题）。
(4) 分销任务与能力设计（产品服务于哪些市场、运输、价格等问题）。
(5) 信息管理系统设计。

(6) 物流管理系统设计等。

在供应链设计中，要应用到许多工具与技术，包括归纳法、流程图、模拟和设计软件等。

8．检验新供应链

供应链设计完成以后，应通过一定的方法、技术进行测试检验或试运行，若不行，则返回第 4 步重新进行设计；如果没有什么问题，就可实施供应链管理了。在实施过程中，需要核心企业的管理和协调，还需要信息技术的支持(如一些供应链管理软件，或以互联网为基础)。现在的竞争已成为供应链之间的竞争，要成功地实施供应链管理，需要供应链的领导者即供应链的核心企业对整个供应链进行管理和协调，使所有的供应链成员能作为一个整体来运作。

6.5 电子商务下的供应链管理

6.5.1 电子商务下供应链管理的优势

1．电子商务在供应链管理中的应用

供应链管理的主要任务是要协调从订单的形成到订单的完成，以及运送产品过程中的各项服务和信息的交流。随着电子商务技术的发展，电子商务可以有效地实现供应链各项功能的集成，电子商务在供应链管理中的应用主要包括以下内容。

(1) 采购过程的协调

企业通过外部网浏览供应商的目录，根据需求签发订单，并通过 EDI 发送。供应商接到订单后，合同审核人员通过内部网查看库存情况、生产计划情况等来确定是否接受订单，并与订货方通过网络进行信息交换，协商合同条件，签订合同。

(2) 物料计划人员与储运公司的业务协调

通过内部网，物料计划人员可以查看仓库的情况，即时安排物料的运输。库存管理人员根据原材料供应情况和产品销售情况即时更新数据库，以便有关人员查询。

(3) 销售过程的协调

销售机构可以通过互联网进行产品宣传，与客户进行交流，并将信息反馈给生产计划部门，以帮助生产计划部门制订合理的生产计划。

(4) 公司日常活动及员工的交流

通过内部网，公司中的各个部门可以进行即时信息交换，在节省时间的同时，节约了大量开支。

(5) 提供客户服务

应用电子商务系统，可以方便地沟通有关服务的问题，通知并要求解决所发生的任何服务问题，接受客户投诉，并向客户提供技术服务，以及可互发紧急通知等。

(6) 进行电子支付

通过电子商务系统，与网上银行相连，并用电子支付方式替代原来的支票支付方式，

用信用卡支付方式替代原来的现金支付方式，这样既可以降低结算费用，又可以加速货款回笼，提高资金使用效率。同时，利用安全电子交易协议，保证交易过程的安全，消除对网上交易的顾虑。

2．基于电子商务的供应链管理优势

基于电子商务的供应链管理是电子商务与供应链管理的有机结合，以顾客为中心，集成整个供应链过程，充分利用外部资源，实现快速敏捷反应，极大地降低库存水平。

(1) 有利于保持现有客户关系和促进业务增长

电子商务使企业间的竞争逐渐演化为供应链之间的竞争。为吸引更多新客户、维护现有客户，企业要为客户提供更快捷、成本更低的商务运作模式，保持和发展与客户达成的密切关系，使供应链提供新的业务增值，提升客户的满意度与忠诚度。而基于电子商务的供应链管理使供应链中的企业可以与客户直接进行沟通，有利于促进客户关系的维护和业务增长。

(2) 有利于满足客户的各种需要，保留现有客户

基于电子商务的供应链管理可以使供应链中的各相关企业对产品和业务进行电子化、网络化管理。同时，供应链中各企业通过电子商务手段可以实现有组织、有计划的统一管理，减少流通环节，降低成本，提高效率，使供应链管理达到更高的水平，与国外先进企业的供应链绩效看齐，促进各相关企业的业务发展。

(3) 有利于开拓新客户和新业务

基于电子商务的供应链管理不仅可以实现企业的业务重组，提高整个供应链效率，还保留了现有客户。由于能够提供更多的功能、业务，必然会吸引新客户加入供应链，同时也带来新业务。从本质上讲，实施基于电子商务的供应链管理，无论是企业还是客户都会从中获得利益，产生新的业务增值。

(4) 有利于提高营运绩效和分享信息

基于电子商务的供应链管理不仅使供应链中各个企业可以降低生产成本、缩短需求响应时间，还能为客户提供全面服务，使客户获得最好的产品和服务，同时实现最大增值。基于电子商务的供应链管理还能为供应链中各个企业提供完整的电子商务交易服务，实现全球市场和企业资源共享，及时供应和配送商品给顾客，不断降低运营和采购成本，提高运营绩效。基于电子商务的供应链交易涉及信息流、产品流和资金流，因而供应链中的企业可以借助电子商务技术在互联网上实现部分或全部的供应链交易，从而有利于各企业掌握跨越整个供应链的各种有用信息，及时了解客户的需求以及供应商的供货情况，同时也便于客户网上订货并跟踪订货情况。

6.5.2 电子供应链的实施

供应链管理电子化的过程经历了四个发展阶段，正在迈向第五个阶段。

第一阶段，公司利用网站、电子邮件等手段，向客户介绍自己或者供应原材料。

第二阶段，公司利用网站或其他方式，从客户那里得到反馈意见和信息。

第三阶段，公司利用互联网的发展，允许客户通过公司网站下单订购商品，并通过信用卡付款。

第四阶段，客户与公司通过供应链计算机网络，分享实时信息。

以上四个阶段，在不同公司内可能都有一定的应用。未来发展方向的第五阶段，就是整个供应链网络的同步化。多维供应链网络的迅速电子化，为各个公司之间基于实时信息分享的合作提供了可能，这将成为供应链管理的下一个热点。

越来越多的企业采用以客户为中心的模式以增加利润，对供应链的要求也越来越高，如要能对客户需求做出迅速、精确、可靠的反应。这就要求信息的实时交流，如投资水平、预计数量和销售趋势等，不仅能对客户做出迅速应答，而且能有效降低存货，提高企业利润。互联网以一种更具协作性的模式代替了原来的那种专有的商业流程，已经开始改变公司、客户、合作伙伴、雇员在全球范围内的互动方式，促进企业朝着第五个阶段——供应链的自动化和有效利用电子商务的电子供应链方向发展。

1．采用互联网作为网络标准的电子供应链的优势

(1)节约交易成本

互联网商务已经成为低成本、高效益进行商务活动的方式，用互联网整合供应链将大大降低供应链内各环节的交易成本，缩短交易时间，降低供应链管理的费用。

(2)降低存货水平

通过扩展组织的边界，供应商能够随时掌握存货信息，组织生产，及时补货，因此企业已没必要维持较高的存货水平。

(3)降低采购成本

由于供应商能够方便地取得存货和采购信息，所以之前从事采购管理的人员等都可以从这种低价值的劳动中解脱出来，去从事具有更高价值的工作。

(4)减少循环周期

通过供应链的自动化，预测的精确度将大幅度提高，这将使企业不仅能生产出需要的产品，而且能减少生产的时间。

(5)收入和利润增加

通过组织边界的延伸，企业能履行合同，增加收入并维持和增加市场份额。互联网有利于建立适用于整个网络的公共标准，采用互联网这个全球通用的网络标准，商业伙伴之间能创建一个无缝的、自动化的供应链，就像一个独立的整体一样运作。

(6)提高顾客满意度

供应链中存在的快速变化要求企业更加具有灵活性，而互联网为企业提供了原先不可得的灵活性。企业能够进行快速订货、存货跟踪与管理，有更加精确的订单以及对 JIT 制造的支持，从而提高客户服务水平。

2．发展电子供应链应注意的问题

(1)采用哪种软件进行供应链的管理

第一种方法，如果某个企业只专注于供应链管理的某个环节，如美国联邦速递 FedEx 关心的是运输计划，那么购买该环节的最好软件是理所当然的。但是这种办法也显然会给企业带来整合不同软件产品的麻烦。即使每个环节都是最好的，但如果它们不能高效地整合在一起，就不能在整个供应链的层面上发挥作用。

第二种方法考虑到上述问题，所以采用由一家软件企业提供的包括了所有环节的完整的供应链管理软件套装。一家软件企业的产品之间往往有更好的兼容性，更容易整合在一起。

另外，还有一部分大型企业有很强的信息技术开发能力，为了更好更快地整合企业的供应链管理资源，也会建立和开发符合自己特点的供应链管理系统，其中最突出的代表就是沃尔玛公司。不同行业、不同规模的企业，选择软件的情况必然有所差异。关键是根据自己企业特点和软件质量、操作性能、安装调试时间的要求做出科学的选择。

(2) 是否利用应用服务提供者(Application Service Provider，ASP)的服务

ASP 不是软件开发商，而是向客户提供基于网络的商业软件运作服务的第三方。在这种新兴的商业模式中，客户不用再花费巨额固定投资从软件企业购买软件，而是转向 ASP 租用相关商业软件服务。

标准的计算机网络系统让客户能将信息上传至 ASP，由 ASP 对原始数据进行处理后，再将结果传送给客户。ASP 的责任就是为客户管理、运行其所租用的应用软件。经常被租用的软件包括 ERP 和一些决策支持软件。

ASP 模式的优点在于客户不必再向软件企业交纳昂贵的软件许可证费用，而是按月或季度向 ASP 支付一定的软件订购费用。显而易见，这样的模式对资金相对拮据的小型公司来讲具有非常大的吸引力。ASP 模式也有缺陷：客户对租用的商业软件运作没有完全的控制权，而且 ASP 是否有能力在企业迅速成长以后继续支持其运作也是供应链管理者担心的问题。

3. 电子供应链面临的挑战

(1) 安全问题

当一家公司打算上供应链管理软件的时候，首先考虑的是互联网的安全问题，大部分企业都采取了一定的措施保护数据，只有拥有权限的用户才能接触到与之相关的数据。

(2) 商业流程的变化

真正的挑战是商业流程发生了变化，电子供应链改变了企业的各个方面，从计划到购买，再到下订单。为使电子供应链成功实施，企业必须能够在互联网上与它的供应商、客户充分合作，交换有关存货、生产时间表、预测、提升计划和例外处理的信息。许多企业仍不愿共享某些信息，如生产时间表，害怕这些信息会落入竞争对手手中，损害企业的利益。因此，企业应在共同的商业利益的基础上，建立与发展供应链内各成员的相互信任，这是整个供应链顺利运行的基础。

(3) 供应链中的薄弱环节

由于供应链是一种协作活动，一旦有一个环节不能有效运作，整个供应链的效率就会降低。一条供应链不可避免地会有力量较弱的成员，不具有与它们的商业伙伴相同的财力和技术支持。有些实力强大的成员有独占所有新供应链财务收益的意图。但从长远来看，大部分的高层管理者认为只有在所有成员之间分享投资成果才有利于供应链的成功。

(4)利益分配

利益分配是供应链成功的重要因素。Bergen Brunswig 是一个药品供应与分销商，与合作伙伴签订了一个协议：如果 Bergen Brunswig 成功降低了供应链成本，如 10%，那么 Bergen Brunswig 就把这部分节约的成本与合作伙伴进行分配。据 Bergen Brunswig 的 CEO Donald R.Roden 说："这样做有助于合作伙伴之间作为一个团体来运作，如果把所有收益据为己有，合作伙伴就没有利益驱动。"

4．基于电子商务的供应链管理的要素和应用的关键切入点分析

(1)电子商务与供应链管理的集成

供应链管理模式要求突破传统的计划、采购、生产、分销的范畴和障碍，把企业内部及供应链节点企业间的各种业务看作一个整体功能过程，通过有效协调供应链中的信息流、物流、资金流，将企业内部的供应链与企业间的供应链有机集成，以适应新竞争环境下市场对企业生产和管理运作提出的高质量、高柔性和低成本的要求。基于电子商务的供应链管理的主要内容涉及订单处理、生产组织、采购管理、配送与运输管理、库存管理、客户服务、支付管理等几个方面。

电子商务的应用促进了供应链的发展，也弥补了传统供应链的不足。从基础设施的角度看，传统的供应链管理一般是建立在私有专用网络上的，需要投入大量资金，只有一些大型的企业才有能力进行自己的供应链建设，并且这种供应链缺乏柔性。而电子商务使供应链可以共享全球化网络，使中小企业以较低的成本加入全球化供应链中。

(2)应用的切入点分析

企业的供应链管理是一个开放的、动态的系统，可将企业供应链管理的要素区分为两大类：

① 区域性要素，包含采购/供应、生产/计划、需求/分销三要素；

② 流动性要素，包含信息流、资金流和物流。

根据供应链管理系统基本六要素的区域性和流动性，可形成供应链管理系统矩阵分析模型，如表6-6所示。

表6-6 供应链管理系统矩阵分析模型

流动性要素＼区域性要素	供应/采购	生产/计划	需求/分销
信息流	A1	A2	A3
资金流	B1	B2	B3
物流	C1	C2	C3

借助电子商务实现集成化供应链管理是未来供应链管理的发展趋势，管理者可以从供应链管理系统矩阵分析模型的角度，根据供应链管理系统的具体内容，系统地认识和分析电子商务应用的关键切入点，并充分发挥电子商务的战略作用。

> **视野拓展**
>
> **集成化供应链管理**
>
> 集成化供应链管理的核心：由顾客化需求—集成化计划—业务流程重组—面向对象过程控制组成第一个控制回路(作业回路)；由顾客化策略—信息共享—调整适应性—创造性团队组成第二个回路(策略回路)；作业回路中的每个作业形成各自相应的作业性能评价，以提高回路水平(用性能评价回路)。供应链管理围绕这三个回路展开，形成相互协调的一个整体。

基于电子商务的应用，可以有效地实现供应链上各个业务环节信息孤岛的连接，使业务和信息实现有效地集成和共享。同时，电子商务应用改变了供应链的稳定性和影响范围，也改变了传统的供应链上信息逐级传递的方式，为企业创建广泛可靠的上游供应链关系、大幅降低采购成本提供了基础，也使许多企业能以较低的成本加入供应链联盟中。

6.6 数字经济下电子商务供应链管理

随着大数据、云计算、移动互联网、物联网等信息技术逐步成熟，以信息内容服务为主的数字经济生产方式为国民经济体系和社会生活带来了革命性变化。数字经济的发展，将供应链管理与电子商务紧密联系在一起，通过电子商务技术将生产、供应、经销、物流等建立一体化模式，借助互联网能及时更新、传递信息的优势，在展现出一个全面发展的电子商务链的同时，将每个环节的最大作用发挥出来，实现利润最大化。数字经济背景下的电子商务使供应链管理对于市场信息的传递与分享、市场的拓展、业务的增强、服务的改善、运作机制的有效运转等都有着积极的影响。

> **视野拓展**
>
> **数字经济**
>
> 作为经济学概念的数字经济是人类通过大数据(数字化的知识与信息)的识别—选择—过滤—存储—使用，引导、实现资源的快速优化配置与再生、实现经济高质量发展的经济形态。数字经济，作为一个内涵比较宽泛的概念，凡是直接或间接利用数据来引导资源发挥作用，推动生产力发展的经济形态都可以纳入其范畴。在技术层面，数字经济包括大数据、云计算、物联网、区块链、人工智能、5G 通信等新兴技术；在应用层面，"新零售""新制造"等都是数字经济的典型代表。

6.6.1 大数据驱动

互联网的高速发展使企业获得大量客户行为数据变得更加容易。企业通过数据分析不仅能够使提供的服务与客户需求的精准匹配，改善客户体验，还能够极大地降低以客户为中心的成本，使之变得更为容易。

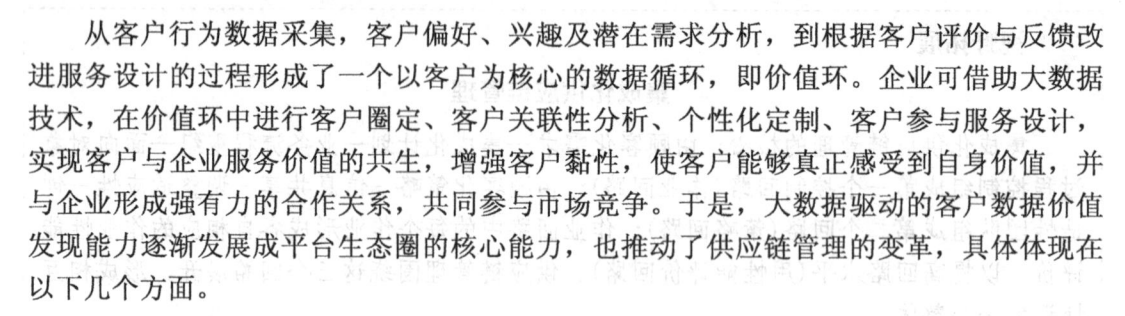

从客户行为数据采集，客户偏好、兴趣及潜在需求分析，到根据客户评价与反馈改进服务设计的过程形成了一个以客户为核心的数据循环，即价值环。企业可借助大数据技术，在价值环中进行客户圈定、客户关联性分析、个性化定制、客户参与服务设计，实现客户与企业服务价值的共生，增强客户黏性，使客户能够真正感受到自身价值，并与企业形成强有力的合作关系，共同参与市场竞争。于是，大数据驱动的客户数据价值发现能力逐渐发展成平台生态圈的核心能力，也推动了供应链管理的变革，具体体现在以下几个方面。

1. 订单层次的供应链优化

现代企业采用的营销方式越来越多样化，有线上的电商平台和微商，线下的实体商超、便利店、分销商等，所产生的线上线下订单也越来越复杂交错。企业通过订单信息协同流程操作，可实现从销售客服到生产计划、生产控制、原料采购，再到供应商的快速实时优化，促进产品流、信息流和资金流的高效连接，提高供应链的反应速度。

2. 共享"云仓"，供应协同

新零售的常态是线上线下多元业态的综合体，这给仓库管理带来了挑战。企业通过仓储资源在线化、协同化、共享化，形成线上的由大量的分布式仓库节点组成的巨型"云仓"，实现跨空间仓储布局、高订单响应速度、多地配送和货量峰值平衡。

3. 大数据优化智能仓储布局及管理

企业通过大数据分析，可以得出各货物品种的周转率和每两个货物品种同时被购买的概率，并根据货物数据和入库出库频率合理选择储位，提高拣货效率。此外，企业对货物重要信息的跟踪收集还便于出入库验收、货物的自动分拣和配货、合流装车等。

4. 车货动态云数据实时可视化

企业使用移动的智能运输管理信息系统，能实现车货动态云数据随时随地展示，通过手持终端，让信息录入更简单，操作更高效。数据云平台共享对接，可以满足物流链条中各方的运输数据需求。

5. 搭建平台激活闲置资源

大量的企业可以采用自建、租赁或合作等多种形式来共享闲置资源，通过共建共享的方式搭建平台，面向全社会提供更加便捷、优质的物流服务。企业通过信息平台的实时信息连接，使货物可以就近入库、就近配送，从而把闲置的仓库、运力利用起来，优化资源配置，大大降低运输成本和仓储成本，提高物流系统效率。

6.6.2 智慧供应链

智慧供应链是结合物联网技术和现代供应链管理的理论、方法和技术，在企业中和企业间构建的，实现供应链的智能化、网络化和自动化的技术与管理综合集成系统。

随着传统供应链的发展，技术的渗透性日益增强，很多供应链已经具备了信息化、数字化、网络化、集成化、智能化、柔性化、敏捷化、可视化、自动化等先进技术特征。在此基础上，智慧供应链将技术和管理进行综合集成，指导现代供应链管理与运营的实践。

智慧供应链与传统供应链相比，具备以下特点。

1. 技术的渗透性更强

在智慧供应链的环境下，供应链管理和运营者会系统地主动吸收包括物联网、互联网、人工智能等在内的各种现代技术，主动让管理过程适应新技术带来的变化。

2. 可视化、移动化特征更加明显

智慧供应链更倾向于使用可视化的手段来表现数据，采用移动化的手段来访问数据。

> **小案例**
>
> AIRBUS 是世界上最大的商务客机制造商之一，它担负着生产全球半数以上的大型新客机（超过 100 个座位）的重任。随着其供应商在地理位置上越来越分散，AIRBUS 发现它越来越难以跟踪各个部件、组件和其他资产从供应商仓库运送到其 18 个制造基地过程中的情况。
>
> 为提高总体可视性，该公司创建了一个智能感应解决方案，用于检测入站货物何时离开预设的道路。部件从供应商的仓库运抵组装线的过程中，会途经一个智能集装箱，这种集装箱专用于盛放保存有重要信息的 RFID 标签。在每个重要的接合点，读卡机都会审查这些标记。如果货物到达错误的位置或没有包含正确的部件，系统会在该问题影响正常生产之前向操作人员发送警报，促使其尽早解决问题。
>
> AIRBUS 的解决方案是制造业中规模最大的供应链解决方案，它极大地降低了部件交货错误的影响范围和严重度，也降低了纠正这些错误的相关成本。通过精确了解部件在供应链中的位置，AIRBUS 将集装箱的数量降低了 8%，也因此省去了一笔数额不小的运输费用，而且还提高了部件流动的总体效率。借助其先进的供应链，AIRBUS 可以很好地应对已知的及意料之外的成本和竞争挑战。
>
> （资料来源：https://www.sohu.com/a/151028705_572698）
>
> **案例点评**：管理者都希望了解供应链的各个环节。但是，这种无所不在的可视化并不需要供应链合作伙伴付出任何额外的努力。简单来说，有了这种可视化后，共享就会变得更加容易。这就意味着在智慧供应链中，对象（不是人员）将承担更多的信息报告和共享工作。关键数据将来源于供应链中涉及的货车、码头、货架和部件及产品。这种可视化不仅可以用于实现更佳的规划，还可以从根本上实现实时执行。

3. 更人性化

在主动吸收物联网、互联网、人工智能等技术的同时，智慧供应链更加系统地考虑问题，考虑人机系统的协调性，实现人性化的技术和管理系统。

随着智能制造和信息技术的发展，供应链已进入与物联网深度融合的智慧供应链新阶段。随着人工智能、工业机器人、云计算等技术迅速发展，商流、信息流、资金流和物流得以高效连接，智慧供应链与生产制造企业的生产系统相连接，通过供应链服务提供智能

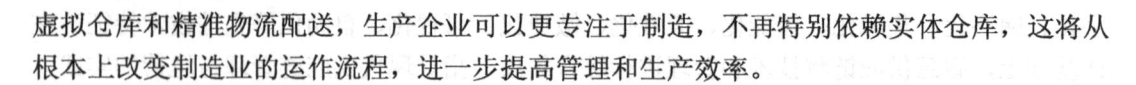

虚拟仓库和精准物流配送，生产企业可以更专注于制造，不再特别依赖实体仓库，这将从根本上改变制造业的运作流程，进一步提高管理和生产效率。

6.6.3 供应链金融

供应链金融是以核心企业为切入点，通过对信息流、资金流、物流的有效控制或对有实力关联方的责任绑定，针对核心企业上下游长期合作的供应商、经销商提供的融资服务。其目标客户群主要为处于供应链上下游的中小企业。目前供应链金融已应用在汽车、钢铁、能源、电子等大型稳固的供应链中。供应链金融本质上是一种集物流运作、商业运作和金融管理为一体的管理行为和过程，它将贸易中的买方与卖方、第三方物流及金融机构紧密地联系在一起，由企业商品交易项下应收应付、预收预付和存货融资衍生出来的组合融资。

从产业供应链角度出发，供应链金融的实质就是金融服务提供者通过对供应链参与企业的整体评价（行业、供应链和基本信息），针对供应链各渠道运作过程中企业拥有的流动性较差的资产，以资产所产生的确定的未来现金流作为直接还款来源，运用丰富的金融产品，采用闭合性资金运作的模式，并借助中介企业的渠道优势，来提供个性化的金融服务方案，为企业、渠道以及供应链提供全面的金融服务，以提升供应链的协同性，降低其运作成本。

供应链金融主要涉及四个运作主体：金融机构、核心企业、上下游企业、第三方物流企业。其中核心企业和上下游企业是融资服务的需求者；金融机构为融资服务的提供者；第三方物流企业仅作为金融机构的代理人或服务提供商，为贷款企业提供仓储、配送、监管等业务。供应链金融通过金融机构、生产企业以及多家经销商的信息流、资金流、物流的互补，突破了传统的地域限制，使厂家、经销商、下游客户和金融机构之间的信息流、资金流、物流在封闭流程中运作，达到提高销售效率、降低经营成本、多方共赢的目的。从风险控制体系的差别及解决方案的问题导向维度，供应链金融的主要运作模式分为存货融资、预付款融资、应收账款融资模式。

【本章小结】

本章首先从供应链的起源、定义、网络结构、特征、类型等方面进行供应链的概述；其次，论述了供应链管理的定义、特点、内容、运作模式；再次，论述了供应链管理方法中的快速反应，有效客户反应，协同规划、预测及连续补货；接下来，论述了供应链的设计目标、设计原则、设计策略和设计步骤；然后，论述了电子商务下的供应链管理，包括电子商务下供应链管理的优势、电子供应链的实施。最后，论述了数字经济下电子商务供应链管理。

【本章习题】

一、名词解释

供应链管理　　快速反应　　有效客户反应　　拉动式供应链　　智慧供应链

二、单项选择题

1. 供应链不仅是一条连接供应商到客户的物料链、信息链、资金链，而且是一条

( )。

  A．加工链   B．运输链   C．分销链   D．增值链

2．供应链从上下游关系来理解，不可能是单一链状结构，而是交错链状的（ ）。

  A．网络结构   B．闭环结构   C．星状结构   D．总线结构

3．在市场变化加剧的情况下，若供应链成本增加、库存增加、浪费增加，企业不能在最优状态下运行，则此时的供应链是（ ）。

  A．稳定供应链   B．反应供应链   C．平衡供应链   D．倾斜供应链

4．供应链管理把资源的范围扩展到（ ）。

  A．供应商   B．分销商   C．整个供应链   D．其他节点企业

5．供应链管理的目标是在总成本最小化、客户服务最优化、（ ）、总周期时间最短化以及物流质量最优化等目标之间寻找最佳平衡点。

  A．总库存最少化   B．制造商库存最小

  C．供应商库存最小   D．分销商库存最小

6．采用（ ）运作模式的供应链系统的库存量较低，集成度较高，信息交换迅速。

  A．分散式供应链   B．推动式供应链

  C．拉动式供应链   D．集中式供应链

7．有效客户反应是一种通过制造商、（ ）和零售商各自经济活动的整合，以最低的成本，最快、最好地实现消费者需求的流通模式。

  A．生产商   B．分销商   C．厂商   D．供应商

8．随着智能制造和信息技术的发展，供应链已进入与（ ）深度融合的智慧供应链新阶段。

  A．大数据   B．云计算   C．物联网   D．区块链

三、简答题

1．简述供应链的概念与特征。

2．对某家电企业进行调研，分析其供应链构成和流程。

3．供应链管理与传统管理模式有何区别？

4．供应链管理涉及哪些主要领域？供应链管理的主要内容有哪些？

5．什么是 QR？简述实施 QR 的意义。

6．什么是 ECR？简述实施 ECR 的条件与策略。

7．如何设计电子商务物流供应链？

8．简述电子商务下供应链管理的优势。

9．电商企业与供应链金融有何关联？

【案例分析】

1号店的供应链管理运作模式

1号店董事长于刚在 2014 年全球供应链管理峰会上讲道："零售不管前端是什么样的

模式，通过什么形式展示商品，是在线上还是在线下，还是什么营销手段，但是它的实质是什么呢？它的实质就是把顾客想要的商品在他想要的时间和地点，保质保量地送到顾客手中。这是零售的实质，这一切不是靠前端完成的，最后还是要靠供应链管理，所以供应链管理应该是零售的核心竞争力。"

从战略思维上看，1号店和竞争对手有共同的看法，供应链管理将是任何零售电子商务的核心竞争力。但是，1号店作为以食品、百货为切入点的综合类电子商务零售企业，商品是大众所需的，购买频次高，黏性强，获取顾客比较容易，而且很多顾客都是忠实顾客。但从供应链角度看，因为存在商品比较大、比较重、毛利不高、保质期短、易漏易损等各种各样的问题，所以1号店的供应链管理更为重要，同时也要求必须有自己的特点。这种突破将成为公司依赖的竞争壁垒。

综合以上因素，1号店一直将供应链体系建设作为公司发展的核心手段，并且取得了很好的成绩。例如，库存周转期刚开始大概在60多天，后来逐渐改进到50多天，40多天，30多天，20多天，到现在已经缩短到了10多天。而传统的零售大概需要30天左右。仓库内平均拣选一种商品的时间是50秒左右，但是平均每种商品的SKU(Stock Keeping Unit，库存量单位)约为10个，这个数据约为京东的6倍；而类似垂直电商基本每种商品约为1个SKU。

1号店的供应链管理运作模式如下。

1. SLC

SLC是为了实现对前端物流的整合（即供应商到1号店物流中心），由1号店协助管理，第三方提供操作，将供应商库存管理纳入1号店库存管理体系的服务，其全称为供应商物流中心(Supplier Logistic Center)。从目前电子商务发展速度来看，无论建多大的仓库，都无法满足日益增长的SKU和销售量。1号店目前已经拥有将近40万平方米的仓库，但是商品仍然不断增加。SLC就是基于这种背景而产生的。

SLC的物流模式如图6-9所示，其实质的效果等于把大量的供应商集中到了1号店物流中心附近，这种改造可以达到以下目的：

(1) 提高库存周转率，缩短库存周转天数；
(2) 从本质上优化合作模式，提高收货效率；
(3) 提升库存保障能力，减少脱销的冲击。

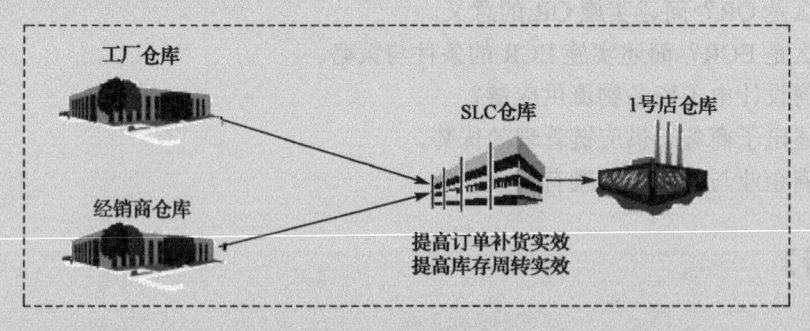

图6-9 SLC的物流模式

2. 托盘共用项目

托盘共用项目又称带板运输项目，是指1号店与托盘供应商及上游供应商联合，优化作业模式，采取托盘共用的模式，供应商送货时直接将商品和托盘一同交接给下游，实现上下游标准化运作，提高了90%的效率，降低了50%的货品破损。这部分成本在学术界称为非增值项目。托盘共用项目可以有效解决这一问题。一般来讲不同业务单元（如供应商和中间商或1号店）进行货物交接会发生如下方面的成本：货物装卸、货物清点或检验、货物入库，以及货物再转移。这些成本大多和作业单位相关，并呈线性关系。如果以箱为单位，那么成本和箱数线性相关，如果以托盘为单位，那么就和托盘数线性相关。而且托盘可以利用机械作业，节约人力。这就是托盘共用项目的优势所在。1号店的托盘共用项目如图6-10所示。

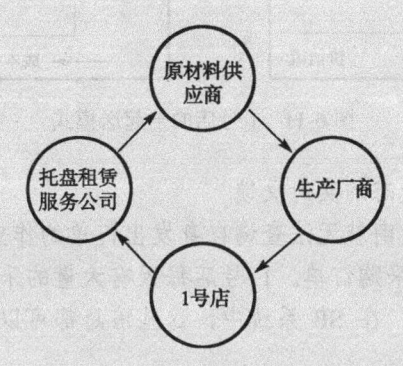

图6-10 1号店的托盘共用项目

1号店通过实践托盘共用项目，单对供应商而言，提供了以下价值。

(1) 预约时间：更加宽松，更为灵活。
(2) 绿色通道：优先运输，加快车辆周转。
(3) 搬运工具：由1号店提供，供应商只需提供人力。
(4) 验货方式：采取更加信任的方式。

3. 一起送

一起送是1号店又一个为解决前端物流整合而形成的方案。从托盘共用项目来看，托盘共用的前提是与某个供应商形成合作，而一起送突破了这种界限，将难以形成规模的供应商集中起来，1号店负责采购或推荐一批具有可靠质量的物流商，来做集中货物的工作，并运输到1号店物流中心，如图6-11所示。

一起送模式的诞生可以为以下两种供应商带来价值：
(1) 直送1号店但商品规模不大的供应商；
(2) 通过转运送货至1号店的供应商。

1号店通过一起送模式取得了如下成果。

(1) 1号店和供应商、物流商的沟通成本降低

供应商通过邮件预约物流商送货，物流商也是通过邮件与1号店物流中心预约送货，这种邮件交流往往会有遗漏或者反馈不及时的问题。1号店通过自身强大的系统研发平台，专门设计了与之匹配的系统SP（Supplier Portal, SP）。1号店的SP系统通过将线下资源数

据化，实现了供应商/物流商与1号店的信息实时反馈。这种反馈机制一般由SP系统完成，完全不需要人工干预并且能做到科学、精准。SP系统大大降低了1号店和供应商、物流商的沟通成本。

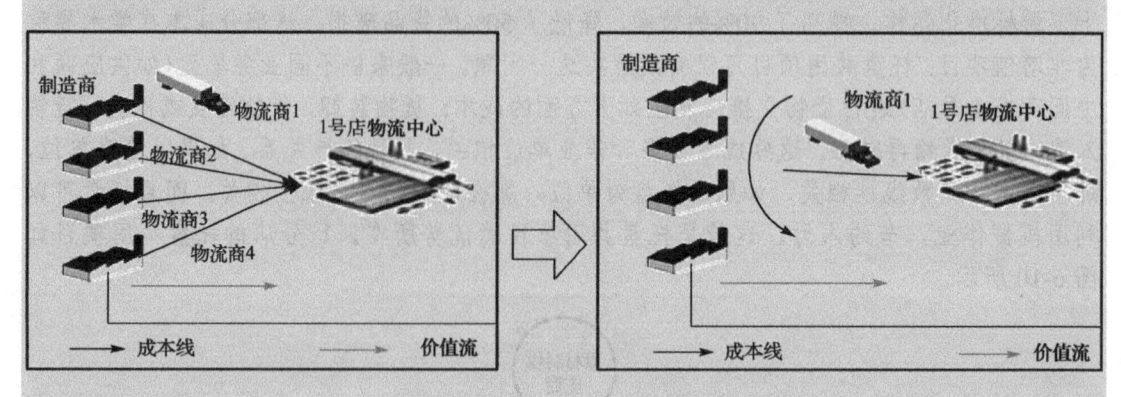

图6-11　1号店的一起送模式

(2) 实现了对采购订单状态的实时反馈

如果没有SP系统，供应商就无法查询自身发出订单的作业进度，同时，1号店也无法知道供应商是否及时响应了采购订单。1号店每天有大量的采购单发出，靠人工监控订单的执行情况基本是不可能的。在SP系统中，这些信息都可以随时更新，并提供给决策人员查询。

4. CDL物流

CDL物流英语全称Cross Docking Logistics，因沃尔玛而出名，作为一种先进的物流配送战略和运作模式在西方发达国家已获得成功应用，与其他配送战略比较，CDL物流配送战略可以在时间、空间和成本上获得利益。CDL物流实质上是在收货和发货之间直接地运送商品，取消了商品储存和选择的步骤。在发货区域，商品经过一个传送带直接流向每个拖车；在收货区域，商品从卡车上直接移到CDL物流传送系统。

一般认为，在CDL物流系统中，仓库充当库存的协调点而不是库存的储存点。在典型的CDL物流系统中，商品从制造商到达仓库，然后转移到零售商的车辆上，进而尽可能快地运送给零售商。商品在仓库中停留的时间很短，通常不超过12个小时。1号店目前采用的CDL物流为终点站型。终点站型CDL物流(Terminal Cross-Docking Logistics)，即根据即将离开的运货卡车对订单进行分类和合并。这种类型的CDL物流要求从两个或多个制造商或分销商收到的订单能够同时发送到另外一个地点。终点站型CDL物流的特点是对到货的时间和欲发送到的指定地点有严格要求。

一般来讲，1号店多以上海、广州为中心，将终点站设为武汉、泉州、成都等前置仓库。CDL物流在1号店体现出了核心优势：即供应商送来的商品不经过入库，直接送往发货区域或送至目的地的车辆上。但是1号店的CDL物流也有很多问题，主要是基于1号店内部的运作环境而言的。例如，CDL物流的使用条件、考虑因素、相关团队如何配合等。

1号店的CDL物流主要是以PMS(Plant Management System，设备管理体系)为指令中枢，所有作业团队接受 PMS 的命令，完成任务。下面以武汉为终点站为例，解释智能 IT 技术在 1 号店 CDL 物流中的使用过程。首先，1 号店采购人员或系统发出采购需求，这个采购需求可能有多个供应商可以满足，PMS 首先需要根据系统内的相关数据(综合成本、到货期等)选择采购对象。假如选择上海某供应商作为采购对象，那么 PMS 还需要根据调货时效及车辆配置因素判断是否走 CDL 物流。如果 PMS 经过大量计算，确定本次采购采用 CDL 物流，本次采购类型就会有对应的标识，这种标识会同时传给 WMS(Warehouse Management System,仓库管理系统)，WMS 人员将在系统中体现本次订单收货的特殊性(只接收、不入库)；同时 TMS 接到运输任务，可以根据计划做运输资源配置。最后，TMS 可以发出在途过程信息，这个信息也会发给 PMS，并展示给采购负责人员，如果中间出现异常，可以进行临时干预。

由此我们看到，1 号店实施 CDL 物流应用了大量 IT 技术，否则 CDL 物流也可能带来大量库存(供应商提前期是增加的)或者缺货成本的上升。这种物流模式最大化实现了集中采购，同时减少了直接从 1 号店物流中心调拨的业务模式，为 1 号店物流中心减轻了压力，全局上压缩了成本。

(资料来源：http://www.chinawuliu.com.cn/xsyj/201505/25/301674.shtml)

根据以上案例分析下面的问题：

1．供应链管理为何是零售电子商务企业的核心竞争力？
2．1 号店的供应链管理模式有何特色？

【实训操作】

实训项目：连锁超市供应链管理
实训目的：了解连锁超市供应链管理。
实训内容：
(1)选择一家连锁超市进行调研。
(2)分析连锁超市供应链的构成及特点。
(3)分析连锁超市供应链管理的特点及不足，探讨相应的解决方案。
实训要求：写出实训过程、结果和体会。

Chapter 7

第 7 章 物联网概论

【本章要点】
- 物联网的起源与发展
- 物联网的体系结构
- 物联网对物流业务流程的影响
- 物联网在物流领域中的应用

【引导案例】

物联网技术在无锡地铁 3 号线自动化立体仓库中的应用

无锡地铁 3 号线自动化立体仓库通过优化布局规划，合理使用射频识别（Radio Frequency Identification，RFID）、红外感应器等物联网技术，完善了智慧交通后勤物流保障体系。

无锡地铁已经率先采用了物联网技术，利用远程非接触 RFID 技术打造了自动化立体仓库，实现了智能化清点核对，通过手持终端自动感应 RFID 标签和扫描托盘条形码、物资编码条形码来协助清点现场实物，提高了现场清点效率及准确率，实现了实物资产的智能化验收入库。

［资料来源：叶倪. 物联网技术在无锡地铁 3 号线自动化立体仓库中的应用[J]. 物流技术与应用，2021.(4)］

7.1 物联网的起源与发展

7.1.1 物联网概念的起源

物联网的概念最初由美国麻省理工学院（MIT）的 Ashton 教授在 1999 年建立的自动识别中心研究网络无线射频识别系统时提出，即把所有物品通过 RFID 等信息传感设备与互联网连接起来，实现智能化识别和管理。

早期的物联网是以物流系统为背景提出的，以 RFID 作为条码识别的替代品，实现对物流系统进行智能化管理,也就是将传感器与现有互联网相衔接的一个新技术。

2005年国际电信联盟(International Telecommunication Union,ITU)在突尼斯举行的信息社会世界峰会(WSIS)上正式确定了"物联网"的概念,随后发布了 *ITU Internet reports 2005——the Internet of things*,介绍了物联网的特征、相关的技术、面临的挑战和未来的市场机遇。

1. 物联网的概念

ITU在报告中指出,我们正站在一个新时代的边缘,公司、社区和个人的活动范围由于普适计算技术和互联互通技术而发生极大的改变。十年前,在Mark Weiser描绘的普适计算技术的未来场景中,计算能力将越来越唾手可得,而计算设备将逐渐不为人所见。移动电话的广泛普及正是这一场景的预演,如今移动电话渗透到人们生活的程度甚至超过了计算机。

信息与通信技术(ICT)从满足人与人之间的沟通需求,发展到实现人与物、物与物之间的连接,无所不在的物联网通信时代即将来临。物联网使我们在信息与通信技术的世界里获得了一个新的沟通维度,从任何时间、任何地点、连接任何人扩展到连接任何物品,万物的连接形成了物联网。

随着技术和应用的发展,物联网的内涵已发生了较大变化。但是,至今仍没有提出一个权威、完整和精确的物联网定义。下面给出几个具有代表性的物联网定义。

定义1 物联网是未来网络的整合部分,它是以标准、互通的通信协议为基础的,具有自我配置能力的全球性动态网络设施。在这个网络中,所有实质和虚拟的物品都有特定的编码和物理特性,通过智能界面无缝连接,实现信息共享。

定义2 由具有标识、虚拟个性的物体/对象所组成的网络,这些标识和虚拟个性运行在智能空间,使用智慧的接口与用户、社会和环境进行连接和通信。

定义3 物联网是指通过信息传感设备,按照约定的协议,把任何物品与互联网连接起来,进行信息交换和通信,以实现智能化识别、定位、跟踪、监控和管理的一种网络。它是在互联网基础上延伸和扩展的网络。

上述物联网的定义大致可分为广义和狭义两类,狭义上的物联网指连接物品到物品的网络,实现物品的智能化识别和管理;广义上的物联网则可以看作是信息空间与物理空间的融合,将一切事物数字化、网络化,在物品与物品之间、物品与人之间、人与现实环境之间实现高效信息交互,并通过新的服务模式使各种信息技术融入社会行为,是信息化在人类社会综合应用达到的更高境界。

2. 物联网的特征

从通信对象和过程来看,物联网的核心是物品与物品以及人与物品之间的信息交互。物联网的基本特征可概括为全面感知、可靠传送和智能处理。

(1)全面感知:利用RFID、二维码、传感器等感知、捕获、测量技术随时随地对物体进行信息采集和获取。

(2)可靠传送:通过将物体接入信息网络,依托各种通信网络,随时随地进行可靠的信息交互和共享。

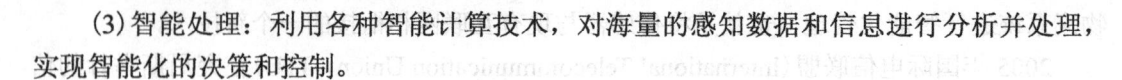

(3) 智能处理：利用各种智能计算技术，对海量的感知数据和信息进行分析并处理，实现智能化的决策和控制。

3. 与物联网相关的技术

物联网体现了多个领域的技术创新，从无线传感器到纳米科技均有体现。首先，为了将日常用品接入大规模数据库和互联网，如何简单、不引人注目、高效地识别物品的数据并加以计算就成为关键，RFID 正是这样的技术；其次，如何检测到物品状态的变化并收集相应的数据，这就需要传感器技术；再次，物品中嵌入的智能处理设备可以将物品的信息移交到网络中处理；最后，微缩技术和纳米科技使越来越小的物品之间也可以交换信息。由此可见，物联网的技术构成主要包括感知与标识技术、网络与通信技术、计算与服务技术及管理与支撑技术四大体系。

(1) 感知与标识技术

感知和标识技术是物联网的基础，负责采集物理世界中发生的物理事件和数据，实现外部世界信息的感知和识别，包括多种发展成熟度差异很大的技术，如传感器、RFID、二维码等。

① 感知技术。感知技术利用传感器和多跳自组织传感器网络，协作感知、采集网络覆盖区域中被感知对象的信息。感知技术依附于敏感机理、敏感材料、工艺设备和计测技术，对基础技术和综合技术要求非常高。目前，传感器在被检测类型、精度、稳定性、可靠性、低成本、低功耗方面还没有达到规模应用的水平，这是物联网产业化发展的重要瓶颈之一。

② 标识技术。标识技术涵盖物体识别、位置识别和地理识别，对物理世界的识别是实现全面感知的基础。标识技术是以二维码、RFID 标识为基础的，对象标识体系是物联网的一个重要技术点。从应用需求的角度，标识技术首先要解决的是对象的全局标识问题，需要研究物联网的标准化物体标识体系，进一步融合及适当兼容现有各种传感器和标识方法，并支持现有的和未来的识别方案。

(2) 网络与通信技术

网络是物联网信息传递和服务支撑的基础设施，通过泛在的互联功能，实现感知信息高可靠性、高安全性传送。

① 接入与组网。物联网的网络技术涵盖泛在接入和骨干传输等多个层面的内容。以互联网协议版本 6(IPv6)为核心的下一代网络，为物联网的发展创造了良好的基础网络条件。以传感器网络为代表的末梢网络在规模化应用后，面临与骨干网络的接入问题，并且其网络技术需要与骨干网络进行充分协同，这些都将面临新的挑战，需要研究固定、无线和移动网及 Ad-hoc 网技术、自治计算与联网技术等。

② 通信与频谱。物联网需要综合各种有线及无线通信技术，其中近距离无线通信技术将是物联网的研究重点。由于物联网终端一般使用工业科学医疗(ISM)频段进行通信(免许可证的 2.4GHz ISM 频段全世界都可通用)，频段内包括大量的物联网设备以及现有的无线保真(Wi-Fi)、超宽带(UWB)、ZigBee、蓝牙等设备，频谱空间将极其拥挤，制约物联网的实际大规模应用。为提升频谱资源的利用率，让更多物联网业务能实现空间并存，需

切实提高物联网规模化应用的频谱保障能力,保证多种物联网的共存,并实现其互联互通互操作。

(3) 计算与服务技术

海量感知信息的计算与处理是物联网的核心支撑;服务和应用则是物联网的最终价值体现。

① 计算技术。计算技术主要指海量感知信息计算与处理技术是在物联网应用大规模发展后,面临的重大挑战之一。因此需要研究海量感知信息的数据融合、高效存储、语义集成、并行处理、知识发现和数据挖掘等关键技术,攻克物联网"云计算"中的虚拟化、网格计算、服务化和智能化技术。海量感知信息计算与处理的核心是采用云计算技术实现信息存储资源和计算能力的分布式共享,为海量信息的高效利用提供支撑。

② 服务技术。物联网的发展应以应用为导向,在"物联网"的语境下,服务的内涵将得到革命性扩展,不断涌现的新型应用使物联网的服务模式与应用开发受到巨大挑战,如果继续沿用传统的技术路线必定束缚物联网应用的创新。从适应未来应用环境变化和服务模式变化的角度出发,需要面向物联网在典型行业中的应用需求,提炼行业普遍存在或要求的核心共性支撑技术,研究针对不同应用需求的规范化、通用化服务体系结构,以及应用支撑环境、面向服务的计算技术等。

(4) 管理与支撑技术

随着物联网网络规模的扩大、承载业务的多元化、服务质量要求的提高及影响网络正常运行因素的增多,管理与支撑技术是保证物联网实现"可运行－可管理－可控制"的关键,包括测量分析、网络管理和安全保障等方面。

① 测量分析。测量是解决网络可知性问题的基本方法,可测性是网络研究中的基本问题。随着网络复杂性的提高与新型业务的不断涌现,需研究高效的物联网测量分析关键技术,建立面向服务感知的物联网测量机制与方法。

② 网络管理。物联网具有"自治、开放、多样"的自然特性,这些自然特性与网络运行管理的基本需求存在着突出矛盾,需研究新的物联网管理模型与关键技术,保证网络系统正常高效运行。

③ 安全保障。安全是基于网络的各种系统运行的重要基础之一,物联网的开放性、包容性和匿名性也决定了不可避免地存在信息安全隐患。需要研究物联网安全关键技术,满足机密性、真实性、完整性、抗抵赖性的四大要求,同时还需解决好物联网中的用户隐私保护与信任管理问题。

7.1.2 国内外物联网的发展现状

IBM 前首席执行官 Louis V. Gerstner 曾提出一个重要的观点:计算模式每隔 15 年发生一次变革。这一判断像摩尔定律一样准确,人们把它称为"十五年周期定律"。1965 年前后发生的变革以大型机为标志,1980 年前后以个人计算机的普及为标志,1995 年前后则发生了互联网革命。并且,在 2010 年前后发生的一场以"物联网"为标志的新技术、新经济革命正方兴未艾。

作为一个新兴产业，物联网从诞生到广泛应用需要经历四个阶段。第一阶段为设想阶段，这个时期为产业发展的最初期。第二阶段为技术研发阶段。美国、欧盟等都在投入大量资源深入研究物联网。我国在 1999 年就启动了物联网核心技术无线传感器网络的研究，国家投入大规模资金用于物联网研发。第三阶段为实验阶段，在技术研发的水平达到一定程度时，就可以进行小范围的试用和检测，这是从理论走向实践的一步。目前一些企业已开始尝试物联网商用，如 IBM 公司的"智慧地球"。第四阶段为全面推广阶段，也是投入资金最大的时期。同时，一旦大规模商用，大量基础设施的建设和终端产品的全面推广必将推动电信、信息存储处理、IT 服务整体解决方案等众多相关市场的发展。

1. 美国

物联网的概念于 1999 年由美国麻省理工学院的 Ashton 教授提出，给书籍、鞋、汽车部件等物体装上微小的识别装置，就可以时刻知道物体的位置、状态等信息，实现智能管理。Ashton 教授提出的概念以无线传感器网络和射频识别技术为支撑。1999 年在美国召开的移动计算和网络国际会议 Mobi-Com 1999 上提出了传感网（智能尘埃）是 21 世纪人类面临的又一个发展机遇。同年，麻省理工学院的 Gershenfeld Neil 教授撰写了 *When Things Start to Think* 一书，以这些为标志开始了物联网的发展。

2008 年 4 月，美国国家情报委员会（NIC）将物联网列入"到 2025 年对美国利益具有重大影响的 6 项颠覆性民用技术"之一。

2009 年，IBM 首席执行官 Samuel J. Palmisano 提出了"智慧地球"的概念，把传感器嵌入和装配到电网、铁路、桥梁、隧道、公路、建筑、供水系统、大坝、油气管道等各种应用中，并且通过智能处理，达到智慧状态。奥巴马就任美国总统后，与美国工商业领袖举行了一次圆桌会议。作为仅有的两名代表之一，IBM 首席执行官彭明盛建议政府投资新一代的智慧型基础设施，阐明其短期和长期效益。奥巴马对此给予了积极的回应："经济刺激资金将会投入到宽带网络等新兴技术中去，毫无疑问，这就是美国在 21 世纪保持和夺回竞争优势的方式。"此概念一经提出，即得到美国各界的高度关注，甚至有分析认为，IBM 公司的这一构想极有可能上升至美国的国家战略，并在世界范围内引起轰动。

2009 年 1 月，IBM 与美国信息技术与创新基金会（ITIF）共同向奥巴马政府提交了题为《数字化复兴之路：创造工作、提升生产力和复兴美国》的报告，建议政府投资新一代的智能型基础设施，包括宽带网络、智能医疗和智能电网三大领域，以改善经济，增加就业，带动美国经济长期发展。同年 2 月，美国议会通过了《经济复苏和再投资行动法案》，其中包括了对上述三大领域的投资与发展计划。

2. 欧盟、韩国、日本

2006 年 3 月，欧盟召开"From RFID to the Internet of Things"会议，对物联网做了进一步的描述，并于 2009 年制定了物联网研究策略的路线图。

2008 年 3 月在苏黎世举行了全球首个国际物联网会议"物联网 2008"，探讨了"物联网"的新理念和新技术与如何将"物联网"推向下一个发展阶段。

2009 年 6 月 18 日，欧盟执委会发表了 *Internet of things—an action plan for Europe*，描

述了物联网的发展前景,在世界范围内首次系统地提出了物联网发展和管理设想,提出了包括监管、隐私保护、芯片、基础设施保护、标准修改、技术研发等在内的14项保障物联网加速发展的技术,标志着欧盟已经将物联网的实现提上日程。

2009年10月13日,韩国通信委员会通过了《物联网基础设施构建基本规划》,将物联网市场确定为新增长动力,提出了"通过构建世界最先进的物联网基础设施,打造未来广播通信融合领域超一流信息通信技术强国"的目标,并确定了构建物联网基础设施、发展物联网服务、研发物联网技术、营造物联网扩散环境4大领域和12项详细课题。以欧盟和韩国为代表的上述物联网行动计划的推出,标志着物联网相关技术和产业的前瞻布局已在全球范围内展开。

日本在电子标签方面的发展,始于20世纪80年代中期的实时嵌入式系统TRON。T-Engine是其中核心的体系架构。在T-Engine论坛领导下,泛在识别(UID)中心设立在东京大学,于2003年3月成立,并得到日本政府经产省和总务省以及大企业的支持,目前包括微软、索尼、三菱、日立、日电、东芝、夏普、富士通、NTT、DoCoMo、KDDI、J-Phone、伊藤忠、大日本印刷、凸版印刷、理光等重量级企业。UID中心建立的目的是为了研发和普及自动识别"物品"所需的基础技术,最终实现"计算无处不在"的理想环境。

2009年7月,日本信息技术战略部发布了《i-Japan战略2015》(简称为"i-Japan"),将目标聚焦在三大公共事业,即电子化政府治理、医疗健康信息服务、教育与人才培育。提出到2015年,通过物联网技术达到"新的行政改革",使行政流程简化、效率化、标准化、透明化,同时推动电子病历、远程医疗、远程教育等应用的发展。

3. 中国

我国在1999年就启动了物联网核心技术无线传感器网络的研究,国家投入大规模资金用于物联网研发。在商用领域我国相关企业也开始了探索,在2009年中国国际信息通信展览会上,中国移动、中国电信和中国联通三大电信运营商开始尝试物联网业务。比如,中国移动的手机钱包和手机购电业务,该业务也可以应用于超市、餐厅等小额支付场合;中国联通的无线环保检测平台可实时对水表、灌溉、水文、水质等动态数据进行监测,又可对空气质量、碳排放和噪声进行监测。

2009年8月7日,温家宝总理视察无锡时提出"感知中国"理念,由此推动了物联网概念在国内的重视,成为继计算机、互联网和移动通信之后引发新一轮信息产业浪潮的核心领域。2010年3月5日,温家宝总理在《政府工作报告》中将"加快物联网的研发应用"明确纳入重点产业振兴计划。国家发展和改革委员会、工业和信息化部、科学技术部等都在研究制定促进物联网产业发展的扶持政策。由此,推动了中国物联网建设从概念推广、政策制定、配套建设到技术研发的快速发展。

工业和信息化部正在会同有关部门在新一代信息技术方面开展研究,以形成支持新一代信息技术发展的政策措施。我国的《国家中长期科学与技术规划(2006—2020年)》和"新一代宽带移动无线通信网"重大专项项目中均将传感器网络列入重点研究领域。

在物联网普及以后,用于动物、植物、机器及其他物品的传感器与电子标签和配套的接口装置的数量将远远超过手机的数量。物联网的推广将会成为推进经济发展的重要领域。

4．5G+物联网

作为新一代移动通信技术，5G 主要应用于即时可靠通信场景（Ultra Reliable Low Latency Communications，URLLC）、海量机器通信场景（massive Machine Type Communications，mMTC）及高能通信宽带场景（enhanced Mobile Broadband，eMBB），其中前两者都属于物联网应用场景，如图 7-1 所示。

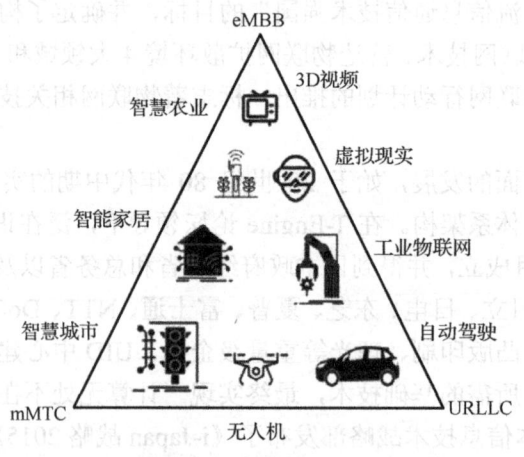

图 7-1　5G 的应用场景

5G 的发展和实际部署使得实现真正意义上的"万物互联"具备了接入和传输的通信层基础。在 5G 支持大规模物联网应用的技术标准进展方面，2018 年 6 月完成的 Rel-15 5G 标准支持 eMBB 和 URLLC，而满足 ITU 全部应用场景要求的 Rel-16 5G 标准也即将推出。2018 年 3 月召开的 3GPP 无线接入网第 79 次全会，针对 Rel-16 的提案明确了将通过继续演进窄带物联网（Narrow Band Internet of Things，NB-IoT）和增强机器类通信（enhanced MachineType Communication，eMTC）来支持 5G mMTC 应用场景。NB-IoT 和 eMTC 都属于低功耗广域网技术（Low PowerWide Area，LPWA），在授权频谱上工作，基于移动蜂窝网络部署，关注物联网设备大连接、广覆盖、低功耗、低成本的通信需求。eMTC 在数据传输速率和移动性支持方面具备优势，而 NB-IoT 在部署灵活性、成本、功耗方面更胜一筹，两者互补。不同 IoT 应用可以根据对移动性、功耗、传输速率的需求选择相应的 LPWA 技术。

5G+物联网可以做很多仅靠人力无法做到的事情，其背后无缝运行的平台使无数设备能够有效地相互通信，从而可以高效地利用资源、最大限度减少人力、节省时间、增强数据收集能力、提高安全性。在 5G 切片技术支撑下，各种业务场景能够以切片形式融入一体化的行业体系；高带宽、低延时、广链接，将 RFID 技术、WSN（Wireless Sensor Network）技术、GPS 技术、数字地球技术与互联网结合起来，就能够将互联网的覆盖范围从"人"扩大到"物"；被改造的每个物联网设备都可以成为收集并产生数据的节点，而这一数字将是百亿甚至是万亿的级别，从而加快行业商业化进程。

物联网在行业中的应用，对网络层提出了更高的服务质量要求，要求其承担比现有网络更大的数据量。而 5G 应用对于行业最大的价值在于对数据的利用，它使数据的获取更加高效,通过数据可以更好地协同行业的各端。利用 5G 网络低延时的特点,可以使行业各个环境都能够更加快速、直观、准确地获取相关的行业信息,让运输、商品装拣等数据能够更为迅捷地到达用户端、管理端及作业端,使彼此之间的数据共享与互联更为紧密。5G+物联网可为行业的运作提供更为丰富的服务,智慧化海量接入的特性,使行业过程任何节点都在其信息管理中心监控之中,从而提高行业服务的质量。

5G 时代,中国物流呈现"3S"特征——智慧(Smartness)、短链(Short-chain)、共生(Symbiosis)。"智慧":在操作层面,机器人、人工智能技术使仓储—分拣—运输—配送—客服全供应链环节智能化;在运营层面,大数据、人工智能将驱动"仓运配"全链路智能化;在网络协同层面,物联网、大数据及人工智能可实现物流协同。"短链":上游精准供应、精准营销、精准服务,推动整个供应链体系优化升级;短链化会推动整个供应链柔性化,降低物流不确定性和风险。"共生":新一代物流通过端到端一体化的服务,促进品牌商与消费者的无缝连接,帮助整个流通体系去渠道化,降低库存成本。随着 5G+物联网在物流行业中的应用,智慧物流不仅能提供更高效、精准、满足个性化需求的服务,还可以使整个物流体系逐渐实现运作无人化、运营智能化与决策智慧化。

5. 区块链与物联网

2008 年,中本聪发表了一篇论文《比特币:一种点对点式的电子现金系统》,区块链技术逐渐进入公众视野,它本质上是一个去中心化的分布式数据库,以块的形式存储数据。这些区块通过哈希的方式按时间顺序串在一起,形成一条不可篡改的链,并将该链共享且分发给所有参与实体。区块链最大的特点在于去中心化,通过数据的存储方式、共识机制、加密算法等一些关键技术的配合,在节点互不信任的系统中实现点对点的可信交易。共识机制主要包括:工作量证明(PoW)、权益证明(PoS)、工作量证明与权益证明混合(PoS+PoW)、股份授权证明(DPoS)、实用拜占庭容错(PBFT)、改进的拜占庭容错(DBFT)、Tendermint 算法等。

区块链 1.0:以比特币为代表的虚拟货币的时代,特点为去中心化的数字货币交易,结合了点对点共享和加密技术,主要是数字货币支付、流通等职能应用,具有分布式账本、链式数据、梅克尔树、工作量证明等特征。区块链 2.0:其核心技术为智能合约,"以太坊"是区块链 2.0 的主要代表,拥有自由的协议,提供了让用户搭建应用的各种模块的平台,可以极大增强数字经济中信息和价值共享的方式,使区块链技术可应用于更多场景。区块链 3.0:智能化社会时代,超出金融领域,去中心化方案应用到各个行业当中,同时保证高性能;区块链 3.0 更具实用性,不再通过第三方获取信任与建立信用,可以提高整体系统的工作效率。

由此看来,区块链 1.0 是区块链技术的萌芽,区块链 2.0 是区块链在金融、智能合约方面的技术落地,区块链 3.0 则是解决各行业互信问题与数据传递安全性的技术实现。区块链有着巨大的优势,并开始在一些领域应用,如金融行业、支付行业、物联网行业、食品安全行业、公共服务行业等。

物联网解决生产力问题,区块链解决生产关系的问题,"物链网"是一个新概念,代表物联网与区块链之间的融合。图 7-2 是区块链技术和物联网融合进展图。2018 年,微软、

IBM等公司在物联网行业会议（"物联网+区块链"应用峰会）上正式提出此概念，被称为万物的区块链，英文缩写为Blockchain of Things，定义为物链网=物联网×区块链。物联网中的终端智能设备只进行数据传输和加密，工作量计算由验证节点负责，进行交易结算，用户数据得到有效保障，物联网也逐步向区块链网络转型。区块链技术中的公开透明机制、共识机制、不可篡改机制解决了物联网中的设备安全和设备激增问题；区块链采用链式结构和智能合约技术，哈希树结构可以用来进行数据处理，解决了数据隐私问题。因此，区块链技术的引入解决了物联网中遇到的最大难题，促进了物链网的应用实现。

图 7-2　区块链技术和物联网融合进展图

物链网解决了物联网发展中遇到的痛点，可以看作是物联网的进化形态，区块链技术中的去中心化、可溯源特性解决了传输数据的安全性和可信性。2017年，邀天摩公司开展的优物链计划是物链网的第一个生态，代表了未来物链网的发展趋势。基于区块链的技术特点，区块链会首先在以下四大领域应用：物联网、医疗大数据、供应链数据管理、身份数据管理，典型应用如车联网、智能家居、智慧医疗、工业物联网等。区块链的共识机制、不可变更的特点保证了它可以在彼此没有信任的人或机构间建立合作关系，随着区块链在物联网中的深入研究，各国政府也开始重视区块链技术，实现政务数字化。

物链网的基础架构分为四层：感知层、公链层、合约层、应用层。公链层、合约层统称区块链层；感知层上搜集到的数据和信息在公链层传输，一旦上链，数据不可篡改，通过P2P网络的形式实现信息传输；在合约层上，通过智能合约的运行实现系统的运行。

根据全球移动和流量增长报告来看，2022年会有180亿台以上的IoT连接设备，这些设备会产生大量的数据，而区块链、物联网的融合可以解决传统架构中无法解决的以下问题。

(1) 数据存储

物联网的应用越来越广泛，物联网设备收集的信息也越来越庞大，并且会持续增长。由于物联网是集中式部署，如何存储传感器收集的海量数据成为一个挑战。区块链是一个去中心化、分布式连接的对等网络，节点之间完全平等，利用这个特性可解决物联网中海量数据需要汇聚到单一的控制中心集中存储的问题，从而在一定程度上缓解存储压力。

区块链技术的引入解决了物联网的数据管理问题，传统物联网架构僵化，加上物联网

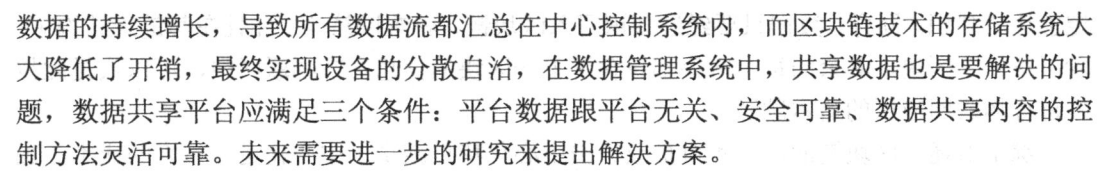

数据的持续增长，导致所有数据流都汇总在中心控制系统内，而区块链技术的存储系统大大降低了开销，最终实现设备的分散自治，在数据管理系统中，共享数据也是要解决的问题，数据共享平台应满足三个条件：平台数据跟平台无关、安全可靠、数据共享内容的控制方法灵活可靠。未来需要进一步的研究来提出解决方案。

(2) 数据传输，跨主体协作

区块链的互信机制可以使物联网收集到的数据和信息跨过第三方中介进行传播，提高了数据和信息在网络中的传输速率，减少传播延时。采用链下存储，只在需要的时候请求传输数据，可以减少使用网络带宽，提高传输速率，同时公开透明的算法打破了信息孤岛的束缚，使信息充分地横向交流，多主体协作。

(3) 身份鉴权

物联网具有可扩展性、移动性强的特点，互联网领域中的身份管理系统无法直接应用在物联网环境中，区块链技术的去中心化可以做到不依赖第三方的情况下，允许用户设备管理自己的身份，区块链技术的引入为身份管理提供了可行的解决方案。区块链中的身份验证技术利用加密数字签名、散列技术来实现，去中心化的身份识别系统不受任何机构控制，这样能保证用户完全掌握自己的身份信息，区块链的验证和共识机制有助于避免非法或者恶意的节点接入物联网，提升系统安全性。

目前身份验证管理系统大多出自学术研究，只有少数初创公司在做身份验证系统的研发。一般而言，解决方案分为两类：依赖于公共区块链平台的身份解决方案；具有许可身份的块生成器的身份解决方案。前者主要使用以太坊智能合约来设计数字身份模型，并通过一组操作(即密钥撤销)确保身份的可靠性和可用性，后者在对等网络中建立了一个公共许可的区块链，其中节点被划分为经过验证的验证器节点和观察者节点，以确保高性能和可扩展性。

(4) 隐私保护

物联网数据规模的增大、设备可能存在的漏洞、数据的集中存储和管理都给物联网的隐私保护增加了难度。物联网节点由各种传感器构成，主要负责收集数据，功能比较局限，对系统安全的检测能力较低甚至没有，区块链采用去中心化的分布式存储方式，使数据分布在各个网络节点，且运用非对称密码学技术对数据进行加密，为物联网的隐私保护提供了解决办法。

区块链技术使身份控制权从第三方提供商返给用户，零知识证明的加密方案可以在不泄露隐私的情况下确认身份，通过链下存储构建平台可以保护个人数据的隐私，智能合约的执行可实现加密壳验证性，合同违约时，被欺骗的当事人可获得相应的赔偿。需要指出的是，智能合约应用在物联网中仍需学术界的进一步研究和工业界的实践验证。

(5) 降低成本

在物联网中应用区块链技术的去中心化结构，无须设立为全局服务的中心服务器，减去了中心服务器在能耗和企业成本支出方面存在的巨大压力，节省了昂贵的运维费用，应用智能合约的互信机制也可消除与第三方通信的成本。

(6) 可证可溯

在区块链中，修改区块计算力太大，因此链上的区块基本不可能被破坏，这意味着一定能达成共识。同样，数据只要经过共识写入区块链，就难以篡改。并且在其链式结构中，除了第一个区块，其余的每个区块都包含了上一区块的信息。在物联网中，可以依托此技术进行物联网应用的追本溯源。

综上所述，区块链的信息不可篡改、去中心化特点减少了中心化运维带来的成本，加密技术和共识机制使身份认证安全可信，区块链的链式结构特点使数据可溯源，不仅促进了通信安全，解决了数据库冗余问题，也使得系统更具灵活性，可自由添加新的设备。鉴于上述优势，IBM、微软已经开始在自己的平台上提供 BaaS（Blockchain as a Service）服务，提前布局。

> **视野拓展**
>
> **羿贝科技**
>
> 羿贝科技自主研发的物链网餐饮油烟监管平台在规范餐饮企业配备生产线及治污线、对应设备安装电流互感器的前提下，通过对应的区块链数据传输单元（DTU），将收集到的数据实时上传至城管、环保、电力、工商四个市政节点，市政部门可通过平台智能分析，获得企业治污信息，并将问题企业信息发送至执法人员账号。执法人员依据平台收到的信息，到问题企业现场进行勘察，并做出相应处理措施。通过物链网餐饮油烟监管平台，有力地提高了市政部门油烟监管效率，有助于改善当地空气环境。

7.2 物联网的体系结构

7.2.1 国内外研究机构提出的体系结构

体系结构可以精确地定义系统的组成部件及其之间的关系，指导开发者遵循一致的原则，以保证最终建立的系统符合预期的需求。因此，物联网体系结构是设计与实现物联网系统的首要基础。

体系结构是指导具体系统设计的首要前提。物联网应用广泛，系统规划和设计极易因角度的不同而产生不同的结果，因此急需建立一个具有框架支撑作用的体系结构。另外，随着应用需求的不断发展，各种新技术将逐渐纳入物联网体系中，体系结构的设计也将决定物联网的技术细节、应用模式和发展趋势。

1．物联网的体系构成

根据国际电信联盟的建议，物联网自底向上可以分为以下结构。

（1）感知层

感知层的主要功能是通过各种类型的传感器对物质属性、环境状态、行为态势等静态/动态的信息进行大规模、分布式的获取与状态辨识，针对具体感知任务，采用协同处理的方式对多种类、多角度、多尺度的信息进行在线计算与控制，并通过接入设备将获取的信息与网络中的其他单元进行资源共享与交互。

(2) 接入层

接入层的主要功能是通过现有的移动通信网(如 GSM 网、TD-SCDMA 网)、无线接入网(如 WiMAX)、无线局域网(如 Wi-Fi)、卫星网等基础设施,将来自感知层的信息传送到互联网中。

(3) 互联网层

互联网层的主要功能是通过以 IPv6/IPv4 及后 IP(Post-IP)为核心建立的互联网平台,将网络内的信息资源整合成一个可以互联互通的大型智能网络,为上层服务管理和大规模行业应用建立起一个高效、可靠、可信的基础设施平台。

(4) 服务管理层

服务管理层的主要功能是通过具有超级计算能力的中心计算机群,对网络内的海量信息进行实时的管理和控制,并为上层应用提供一个良好的用户接口。

(5) 应用层

应用层的主要功能是集成系统底层的功能,构建起面向各行业的实际应用,如生态环境与自然灾害监测、智能交通、文物保护与文化传播、运程医疗与健康监护等。

2. 泛在传感器网络(USN)体系结构

物联网的感知环节具有很强的异构性,为实现异构信息之间的互联互通与互操作,未来的物联网需要以一个开放的、分层的、可扩展的网络体系结构为框架。目前,国内的研究人员在描述物联网的体系框架时,多采用 USN 高层结构作为基础。USN 体系结构是在 2007 年 9 月于瑞士日内瓦召开的 ITU-T 下一代网络全球标准举措会议(NGN-GSI)上由韩国的电子与通信技术研究所(ETRI)提出的,自下而上分为底层传感器感知网络、泛在传感器网络接入网络、泛在传感器网络基础骨干网络、泛在传感器网络中间件、泛在传感器网络应用平台 5 个层次。每一层的功能定义如下:(1)底层传感器感知网络用于采集与传输环境信息;(2)泛在传感器网络接入网络由一些网关或汇聚节点组成,为感知网与外部网络或控制中心之间的通信提供基础设施;(3)泛在传感器网络基础骨干网络是指基于后 IP 技术的下一代互联网(NGN);(4)泛在传感器网络中间件由负责大规模数据采集与处理的软件组成;(5)泛在传感器网络应用平台涉及未来各个行业,它们将有效使用物联网以提高生产和生活的效率。

USN 体系结构的一个最大特点是依托下一代网络(NGN)架构,各种传感器网络在最靠近用户的地方组成无所不在的网络环境,用户在此环境中使用各种服务,NGN 则作为核心的基础设施为 USN 提供支持。

由于 USN 体系结构按照功能层次比较清楚地定义了物联网的组成,因此目前被国内工业与学术界广泛接受。一些科研人员还将该体系结构进行修改,提出了一些经过演化的物联网体系结构。需要指出的是,虽然 USN 是作为一种物联网体系结构提出的,但是它并没有对各层之间的接口,如感知网与接入网之间的通信接口、中间件与应用平台之间的数据接口等做出统一的规则定义。因此,USN 还有待进一步完善。

3. 由欧洲电信标准组织(ETSI)正在制定的 M2M 体系结构

M2M 是欧洲电信标准组织正在制定的一个关于机器与机器之间进行通信(尤其是非智

能终端设备通过移动通信网络与其他智能终端设备(IT)或系统进行通信)的标准体系结构，包括服务需求、功能架构和协议定义 3 个部分。M2M 的功能架构如下：在具有存储模块的设备、网关和网络域中部署 M2M 服务能力层(SCL)；设备和网关中的应用程序通过 dIa 接口访问 SCL；网络域中的应用程序通过 mIa 接口访问 SCL；设备或网关与网络域中的 SCL 交互由 mId 接口实现。

4．Networked Auto-ID

Networked Auto-ID 体系结构于 1999 年由美国麻省理工学院 Auto-ID 实验室提出，目的是"把所有物品通过 RFID 和条码等信息传感设备与互联网连接起来，实现智能化识别和管理"。一般由标识标签(如磁条、条码、二维码、射频标识等)、阅读终端(磁条读卡器、红外扫描仪、光学识别器、射频读写器等)、信息传输网络(Intranet、Internet 等)、标识解析服务器和信息服务器组成。这一体系结构最先在物流系统中得到实现，并成为物联网发展的雏形。

5．uID IoT

uID IoT 是由日本东京大学发起的非营利标准化组织 uID 中心制定的物联网体系结构，目的是"通过 RFID 和二维码来标识物体，由网络化传感器采集周围环境信息，并根据采集的环境信息调整信息服务。可见，与 Networked Auto-ID 本质不同的地方在于 uID IoT 不仅包括物体的标识，还包括环境信息。uID IoT 体系结构由 Ucode、Context、用户终端、互联网、Ucode 解析服务器和应用信息服务器组成。需要指出的是，Ucode 解析服务器不同于 Networked Auto-ID 中的标识解析器，因为它不仅可以根据物体的 Ucode 查询获得相关信息服务器的地址，还可以采用 Context 和 ucR 操作符，通过查询 ucR 数据库，获得相关的多个信息服务器的地址。比如，ucR 操作为"adjacent"，该操作可以基于物品的位置信息，获得邻近物品的 Ucode，以此可以进一步获得与本物品及所有邻近物品相关的信息服务器的地址。显然，uID IoT 比 Networked Auto-ID 具有更好的环境感知性。

6．Physical-net

Physical-net 是由美国弗吉尼亚大学的 Vicaire 等人针对多用户多环境下管理与规划异构传感和执行资源的问题，提出的一个分层物联网体系结构。该体系结构自底向上分别为服务提供层、网关层、协调层和应用层。Physical-net 与 Networked Auto-ID、uID IoT 和 USN 的不同之处如下：(1)Physical-net 由服务提供层感知设备直接提供服务，并由网关层进行服务的收集和分发，从而将应用需求与资源分配分离开来，支持动态移动管理和实时应用配置；(2)通过协调层实现多个应用程序在同一资源上或跨网络和管理域并发运行；(3)通过一个细粒度访问控制和冲突解析机制来保护资源的共享，并支持在线权限分配；(4)采用一个通用的编程抽象模型 Bundle 来屏蔽底层细节，以便实现编程。

值得注意的是，Physical-net 定义了各层之间进行服务调用的统一接口，即远程方法调用(RMI)，因此从体系结构的定义来看，Physical-net 对设计与实现物联网系统具有更好的指导意义。

7. SENSEI

SENSEI 是在欧盟 FP7 计划支持下建立的一个物联网体系结构。SENSEI 自底向上由通信服务层、资源层与应用层组成。各层的功能定义如下：(1) 通信服务层将现有网络基础设施的服务，如地址解析、流量模型、数据传输模式与移动管理等，映射为一个统一的接口，为资源层提供统一的网络通信服务；(2) 资源层是 SENSEI 体系结构参考模型的核心，包括真实物理世界的资源模型、基于语义的资源查询与解析、资源发现、资源聚合、资源创建和执行管理等模块，为应用层与物理世界资源之间的交互提供统一的接口；(3) 应用层为用户及第三方服务提供者提供统一的接口。

8. IoT-A

Zorzi 等人主要针对大规模、异构物联网环境中由无线与移动通信带来的问题，提出了一个沙漏形的物联网体系结构 IoT-A。IoT-A 将不同的无线通信协议栈统一为一个物物通信接口(M2M API)，结合互联通信协议(IP)支持大规模、异构设备之间的互联，支持大量的物联网应用。基于 IoT-A，专家们提出了一种将物联网中的资源与物理世界中的物品连接起来的体系结构。与 SENSEI 相比，IoT-A 在以下几个方面进行了细化：(1) IoT-A 的 M2M API 层更加明确地定义了资源之间进行交互的方式和接口；(2) IoT-A 的 IP 层更加明确地指出了广域范围内实现大规模资源共享的互联技术。但是，在资源查询与解析、资源发现、资源聚合、资源创建和执行管理等方面，SENSEI 比 IoT-A 定义得更加清楚。

9. AOA

AOA 是由法国巴黎第六大学的 Pujolle 针对目前在 Internet 上广泛使用的 TCP/IP 协议在能耗、可靠性与服务质量保证方面的问题，为物联网的数据传输层提出的自主体系结构。AOA 体系结构包括知识层、控制层、数据层和管理层。这些层都基于自主件的构建原理与技术组合而成。具体来讲，以知识层为指导，由控制层确定数据层中的通信协议，如 STP/SP 协议，执行已知的或新出现的任务，并保证整个系统的自组织、自管理和可进化特性。

10. MNN&SOF 体系结构

MNN&SOF 体系结构分为两级，一级是基于类人体神经网络模型(MNN)，将物联网的组成部件抽象为分布式控制与数据节点、管理与数据中心(M&DC)两层，并由 M&DC 代表每一个本地物联网；另一级是基于社会组织架构(SOF)，将多个本地物联网集成为更高层次的物联网，即以行业管理与数据中心(IM&DC)为代表的行业物联网和以国家管理与数据中心(NM&DC)为代表的国家物联网。

可见，MNN&SOF 体系结构是依据人体信息处理模型而建立的。简要来讲，它将物联网中的感知节点看作是人体的感受器官，将信息网络看作是神经网络，将信息服务器看作是中枢系统；将物联网采集、传输和处理信息的过程看作是人体处理信息的过程，即环境中的各种信息由感受器官接收后，通过神经网络传递到中枢系统进行整合，再经神经网络控制和调节机体各器官的活动，以维持机体与内外界环境的相对平衡。MNN&SOF 体系结构虽然也给出了物联网的感知、传输和处理三级组成模块，但是对于各级模块的具体组成、模块之间的信息交互方式与接口都非常抽象，因此不易于实现。

7.2.2 特定应用领域的物联网系统架构

要深入研究物联网的体系结构，必须结合物联网已经构建的应用系统和应用实例。物联网已经在仓储物流，假冒产品的防范，智能楼宇、路灯、智能电表、城市自来水网等基础设施，医疗护理等领域得到了应用。

人类社会在相当长时间内将面临两大难题：其一是能源短缺和环境污染；其二是人口老龄化和慢性病增加。物联网首要的应用在于能耗控制和医疗护理。人类社会目前遇到的问题是恐怖活动和信任危机。物联网目前急需的应用在于安防监控、物品身份鉴别。另外，物联网在智能交通、仓储物流、工业控制等方面都有较大的应用价值。已经公开的物联网应用实例基本上围绕这些应用领域。

1. EPCglobal

EPCglobal 是由全球非营利组织机构 GSL 下属的 EPCglobal 公司制定的物联网系统实现架构，目的是采用电子产品编码(EPC)，为相关行业实现精确、实时和低成本的供应链信息跟踪与处理提供统一的服务。该系统中除 RFID 标签和 RFID 阅读器外，还主要包括 EPC 信息系统(EPCIS)和本地对象名字服务(ONS)，其中 EPCIS 采用 SOAP 技术(简单对象访问协议)实现数据订阅接口和数据查询接口，以提供信息推送与查询服务；ONS 根据物品的 EPC 找到对应的 EPCIS 地址。

标识物品的另外一项技术就是世界统一的物品编码技术。目前还没有针对物联网的全球物品编码技术，EPC 是关于全球产品类电子代码编制的一个规范。EPCglobal 公司是国际物品编码协会 EAN 和美国统一代码委员会(UCC)的一个合资公司。EPCglobal 公司是一个受业界委托而成立的非营利组织，负责开发 EPC 网络的全球化标准。EPC 网络由 EPCglobal 自动标识中心开发，其研究总部设在麻省理工学院，并且还有全球 7 所大学(美国麻省理工学院、英国剑桥大学、澳大利亚阿德莱德大学、日本庆应大学、中国复旦大学、韩国信息与通信大学和瑞士圣加仑大学)的实验室参与。

目前物流仓储领域的物联网应用都依赖于 EPC 网络，该网络体系结构如图 7-3 所示，主要组成部件如下。

(1) EPC。

(2) 电子标签和阅读器，电子标签通常采用 RFID 技术存储 EPC，阅读器是一种阅读电子标签内存储的 EPC 并且传递给物流仓储管理信息系统的装置。

(3) EPC 中间件，是一组具有特殊属性的程序模块，用户可以根据某种应用需求定制和集成 EPC 中间件中的不同功能部件，其中最重要的部件是应用层事件(ALE)，用于处理应用层相关的事件。

(4) EPC 信息服务器(EPC-IS)，包括两个功能：一是存储 EPC 中间件处理的信息；二是查询相关的信息。对象名字服务(ONS)类似于域名服务器，其中的信息可用于指向某个存放 EPC 中间件信息的 EPC-IS 服务器。

EPC 网络包括以下三个层次：

(1) 实体和内部层次。该层由 EPC、RFID 标签、RFID 阅读器、EPC 中间件组成。这里的 EPC 中间件实际上屏蔽了各类不同的 RFID 之间的信息传递技术，把物品的信息访问和存储转化成为一个开放的平台。

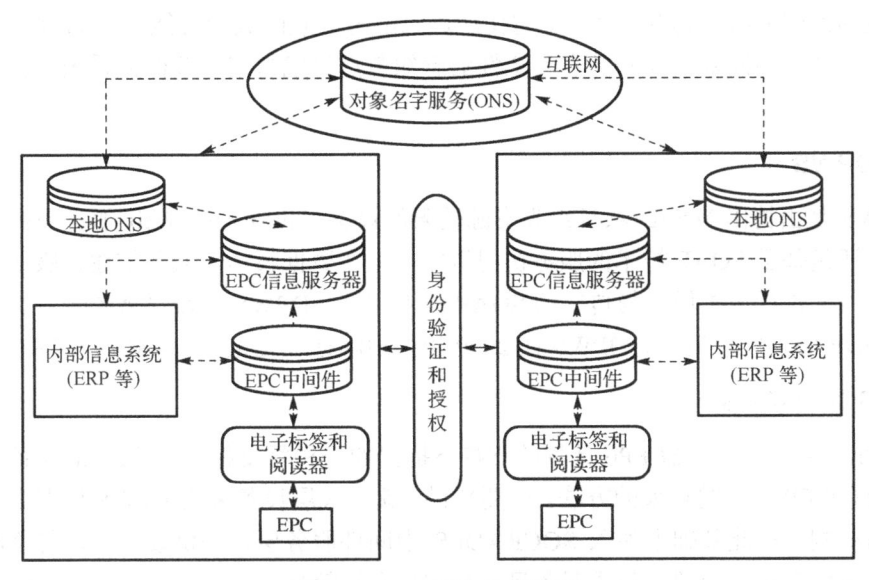

图 7-3 EPC 网络体系结构

(2) 商业伙伴之间的数据传输层。这层最重要的部分是 EPC-IS，企业成员利用 EPC-IS 处理被 ALE 过滤之后的信息，这类信息可以用于内部或外部商业伙伴之间的信息交互。

(3) 其他应用服务层。这层最重要的部分是 ONS，ONS 用于发现所需的 EPC-IS 的地址。EPCglobal 公司委托全球著名的域名服务机构 VeriSign 公司提供 ONS 全球服务，全球至少有 10 个数据中心提供 ONS 服务。

2. Smart Object（SO）

SO 是由英国剑桥大学 Auto-ID 实验室的研究人员建立的将具有自动标识、感知、通信与计算功能的节点集成起来的物联网系统。该系统的后端信息基础设施主要包括网络结构信息库和感知信息库。网络结构信息库用于保存网络中相邻节点的感知环境信息；感知信息库用于存储各节点的感知数据，并可以通过查询接口以应答方式或通过订阅接口以触发方式获得网络结构信息和感知信息。以上接口采用对象访问协议（Simple Object Access Protocol，简称 SOAP）标准描述和访问，并采用 XML 格式封装数据。

3. SWIFT

SWIFT 是一个将通信网集成起来的安全广域标识系统。它通过标识函数扩展（包括标识代理、标识管理、标识认证和属性管理、增强标识的安全性和互操作性，以及在移动环境下的标识管理和标识解析功能），实现不同类型的通信网服务、应用和内容的融合。该系统的后端服务中间件也采用 SOAP 技术实现。

4. SensorWeb

SensorWeb 中的每个感知节点可以产生结构化数据供给不同的应用使用，网关和移动代理采用 SOAP 技术提供一个统一的访问感知节点的接口,并由协调层负责任务的调度与数据的管理,数据转换层负责对原始数据进行处理和显示。SensorWeb 是最早采用 SOAP 技术实现的前端分布式物联网系统,它使演进式部署物联网成为可能,即可以将不同种类、不同接入方式、不同数据公开性和安全性的感知节点集成起来,并保证系统具有一定的可扩展性。

5. DPWS

DPWS 是由德国 WS4D 项目组为资源受限的设备提供安全的 Web 服务而提出的实现方法。它还是基于 SOAP 技术的服务访问机制,但在数据表示、服务描述、服务发现、消息传输等方面进行了扩展。与传统的 SOAP 技术相比,DPWS 比较显著的一个扩展是可以直接用 UDP 协议传输消息。DPWS 在 2009 年由国际标准化组织 OASIS 正式发布。

6. SOCRADES

SOCRADES 是在欧盟 FP6 计划的支持下提出的一种将支持 Web 服务的设备与企业信息化平台(如 ERP)集成起来的方法。简要来讲,就是底层设备采用 DPWS 标准方法提供服务与通信机制,在此基础上加入 SOCRADES 中间件服务层,提供设备管理与监测、服务发现、服务生命周期管理、跨层服务目录和安全支持等功能,实现与企业信息化平台的集成。可见,该系统实质上还是通过 SOAP 技术将分布在各智能物品(或设备)上的服务集成起来而建立的。

7. Smew

Smew 是 Duquennoy 等人建立的一个提供轻量级 Web 服务的物联网系统。它的特点在于以事件驱动的方式优化 HTTP/TCP/IP 层的性能,并通过编译时的页面预处理技术(包括内容、报文头部与校验位),在计算与存储资源受限的节点上实现 PULL/PUSH(如 AJAX/Comet)形式的 Web 服务。

8. BIT

BIT 是一个以智能手机为基础设施,为用户、后端服务提供者、产品厂家三者之间进行交互而建立的统一的物联网平台。该平台以小程序(Applet)为基本构件,以 Lua 脚本语言实现 Applet 的功能,以 BIT 标记语言(BITML)定义 Applet 的用户界面,通过脚本运行时的模块来解释执行 Applet。脚本运行时的模块可以通过 BIT 应用程序接口(BIT API)调用底层提供的资源管理功能,包括 Applet 发现、存储引擎、阅读器管理、通信管理和情景获取。Applet 发现模块采用 REST 技术架构与开放查询基础设施(OLI)交互,获得指定物品的相关信息;存储引擎用于管理 Applet 存取的数据;阅读器管理模块负责将各类阅读器读取到的符合 EAN/UPC 标准的物品代码(如 EAN/UPC、EPC 等)封装成统一的数据格式;通信管理模块支持手机采用不同协议(如 Bluetooth、NFC 等)与物品标签进行通信;情景获取模块收集用户相关的环境信息(如地理位置)。可见,BIT 的核心是后端服务器通过 REST 提供信息服务,在手机端采用 REST 获得物品及感知环境的相关信息。

9. REST

REST 将所有的可唯一标识、通信的数据源和终端对象抽象为资源，用户采用统一的界面，即 HTTP 的 GET/PUT/POST/DELETE 方法，对资源进行操作，还可以通过订阅服务将各资源连接起来。目前，已经在 MicaZ 节点上基于 uIP 协议栈实现了 REST，约占 37KB 的 EPROM 和 2KB 的 RAM。可见，采用 REST 技术在资源受限的嵌入式物联网终端上实现 Web 服务是可行的。基于同样的 REST 技术，结合 Servlet/AJAX 技术，Zou 等人建立了一个校园建筑环境监测应用系统，并对该系统的平均响应时间进行了评价。结果表明，当连接建立之后，响应时间趋于平稳。可见，采用 REST 技术实现的物联网 Web 服务系统可以保证一定的服务质量。

10. TinyREST

TinyREST 是一个采用 REST 技术将不同类型的传感网、自动化家居与消费电子设备集成起来提供 Web 服务的物联网网关。该网关自顶向下由服务与应用(S&A)、家庭服务架构(HSF)和设备控制协议(DCP)三个部分组成。其中 S&A 负责将资源请求操作(POST、GET 和 SUBSCRIBE)转发给指定的设备；HSF 负责设备及其位置管理等；DCP 支持多种设备间的通信方式，如 ZigBee、UPnP (即插即用)和 Smart-IP。

11. 其他物联网应用系统

(1) Guinard 等人提出了一个与 TinyREST 类似的智能网关。该网关将各种设备集成起来，采用 REST 技术提供数据缓存、格式转换和 PULL/PUSH 形式的 Web 服务；还可以将不同设备提供的服务聚合起来以快速建立用户自定义的应用。以家用电器用电量监测应用为例，验证了采用该网关建立的物联网系统具有较低的数据延迟。

(2) ZeroConfig 是 Schor 等人提出的一种以即插即用方式支持设备加入网络的楼宇物联网系统。该系统采用 6LoWPAN 协议实现设备的大规模接入和地址的自动配置，并采用一种层次化结构描述设备提供的服务，采用 JSON 封装数据，采用 mDSN (multicast DSN-Service Discovery)进行服务发现。同时，还考虑了设备工作在低功耗模式下的场景，并对该系统在不同数据包长度下的平均响应时间进行了评价。

(3) CoRE (Constrained RESTful Environment)是 IETF 制定的关于在嵌入式设备上实现 Web 服务的标准草案，包括高效的 Web 服务传输协议、负载编码、资源发现与安全。目前，它采用的 Web 服务传输协议为 CoAP/UDP，以降低传输开销，并支持订阅模式等；负载编码采用 EXI (ExtensibleXML Interchange)，由于 EXI 的元数据包含数据语法与状态机，因此不再需要复杂的 XML 解析器；采用 URI 和一个预先设置的、公认的路径前缀作为资源发布、集成与发现的默认机制；采用 POST/GET 操作来发布和获取需要的服务标识。

(4) BWS (Binary Web Service)基于 IEEE 802.15.4 和 6LowPAN 网络协议栈，采用 EXI 消息编码，使物联网的每个嵌入式设备都可以通过二进制 Web 服务器(BWS)、资源发布接口(RPI)、资源访问接口(RAI)和统一资源标识符(URI)实现资源发布、集成、发现和访问，支持的操作包括 GET (获取某一资源的状态)、PUT (修改某一资源的状态)和 POST (按照一定的准则订阅某一资源的状态)。

(5) MAP 是一个建立在 EBHTTP/UDP 协议栈之上的物联网系统。该系统的特点在于采用 URI 命名资源，并将每个感知设备的资源统一归为数据、状态、环境和报告四类，其中前三个资源可以通过 GET 方法来进行访问，最后一个资源可通过 POST 方法创建订阅/报告任务，由感知设备定时将数据推送给客户端。对于每个感知设备提供的数据资源，还包含格式、参数和轮廓三个子资源，并可以用 GET 和 POST 方法对格式子资源进行操作，以查看和设置数据的格式；用 GET 和 POST 方法对参数子资源进行操作，以查看和设置定时数据采集的参数；用 GET 方法对轮廓子资源进行操作，以查看历史数据。数据的表达采用 JSON 对象描述语言，并将描述数据格式的元数据存放在独立的服务器中。

> **视野拓展**
>
> **公共交通用户复乘的物联网解决方案**
>
> 2020 年 6 月，英国公交公司 First bus 对其应用程序进行了更新，使全英国的客户不仅能实时跟踪公交车的位置，还可以实时查询公交车的可用容量。通过公交车上的传感器，该应用程序将显示目前有多少空闲的座位。公交公司可以预设容量上限来满足社交距离规定，该应用程序还支持非接触式购票。
>
> 除了为用户提供实时信息，这些数据还将被用来规划未来的公交服务、实时监控服务使用情况以及动态地应对现场事件，在需求增加的情况下提供额外的公交服务，或在乘坐率下降的情况下(如受活动或天气影响)减少服务。

7.3 物联网对物流业务流程的影响

由于产业发展阶段、结构和运作方式等原因，我国物流成本长期处于较高水平，社会物流总费用与 GDP 的比率在 16%以上，约为同期美国的 2 倍、日本的 2 倍、德国的 1.9 倍、印度的 1.3 倍。对此，《物流业调整和振兴规划》中明确提出加快发展现代物流业的方向，"十二五"期间国家将重点扶持物流公共信息平台的建设和发展。据预测，未来几年，中国的第三方物流企业数量将以每年 16%～25%的速度增长。中国物流企业不仅要面对国内同行小、乱、杂的竞争环境，还要面对来自国外巨头大、精、专的竞争。

物联网环境下的物流是一个在新的业务体系和业务流程指导下的复杂的物流、信息流、商流等相互交织的动态过程，涉及多个主体、多个过程和多种信息，具体表现在物流企业、供应商、生产商、分销商、零售商等共同参与物流的核心业务、辅助业务和增值业务活动，由此产生的信息流相互交织，且信息量大、信息资源分散，因此必须对它们进行有效的管理。

物联网技术可覆盖现代物流的全过程，通过物流"末梢神经"的信息感知实现对物流作业的控制，进而提高物流业务的管理水平，并且为物流企业提供有效的智能决策支持，最终上升至整个物流行业的普遍应用。基于物联网的信息技术体系不仅带来了物流作业效率的大幅度提高，更有助于促进物流企业的智能化管理，提高客户满意度，提升整个物流行业的服务水平。

7.3.1 传统环境下的物流业务流程

传统的物流以商流为中心，物流的运动方式是紧紧伴随商流来运动的。在电子商务下，物流的运作是以信息为中心，信息不仅决定了物流的运动方向，还决定了物流的运作方式。实物库存用信息暂时代替，形成虚拟库存，通过 EDI 交换数据。网络对物流的控制是以整体物流来进行的。传统物流中虽然也用计算机对物流进行实时控制，但这种控制是以单个的运作方式来进行的。

流程就是为特定的顾客或特定的市场提供特定的产品或服务所限定的一系列活动。在物流业务体系中，物流业务流程占有核心的地位，设计、管理和改进物流业务流程已经成为现代企业迫切的、具有挑战性的核心竞争力之一。

物流业务是为了满足客户需要而对商品、服务及相关信息从产地到消费地高效、低成本流动和存储进行规划、实施与控制的过程。经过多年的发展，物流产业中的物流业务内容和流程也逐渐完善，传统环境下物流业务流程如图 7-4 所示。

物流业务流程以客户需求为起点，物流企业通过订单形式受理委托，将托运货物入库进行仓储，同时启动配送流程并对货物进行包装加工等工序；运输过程中对货物进行全程追踪，确保物流过程中货物的安全性；运达目的地后完成收货方签收及回单管理过程，最终同托运人进行合同资金清算，完成全部物流业务流程。

在整个物流业务流程运行过程中，所涉及的核心业务主要有商品的仓储、配送、运输，以及包装、搬运装卸、流通加工等环节。下面主要介绍仓储、配送、运输业务流程。

1．仓储业务流程

仓储是物流业务流程中的静态环节，其主要业务内容是将产品及相关信息在进行分类、挑选、整理、包装加工等生产活动后，集中到相应场所或空间进行保存的过程。仓储业务流程可分为三部分内容：入库业务、保管业务和出库业务。

2．配送业务流程

配送是优化资源配置的全部过程，从用户需求出发，将配货与货物输送进行有机结合的一种中转形式的物流活动，由于受配送范围的特殊性和综合性的影响，配送过程的运输组织工作是物流活动中的核心内容。

配送业务流程主要由备货、理货和送货三个基本环节构成，其中每个环节又包含若干具体活动内容。

3．运输业务流程

运输作为物流过程中的核心内容之一，为商品创造了空间效用，使物品潜在使用价值成为可以满足社会消费需要的现实使用价值。

运输业务是实现物流过程最重要的环节，主要包括运输准备、运输途中和运输到达三个过程。

物流网络由物流节点和运输线路共同组成，节点决定着线路。在传统经济模式下，各个仓库位置分散，物流的集中程度比较低，这使得运输也很分散，像铁路这种运量较大较集中的运输方式，为集中运量，不得不采取编组而非直达方式(只有煤炭等几种大宗货物才可以采用直达方式)。

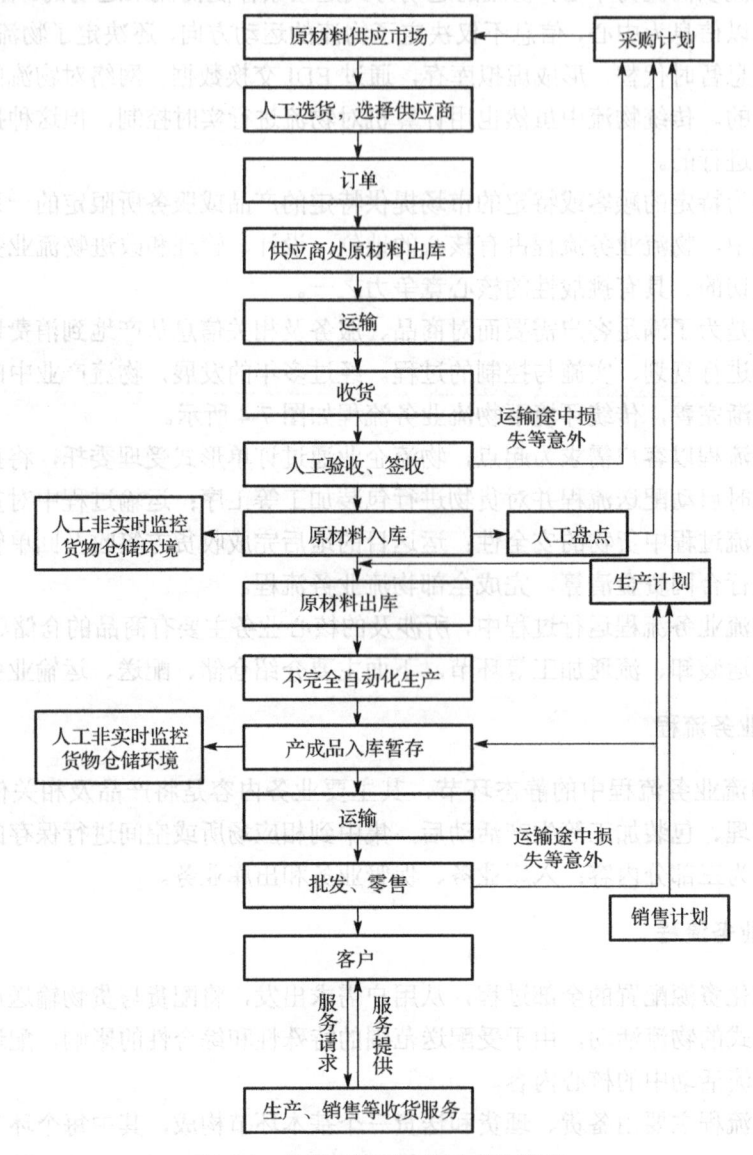

```
原材料供应市场 ← 采购计划
       ↓              ↑
人工选货，选择供应商     │
       ↓              │
      订单            │
       ↓              │
供应商处原材料出库      │
       ↓              │
      运输 ────→ 运输途中损
       ↓         失等意外
      收货            │
       ↓              │
   人工验收、签收      │
       ↓              │
人工非实时监控 → 原材料入库 ← 人工盘点
货物仓储环境     ↓
            原材料出库 ← 生产计划
                ↓
          不完全自动化生产
                ↓
人工非实时监控 → 产成品入库暂存
货物仓储环境     ↓
               运输 ────→ 运输途中损
                ↓         失等意外
            批发、零售
                ↓          ← 销售计划
               客户
            ↓     ↑
         服务   服务
         请求   提供
            ↓     ↑
       生产、销售等收货服务
```

图 7-4　传统环境下物流业务流程图

7.3.2　物联网对物流业务流程的影响

物联网环境下的物流业务流程的主要特点是物流网络的信息化。物流网络信息化是物流信息化的必然结果，是电子商务下物流活动的主要特征之一。当今世界 Internet 等全球网络资源的可用性及网络技术的普及为物流网络信息化提供了良好的外部环境。这里的网络信息化主要指以下两种情况：一是物流配送系统的计算机通信网络，包括物流配送中心

248

与供应商或制造商的联系要通过计算机网络，另外与下游客户之间的联系也要通过计算机网络通信；二是组织的网络信息化，即 Intranet。

物联网对物流业务流程有以下影响。

1. 物流业务流程结构发生变化

物流业务应用物联网技术后，可实现对物流环境、物流运载工具、物流设施和转运货物的属性和状态进行感知、记录，从而实现对物流的智能控制。同时，物流服务功能也将出现变化，并带来物流业务流程在结构上的变化。下面从纵向流程和横向流程进行分析。纵向流程指由物流的上下游各物流环节构成的流程；横向流程是指在各物流环节上服务于物流基本业务流程的其他流程。

(1) 纵向流程压缩

物联网技术可对物流的基本业务流程提供智能控制、自动化控制和决策支持等功能，通过这些功能实现流程组织优化、减少繁杂的人工操作，从而简化物流业务环节，减少物流业务的操作流程，便捷物品转移作业。因此，传统的物流业务流程从纵向来看，在物联网的作用下因流程简化而压缩。

(2) 横向流程延拓

围绕物联网对信息的一系列作用，物流服务体系可衍生出一些新的服务，如感知信息采集、智能控制、信息服务和决策支持等，对物流业务体系进行扩展，从而增加物流业务流程种类，而这些物流业务流程是在原有物流业务流程基础之上实现的并行的流程，因而从横向来看形成了物流业务流程的延拓。

2. 物流与信息流无缝连接

物联网环境下的信息流由闭环变为开环。原来的信息管理以物流企业的运输、保管、装卸、包装等功能环节为对象，以自身企业的物流管理为中心，与外界信息交换很少，是一种闭环管理模式。

现在和未来的物流企业注重供应链管理，以客户服务为中心。它通过加强企业间合作，把产品生产、采购、库存、运输配送、产品销售等环节集成起来，将生产企业、配送中心(物流中心)、分销商(零售点)网络等经营过程的各方面纳入一个紧密的供应链中。此时，信息就不是只在物流企业内闭环流动，信息的快速流动、交换和共享成为信息管理的新特征。

物联网环境下的现代物流技术的应用，使得传统物流管理信息系统的某些模块的功能发生了变化，举例如下：

(1) 采购。在电子商务的环境下，采购的范围扩大到全世界，可以利用网上产品目录和供应商供货清单生成需求和购货需求文档。

(2) 运输。运用 GIS、GPS 和 RF 等技术，运输更加合理，路线更短，载货更多，而且运输由不可见变为可见。

(3) 仓库。条码技术的使用可以快速、准确而可靠地采集信息，这极大地提高了产品流通的效率，而且提高了库存管理的及时性和准确性。

(4)发货。原先一个公司的各仓库管理系统互不联系，从而造成大量交叉运输、脱销及积压。而在电子商务环境下，各个仓库管理系统实现了信息共享，发货由公司中央仓库统筹规划，可以消除上述缺点。发货同时发送相关运输文件，收货人可以随时查询发货情况。

物联网环境下物流业务流程过程的控制和衍生增值服务的实现，都需要物流业务流程环节和感知信息的采集与处理环节紧密结合，对物流的技术设备和管理都提出了新的要求。

由此，物流与信息流无缝连接主要体现在物流业务流程包括了物品的存储和转移流程，以及基于物品存储与转移的信息采集流程，两个流程互相依存、互相作用。一方面，信息采集流程以物品转移和存储流程为基础，实现物流全程信息集成；另一方面，物流转移与存储流程需要根据信息集成的处理结果制订调度与生产计划，并以此为依据进行流程操作，利用全程动态信息实现管理的最优化。

3. 物流业务流程自动化与智能化

(1)物流业务流程自动化

自动化是指在无人干预的情况下按规定的程序或指令自动进行操作或控制的过程。物联网环境下物流业务流程的自动化主要包括三个方面：一是信息采集的自动化，物联网的感知技术可对物流业务流程进行全程的自动、即时的信息采集；二是信息处理的自动化，利用物联网网络层的传输技术与应用层的信息处理技术实现数据分析自动化；三是在物流业务的执行过程中，可实现物流过程的自动化操作。

(2)物流业务流程智能化

智能化是指利用计算机技术支持或代替人的决策过程。物联网对业务流程智能化的作用体现在通过对大量感知信息进行相关处理，对物流体系的运转进行决策支持。通过这种作用，弱化物流体系对人工决策的依赖程度，增加了系统运转的精准度，实现了对业务流程的智能化控制。

7.3.3 基于物联网的物流业务流程一体化

基于物联网的物流业务流程一体化是在现有物流业务流程的基础上，结合物联网技术体系和物流业务新体系，对各业务流程的操作进行智能化改造，将业务流程中涉及的物流货物信息与物流资源信息通过感知进行智能化的记录，并以此为基础为客户和运营商提供内外部服务，实现物流业务流程服务的全程优化整合。基于物联网的物流业务流程一体化如图7-5所示。

(1)将客户需求以订单形式发送至物流服务提供商进行业务受理，同时将订单信息存入数据库进行用户记录。

(2)进行货物仓储业务和物流配送，通过智能化处理手段实时采集商品信息和货物属性，以便于业务过程中的动态、实时监控。

(3)运输过程中对商品运载单元进行实时信息掌控，通过GPS等空间定位技术手段对商品运输过程进行智能控制。

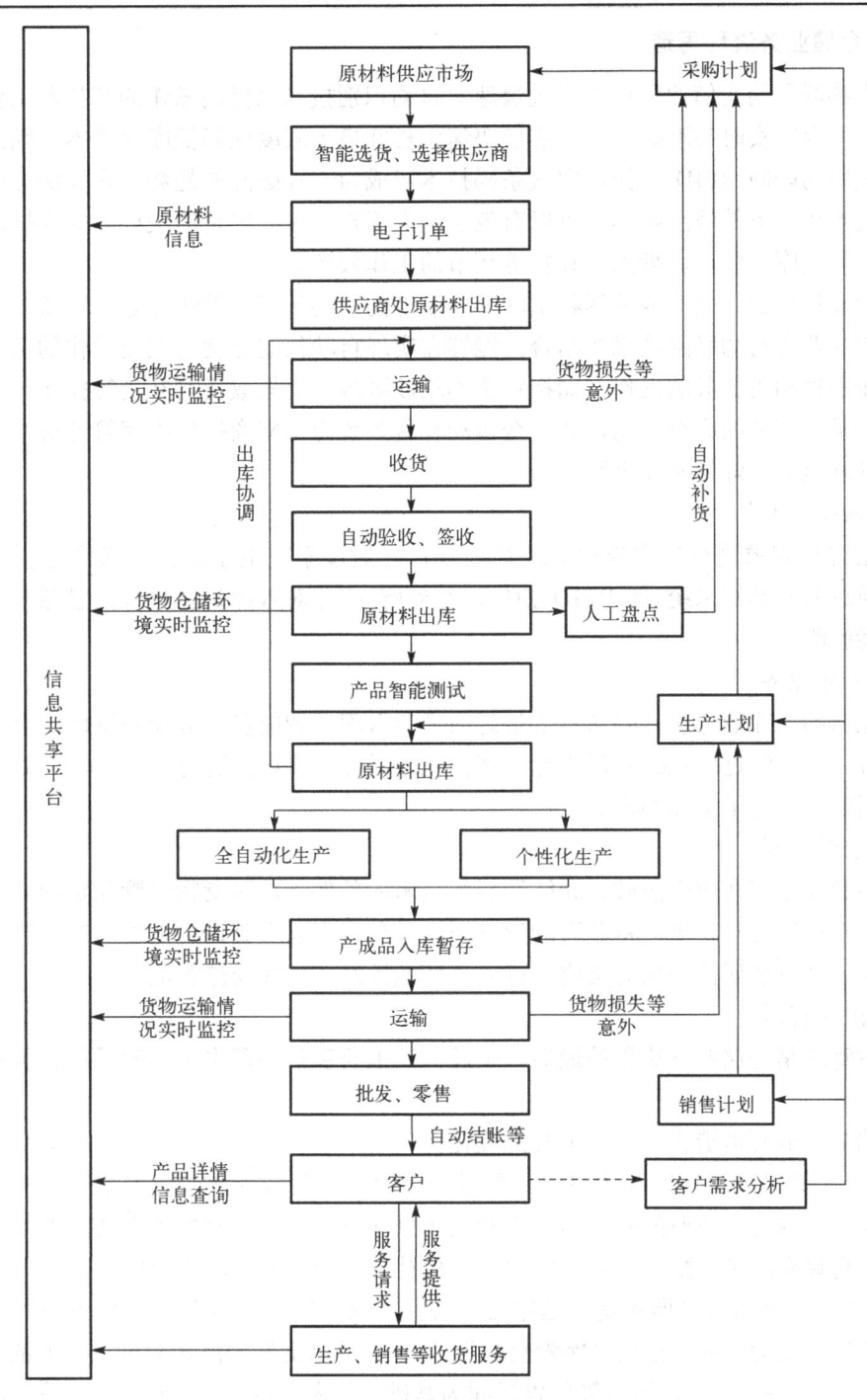

图 7-5 基于物联网的物流业务流程一体化

(4) 客户通过电子货单确认货物信息后完成物流服务，之后在交付过程中实现交易智能支付及业务回单信息化管理。

基于物联网的物流业务流程一体化过程包括对仓储业务流程再造、配送业务流程再造、运输业务流程再造、物流业务信息化流程设计。

1. 仓储业务流程再造

基于物联网的仓储业务可以通过快速、自动识别技术来提高操作的节拍及工作效率，通过提供库存的实时与准确信息，实现快速供货并最大限度地降低库存成本，因此在仓储业务中使用物联网 RFID 等技术取代条码技术已成为一种必然的趋势。在仓储业务中采用物联网技术体系下的信息载体，可以有效避免人工输入可能出现的失误，大大提高仓储流程中入库、出库、验货、盘点、补货等环节的工作效率。

再造设计后的仓储业务流程将供应链中制订的采购计划、销售计划、物流装运计划等存取货物的业务与物联网技术相结合，能够在实现自动化的存货与取货操作的基础上，高效地完成各种相关业务的操作，如指定货物堆放区域、上架取货与补货等操作；同时企业能够实时掌握商品的库存信息，并结合自动补货系统为供应商提供库存管理解决方案，提高库存管理能力，降低库存水平。

（1）入库前准备

根据客户需求进行货物收取和装卸作业，并通过系统电子数据交换进行货物清单交接，并通过入库感知系统（如 RFID 扫描、红外感知等）对入库货物进行信息感知，完成货物的智能验收。

（2）入库业务

优化后的入库业务包括确认货物信息后理货入库、智能货位分配和堆码、电子手续办理等内容。货物经过信息感知后进行入库作业，通过货物属性进行货位分派、处理及堆码作业，同时进行电子手续办理等。

（3）仓储管理

仓储管理是指在应用热敏、光敏等感知技术的条件下，对货物保管和定期盘点过程中的货物属性进行实时采集，将获取的货物属性信息入库以供查询。另外，在仓储过程中，可根据设定及货物属性变化对货物进行人工智能控制，实现仓储智能化。

（4）出库管理

出库管理是仓储业务流程的最后一个环节，主要包括办理电子出库手续、装载搬运和发货运输等。

仓储业务流程再造将带来以下几点变化。

（1）仓库数目减少，库存集中化。配送的运用已使某些企业实现了零库存生产，将来由于物流业会成为制造业的仓库与用户的实物供应者，工厂、商场等都会实现零库存，自然也不会再设仓库了。配送中心的库存将取代社会上千家万户的零散库存。

（2）物流节点的主要形式是配送中心。现在，仓库的专业分工将其分为两种类型，一类是以长期贮藏为主要功能的"保管仓库"，另一类是以货物的流转为主要功能的"流通仓库"。在电子商务环境下，物流管理以时间为基础，货物流转更快，制造业都将实现"零库存"，仓库又为第三方物流企业所经营，这些都决定了"保管仓库"进一步减少，而"流通仓库"将发展为配送中心。

（3）综合物流中心将与大型配送中心合二为一。物流中心被认为是由各种不同运输方式的货站、货场、仓库、转运站等演变和进化而成的一种物流节点，主要功能是衔接不同的运输方式。综合物流中心一般设在大城市，数目极少，而且主要衔接铁路与公路运输。

结合运输来考虑,物流中心与配送中心都处于一次运输与二次运输的衔接点(物流中心衔接了不同运输方式,同时也衔接了一次运输与二次运输),都具有强大的货物集散功能,因此综合物流中心与大型配送中心很可能合二为一。

2. 配送业务流程再造

基于物联网的配送业务流程主要在作业调度配载、在途监控、绩效管理信息化等作业环节下进行改进、优化,实现配送过程的信息化、智能化,并与上下游业务进行物资资源整合和无缝连接。

再造后的配送业务流程在货物准备和货物配装过程中的各工作环节实现智能化,采用条码技术和 RFID 技术相结合的方式对货物进行信息采集、物流跟踪和库存控制,从而实现经济效益和管理水平的双重提高,加强配送时效性和业务环节中的工作效率与准确率。

(1) 配送备货

配送备货采用电子标签等技术进行货物的智能分拣,方便了后期的二次标识和二次包装,以及货物暂存,实现了备货环节智能化流程再造,提高了备货工作效率。

(2) 理货业务

根据用户订单的需求,在配送业务进程中综合采用条码技术、传感技术、射频识别技术对货物进行系统配货、自动分拣和智能装配,区别于传统意义上的人工操作,使得理货过程变得更加有条理,大大提高了理货效率。

(3) 送货业务

利用计算机网络、全球移动通信系统等技术,根据订货客户的地理位置、具体位置、具体线路上的商品特性及数量、需要的车辆、车辆上装载的商品、行车的先后顺序、司机、装卸人员等,以最佳的配送路线、配送频率和配送时间来完成货物的交付,然后通过客户管理系统收集客户反馈的信息,有针对性地对回单进行处理,使整个环节都在网络的监控下完成,不同于传统意义上简单地将货物送达客户就结束,达到了客户和物流公司的双赢。

3. 运输业务流程再造

运输业务作为配送业务的延伸拓展,主要作用是实现货物的空间位移。现有运输业务中已部分应用物联网的相关技术,如货箱传感射频识别、GPS 动态定位等,实现对载货单元的实时监控。

在配送过程完成后,需要运输业务来承担货物发送过程,运输业务主要分为运输准备、运输过程和运输完成。

(1) 运输准备

运输准备工作包括签订运输合同、制定并优化运输计划、配置货物电子标签等内容。其中,运输计划的制订需同配送业务流程和仓储业务流程紧密衔接,统筹考虑;还要对运输过程中的环境信息进行采集,以保证运输过程的安全、畅通。

(2) 运输过程

在车辆调配和货物装车后,在运输途中进行货物的实时追踪和相关信息的及时在线更

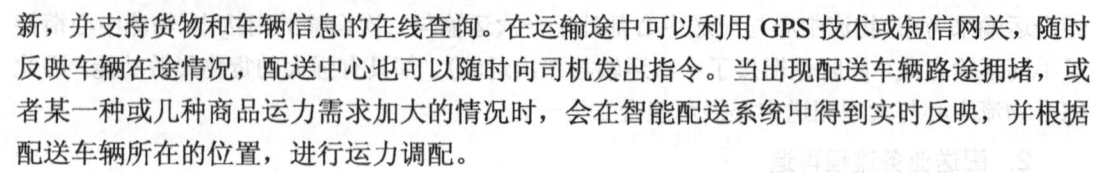

新，并支持货物和车辆信息的在线查询。在运输途中可以利用 GPS 技术或短信网关，随时反映车辆在途情况，配送中心也可以随时向司机发出指令。当出现配送车辆路途拥堵，或者某一种或几种商品运力需求加大的情况时，会在智能配送系统中得到实时反映，并根据配送车辆所在的位置，进行运力调配。

(3) 运输完成

运输完成包括货物送达电子确认和支付过程，是运输业务的最终环节。

在电子商务环境下进行运输业务流程再造，库存将集中起来，而库存集中必然导致运输集中。随着城市综合物流中心的建成，公路货站、铁路货站、铁路编组站被集约在一起，综合物流中心的物流量足够大，可以实现大规模的城市之间的铁路直达运输，运输也就被划分成一次运输与二次运输。一次运输是指综合物流中心之间的运输，二次运输是指物流中心辐射范围内的运输。一次运输主要用铁路运输，因为运输费率低，直达方式又使速度大大提高了。二次运输用来完成配送任务，它由当地运输组织（运输组织人员、运输范围、服务对象都在当地区域范围内）来完成。

在电子商务环境下，多式联运将得到大发展。这是由以下几个原因所导致的。第一，电子商务技术，尤其是 Extranet 使企业联盟更加容易实现。而运输企业之间通过联盟，可扩大多式联运经营。第二，多式联运方式为托运人提供了一票到底、门到门的服务方式，因为电子商务的本质特征之一就是简化交易过程，提高交易效率。在未来电子商务环境下，多式联运与其说是一种运输方式，不如说是一种组织方式或服务方式。它很可能成为运输所提供的首选服务方式。

4. 物流业务信息化流程设计

物联网环境下的物流业务信息化主要表现为物流信息的商品化、物流信息收集的数据化和代码化、物流信息处理的电子化与计算机化、物流信息传递的标准化和实时化、物流信息存储的数字化。物联网环境下的物流业务信息化开创了优化动态配送调度、智能运输、自动仓储配置优化、实时监控等新型的物流管理技术和管理模式；并通过系统主动式调配、简化信息管理，加速企业内外部信息交换；提高了投入和产出的比例，有利于优化企业的资源配置。

物流业务信息化的形成可分为两部分：物流实体网络和物流信息网络。前者指由物流企业、物流设施、交通工具、交通枢纽等在地理位置上的合理布局形成的网络；后者指物流企业、制造企业和商业企业通过物联网手段把物流业务体系连接而成的共享信息网，并借助该信息网实现对运输工具和路线的高效调配与安排。

在物流活动过程中，信息流作为物联网环境中的动态主体，从客户需求信息的提交，到业务部门进行自动仓储监管、动态配送调度、智能运输过程监控的具体操作，最终到客户的电子交易过程，实现了各项业务环节的信息交互。

首先是信息流周转过程。第一，客户通过提交电子订单的方式向物流服务提供商提出业务需求。第二，物流服务提供商接受订单后通过内部决策确定交易信息，并制定相应的物流方案，交由各部门实施。第三，业务部门通过物流管理平台进行业务操作，针对业务内容进行采购或货物接收手续的办理，之后开展仓储、配送、运输等具体业务。

第四，仓储部门根据接收的指令进行活动，并通过前段感知设备进行仓储状态信息的及时反馈，为配送和运输业务提供服务。第五，配送部门对上级下达的配送方案进行确认和执行，并依据货物仓储的实际状态进行包装、配送等一系列业务。第六，配送业务完成后，运输部门依据上级的运输指令进行货物装载和发送，通过传感网络对货物信息和运输状态信息进行实时采集，并传输回控制中心，以便于物流管理和信息查询。第七，货物送达后，控制中心根据完成物流活动的情况向客户发出通知并要求支付费用，在此过程中实现资金流的运转。

其次是物流周转过程。第一，客户将货物交付物流服务提供商，或者通过物流服务提供商进行货物采购来实现全程委托。第二，物流服务提供商的业务部门根据物联网信息完成自动仓储、动态配送和智能运输的实体业务过程。第三，以货物交付于目标客户为终点，完成全部实体物流过程。

最后是资金流转过程。在物流服务提供商和客户之间还存在资金流的周转过程，主要完成随着商品实物及其所有权的转移而发生的资金往来流程。

视野拓展

Controlant 的疫苗运输服务

物联网在促进疫苗接种方面发挥着主导作用，提供互联冷链运输和物流解决方案。如Controlant 与沃达丰合作推出的"冷链即服务"，通过供应链运营可视性、物联网传感器和实时数据分析工具，使得物流公司在整个产品制造和分销周期中能够收集关键数据。

物联网不仅可以提供位置信息，还能监测环境状况。这一点对于新冠肺炎疫苗至关重要，如果保存不当，它们就会迅速降解，即使是很小的偏差也会导致疫苗变得无效。

7.4 物联网在物流领域中的应用

物联网在物流领域的应用主要集中在物流操作、物流信息及供应链物流管理等方面。

1. 物联网技术在物流操作史的应用

（1）传统物流技术装备的智能化与网络化

在物流领域，应用最普遍的感知技术是 RFID 技术。RFID 标签及智能手持终端产品被广泛应用于仓储设备、输送设备、集装单元器具等，主要用来感知定位、过程追溯、信息采集、物品分类拣选等。很多快递员均配备了手持终端扫描设备，通过信息实时上网，实现了对配送过程的透明化管理和信息追踪。

在仓储拣选领域，电子标签亮灯拣货系统得到广泛应用。此外，把订单拣选信息自动处理成语音的系统、通过语音引导拣选的语音拣选系统也取得突破性进展；把拣选信息输入拣选小车上的显示屏，以此引导拣选作业的技术也发展较快。

在可视化物流设备方面，物流中心视频管理系统通过视频传感器实时感知物流作业状况和仓库管理状况。

在自动化仓库领域，AGV 小车与密集型货架相结合，可以大大提高仓储设施的空间利用率，借助 AGV 小车可以对货架最里面的货物进行搬运出货，这在单品出货较大的产品领域具有极强的竞争力；借助激光导引或磁条感知与导引的智能搬运机器人系统在自动化物流中心的应用也很多。在货物出入库方面，智能机器人系统根据信息指令对货物进行智能堆码垛。

(2) 物流信息系统与实体物流网络化融合

物流信息系统一般指虚拟的信息系统网络。随着互联网技术的发展，物流信息系统的系统化、网络化发展很快。这一信息系统的信息都是电子化与数字化的信息，因此物流信息系统很容易与电子商务信息系统融合，与企业的现代生产系统中的信息网络融合，以及与商贸流通领域的信息网络融合。

随着现代信息技术发展，物品的制造信息、商贸流通信息、电子商务交易信息以及与这些信息相关的资金流信息都可以很方便地融合，统一运筹和优化运算。但是物流系统是网下实体物质，不能直接与虚拟信息网络融合，成为现代生产、商贸流通的瓶颈。看到此机会的国内外著名企业(海尔、阿里巴巴、谷歌、亚马逊等)纷纷进入物流领域，推进物流信息系统与实体物流的网络化融合。

在电子商务领域，就是要借助巨大物流信息，结合大数据、云计算技术进行分析与优化，整合实体网络物流配送的信息，提前进行集约化集货、集约化调度、智能化备货，从而极大地提升物流作业效率，让配送更快捷。

(3) 产品智能追溯系统

产品智能追溯系统一般是通过给产品赋码，将产品的生产、运输、保管、交接等信息写入赋码系统，通过扫描条码或识别 RFID 信息，实现对产品生产、运输、保管、交接等信息的双向追溯，实现防伪、安全等功能识别，确保产品安全。

产品智能追溯的物联网应用在物流领域开展得最早，技术也最成熟，发展也最快。早在十年前，物流行业就开展了对医药、食品等物品的安全追溯系统的研究与应用，借助条码、RFID 等技术，建立双向赋码追溯系统，可以对重点追踪的产品实现双向追溯。多年来，在食品安全领域、药品安全领域，已经建立了数百个双向追溯系统，产生了巨大的社会效益与经济效益。

随着人们对食品和药品的品质与安全的重视程度不断提高，这两个领域的智能双向追溯会获得巨大发展；其次，危险品追溯、贵重物品追溯也会得到巨大发展。

2. 物联网在物流信息系统中的应用

目前在国内物流方面应用比较多的系统类型包括仓储管理系统、车辆定位跟踪系统、订货管理系统等。在铁路物流运输方面应用较早、较成功的案例之一是铁路车号自动识别系统。这些系统能够实现物品、车辆的准确的实时定位，能够完成信息的自动采集、管理，在一定程度上实现了物联网的功能。

物流信息系统建设的目标就是以利用高新科技手段实现"智能物流"为核心，大大加快物资在物流过程中的流通速度，减少人工操作失误，降低管理成本，实现全局资源利用最大化，整个链条集约化，以及工作最大程度的自动化、优化、简易化。

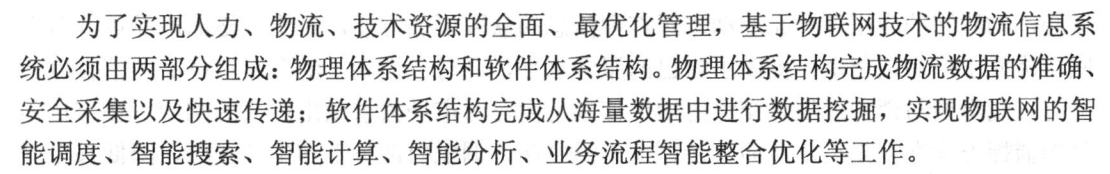

为了实现人力、物流、技术资源的全面、最优化管理,基于物联网技术的物流信息系统必须由两部分组成:物理体系结构和软件体系结构。物理体系结构完成物流数据的准确、安全采集以及快速传递;软件体系结构完成从海量数据中进行数据挖掘,实现物联网的智能调度、智能搜索、智能计算、智能分析、业务流程智能整合优化等工作。

(1) 物理体系结构

物理体系结构可分为三个层次:第一层,在货物及每辆货车上安装 RFID 标签;第二层,在配送中心仓库中布置网状的 RFID 识读器,同时在仓库出入口地面上布置地面的接收天线,货物的进出库信息及车辆的定位信息,通过接收设备传递给物流中间件;第三层,物流中间件通过 PML 服务器获得物品具体信息,并将生产过程数据存入云计算平台。

物理体系结构在物理层上采用 RFID 技术,通过 RFID 识读器自动读取物品标签信息,能够完成自动盘库、跟踪货品、引导叉车实时定位、快速出入库等功能,几乎不需要人工操作。

(2) 软件体系结构

面对 RFID 采集到的海量数据的处理问题,云计算技术因其由普通计算机组成、成本低廉、能够海量存储数据、分布式计算速度快等优点,当仁不让地成为物联网之"脑"。

软件体系结构可分为四个层面:第一层,云计算平台负责管理计算机硬件,为用户提供透明的虚拟化资源,当然还应包括软资源(操作系统、数据库等);第二层,基于人工智能方法的云计算应用程序,在其中存储着分拣知识、调度知识等一系列专家知识库,同时用 MAP/Reduce 方法编写搜索方法,实现快速分布式的并行计算,有利于快速做出决策;第三层,业务逻辑层,调用上层数据形成"货主货物查询系统""车辆运行监控系统""负载率统计系统"等物流信息系统子模块,该层可以以 Web Service 的方式存在,并向外提供服务;第四层,直接为用户或管理员提供可视化的操作、查询 Web 界面。

软件体系结构的功能包括:能够依据从 PML 服务器中提取的货物信息(发货地点、发货时间、收货地点、体积重量等)判断其优先级别,自动安排哪些货物该上哪辆车,自动提示工作人员应该装卸哪些货物;分析空载率及其原因,为提高整个物流运行效率提供决策支持。

云计算是物联网整个体系结构的中枢与连接纽带,物理体系结构用于海量数据的采集、传递,软件体系结构用于实现数据的分析、查询、决策等具体应用。

3. 物联网在供应链物流管理中的应用

物联网应用于物流的整个过程:当产品完成生产,即为其贴上存储有 EPC 的电子标签,直到产品经历整个生命周期。EPC 作为它的唯一身份标识,除存储产品的完整信息外,还可以通过 EPC 在物联网上实时地查询和更新产品的相关信息,即可以同时进行产品信息的读取和写入,在物流的各个环节实现产品的定位追踪。

(1) 物流生产和运输领域

EPC 将 RFID 技术应用于物流,极大地拓展了 RFID 技术的应用领域并推动 EPC 在供应链物流等领域的应用。首先对制造商而言,原材料供应管理和产品销售管理是其管理的核心，物联网的应用使产品的动态跟踪和信息的获取更加方便，对不合格的产品可及时召回，降低了产品退货率，提高了自己的服务水平，同时也提高了消费者对产品的信赖度。另外，制造商与消费者信息交流的增进使制造商可对市场需求做出更快的响应，在市场信息的捕捉方面夺得先机，从而有计划地组织生产，调配内部员工和生产资料，降低甚至避免因"牛鞭效应"带来的投资风险。

对运输商而言，EPC 可以自动获取数据，进行货物分类，降低取货、送货成本。EPC 电子标签中编码的唯一性和仿造的难度可以用来鉴别货物真伪。由于 EPC 读取范围较广，可实现自动通关和运输路线的追踪，从而保证了产品在运输途中的安全。即使在运输途中出现问题，也可以准确定位，做出及时补救，使损失尽可能降到最低。这就大大提高了运输商送货的可靠性和效率，提高了服务质量。此外，运输商通过 EPC 可以提供新信息增值服务，从而提高收益率，维护其资产安全。

(2) 物流仓储领域

出入库产品信息的采集因为物联网技术的运用而变得快捷、准确。电子标签的读写优势，使物联网能够将产品数据嵌入相应的数据库，经过数据处理，实现对产品的拣选、分类堆码和管理。若仓储空间设置相应的货物进出自动扫描记录，即可防止货物的盗窃或因操作人员疏忽引起的物品流失，从而提高库存的安全管理水平。现今，物联网已经广泛应用于货物和库存的盘点及自动存取货等方面。

(3) 销售管理领域

物联网系统具有快速的信息传递能力，能够及时获取缺货信息，并将其传递到卖场的仓库管理系统，经信息汇总后传递给上一级分销商或制造商，及时准确的信息传递有利于上游供应商合理安排生产计划，降低运营风险。在货物调配环节，RFID 技术的支持大大提高了货物拣选、配送及分发的速度，还在此过程中实时监督货物流向，保障其准时准点到达，实现了销售环节的畅通。

EPC 的应用将引起零售商的管理模式和零售模式的革命性变革。从零售模式上来看，基于 EPC 应用的"未来商店"，为消费者配备了"个人购物助手"的购物车，从而帮助消费者轻松寻找商品，为购物者提供购物建议；而当消费者推着满车的商品来到收银处，通过头顶的无线局域网在瞬间完成自动识别所有商品并结算价格。

零售商在商店的商品和货架上贴上一枚小巧的由 RFID 芯片制成的电子标签，在商店的屋顶内布上无线局域网，计算机就能够对物品的去向全程跟踪，并随时获取商店货架上和库存内所有商品的信息，通过无线局域网在后台办公处跟踪库存和商品销售情况。EPC 在商店的使用，大大提高了自动结算的速度，减少缺货问题，降低库存水平，并可有效防盗。同时，零售商还可以通过 EPC 进行产品追溯，提高了产品的质量保证，减少了自己的损失。

EPC 技术为零售业提供了强大的后台支持系统，即在制造商、零售商、物流中心之间建立起了一条快速通道，使得货物的管理具有了动态性、及时性和准确性。

(4) 商品消费领域

物联网的出现使个性化购买、排队等候时间缩短变为现实。消费者随时掌握所购买产品及其厂商的相关信息，对有质量问题的产品进行责任追溯。事实上，由于产品从生产之初直到消费者手中都有实时的质量和数量追踪并依据情况做出了补救,到消费者手中的残次产品几乎为零。这样,既保证消费者购买到满意的商品,对其人身和消费信心不造成任何伤害,又可以防止残次产品因不及时或没有有效处理而对周围环境带来威胁。特别是有毒有害的危险品,随意的丢弃将可能造成严重的环境污染,带来巨大的损失。

物联网借助互联网、RFID 等无线数据通信技术,实现了对单个商品的识别与跟踪。基于物联网的这些特性,将其应用到物流的各个环节,保证了商品的生产、运输、仓储、销售及消费全过程的安全和时效,具有广阔的发展前景。

视野拓展

太行沃土的小米可溯源系统

山西太行沃土农业产品有限公司(简称太行沃土)建立了小米质量可追溯体系平台,通过此平台对种植生产阶段、仓储加工阶段、销售阶段等关键点进行控制,借助物联网设备、区块链技术,将所有种植和生产关键环节完全呈现给消费者。

其中农产品信息档案系统将小米种植生产阶段地理位置信息、基地农户信息档案、生产过程管理、土壤质量检测等信息上传共享到数据库,并形成电子标签附属在农产品上,最终进入零售终端领域,将电子标签上的信息作为终端消费者进行小米质量安全溯源识别与确认的必要依据。

小案例

就昆明海关而言,物联网为海关物流、口岸的业务部门提供了大量实时的数据信息,使物与物、物与人以及海关的各项资源能够更广泛地互联互通。

昆明海关物联网系统一个重要的子系统是车辆自动核放系统。通过电子车牌、车辆的底牌号码、GPS 定位系统、RFID、电子闸口等技术,自动获取车辆和驾车人员的信息,负责通关的海关人员可以通过数据库对车、货物和相关人员的信息进行核对,排查潜在风险,及时做出放行决定。对于海关风险部门,这种自动化放行的模式,有利于对海关的监管对象进行中央监控,对一线进行智能化管理,对车辆的运输路线和行驶状态进行实时监控,通过抓拍对车辆信息进行反复确认,得到充分的信息保障后进行有效的无纸化监测和放行。这种依托物联网技术的管理模式促使海关的风险管理由人工处置向自动化管理转变。

(资料来源:刘琪. 5G 背景下物联网在海关风控中的应用研究——以昆明海关为例[J]. 现代商业,2020(31):26-28.)

案例点评:当前,物联网技术的运用不能局限于单一部门,要想发挥物联网技术的作用,需要海关风险部门和其他部门相互协调与配合,进行信息和数据的共享。但实际上,跨部门的技术应用还面临着很多挑战,如单个部门对技术的应用程度不同,会带来物联网数据的不均衡,难以达到预期的监管目标。

【本章小结】

本章介绍了物联网的概念和起源。物联网是连接物与物、物与人的网络，是下一代网络的代表，主要使用的技术有感知技术、网络传输技术、5G通信技术及区块链技术，现阶段主要应用于物流活动的各环节。物联网的发展还面临技术、安全方面的挑战。

【本章习题】

一、名词解释

IoT　　　　　物链网　　　　　SensorWeb

二、单项选择题

1. 物联网技术的特征不包括（　　）。
   A. 全面感知　　B. 可靠传送　　C. 智能处理　　D. 人机协作
2. 物联网的应用场景不包括（　　）。
   A. 智慧城市　　B. 虚拟现实　　C. 无人机　　D. 自动驾驶

三、简答题

1. EPC电子标签的特点是什么？有哪些作用？
2. 物联网的体系结构有哪些？
3. 简述物联网对物流活动的影响。

【案例分析】

物联网在南京医药股份有限公司物流活动中的运用

在南京医药股份有限公司，生产人员在药品外包装盒上加装一个芯片，通过物联网技术，对药品在厂、在库、在售、在用等环节的全程质量安全提供可感知、可追溯体系的平台。消费者购买药品后，可通过药品终端查询系统，读取该药品经历环节最真实的信息，做到放心购买。药品仓库中的门禁和货架上配有电子系统，药品进入仓库前，经过门禁扫描，读取药品包装盒上的信息，记录在案。药品按照门类装上电子货架，每过几秒钟，电子货架会自动扫描货架上所有的药品信息，查询药品摆放位置是否正确、药品是否临近过期限制等，一旦发现异常，电子货架会自动亮起红灯报警。电子货架还可以通过设置，控制整个储存室的温度和湿度。电子货架的应用可以将平均库存周转期减少到7天，大大节省了药品的库存成本和资金占用，从仓储环节上降低了药品售价。物联网还构成药品消费的电子商务系统。拖动鼠标，可从这个货架"走"到那个货架，就像现实中逛药店一样。选择货架上的一件药品单击打开，该药品就会被放大，可查看药品包装盒上的各种信息，包括服用禁忌、服用剂量等，如果确认无误，可单击购买，通过网上银行付款。市民还可通过系统单击视频对话，向药店销售员询问药品相关信息，或者向在线专家咨询病情，以便对症下药。

根据以上案例分析下面的问题：

1. 南京医药股份有限公司物流活动的特点有哪些?
2. 比较南京医药股份有限公司的供应链管理与其他医药企业的异同点。

【实训操作】

实训项目：物联网在食品追溯中的应用

实训目的：了解食品企业的物流管理。

实训内容：

(1) 选择一家食品企业进行调研。

(2) 分析食品企业物流活动各环节的参与者。

(3) 分析食品企业物流管理的特点及不足，探讨相应的解决方案。

实训要求：写出实训过程、结果和体会。

参 考 文 献

[1] 唐纳德. J. 鲍尔索克斯, 戴维 J. 克劳斯, M. 比克斯比. 库珀, 约翰 C. 鲍尔索克斯. 供应链物流管理(原书第 4 版)[M]. 北京: 机械工业出版社, 2014.

[2] 崔介何. 物流学概论[M]. 北京: 北京大学出版社, 2015.

[3] 陈希荣. 我国包装电子商务发展及其解决方案[J]. 包装, 2015(4).

[4] 张磊. 电子商务物流及其运作模式研究[D]. 上海: 上海交通大学, 2010.

[5] 王小宁. 电子商务物流管理[M]. 北京: 北京大学出版社, 2012.

[6] 商玮. 电子商务物流管理[M]. 北京: 中国财政经济出版社, 2014.

[7] 吴健. 电子商务物流管理[M]. 北京: 清华大学出版社, 2013.

[8] 叶怀珍. 现代物流学[M]. 北京: 高等教育出版社, 2014.

[9] 黎继子. 电子商务物流[M]. 北京: 中国纺织出版社, 2015.

[10] 魏修建. 电子商务物流管理[M]. 重庆: 重庆大学出版社, 2015.

[11] 胡燕灵. 电子商务物流管理[M]. 北京: 清华大学出版社, 2016.

[12] 胡荣. 智慧物流与电子商务[M]. 北京: 电子工业出版社, 2016.

[13] 孟庆鑫. 供应链物流能力构成要素及其影响分析[D]. 武汉: 华中科技大学, 2005.

[14] 何青. 供应链管理视角的企业物流网络构造研究[D]. 南昌: 江西财经大学, 2004.

[15] 中国物流协会技术信息中心. 2010 年中国物联网与现代物流发展报告[R]. 2010.

[16] 张红, 龚箭, 曾安平. 应用电子商务提高包装企业市场竞争力的探讨[J]. 包装工程, 2003(2).

[17] 周沛峰. 跨境电子商务物流模式研究[J]. 电子商务, 2014(7).

[18] 公双雷. 云环境下我国电子商务物流模式研究及应用[J]. 价格月刊, 2015(6).

[19] 戴君艳. 电子商务企业物流成本管理与控制研究[D]. 蚌埠: 安徽财经大学, 2015.

[20] 杜黄德. 电商企业物流成本控制研究[J]. 中国商贸, 2014(16).

[21] 张苇苇. 作业成本法在电商企业物流成本控制中的应用[J]. 合作经济与科技, 2015(17).

[22] 王喜富. 物联网与物流信息化[M]. 北京: 电子工业出版社, 2011.

[23] 申金升, 卫振林, 纪寿文. 现代物流信息化及其实施[M]. 北京: 电子工业出版社, 2006.

[24] 宁焕生，张彦. RFID 与物联网：射频中间件解析与服务[M]. 北京：电子工业出版社，2008.

[25] 中国科学院信息领域战略研究组. 中国至2050年信息科技发展路线图[M]. 北京：科学出版社，2009.

[26] 李如年. 基于RFID技术的物联网研究[J]. 中国电子科学研究院报，2009(6).

[27] 沈苏彬，范曲立，宗平，毛燕琴，黄维. 物联网的体系结构与相关技术研究[J]. 南京邮电大学学报（自然科学版），2009(6).

[28] 孙其博，刘杰，黎羴，等. 物联网：概念、架构与关键技术研究综述[J]. 北京邮电大学学报，2010(6).

[29] 刘强，崔莉，陈海明. 物联网关键技术与应用[J]. 计算机科学，2010(6).